法国对美国的背叛

【美】肯尼思·R.蒂默曼（Kenneth R. Timmerman）著
陈 平 译

The French Betrayal of America

目 录

导 言 ··· 1

1　离异 ··· 1
2　第二次婚姻 ··· 31
3　危险的联系 ··· 42
4　内阁中的共产党人 ····································· 69
5　蜜月期 ·· 95
6　海湾的富矿 ··· 121
7　技术紧张 ··· 152
8　第一次海湾战争 ······································· 169
9　间谍和贿赂 ··· 193
10　旧日情人 ··· 216
11　贵妇实乃娼妇 ·· 244
12　拯救萨达姆 ·· 273
13　追求荣耀 ··· 295

鸣 谢 ·· 335
后 记 ·· 339
译后记 ·· 349

导　言

法国出什么问题了？

"去打仗不带着法国就像去猎鹿不带手风琴一样。你只不过是把许多毫无用处又吵吵闹闹的东西留下了。"

——杰德·巴宾，美国国防部前副部长（1989 年—1992 年），引语出自 2003 年 1 月 30 日 MSNBC 的名牌对话节目《硬球》

随着 2002 年底至 2003 年初美国和法国在联合国的针锋相对，法国对美国的背叛似乎永无止境。法国外交部长多米尼克·德维尔潘像一个上足了发条的芭蕾舞演员，从一个首都跑到另一个首都，努力说服联合国安理会成员国投票反对任何可能授权对萨达姆·侯赛因政权使用武力的决议，而美国则厌恶地关注着这一切。德维尔潘并不满足于像我们的一些盟友那样同美国作对，而是积极地寻求联合各国领导人和公众舆论把美国——而不是萨达姆·侯赛因——当作敌人。

对美国自我防卫的权利或者合法地提出异议或者积极地颠覆，对于这两种立场间的巨大区别，乔治·W.布什总统和他的高级顾问们并不是没有注意到。他们把空军一号专机上提供的法式吐司（French toast）① 改名为"自由吐司"（Freedom toast）。

---

① 蘸牛奶鸡蛋后轻炸或一面涂黄油另一面烘烤的面包，在美国较流行。

——译者注

在法国，反美宣传已经波及到了普通大众，而且所采取的方式也是前所未有的。"美国佬的神经崩溃了"，法国左翼报刊《解放报》颇受欢迎的博客上有一条很典型的帖子，"上帝啊，请让'双U'再次以错误的方式吞下一块椒盐饼干，而且这次一定要让饼干卡在那儿"。①

在战争打响的头几个星期里，我正好在法国。如果你也在法国的话，你会沉浸在一个和美国人听到、看到、读到的截然不同的现实中。即便是在那些憎恨布什总统的美国媒体上，情况也不是这样的。

法国人称伊拉克南部最大的城市巴士拉为"烈士之城"。这并不是因为萨达姆谋杀了这个城市里众多的什叶派居民，而是因为美国和英国的军队小心翼翼地包围了这座城市以减轻平民的痛苦。

战争开始还不到一个星期，法国媒体的那些权威评论家们已经得出结论：那些盎格鲁-美利坚"侵略者"已经陷入了"泥潭"。平民被喜欢开枪的美国大兵们大批地残杀了，这些大兵犯有"战争罪"。法国大肆报道世界各地的反战示威活动以证明美国是如何"孤立"，还大肆报道美国自己的示威者（包括总统候选人、马萨诸塞州的民主党参议员约翰·克里），这些人要求进行"政权更替"，但不是在伊拉克，而是在美国。

伊拉克战争的头一个星期里，那些听国营的法国国际广播电台或者看法国电视二台的普通法国人认识到，美国正在跌向一次屈辱的失败，而那位"牛仔"总统，乔治·W. 布什，正在走向耻辱，如果不是走向被弹劾的话。法国的新闻界和权威评论家开始用高亢又充满敬畏的语气推测美国在对萨达姆的战争中失败后中东会变成什么样子。这样引人注

---

① 原文为 Dubya，"双U"即"double U"，指英文字母W，是乔治·沃克·布什（George Walker Bush，习称小布什）总统中间名的首字母。其父为乔治·赫伯特·沃克·布什（George Herbert Walker Bush，习称老布什）。2002年1月13日，小布什总统在白宫一边观看全美橄榄球联盟决赛的电视转播，一边吃椒盐饼干，一不留神吞咽不当，出现心跳过缓，导致他从沙发上摔倒，造成轻微擦伤。Dubya实际上是对布什的得克萨斯口音的恶意模仿，现已成为布什的绰号。——译者注

目地展示美国的脆弱性难道不会鼓动其他国家和恐怖组织挑战美国的军事力量吗？

法国媒体报道中最引人注目的是根本没有对雅克·希拉克总统的政策进行任何批评。就是这位总统在2002年4月的第一轮选举中只获得了19.8%的选民支持，侥幸战胜了新法西斯主义领导人让－玛丽·勒庞（他以16.8%名列第二）。这要是在平常时候，在野的社会党早就攻击希拉克了，而那些活跃的法国舆论刊物也早就从各方面讽刺挖苦他的政策了。

法国的战争报道不仅仅是一边倒的，而且还蓄意地不准确、毫不掩饰地反美。这种仇恨新闻一度很盛行。一个例子就是开战前两天播出的一个流行文化广播节目。那个节目的主持人放了一段模仿布什总统的讲话，模仿的就是总统本人的声音。而这个讲话是为了准确传达同原意截然相反的意思而拼凑起来的。布什说，美国"将对英国和另外40个国家发动进攻。我们是在向自由开战。今天这个行动的代号就叫持久的恐惧。伊拉克人民将遭受苦难"。在总统讲话时，大声涌唱"真主伟大"的背景声逐渐盖过了他的声音。在法国，那些阿拉伯人拥有很多电台。你也许会认为，这种赤裸裸地试图激发反美仇恨的电台就是其中之一，但是这个不是。这个节目是法国国营电台向全国播放的。这是在无耻地呼吁人数众多的法国穆斯林把美国视为上帝的敌人。

我最喜欢引用的一段话是一个自由职业的"军事分析家"说的。他责骂那些痴呆的、20多岁的士兵——牛仔们随意射杀平民。"如果士兵杀了平民，他们是不会受到制裁的"，他说。"他们甚至连母牛都射杀！"这句话出现在巴黎的日报《世界报》的头版上，而《世界报》可是法国新闻界的灰色女士。①

----

① 《纽约时报》(The New York Times) 是一份在美国纽约出版的报纸，在全世界发行，有相当大的影响力，是美国高级报纸和严肃出版物的代表，长期以来拥有良好的公信力和权威性。由于风格古典严肃，它有时也被戏称为"灰色女士"(The Gray Lady)。——译者注

难怪，在法国的一次舆论调查中，接受调查的人中有25%的人说他们希望萨达姆·侯赛因赢得这场战争。这种情况糟透了，以至法国总理让－彼埃尔·拉法兰很忧虑地发出了一份声明，警告他的同胞们说，虽然法国拒绝这场由美国主导的战争，但敌人是萨达姆·侯赛因，而不是美国。

法国，这个曾经在200年共同分享的历史中多次和美国并肩站在一起的国家和民族，如今这是出了什么问题了？据说，每当有人问美国国防部长唐纳德·拉姆斯菲尔德是否为法国拒绝参加美国领导的联盟而遗憾，他喜欢重复一句话，而这句话据传是前国防部副部长杰德·巴宾说的："去打仗不带着法国就像去猎鹿不带手风琴一样。你只不过是把许多毫无用处又吵吵闹闹的东西留下了。"

法美关系历史悠久。1781年10月19日，在弗吉尼亚州的约克镇，查理斯·康华里勋爵①意识到他已经被自命不凡的美洲殖民地人民打败时，他命令他的副司令把自己的剑递交给罗尚博伯爵②，正是这位法国将军的部队构成了彻底击败英军的主力。

通过教科书，美国的孩子们得知在美国需要的时候，法国伸出了援助之手，而法国的孩子们也了解，在上个世纪美国两次回报了这份恩惠。1917年，约翰·潘兴将军作为美国远征军总司令踏上法国的土地时，他说过一句著名的话："拉法耶特③，我们来了！"随后，在第二次

---

① 英国将领，政治活动家。1776年—1781年率英军镇压美国独立战争，战败投降。——译者注

② 法国军事家、元帅，支持美国革命，率领法军协助大陆军于弗吉尼亚州的约克镇击败英军。——译者注

③ 此处指拉法耶特侯爵（Marquis de Lafayette，1757年—1834年），法国近代政治家，法国大革命初期的领袖人物之一。出生于法国奥弗涅省一个贵族家庭，承袭侯爵爵位。1776年4月他得知英属北美殖民地反抗英国统治、发表《独立宣言》的消息后，冲破重重阻力远渡重洋来到北美，参加北美独立战争。1777年7月，费城大陆会议授予他少将军衔，任命他为大陆军司令乔治·华盛顿的副官。他在约克镇战役中发挥了重要作用。——译者注

世界大战中，美国用自己儿女的鲜血支付了友谊的代价。

然而，二战结束后，美国和法国一直保持着爱与恨的关系，就像是旧情人或前夫前妻那样。1966年，戴高乐将军让法国从北约统一军事指挥体系中退出并命令美国撤离位于巴黎郊区圣日尔曼·安·雷的基地。当时，林登·约翰逊总统问他是不是也要求把战死在奥马哈海滩上的美国士兵的坟墓迁走。

当然，戴高乐将军没有提出这样的要求，今天的法国人也没有。但是，怨恨和不满却在日益加深。

《法国对美国的背叛》一书剖析了过去十年里逐渐现形的美国与法国的离异，同时也提醒读者们这两个国家间悠久的关系以及冷战时期它们的战略合作。

作为常驻法国18年（1975年—1993年）的记者，我是这本书里描写的许多事件的直接见证人。我的一些消息提供者与我相识20多年了，随着他们在法国的公务员系统和军队系统内逐步提升直到执掌大权，我一直关注着他们的职业生涯。在这个过程中，他们同我分享他们的远见卓识及信息，这通常是记者们可望而不可及的，尤其如果你不是法国人的话。我用法语写作，是法国电台的外交政策评论员，多次在法国的电视台出镜，我一直是一个横跨大西洋的混合人，在很多方面简直就是一个法国人。但是，一旦涉及到最基本的东西——自由以及我对国家和个人自我防卫主权的毫不动摇的信仰，我就是个彻头彻尾的美国人。

冷战期间，法国曾多次帮助美国，但是在很多情况下，看上去更像是美国在帮助法国。颇具讽刺意味的是，在不远的历史中，20世纪80年代初法美间的战略合作比其他任何时候都要密切。就是在那个时期，社会党人弗朗索瓦·密特朗和保守的罗纳德·里根建立了坚固、有效的合作伙伴关系，这种关系的根基就是战胜苏联这一共同目标。

《法国对美国的背叛》一书要描写这对关系中一些鲜为人知的事实：从20世纪80年代令人惊讶的顶点到2003年显而易见的离异。这是从一个记者的视角来写的,而这个记者正是他要描写的众多事件的见证人。但是,这本书也将毫不留情地揭示法国同萨达姆·侯赛因三十多年的结盟。随着时间的流逝,这种结盟似乎要取代法国和美国之间225年的婚姻。

1
离　异

　　许多年前，我头一次遇见他的时候，只要他解开外套钮扣，就能隐约看见他的那把点357麦格农左轮手枪的枪把。今天，他已经放弃了那把枪，换上了24小时保镖。在9·11恐怖袭击发生时，可能没有谁比法国反恐怖法官让-路易·布吕吉埃更了解奥萨马·本·拉登以及他的基地网络。2001年10月初，在一次事先预约的采访前，我在巴黎的立法大楼内一个隐蔽的楼梯上撞见他，注意到他的孩子气的眼神。他刚审讯问完一个在押者，看上去就像一只刚吞下一只金丝雀的猫。

　　"你听说过穆萨维吗？"他问我时抑制不住想要笑。萨卡里亚斯·穆萨维被指控为"第20名劫机者"，已于2001年8月17日被美国移民与归化局的特工逮捕，理由是他在位于明尼苏达州明尼阿波利斯的泛美航空公司国际飞行学院学习时行迹可疑。穆萨维专案由美国检察官罗泊·斯宾赛在弗吉尼亚州亚历山大主审，但这个专案遇到了麻烦。能把穆萨维和基地组织连接起来的证据是间接的，就像他同9·11劫机者的关系一样。的确，大陪审团之所以对穆萨维提出指控，是因为一份能证明全面共谋的文件几次提到他的名字[1]。但是穆萨维在法国的行迹是很长的。如果有谁知道他的底细的话，这个人就是布吕吉埃。

　　"有一些新进展，我们在弗吉尼亚的朋友们可能会很感兴趣"，他说着，向他的办公室方向猛扬了一下头。对布吕吉埃来说，这意味着一英尺高的卷宗里塞满了缴获的文件、拨打密谋电话的流程图、审讯记录以及法国情报机构对穆萨维的旅行、人际关系及银行来往账目的报告。布吕吉埃喜欢把基地组织及其追随者叫做全球"蜘蛛网"。从1995年起，他凭借着技术手段和坚定决心一直在一丝一缕地撕裂这个网。

这位法国法官已经收到了美国联邦调查局前局长路易斯·弗里和美国司法部部长约翰·阿什克罗夫特的嘉奖信，感谢他协助为在美国的基地组织恐怖分子定罪。这些人当中就包括"千禧年炸弹"艾哈迈德·莱萨姆，他曾策划在1999年新年前夜炸毁洛杉矶国际机场。由于布吕吉埃极力敦促，法国情报机构收集了有关本·拉登进入阿富汗的秘密路线以及他在巴基斯坦的支持网络的情报。在一份写于1995年3月、至今仍然保密的报告中，布吕吉埃亲自把这些情报通报给了美国。这些信息非常详细，包括基地组织内部负责招募新人的高级官员的姓名，在外国的基层组织的详细花名册，以及设在伊斯兰堡、白沙瓦和其他地方的安全房和"接待中心"的照片。更为重要的是，这些情报顺着这条线索追踪到了设在欧洲、亚洲和北美洲的招募中心。布吕吉埃曾两次试图警告克林顿政府提防即将来临的恐怖威胁——这种威胁来自在美国国内运行的基地组织——但是他被阻止了。幸亏在华盛顿的天使港，当莱萨姆提着一个装满炸药的箱子走下来自加拿大不列颠哥伦比亚省温哥华市的渡船时，一位机敏的美国海关官员抓住了他。布吕吉埃不仅把莱萨姆的档案文件交给了美国检察官，还在审判时详细作证，协助检方把差点得手的这位"千禧年炸弹"判为终生监禁。我在投给《读者文摘》的独家专稿中首次披露了这件事。[2]而现在，这种合作行将结束，而且是在美国最需要的时候。

我们是在2001年10月8日见面的。之后不久，法国司法部便开始阻止布吕吉埃给审判穆萨维的美国检察官提供协助，不让他提供任何可以用于审判的文件。法国人宣称他们在"道义上"反对提供那些文件，因为穆萨维是摩洛哥血统的法国公民，而他有可能被判处极刑。当然，法国的官员们努力降低事情的严重性。"我们给美国提供了我们掌握的有关这个案子，实际上还有全部其他恐怖案件的所有情报"，后来，一位对交换基地组织相关情报有了解的资深法国官员在巴黎告诉我。他坚持说没什么地方出错。"但是法国法律禁止我们把任何证据交给美国检察官,如果这种证据能帮助判决一位法国公民死刑的话。"[3]

美国在一封国际委托书中正式提出要求,希望得到书面协助。这份委托书必须通过法国司法部呈递,而法国司法部拒绝了美国的请求。布吕吉埃提出了申诉,最后,在那年秋天他见到了来访的那位美国检察官,但这样做违背了社会党人司法部长伊丽莎白·吉古的意愿。布吕吉埃说,"即使我无法给他提供书面材料,我答应口头上告诉他我们掌握的一切[4]",这其中包括穆萨维前往阿富汗的日期、他和本·拉登的训练员的接触、他在这个"蜘蛛网"内的确切角色,还有更多的内容。然而,尽管布吕吉埃愿意提供帮助,美国检察官还是空着手回家了,因为法国政府不容许他转交美国人急需的文件。

2003年5月,美国司法部长约翰·阿什克罗夫特告诉法国人,缺乏合作就意味着美国司法部大概要被迫放弃穆萨维的案子,把他交给五角大楼以便在军事法庭上审判他。[5]阿什克罗夫特所说的在穆萨维专案上缺乏合作实际是个计谋,这个计谋的阴险程度必须以布吕吉埃掌握材料的多少和他提供帮助的可能性来衡量。穆萨维是在2001年8月被捕的,仅一个星期后,布吕吉埃给美国联邦调查局发了一份传真。"我告诉他们穆萨维是个危险分子,他在阿富汗受过训练,我告诉他们,穆萨维有能力完成一次恐怖袭击。我告诉他们要检查他的笔记本电脑,因为那是他存储所有联络信息和计划的工具。但是,等到他们想到这一点时,已经是9·11后很久了,穆萨维成功地从硬盘驱动器里删除一切有用的东西。"[6]

为什么法国政府会对一个自我承认的伊斯兰极端主义者表现出如此热心?就是这个人在法庭上大声咆哮,辞退了自己的辩护律师,称他们是"犹太教狂热信徒"、"猪"和"吸血动物"。[7]直到1973年,法国执行死刑的惯常做法还是在断头台上砍掉罪犯的脑袋。最近一次处决政治犯是在1963年,当时,一个秘密军事组织策划了一次试图推翻戴高乐的军事政变，该团体四个成员中的最后一名由一个行刑队执行了死刑。但是在20世纪80年代初，法国总统密特朗废止了极刑。而现在，他的接班人似乎决心要让美国不能在自己的国土上处决罪犯，即使已经证明这些人犯有集体谋杀罪。为了把自己的价值和政治文化当成替代美国价值和政治文化的"道德的选择"，法国做出了不懈努力，这只不过是又一个例子而已。

对美国国务卿科林·鲍威尔来说，美国和法国的离异开始于2003年1月20日，就是法国外交部长多米尼克·德维尔潘在联合国召开的一次记者招待会上暗算他的那天。在一次联合国安理会讨论反恐战争的特别会议后（这次会议是应德维尔潘的个人申请而召开的），鲍威尔驱车前往法国驻联合国大使位于帕克大街的官邸，维尔潘德要在那里和他共进午餐，陪同的还有联合国秘书长科菲·安南以及参加当天上午正式会议的另外13个国家的外交部长。

出人意料的是，德维尔潘逗留在联合国，向全世界宣布：法国绝不会支持由美国领导的对萨达姆·侯赛因的军事干涉。鲍威尔的副手和密友理查德·阿米蒂奇后来说，鲍威尔在法国大使官邸的视频显示器上看到那个他认为是自己朋友的人，他惊讶得下巴都掉下来了。"他非常不高兴"，阿米蒂奇回忆说，"当他非常不高兴时，他就很不热情。他的眼睛望着你，毫无疑问，他的下巴抬着。那可不是让人舒服的情景。"[8]

然而鲍威尔所看到的、由CNN实况转播的，绝非当天早晨德维尔潘在正式会议室里所说的那些自我正义的陈词滥调。为召开这次部长级会议，德维尔潘可没少费力气。的确，在采访中，法国和美国的外交官告诉我，在1月初连续十天他纠缠其他安理会成员国的外交部长们，向他们施加压力，最后他们同意参会。为了克服美国的缄默和保留态度，德维尔潘强调这次会议不谈伊拉克，承认那样可能会造成分裂。会议应致力于促成国际社会支持反恐战争。"德维尔潘非常固执，固执到了让人痛苦的程度，所以这个法国人得到了他想要的会议"，一位美国的参会者说，"从一开始我们就认为这是一件很容易的事，白宫也是这么认为的。"

在会议期间,德维尔潘"扭捏作态,他的那些自觉正义的陈词滥调还博得了大厅里的掌声",美国副大使约翰·内格罗蓬特回忆说。[9]在对9·11受害者表示了不大恭敬的敬意后,德维尔潘强烈要求联合国向庇护或赞助恐怖主义团体的第三世界国家派遣国际官员,以此来接管全球的反恐斗争。他想要世界银行和国际货币资金组织也介入,尽管这两个组织因为无望地支持印尼、巴西、扎伊尔和其他无数发展中国家的腐败政府已经遭到拥护反贪污的人士的强烈批评——批评者中就包括它们自己的雇员!他提出了一个新的国际军备控制条约来追踪放射性物质的商业使用和运输。无疑,这一条约会被证明在防止核恐怖主义方面像《不扩散核武器条约》一样有用。《不扩散核武器条约》成功阻止了以色列、巴基斯坦、印度和朝鲜这样的国家成为核国家(而法国迟至1992年才签署这个条约)。"让我们清醒地看待问题",他最后说,颤抖的声音中充满了怜悯。"不公正会导致恐怖主义。所以,一个公平合理的发展模式是干脆、彻底地根除恐怖主义所必需的。"[10]

准确地说,这可不是你所说的那种震撼世界的发言。发言中没有说什么迫在眉睫的事,德维尔潘也没有提出什么真正的建议。事实上,他似乎更专心于他的发型在闭路电视里是什么样,而不在意他在说什么。一位熟悉德维尔潘的外交官说:"我一直认为把电视摄像机安在安理会的会议室里是个真正的错误。这在鼓励多米尼克这样的人关注他们在电视里的形象。而他喜欢对着观众哗众取宠地表演。"[11]美国人非常高兴会议终于结束了。"科林·鲍威尔一开始就不打算去",美国代表团的一位成员告诉我,"因为他还有其他早已安排好的事情。毕竟,那天是马丁·路德·金日,别忘了,鲍威尔的中间名是路德。但他还是来了,这是对他的朋友多米尼克的特别捧场。"

直到鲍威尔在CNN上看到"多米尼克"熟悉的面孔,他才明白这一切是怎么回事。

"我们从一开始就认为这次特别会议只是个形式,"那位在联合国的美国助手说。"但是国务院通常是纯真无邪的,国务院说这样很好——对他们说来,正确使用叉子比失去一个国家更重要。事实上,整个事件就是一个平台,很清楚,德维尔潘打算在这个平台上伏击美国和她的国务卿。他们做这个计划已经好几个星期了,如果不是几个月的话。他们发起了一个论坛,似乎是要讨论恐怖主义,但这绝不是他们的本意。德维尔潘把那 13 个国家当成了自己的道具,就是为了让他站起来对美国和她的国务卿指指点点。"[12]

在简要地总结了他的反恐建议后,德维尔潘对着摄像机说他想就伊拉克问题"说几句"。这让鲍威尔竖起了耳朵。就在头天晚上,在德维尔潘下榻的沃尔多夫-阿斯托利亚饭店用餐时,两人还讨论了法国政府可以接受的由联合国批准对伊拉克使用武力的新决议(事实上是第 18 个)该用什么样的措辞。这使得鲍威尔觉得基本上达成协议了。联合国的外交官们实际都打赌了——按 100∶1 的赔率,说美国肯定得到支持这个决议的票。谁也没有想到法国人会说出下面这番话。

"如果战争是解决问题的唯一途径,那我们就走进死胡同了……单边的军事干涉可能只是力量的胜利,却是严重违背国际法和道义的。"他说,联合国应该等到联合国核查人员在 1 月 27 日提交下一份报告后再决定采取什么样的进一步行动。在这个时候,"伊拉克必须明白,到了积极合作的时候了"。

对鲍威尔和他的顾问们来说,很明显,德维尔潘是在试图拖延时间,以便萨达姆有足够的时间藏匿武器并且做好战争准备。"如果我们能够通过和平手段解除伊拉克的武装",这个法国人继续煞有介事地说,"我们就不应该让无辜的平民或军人冒生命危险,危及那个地区的稳定,加大民族和文化之间的差距,加大我们的民族和我们的文化之间的差距,〔因为这只会〕滋养恐怖主义。"而法国人派遣自己的军队去非洲支持不得人心的独裁者时却忘了展示一下这样的关怀。

稍后,当他和其他法国高级官员对新闻界通报当天的情况时,德维尔潘否认他打算伏击鲍威尔,否认他隐瞒了自己的企图,即把联合国安理会关于恐怖主义的部长级会议变成攻击美国对伊拉克政策的平台。"不存在伏击一说,"他告诉《金融时报》,"在我的发言中,我一次也没有提到伊拉克这个词。是在随后的记者招待会上,为了回答一个咄咄逼人的问题,我才提到了伊拉克。"我把这段话读给一位美国官员听,而这位官员认识德维尔潘,也多次审看了那次记者招待会的录像带。"这是彻头彻尾的谎言",他说。事实上,德维尔潘记者招待会的文字记录证明了相反的情况:即记者招待会一开始,在事先准备好的讲话稿中,以及在随后对美国的指责中,德维尔潘自己把话题直接转到伊拉克问题上,而那时还没有问到那个问题呢。(这份文字记录是这位法国外长本人给我的)"我们不会把自己同国际社会不支持的军事干涉扯在一起",他最后说,"军事干涉是最糟的解决方案。"甚至连《华盛顿邮报》都称德维尔潘的行为表现"极富戏剧性",而在美国,这家报纸是突出报道国际社会反对布什政府伊拉克立场的媒体。[13]

当德维尔潘终于露面用午餐时,情况更糟糕了。德国外交部长约施卡·菲舍尔谴责了鲍威尔和布什总统做出的采取军事行动的决定。他宣称伊拉克"已经完全地履行了相关的决议,并且同联合国的核查团队有密切合作"。这无疑是事实真相的《爱丽丝漫游奇境》版,尽管这一事实是由掌握信息的联合国首席武器核查官汉斯·布利克斯提供的。[14] 德维尔潘描述了一幅灾难性的情形:伊拉克战争导致了一个地区的不稳定,这个后果远比忍受这个低劣的独裁者更糟,因为他在自己的地盘里有安全感,也不会威胁谁。终于,鲍威尔听够了,他的话里带刺了——而鲍威尔一向很骄傲自己说话很少带刺——他说:"在巴拿马之前,你说过同样的话,而我们进入了巴拿马,三天后,没有谁还记得这件事。"一位助手说,从那天起,鲍威尔明白了一切。"他恍然大悟,意识到这是一场不讲情面的政治游戏,而他却任由自己被利用和被滥用。"

从那一刻起,这两个人之间的关系变冷淡了。德维尔潘的信件不再称呼"Cher Colin"(亲爱的科林),也不再有惬意的午餐了。交流变得生硬而拘谨,这两位高级领导人隔着大西洋相互猛烈抨击。

1月22日，当希拉克总统与德国总理格哈德·施罗德在巴黎并肩而立时，希拉克又丢出了一颗炮弹。"战争永远是对失败的承认，"他说，"是最糟糕的解决办法。因此，要采取一切行动来避免战争。"几个法国的消息提供者宣称，希拉克已经被施罗德"振奋"了。在这件事情上，施罗德对美国的严厉批评远远超出了他事先提供给希拉克的顾问们的发言稿。事实上，希拉克自己的执政党的许多资深成员仍然认为，希拉克打算在最后一刻加入美英领导的战争，那是要以从美国手上获得在战后伊拉克获取最大的商业让步为交换的。[15]但是希拉克和德维尔潘都没有意识到布什没有心情"做交易"。他们也不能领会9·11恐怖袭击对美国人集体意志的巨大影响。

第二天早晨，美国国家安全顾问康多莉扎·赖斯在《纽约时报》上撰文严斥了那些想给伊拉克更多时间来同联合国武器核查员合作的法国人和其他批评者。"萨达姆·侯赛因已经最终决定主动放下武器了吗？"她质问到。"令人遗憾的是，答案是清楚响亮的没有。自愿解除武装不是什么神秘的事情。那些决定放下武器的国家会把核查员带到武器存放地和生产场所，对一些问题不问自答，公开、反复地说明他们放下武器的意图，并要求自己的公民合作。从南非、乌克兰和哈萨克斯坦的例子中，世界知道，如果一个政府决定合作地放弃自己的大规模杀伤性武器会是一种什么情况。"伊拉克的行为无疑不符合这些条件。赖斯得出结论，"通过她的有所作为和有所不为，伊拉克不是在证明自己是一个一心想解除武装的国家，而是在证明自己是一个要隐藏什么的国家"。[16]

在纽约，美国国防部副部长保罗·沃尔福威茨就同样的话题在外交关系委员会做了更为详尽的介绍。"解除伊拉克的武装不是核查员的工作，而是伊拉克自己的工作，"他说，"你想啊，如果一个审计员发现了账簿上的亏空，这个审计员可没有义务证明贪污者把钱隐藏在哪儿了。这要由被审计的人或机构来对这个亏空做出解释。指望几百个核查人员在一个有法国那么大的国家搜索每一个可能藏东西的地方，就算是什么东西也不移动，也是十分不切实际的。"

12年来，伊拉克一直在和联合国核查人员玩着"沙漠中的倚绳战术"游戏①。但是，一个叫奥萨玛·本·拉登的叛经背教的沙特阿拉伯人出现了，所以这个游戏即将终止。"9·11袭击的确令人恐惧，但是，我们现在知道，那些恐怖分子在策划更多、更大的灾难"，沃尔福威茨说，"我们知道他们在寻找更可怕的武器——化学武器、生物武器甚至是核武器。"有鉴于此，他声辩说，解除伊拉克的武装实际上成了反恐战争至关重要的一部分。"恐怖分子网络同那些拥有大规模恐怖武器的国家之间有联系，这种联系构成的威胁提示我们有更大灾难的危险，这种大灾难在数量级上将比9·11更糟糕。伊拉克的大规模恐怖武器以及与伊拉克政权有联系的恐怖网络不是两个不同的话题——不是不同的威胁。它们属于同一个威胁。"17

法国官员说他们根本不相信美国人所说的在伊拉克，大规模杀伤性武器和恐怖主义之间有"会聚点"。"美国的论调完全是推测的"，德维尔潘的一位高级顾问在巴黎告诉我，"如果说在恐怖分子和大规模杀伤性武器之间有会聚点，应该是那些从俄罗斯生物备战研究所（Bioprepar-at）变节的科学家，他们打算为基地组织工作。这可能会发生在巴基斯坦，而不是在伊拉克。萨达姆·侯赛因政权不是因为自发行为而为人所知的。他不反对使用恐怖手段，但他绝不会把武器提供给不完全在他掌控之下的组织，这些组织可能会自行其事，对他的政权构成威胁。"18当然，美国在引证萨达姆对基地组织的分支伊斯兰辅助者组织（原文为al-Ansar al-Islam）的利用时也这么说。那个伊斯兰辅助者组织是在萨达姆的令人畏惧的情报机构伊拉克情报局支持和保护下运转的。美国提供的证据表明伊斯兰辅助者组织在训练使用生物和化学武器，但法国人就是不相信。

---

① 倚绳战术（rope-a-dope）是拳击中的一种战术，即拳击手靠在拳绳上抵抗对手的重拳进攻，并抓住机会反攻。这类似于三十六计中的"以逸待劳"，也就是采用积极手段扰乱敌人，牵着敌人鼻子走，耗尽他的实力，直到给对方致命一击。——译者注

2003年10月27日,美国国防部副部长道格拉斯·费特给参议院情报特别委员会提供了一份机密备忘录,详述不少于50份可信的情报,证明基地组织高级成员同伊拉克情报机关的联系。[19]就凭法国人同萨达姆的密切联系,说他们对此一无所知简直是不能想象的。

那个周末,在瑞士达沃斯举行的世界经济论坛年会上,鲍威尔和德维尔潘要继续一争高下。德维尔潘再次警告说,法国会否决任何由美国支持的批准动用武力的联合国决议,并说他的欧洲同行们赞成法国的观点,即联合国的核查应该延长"数星期或数月"。

鲍威尔提醒法国人美国和法国的血肉联系,以及美国为把欧洲从暴政中解放出来所做的牺牲。"我们把优秀的青年置于危险的境地,许多人因此丧失了生命",他说,"我们什么要求也没提,只求有足够的地方来埋葬他们。"可现在,事情好像有了变化。"我们有一两个朋友,在过去的225年里我们一直有类似婚姻那样的关系",他说的就是法国。他没有说出"离异"那个字,但是显然这种关系陷入了僵局。[20]

德维尔潘的一位高级顾问承认,法国人从来没有完全理解9·11后美国人思维方式上发生了惊人的改变。美国会感到可能拥有核武器的萨达姆·侯赛因是一种威胁,或者同恐怖分子有牵连的伊拉克是一种威胁,这在法国人看来是不可想象的。但是,当我问到默许美国的战争计划怎么就会威胁法国的国家安全,或者说,这对法国的切身利益有什么重要的影响以至需要法国积极反对美国,德维尔潘的顾问陷入了不知所措的沉默,足足有一分钟。之后,他说了句伊拉克可能爆发内战,会伤害阿拉伯人的感情。"一个国家不总是因为自我利益而采取行动,也会因为信念",他最后说,"我们觉得总得有人出来说话,表达国际社会大多数国家的反对意见,这些国家不同意美国的政策但又没有代言人。我们就像罗马时代的护民官。"[21]

事实上,在这次危机中,在法国外交部或者其他地方,"几乎没有"有关反对美国的争论,另一位高级官员在巴黎告诉我,"这项政策由德维尔潘和希拉克亲自推进。只有五六个资深顾问敢对德维尔潘的行为提出质疑"。这几位持不同意见的人认为，德维尔潘1月20日在联合国对鲍威尔打埋伏是"一个巨大的失策"。"那个记者招待会严重背离了我们之前进行的磋商。突然之间，法国说自己在任何情况下都不会支持联合国对伊拉克发挥作用。"在法国外交部，反对者是明显的少数，而在总统官邸，反对者根本就不存在；的确，这些日子，他们都保持了低调。"我们和美国人之间没有任何误会，"这位官员说，"双方都很清楚对方的立场。在观点上有原则性的区别。美国感受到的威胁，我们不感苟同，所以我们积极地试图阻止美国采取先发制人的军事行动，也就是美国自认为是合法的自我防卫的行动。"[22] 一位参与这件事的美国外交官赞成这个说法。"在一定程度上，法国人准确地知道我们的想法。但是直到1月20日前，我们一直认为他们是完全支持我们的。"[23]

布什政府这么有自信是有充足理由的，在这里我要首家披露。我采访6位直接参与谈判的美国政府官员后得知，直到1月20日前，法国人私下里向美国总统、美国国务卿和参与此事的美国外交官保证，说他们支持美国同萨达姆摊牌，即使是包括使用武力。2002年10月，在伊拉克人阻碍联合国武器核查员后，希拉克抄起电话同在椭圆形办公室的布什总统通话，重申法国支持联合国的强硬决议，包括选择使用武力。12月初，他派了一位法国高级军官前往位于佛罗里达州塔帕的美国中央司令部总部，协商法国参与战争的具体细节。"希拉克亲口告诉总统他将站在我们一边"，一位美国政府高级官员告诉我，"直到这次伏击后，我们才知道法国会同我们开战。我们认为他们也许会抱怨、或弃权、或不投票——但我们没想到他们会真的行使否决权。"另一位知晓那次椭圆形办公室内对话内容的美国官员补充说："希拉克的保证给了总统信心，所以他三番五次派科林·鲍威尔回到联合国。这种保证也解释了行政当局为什么在那以后那么积极地追随法国人。但法国人撒谎了。"

那个星期天，回到华盛顿后，五角大楼顾问理查德·珀尔公开说了一些话，而这些话是有教养的鲍威尔即便是在私下也不会说的。珀尔是里根政府的国防部副部长，现在领导着美国国防部国防政策委员会

(Defense Policy Board），是国防部长唐纳德·拉姆斯菲尔德、国防部副部长保罗·沃尔福威茨及鲍威尔的副手理查德·阿米蒂奇的好友。珀尔绝不是一个必然要攻击法国的人，他是一位不折不扣的亲法人士，在法国拥有一套度假住宅，二十多年里一直同法国国防和安全机构的高级人物维持着密切的私人关系。他告诉福克斯新闻周日版，法国政府的所作所为并不像自己宣称的那样是依照原则行事，而是根据自己的商业利益而行事。"具有讽刺意味的是，人们指责美国，说美国对石油感兴趣"，他说，"如果你想知道谁对石油感兴趣，你看看法国的政策吧。那些政策完全是只顾及自己，而且只和石油合同有关，很少涉及其他。"[24]

福克斯新闻做了一些挖掘，发现有更多证据能证明法国在伊拉克有商业利益。福克斯新闻宣称是这些利益操纵着法国的政策。"这些法国公司在伊拉克做着相当大的生意"，记者梅杰·格瑞特报道说，"其中包括汽车制造企业标致公司和雷诺公司，道达尔菲纳埃尔夫石油公司，以及无线电通讯巨头阿尔卡特公司。"[25]我们会看到，这只不过才是个开始。

在幕后，鲍威尔也在做自己人的工作。1月30日，《欧洲华尔街日报》和《泰晤士报》同时发表了一封由八位欧洲人领导者联名签署的信。这些领导人是西班牙首相、葡萄牙总理、意大利总理、英国首相、匈牙利总理、波兰总理、丹麦首相以及捷克总统瓦茨拉夫·阿韦尔。他们要求欧洲联盟在美伊对峙中支持美国。"联接美国和欧洲的真正纽带是我们共享的价值观：民主、个体的自由、人权和法治"，他们在信里写到，"这些价值观随着那些从欧洲启航去帮助缔造美利坚合众国的人跨过了大西洋。今天，这些价值受到了前所未有的更大威胁。"[26]在回忆了20世纪的两次世界大战中美国挺身保卫欧洲后，他们申辩说希拉克和施罗德已经超出了对政策的争论，现在已威胁到了北约联盟的根本结构。"这种横跨大西洋的关系不能因为伊拉克现政权一贯试图威胁世界安全而受到损害"，他们说。这封信发表后，德维尔潘大发雷霆。当德维尔潘和鲍威尔两人在纽约再次会面时，德维尔潘严厉批评鲍威尔在他背后搞鬼。几天后，2月5日，鲍威尔在安理会上介绍了伊拉克违反有关武器规定的情况。"德维尔潘是真的发疯了。他的意思就是，我可以做局孤立你，但你要用同样的手段对我是不能接受的"，一位美国外交官说[27]。

理查德·珀尔成了国防部长拉姆斯菲尔德和布什政府中的"鹰派"人物的掩护马①。在鲍威尔做陈述的前一天，在华盛顿特区举行的一次有关伊拉克问题的会议上，珀尔表示，法国通过自己的行为表明它已经同美国分道扬镳了。

"法国已不再像从前那样是盟友了"，他说，"我认为有理由问一问，这个国家现在或在其他任何场合是否应该使它最重要的国家安全利益顺从于举手表决，也就是要照顾那些利益同我们的利益截然不同的政府。在雅克·希拉克内心深处，他相信比起伊拉克被解放后出现的替代者，萨达姆·侯赛因更合口味。"[28]在本书中，我要非常详细地的探究希拉克同萨达姆间很密切的私人关系。

那天夜里，来自美国中央情报局、国家安全委员会的官员和鲍威尔自己的工作人员通宵达旦地讨论鲍威尔2003年2月5日在联合国安理会陈述时哪些情报资料可以安全地透露出来。对鲍威尔是否应该当场播放一段窃听到的一位伊拉克上校的谈话录音，大家有过热烈的讨论。这位军官指示下属从他的官方公文中剔除所有提到"神经毒气"这个术语的地方，以防备联合国核查员来寻找证据。美国国家安全局的分析员们声称，如果把这盘带子公布于众，会透露他们在伊拉克的电子窃听能力到了什么程度，也许会给伊拉克人提供将来避免监视的关键秘密。

但是，所有在场的人都很踊跃地赞成应包括一条特别的证据。第二天，当鲍威尔借助这条证据时，他有意地躲开了他以前的好友多米尼克·加卢佐·德维尔潘那愤怒的目光。这是一段录像，显示的是一架属于伊拉克的法国造幻影F1战斗轰炸机在一个中等小镇上空飞行，高度仅

---

① 原文是 a stalking horse，本意是指猎人潜近猎物时用做掩护的真马或假马。在美国政治中指在竞选中为分化对方力量或掩护己方主要候选人而推出的掩护性候选人。——译者注

高过屋顶,发出"一股白云状的水雾"。在描述这次散布生物制剂新系统的试飞时,鲍威尔简洁地说:"注意从幻影飞机下喷出的水雾。那是一架喷气式飞机正在喷洒两千升模拟炭疽。"这绝对激怒了法国外交部长。[29]

结果是,没有哪个安理会成员国因为鲍威尔的发言改变自己的立场。德维尔潘宣读了一份事先封装好的声明,回避了这些新证据,只是清楚表明他的政府并没有把伊拉克视为威胁。他建议,为取代军事行动,为什么不"把核查员的数目增加一倍甚至两倍,并开设新的区域办事处。让我们再进一步:难道我们不能建立一支专门的部队来经常性地监视已经处在控制之下的场所和区域吗?"[30]接下来,这位法国人会提出恢复与伊拉克的核合作,这正是前国际原子能机构首席核查员毛里齐奥·齐费雷罗1992年9月在维也纳接受我的采访时提出的建议。[31]对这些世界精英中的游击队员来说,萨达姆这样的独裁者谋杀自己的公民不是什么大事,只要他把账单付了就行。

但是,在美国,鲍威尔的发言效果惊人,甚至说服了《纽约时报》评论员莫琳·多德这样的自由主义者。这位多德以前从来不支持布什政府的政策,而现在却表态说鲍威尔"终于有了萨达姆的证据了"。四天后,托马斯·弗里德曼撰文建议由印度这个"世界上最大的民主国家"来取代法国担任安理会常任理事国。[32]

被操纵的法国媒体已经习惯于给希拉克和德维尔潘捧场了。保守党的《费加罗报》煞有介事地声称法国加强联合国核查体系的建议争取了安理会中的"大多数",并称法国的努力是"对战争的战争"。[33]

这种跨越大西洋的分裂并不仅仅局限于在联合国内。五角大楼试图把第四步兵师部署在土耳其以开辟一个北方战场,这是对伊拉克开战最后的军事准备的一部分。这样做除了增加地面战争速胜的可能性之外,还有一个目的就是让美国领导的联盟避免一次生态灾难,也就是说,趁萨达姆的工兵还没有炸毁井口装置就先保卫基尔库克附近油田的安全。在1991年的第一次海湾战争时萨达姆就是这么干的。但是,土耳其需要强硬的北约支持来平息国内的反战情绪。这时,法国再次挺身而出了。

法国对土耳其的敌意是尽人皆知的。借助在欧洲理事会的否决权,法国一手阻止了土耳其加入欧盟的申请,而且有十多年都是这样做的。有些人会申辩说法国只不过在报复当年奥特曼帝国残忍迫害东方基督徒的罪孽。2月10日,法国联手德国和比利时在布鲁塞尔北约总部正式反对美国运送防御性装备到土耳其的动议。

随后,土耳其依据1949年北大西洋公约的第四条向北约申请有机载警戒与控制雷达的飞机、爱国者导弹以及生物和化学武器检验设备。北大西洋公约是使北约成员国成为联盟的共同防卫条款。一个会员国正式向联盟请求军事协助以防备外部威胁,这在北约历史上是第一次。这种请求的可能性是最初成立北约的重要理由。把美国和欧洲联系起来的是一个磐石般牢固的保证:对任何一个北约成员国的攻击都被认为是对所有成员国的攻击。在冷战期间,这个战略威慑了苏联对西欧的蚕食。法国、德国和比利时再一次说了不,实质上是通过表决终止了持续了两代人的北约团结。

在巴黎会见俄罗斯总统弗拉基米尔·普京时,希拉克总统解释了法国的理由:"今天没有什么能证明战争的合法性。俄罗斯、德国和法国决心确保采取一切措施和平地解除伊拉克的武装。"他还补充说:"我没有证据证明这些武器存在于伊拉克。"这句话出自一个为联合国提供了最能干的武器核查员的国家的总统之口,实在是令人诧异。这些核查人员一定亲自向他汇报了萨达姆·侯赛因的核武器、化学武器、生物武器和导弹计划。美国驻北约大使尼古拉斯·伯恩斯说法国人在"用北约的未来赌博"。[34]

次日早晨,《华盛顿邮报》在一篇头版社论中指责法国和德国"站在萨达姆一边"削弱北约和联合国的力量。《华盛顿邮报》讽刺说萨达姆·侯赛因已听从了法国人的劝告,根据他自己所领会的法国人支持他的程度校准了对联合国核查员要求的反应。"[法国的]那些口号正在被巴格达的凶手模仿，这会给法国总统雅克·希拉克和德国总理格哈德·施罗德带来麻烦"，《华盛顿邮报》的社论说[35]。但是好像法国人和德国人都对此漠不关心。

在 2003 年 2 月 11 日那次不平静的国会听证会上，来自南卡罗莱纳州的民主党参议员欧内斯特·F. 霍林斯指责布什政府使有 54 年历史的跨大西洋联盟遭到了瓦解。"谁在分裂这个联盟？"鲍威尔回答说，"不是美国。这个联盟自身在分裂，因为它不能应对它的义务了。"[36]一个美国外交官在评论北约在布鲁塞尔做出的决定时挖苦说，反对美国征召国际联盟来解除萨达姆武装的国家只有"法国和德国，背后是强大的卢森堡公国和比利时，而说卢森堡和比利时在外交上有贡献是胡言乱语。其他 16 个欧洲国家都支持我们"。[37]

2 月 18 日，十个前苏联集团国家，也就是所谓的维尔纽斯 10 国（Vilnius 10），发出了一封信，支持欧盟警告伊拉克如果不同联合国裁军核查员合作将面临战争的危险。这封信公开后激怒了希拉克。在布鲁塞尔，这位法国总统说那些有志于成为欧盟成员的国家应该先请教柏林和巴黎的大哥大们再发表声明。"他们错过了一个闭嘴的绝好机会。"他发誓说将来在投票表决维尔纽斯 10 国欧盟成员地位时，法国会记得他们在伊拉克问题上的立场。[38]

一些人仅仅把希拉克的"情感爆发"看做法国式傲慢的又一个标志而不予理会。但那些东欧人被触怒了，因为他们回想起了几十年前他们的前占领者苏联所做出的类似的威胁。捷克外交部长西里尔·斯沃博达回应说："我们加入欧盟不是为了可以坐在那儿一言不发。"[39]罗马尼亚总统约恩·伊利埃斯库想知道，一个月前希拉克和施罗德发出自己的反战宣言时请教谁了。但是对希拉克的情感爆发，法国人仍然是毫无悔意。很久后，一位法国高级外交官解释说："我们要求所谓的新欧洲以不羞辱法国和德国的方式表达他们的观点，这是为了希拉克和施罗德。我们不能容忍他们侮辱我们！"[40]

法国媒体继续描绘着那场外交上的拔河，在这场外交战中，美国被孤立了，而法国则在为理性代言，法国提出的延长联合国核查体系的建议"获得了特别的好评。"武器核查员前脚刚报告说"证实伊拉克解除武装已经指日可待"，《费加罗报》就抛出了臭名昭著的"我们这个时代的和平"（peace in our time）的现代版，而这句话是1938年英国首相内维尔·张伯伦和他的法国同行在慕尼黑把捷克斯洛伐克出让给希特勒后说的。法国媒体说外交部长德维尔潘是一位国际名人，"他［在联合国］的发言受到了大厅里的公众和新闻界的起立欢呼。"[41]

《纽约时报》报道说，其他报纸没有这样的奉承，而是把德维尔潘称为"外交界的劲量兔"①或者开始把他称为"佐罗"。如果德维尔潘有什么远见，那就是复兴法国的伟大——这是他在自己的著作《百日王朝》中明确表达的一个浪漫主义的观点。《百日王朝》是已出版的一本拿破仑传记，讲述的是这位皇帝从流放地回来，在法国向胜利进军以及100天后在滑铁卢的失败结局。德维尔潘把拿破仑的哲学描述为"胜利或死亡，不管如何都是荣耀"。德维尔潘说，他感觉到有一种"迫切的需要"使拿破仑的例子总呈现在自己的眼前，"这样才能凭借一个法国人的雄心大志来不断前进"。[42]我将在本书最后一章中探讨德维尔潘对拿破仑的崇拜。

⊙

法国的行为之所以触怒美国人并不是因为在萨达姆·侯赛因构成的威胁或在如何对待这种威胁上法国政府同我们的意见不一致，其实俄罗斯、叙利亚和沙特阿拉伯也是这样。而是因为那种被一个老盟友背叛的感觉。副总统迪克·切尼后来说，在9·11后布什若是不对萨达姆采取行动"将是极端不负责任的"。[43]

眼看美国、英国和西班牙就要促成在联合国安理会表决赞成使用武力的新决议，德维尔潘匆忙开始了一次非洲之旅（安哥拉、扎伊尔），

---

① 原文是Energizer Bunny，是一只永远充满活力的卡通兔子，是美国劲量电池（Energizer）的代言形象，也是美国品牌中最著名的形象代表之一。——译者注

提出如果他们投票反对美国就给予经济上和外交上的奖励。布什总统最终决定放弃联合国，在 2003 年 3 月 17 日对萨达姆发出了最后通牒，要么他在 48 小时内离开伊拉克，要么面临同盟国的军事进攻。此时希拉克叫喊美国领导的战争是"非法的"，是"违反国际法的"，并反复强调欧洲应该充当美国军事实力的"抗衡力"。"可以用抗衡力这个术语来描述的关系一定不是联盟的关系"，理查德·珀尔在纽约丽晶饭店举行的一次会议上尖锐地评述说。[44] 在那些可以坦言的时刻，希拉克及其他法国高级官员称美国为"霸主"。具有讽刺意味的是，这样的术语竟然出自一个宣称是保守党人的法国总统之口，这同古巴、伊朗等国家的领导人的观点有更多的共同之处，而不与任何希拉克宣称要捍卫的西方价值观（民主和自由）类似。

那么，到底怎样了？

在伊拉克危机爆发前的那个夏天，胡佛研究所发表了新保守主义外交政策大师罗伯特·卡根的一篇开创性的论文。在文中，卡根提出了一个引人注目的观点，即冷战的结束释放出了许多原则性的冲突，会把美国同欧洲特别是法国和德国分割开。那些冲突最终因为伊拉克引发了痛苦的、公开的离异。"在当今重大的战略和国际问题上，美国人来自火星而欧洲人来自于金星"，卡根说，"他们很少意见一致，相互了解也越来越少了。"

美国已成为世界上出类拔萃的军事强国，实际上独家肩负着世界警察的责任，而欧洲则生活在一个后现代社会，在这个社会里，别说是打仗，就是在国防上花钱的想法都会遭到强烈谴责。"具体到确定国家的优先事务、确定威胁、定义挑战、制订和执行外交和防务政策，美国和欧洲各有各的路。"[45]

卡根的文章"已经成了专题讨论会和欧盟官场上广泛辩论的最根本的东西"，纽约城市大学教授伯纳德·E. 布朗撰文说，"成了加速美国和欧洲政治离异的因素,虽然卡根声称只是描述了这种离异。"[46]

卡根坚持认为,欧洲当前对于使用武力的态度"十分新颖","代表着逐渐背离了支配欧洲许多年,至少到第一次世界大战的那种特殊的战略文化。"只要欧洲强大,它就玩强权政治,现在它软弱了,就采取了截然不同的方法。同样,美国现在愿意展示自己的力量也是一种最新动态。"美国软弱的时候,它实践的是迂回的策略,软弱者的策略,而现在美国强大了,它就要像一个强国那样行事。"换句话说,在过去的两个世纪里,在世界舞台上,"美国人和欧洲人换了位置"。

尽管二次大战"摧毁了号称全球强国的欧洲国家",欧洲仍然是西方联盟中反对苏联扩张的关键壁垒。"冷战结束后,欧洲失去这个战略上的中心地位,但是要经过若干年欧洲是全球强国这个幻影才会逐渐消失。"在20世纪90年代初,欧洲不能结束巴尔干半岛的危机,这就赤裸裸地暴露了一个新欧洲的弱点。是美国通过军事力量和外交努力结束了那里的战斗。"正如某些欧洲人所说,真正的分工是,美国人做饭,欧洲人洗碗",卡根在文章中说。

简而言之,今天大西洋两岸的问题,不是一个乔治·布什问题。是实力的问题。美国的军事力量培养了利用这种力量的嗜好。欧洲在军事上软弱,所以行使军事实力成为令人讨厌的事,这非常容易理解。的确,欧洲的军事软弱使欧洲人有极大的兴趣生活在这样一个世界里——在这个世界里,实力不说明一切,国际法和国际机构掌握一切,某个强国的单边行动行不通,所有国家不管实力如何都享有平等的权利,受到普遍认同的国际行为规则的保护。

因此,在法国和德国领导下,欧洲人寻求"不动用他们自己的力量而抑制美国的力量……欧洲人反对单边行动,部分原因是他们没有能力采取单边行动",卡根如是说。

这种力量的悬殊也导致了对什么是可容忍的威胁这个问题有了背道

而驰的理解。

软弱的心理状态是很容易领会的。一个人如果只拿了一把刀,可能会认为一头在森林里徘徊的熊是可容忍的危险,因为备选方案,即用这把小刀去猎获这头熊,实际上比平躺在地上期盼熊不攻击他更有风险。然而,同样一个人,如果手拿一只步枪,对什么是可容忍的风险可能会有不同的算计。如果没有必要冒被熊拍死的风险的话,他为什么要这样做呢?这个绝妙的正常人的心理正在分裂今天的美国和欧洲。欧洲人已经得出结论:对他们来说,萨达姆·侯赛因构成的威胁比起清除他的风险更可以容忍,这也很有道理。

一些欧洲人承认,冷战结束后,他们的国家已经搭了便车,他们的国防开支跌到历史最低,至多占国内生产总值的2%。的确,赢得伊拉克战争的胜利后,一位现役法国将军对《费加罗报》说:"我们的军事装备不足。我们正在运行的东西没有令人满意的。无论你说什么,我知道,正是由于这个事实,我们才没去伊拉克。"[47]

欧洲人轻蔑地把美国人称为"牛仔"。如果这算是一句真话,那么欧洲"差不多就是一个酒馆老板",卡根写到。"歹徒杀的是治安官,而不是酒馆老板。事实上,在酒吧老板看来,试图用武力维持治安的治安官比那些歹徒更有威胁,因为至少暂时看来,歹徒可能只是想喝一杯酒。"结果呢,因为欧洲着力于贸易以及着眼于维持越来越昂贵的社会福利体系的账面平衡,"欧洲看不到需要动用自己武力的使命。它的使命就是反对武力"。

卡根称欧洲的信仰,即暴力已成为上个世纪的遗物,是"地缘政治的幻想"。其他人则称之为绥靖。"美国的力量以及它愿意行使这种力量(如有必要就采取单边行动),已经构成了对欧洲的新使命感的威胁。"卡根相信,这些差异是意味深长的,且持续存在,势不两立。最大的讽刺在于,欧洲"既没有意愿也没有能力来保护自己的天堂,使它免于被那个还没有接受'道德意识'规则的世界在精神上和肉体上蹂躏"。正因如此,"对于美国乐意使用自己的军事实力来威慑或击败这个世界上仍然相信强权政治的人和国家,欧洲已经产生了依赖"。

但是卡根的论点没有解释为什么在对伊战争中英国、意大利、西班牙和波兰同美国站在一起而法国和德国却没有。它也没有解释为什么希拉克喜爱"幻想一个多极世界,在这个世界里欧洲成了美国军事和政治力量的平衡力"。这句话是希拉克的政治盟友和密友皮埃尔·勒罗西说的。[48]的确,这里涉及的不仅仅是软弱、民族自豪感或对拿破仑式的伟大的错觉,尽管这些都是这个混合产物的重要部分。

美国前副国务卿威廉·施奈德现在领导着国防部长拉姆斯菲尔德的防务科学委员会,他在过去的20年里一直在最高级别上同法国政府打交道。"同德国的问题在于施罗德",他说,"而同法国的问题在于法国。法国人拒绝尊重美国的信仰,这个信仰就是,我们去伊拉克是为了捍卫我们的切身利益,而且是史无前例的。"希拉克总统认为,支持美国领导的对萨达姆的战争将在国际舞台上把法国和欧洲永久地边缘化。施奈德相信,"希拉克所说的法国的外交利益把他带进了深渊"。[49]

一旦伊战爆发,你就不可能认识到,法国和美国这两个国家是被共享的传统和血缘连在一起的。这是美法离异最痛苦的时刻。在巴黎的抗议者焚烧了布什总统的肖像,袭击了麦当劳快餐店。一位老板在巴黎第十一区开了一家很有名的酒吧。因为他表示支持战争,有人把石块扔进了他的酒吧,打碎了窗玻璃。[50]法国的权威评论员和新闻记者持续不断地鼓噪那种类似妄想狂的阴谋论,这种说法似乎永远以反复说美国是"为石油而战"而结尾。拉姆斯菲尔德在接受《费加罗报》采访时嘲弄了这个罪名,"暗示美国是在试图控制伊拉克的石油资源,这是绝对荒谬的。那些有石油的国家销售他们的石油,至于卖给谁真的无关紧要。如果他们拒绝了一个消费者,这个消费者只需要去找另一个供应商"。[51]拉姆斯菲尔德关于市场经济的微型课程对那些满脑子阴谋论的人简直就是对牛弹琴。

战争开始两个星期后，国民阵线领导人让－玛丽·勒庞预言，巴格达会变成美国的斯大林格勒，并嘲笑五角大楼低估了伊拉克军队的勇气和战斗意志。"先生们，伊拉克万岁！"在3月31日，他使劲对拥挤的听众喊了这么一句。他要求把美国的领导人送交"国际法庭"，理由是秘密准备战争一年多。"这个罪行没有借口，因为，事实上，这个犯罪行为是事先预谋好的。"[52]八天后，巴格达陷落。

在法国政治领域的另一端，极度反美的前国防部长让－皮埃尔·舍维内芒说这次冲突是美国领导的"再殖民化战争"。在给《世界报》撰写的文章里，他宣称这场战争是"被五角大楼的战略家凭空想象成通过占领伊拉克并控制中东来主导世界的战争……我们有必要帮助美国来深刻地调整他们同'美国之外的世界'的关系"。[53]他是社会党人，只称赞希拉克和他的反美政策。

《世界报》在2003年4月1日发表的一项民意测验表明，占微弱大多数的法国人（53%）仍然希望联盟在伊拉克取得胜利（在那个调查中没有使用联盟这个词，而是说"盎格鲁－美利坚力量"的胜利）。真正让人关注的是民意测验的下半部分。被调查的法国人当中有超过25%的人说他们希望萨达姆能赢得战争。

法国总理让－皮埃尔·拉法兰感觉这种煽动行为太过分了，他在克莱蒙－费朗劝听众们回归理性。"我们认为这场战争不是好的选择"，他这么说，并提醒他的听众们政府拒绝支持联盟努力的理由。"但是这不是搞错敌人的理由。美国不是敌人。我们的阵营是民主国家的阵营。"就连法国总理都觉得他需要提醒媒体和公众美国不是敌人，这说明了希拉克和德维尔潘对美法关系的损害已经到了什么程度。更不用说法国有理性的公众讨论了。越南战争后，哪次粗俗的反美主义也没被这么起劲地灌输给平民百姓。

这次就灌输了——而且是自上而下。爱丽舍宫发出了一份声明，这份声明类似于拉法兰回归理性的呼吁，但只是阐释了希拉克的意思而没有引用他的原话。的确，希拉克从来没有后退，从来没有呼吁新闻界停止恶性的反美新闻报道,也从来不承认他的行为也许已经给他的国家造成了伤害。女发言人凯瑟琳·科罗纳面无表情地说:"总统一直在谴责巴格达的独裁政权,一直在重申我们是美国的盟友。"如此描述一位政治家的立场,而这位政治家在四分之一个世纪里一直在自豪地说萨达姆·侯赛因是"一个私人朋友",这是法国陷入爱丽丝漫游奇境氛围的又一个例子。

在美国,相似的敌意也出现了。

在印度驻休斯顿领事斯坎德·然江-塔雅尔举行的家宴上,众议院多数党领袖汤姆·迪莱怒斥了一位正在批评美国对伊立场的法国外交官。迪莱说:"很显然我们不会取得一致。"因此他问那个法国人说不说德语。"他看着我,样子有点古怪,回答我,'不,我不讲德语'。我说,'你别客气',然后就转身离开了。"[54]

3月份,保守的公众行动团体"市民联合"(Citizens United)的会长戴夫·波西在"欧瑞利因素"(The O'Reilly Factor)节目中发出公开呼吁后,消费者自发抵制法国产品的事层出不穷。受欢迎的Newsmax.com网站也猛烈抨击法国产品。根据某些说法,这个行动导致法国对美国的出口急降了15%(法国人驳斥了美国的愤怒,说这是"一场由右翼施压集团领导的宣传活动",没有任何公众的支持)。[55]甚至在大都会的曼哈顿商业区,经营了几十年的法国餐馆被迫解雇大多数员工,因为店里没有顾客了。伊拉克战争一打响,美国游客像躲避黑死病一样避开法国。2003年6月,美国自行车运动员兰斯·阿姆斯特朗在环法自行车(Tour de France)大赛上连续第五次取得胜利时,中偏左的《解放报》挖苦说今年的比赛应该叫"绕开法国"自行车赛(Detour of France),因为这正是美国游客所做的事。根据法国全国旅行社公会主席切萨尔·巴尔德拉齐的说法,美国人到法国的旅游业务下降很惊人:2003年第一季度与头一年同期相比下降了80%。法国旅游部承认2003年的前五个月下降了30%。[56]在法国,旅游业是第一大外汇收入来源,从业人员达数百万人。

在国际互联网的讨论板上,各种笑话直击法国荣誉的要害。有人问:"为什么法国的街道两侧都有树?"答案:"这样的话德国人就可以在阴凉地里行军了。"还有:"保卫巴黎需要多少法国人?"答案:"谁也不知道。从来没有试过。"

前美国中央情报局局长 R. 詹姆斯·伍尔西在《华尔街日报》的专栏版上说,对分裂我们的那些真正的、棘手的差异,这样的笑话可以说是不得要领的,"不仅不足取,而且还十分错误"。他提到了 1914 年 9 月的马尼之战,当时巴黎的出租车司机被动员起来往前线送援军以拯救这座城市,这在法国是个历史性的时刻,"对美国人来说就像华盛顿穿过特拉华一样有名"。①

类似的有关德国的笑话没有认可在第三帝国期间勇敢反对希特勒的行动。那时乌尔里希·冯·哈塞尔(Ulrich von Hassell)等外交官密谋除掉希特勒,但他们付出了生命的代价。伍尔西说:"否认这些国家历史上高尚的一面,诋毁他们的国格会削弱我们自己,削弱我们的争论。"

伍尔西说的对。我在法国当了 18 年记者,曾随法国海军陆战队士兵在国外部署,曾同一位法国外籍军团的军人在贝鲁特的一个地窖里当过人质,在那里一起忍受屈辱,一起担惊受怕,一起祈祷平安。我后来同外籍军团的一位指挥官一起吃饭,他表达了对美国的赞赏,批评他那些在巴黎的政治主人缺乏坚定信心。我早就和法国的亲美人士结下了友谊,其中一些人还将在本书中出现。这些亲美人士认为他们正在自己的国家内部进行着一场反对绥靖和妥协的史诗般的战斗。

直到今天他们还在不断提醒我,情况并不一直是这样的。

在本书中,我要讲两个故事,美国读者对哪一个也不熟知。第一个

---

① 法国学生们学到的有关马尼之战的最著名的轶事同伍尔西所说的稍有不同。当几百辆出租车汇集在巴黎的荣军院广场时(Esplanade des Invalides),有位司机调头问那位法国陆军指挥官:"车费怎么算?"经过一番讨价还价,同意支付司机们记价器读数的 27%,让他们跑往返南特伊-勒-奥杜安 60 英里折磨人的路。但是,多亏他们的英勇,德国人向巴黎前进的步伐被阻挡了。——译者注

涉及冷战期间法国和美国之间令人难忘的、通常也是秘密的军事和战略合作。第二个不那么光荣但是有时很荒诞，让人难以置信，故事涉及法国精英们同前伊拉克的独裁者萨达姆·侯赛因的长期的相好关系。

1. "美利坚合众国审判萨卡里亚斯·穆萨维"，美国地区法庭，弗吉尼亚东区，2001年12月。(United States of America v. Zacarias Moussaoui, United States District Court, Eastern District of Virginia, December 2001.)

2. 《读者文摘》2002年3月号，肯尼斯·R. 蒂默曼文章，"代号、线索及招供"。(Kenneth R. Timmerman, "Codes, Clues, and Confessions," Reader's Digest, March 2002.)

3. 作者采访法国高级官员，2003年8月27日。

4. 作者采访让－路易·布吕吉埃，2003年8月28日。

5. 作者采访法国外交部官员，2003年8月。

6. 作者采访让－路易·布吕吉埃，2001年10月；2001年12月；2003年8月。

7. 《法庭电视》2002年8月23日，"穆萨维藐视法庭指定的律师却利用他"。("Moussaoui Making Use of Court-Appointed Defense Lawyers He Despises", Court TV, August 23, 2002.) 参见 www.courttv.com/trials/moussaoui/082302_ap.html.

8. 《金融时报》2003年5月27日，"伊拉克战争：跨大西洋外交失败前木已成舟"。(Quentin Peel, Robert Graham, James Harding, and Judy Dempsey, "War in Iraq: How the Die Was Cast Before Transatlantic Diplomacy Failed", Financial Times, May 27, 2003.)

9. 作者采访一位参加了那次特别会议的美国驻联合国代表团成员，2003年8月4日。

10. 法国外交部提供的官方记录，"安理会有关反恐斗争的部长级会议；法国外交部长多米尼克·德维尔潘先生的讲话与新闻发布会，2003年1月20日"。（"Réunion du Conseil de Sécurité au niveau ministériel sur la lutte contre le terrorism; discours et conférence de presse de M. Dominique de Villepin, ministre des affaires étrangères, 20 janvier, 2003."）

11. 作者采访一位秘密消息提供者，2003年10月。

12. 同上，2003年8月4日。

13. 《华盛顿邮报》2003年1月21日，"法国郑重申明要反对有关伊拉克战争的决议"。（Glenn Kessler and Colum Lynch, "France Vows to Block Resolution on Iraq War", *Washington Post*, January 21, 2003.）

14. 菲舍尔的引语见前条。布利克斯在1月27日告诉安理会说伊拉克没有让武器科学家同他会面，也没有提供他所要求的文件。

15. 作者采访一位秘密消息提供者。

16. 《纽约时报》2003年1月23日，"为什么我们知道伊拉克在撒谎？"（Condoleezza Rice, "Why We Know Iraq Is Lying", *New York Times*, January 23, 2003.）

17. "国防部副部长沃尔福威茨关于伊拉克裁军的讲话"，2003年1月23日在纽约市外交关系委员会上的政策答辩。国防部提供的文字记录，可参看"Deputy Secretary Wolfowitz Speech on Iraq Disarmament," www.defenselink.mil/news/Jan2003/t0123200_ t0l23cfr.html

18. 作者采访法国高级官员，2003年8月27日。

19. 《旗帜周刊》2003年11月23日，《结案：美国政府的秘密备忘录详述了萨达姆·侯赛因同奥萨玛·本·拉登之间的合作》。（Stephen F. Hayes, "Case Closed: The U. S. government's secret memo detailing cooperation between Saddam Hussein and Osama bin Laden", *Weekly Standard*, Nov. 24, 2003.）

20. 《纽约时报》2003年1月26日，"身在欧洲的鲍威尔几近驳回联合国关于伊拉克的报告。"（Mark Landler and Alan Cowell, "Powell, in Europe, Nearly Dismisses UN's Iraq Report", *New York Times*, January

26, 2003.)

21. 作者采访法国高级官员, 2003 年 8 月 27 日。

22. 同上, 2003 年 8 月 28 日。

23. 作者采访美国外交官, 2003 年 10 月 1 日。

24. 法新社 2003 年 1 月 26 日援引福克斯新闻周日版, "五角大楼的顾问说法国只对伊拉克石油感兴趣。"("Pentagon Adviser Says France Only Interested in Iraqi Oil", Agence France-Presse, January 26, 2003, quoting *FOX News Sunday*.)

25. 福克斯特别报道 2003 年 1 月 23 日, "法国的商业利益影响联合国的投票吗?"("Does French Business Interest Effect UN Voting?" Fox Special Report with Brit Hume, January 23, 2003, transcript # 012301cb. 254.)

26. 《欧洲华尔街日报》2003 年 1 月 30 日, "我们联合起来了:八位欧洲领导人同布什总统一心一意。"("United We Stand: Eight European Leaders Are as One with President Bush", *Wall Street Journal Europe*, January 30, 2003.)

27. 作者采访一位参加了那次特别会议的美国驻联合国代表团成员, 2003 年 8 月 4 日。

28. 作者参加一个关于伊拉克问题研讨会的笔记记录, 研讨会由贝纳多协会(Benador Associates)组织, 2003 年 2 月 4 日, 华盛顿特区威拉德饭店。

29. 作者采访一位防务科学委员会成员, 2003 年 7 月。鲍威尔的引语见联合国安理会文字记录, S/PV. 4701, 2003 年 2 月 5 日。

30. 法国外交部官方文本, 法国外交部长多米尼克·德维尔潘先生在安理会部长级会议上的讲话, 2003 年 2 月 5 日。("Discours du ministre des affaires étrangères, M. Dominique de Villepin, lors de la réunion du Conseil de Sécurité au niveau ministériel".)

31. 《欧洲华尔街日报》1993 年 1 月 28 日, "国际原子能机构在伊拉克所未能发现的"。(Kenneth R. Timmerman, "What the IAEA Hasn't Found in Iraq", *Wall Street Journal Europe*, January 28, 1993.) 也参见《中东防务新闻》第八期(1993年1月25日),《伊拉克有原子弹吗?》(Timmerman, "Does Iraq Have the Bomb?" *Middle East Defense News (Mednews)* 6, no. 8 (January 25, 1993).)

32.《纽约时报》2003年1月9日,"投票让法国离开那个岛"。(Thomas L. Friedman, "Vote France off the Island", *New York Times*, February 9, 2003.)

33.《费加罗报》2003年2月10日头版社论,"伊拉克:巴黎的前线"。(Jean de Belot, "Irak: La Ligne de Paris", lead editorial, *Le Figaro*, February 10, 2003.)

34.《华盛顿邮报》2003年2月11日,"美国和欧洲关于伊拉克的裂痕加宽了。"(Peter Finn, "U. S. -Europe Rifts Widen over Iraq", *Washington Post*, February 11, 2003.)

35.《华盛顿邮报》2003年2月11日A20版,"同萨达姆相处"。("Standing with Saddam", *Washington Post*, February 11, 2003, page A20.)

36.《华盛顿时报》2003年2月12日,"随着对伊拉克行动的临近,国家'分崩离析'了"。(Nicholas Kralev, "NATION 'Breaking Up' as Iraq Action Nears", *Washington Times*, February 12, 2003.)

37. 作者采访美国外交官,2003年8月4日。

38.《华盛顿时报》/路透社2003年2月19日,"欧盟候选国支持最新的对伊拉克的警告。"(John Chalmers, "EU Candidates Endorse Latest Warning to Iraq", *Washington Times*/Reuters, February 19, 2003.)

39. 同上。

40. 作者采访法国高级外交官,2003年8月,巴黎。

41.《费加罗报》2003年2月16日,"在安理会得到核查员报告之后,法国在3月14日又召开了一次新的安理会会议"。(Jean-Louis Turlin,"La France demane une nouvelle réunion du Conseil de Sécurité le 14 mars après le rapports des inspecteurs devant le Conseil de Sécurité," Le Figaro, February 16, 2003.)

42.《纽约时报》2003年3月9日,"法国最畅言无忌的战争反对者被证明是坚韧持久的。"(Elaine Sciolino,"France's Most Vocal War Foe Proves Tireless", New York Times, March 9, 2003.)

43. 美联社2003年7月24日,"切尼为伊拉克使命辩护"。("Cheney Defends Iraq Mission", Associated Press, July 24, 2003.)

44. 理查德·珀尔的发言,2003年2月13日,文字记录由贝纳多协会(Benador Associates)提供。

45. 本句引语和以下的引语出自《政策评论》第113期(2002年6月号)罗伯特·卡根文章,《力量与弱点》,斯坦福大学胡佛研究所出版。(Robert Kagan, "Power and Weakness", Policy Review 113 (June 2002), Hoover Institution, Stanford University.)

46.《美国外交政策利益》第24期(2002年)第481-489页,伯纳德·布朗文章,《美国人来自火星,欧洲人来自金星吗?》该杂志由美国外交政策全国委员会出版。(Bernard E. Brown, "Are Americans from Mars, Europeans from Venus?" American Foreign Policy Interests 24 (2002): 481-89 (published by the National Council on American Foreign Policy in New York).)

47.《费加罗报》2003年7月14日,"走向新军队的长征",安德鲁·波若维茨在2003年7月20日《华盛顿时报》上引用。("La Longue marche ver l'armée nouvelle", Le Figaro, July 14, 2003; quoted by Andrew Borowiec, "'Long March Toward a New Army,'" Washington Times, July 20, 2003.)

48.《世界报》2003年2月26日,"巴黎-华盛顿:联合国冲突多样化"。勒罗西(Lellouche)在《纽约时报》的专栏版发表了这一评论。(Alain Frachon, "Paris-Washington: UN Conflit multiforme", Le Monde,

February 26, 2003.)

49. 作者采访威廉姆·施奈德,2003 年 7 月 30 日。

50. 作者同 Bistrot 餐馆老板 Jacques Melac 的谈话,2003 年 10 月。

51. 唐纳德·拉姆斯菲尔德在慕尼黑接受查尔斯·兰布洛西尼(Charles Lambroschini)的采访,见《费加罗报》2003 年 2 月 10 日。(*Le Figaro*, February 10, 2003.)

52. ("国民阵线"领导人)让－玛丽·勒庞,"先生们,伊拉克万岁",2003 年 3 月 31 日。参见 www.frontnational.com/lesdiscours.php?id_inter=4。(Jean-Marie Le Pen, "Vivre l'Irak, messieurs," March 31, 2003.)

53. 《世界报》2003 年 4 月 7 日。(Jean-Pierre Chevènement, *Le Monde*, April 7, 2003.)

54. 《洞察力》杂志,2003 年 2 月 18 日,蒂默曼文章,《法国出什么问题了?》(Kenneth R. Timmerman, "What's Wrong with France?" *Insight* magazine, February 18, 2003.)

55. 作者采访外交部长多米尼克·德维尔潘的高级顾问,2003 年 8 月 27 日。

56. 《解放报》2003 年 7 月 28 日,"关于伊拉克战争问题出现外交紧张后,美国人将不再登陆法国"。(Ondine Millot and Stéphanie Platat, "Après les tensions diplomatiques sur la guerre en Irah, les Americains ne débarquent plus en France", *Libération*, July 28, 2003.)

2

第二次婚姻

> 严格地说,一个没有原子弹的国家决不能认为自己是独立的。
> ——夏尔·戴高乐将军[1]

　　法国总统乔治·蓬皮杜的外交部长米歇尔·若贝尔一听说尼克松总统的所作所为就匆匆忙忙赶到位于加利福尼亚州圣·克莱蒙特的西部白宫。

　　若贝尔是个自高自大的小个子男人。他是一位常年的总统候选人,领导着一个政治运动。他坚持以自己的名字给这个运动命名,好像他所在的是个重要城市似的(巴黎人来自 Paris 巴黎一词。Jobert 若贝尔的追随者被称为 Jobertistes "若贝尔主义者")。米歇尔·若贝尔是法国的亨利·华莱士或拉尔夫·纳德,是法国政治的"第三种力量",而许多主流政治家认为他只不过是一只害虫。他远离左派,但在中右党派中却找不到自己的位置,因为那些党派由政治技巧熟练,和他一样自负的人掌握着。若贝尔是政治上的孤家寡人。他的天性已经到了诡诈的程度,他总是那个背道而驰者。甚至在他的朋友看来,他也经常乖戾暴躁。然而,我这个当记者的总是发现他是一个特好的采访对象。直到他在 2002 年 5 月以 80 高龄寿终正寝,他一直盲目乐观地回顾法国在国际舞台上叱咤风云的那个黄金时代。当然,他指的是他在位于凯道赛的法国外交部当服务员的那两年。

若贝尔第一次得知理查德·尼克松总统和亨利·基辛格国务卿打算同苏联签订《防止核战争协定》时，他大吃一惊。尽管美国认为这份协议基本上是走过场的，但是法国人却心生疑虑。他们担心这个协定掩饰了美国和苏联制定《全面禁止核试验条约》的努力，而那个禁令则意味着法国的独立核威慑要被迫终结。在20世纪70年代初期，法国的核力量还处在幼儿期，法国正在奋力追赶英国、美国和苏联。而法国公众并不知道这一切，他们认为法国已经是一个核大国了。那时，法国的战略核力量主要由36颗简陋的自由下落原子弹组成，而这些原子弹还得由有人驾驶的幻影IV – A轰炸机直接投放到目标上。[2] 对法国飞行员来说，核战争就意味着自杀，他们也深知这一点。假如他们设法躲过苏联的防空体系并轰炸了莫斯科，在返回北约管制的空域前就会耗尽燃油。法国直到1968年才引爆自己的第一颗氢弹，比英国晚了11年，而且还在想方设法获得把两组核填料装进同一个热核弹头的技术。1972年1月28日，法国的第一艘弹道导弹潜艇"可畏"号（Le Redoutable）在吹牛声中出港执行现役海洋巡逻任务，但它的导弹只能携带几个弹头。法国的陆基核力量也同样脆弱。1969年底，马赛北面阿尔比恩高原的导弹场上，导弹发射井的施工已经完成了；1971年，当法国宣布导弹基地已经可以使用时，导弹本身还在改善过程中，导弹的生存能力还深受怀疑。[3] 法国人还需要几十次实验才能确信他们拥有了有效的核威慑力量。

因为害怕出现最坏的情况，若贝尔匆忙赶到圣·克莱蒙特，同基辛格和尼克松谈了两天，而此时，苏联总理列昂尼德·勃列日涅夫1973年6月22日的签字墨迹还未干透。法美双方所讨论的真正议题被严格保密了15年还多。

若贝尔带去了一份详细的购货清单，上面列着法国人打算说服尼克松和基辛格提供的核武器援助，这差不多就像美国从20世纪50年代以来一直帮助英国建立自己的核力量一样。然而，直到那时，美国人一直在拒绝法国人的这些要求，而且他们有充分的理由。

在战后的最初几年，法国主管核武器发展的机构原子能委员会（简称 CEA）被亲苏联的左派把持着。的确，原子能委员会的第一任领导是一位法国共产党员。1950 年在一次党的集会上，他宣布"法国人不'需要'，也决不向苏联开战"。他因此被解雇。[4]美国一直怀疑原子能委员会的安全程序，担心美国所转让的任何核武器秘密都可能被泄漏给苏联。[5]

另外，肯尼迪总统和约翰逊总统从来都没喜欢过那位高傲自大的夏尔·戴高乐将军。是戴高乐一直坚持巴黎应该成为北约联盟内部完全的核伙伴，并且得到独立管理驻扎在法国领土上的美国核武器的权利。美国害怕戴高乐不事先通报华盛顿就对苏联发射武器，进而触发苏联对美国大陆大规模的报复性攻击。而戴高乐那边呢，他为法国发展独立的核威慑力量而需要特别费用做辩解，说指望美国"以自己的生存为代价来保卫欧洲"，特别是在苏联发起攻击时这样做，那是不切实际的。[6]

在约翰逊总统拒绝了戴高乐对北约核武器指挥权的要求后，法国人撤出了北约，命令当时根据北大西洋公约驻扎在法国的 7 万美国和北约军队卷起铺盖走人。1966 年 3 月 10 日，戴高乐宣布了他的决定，给了美国一年期限撤离法国。这项决定迫使美国的欧洲司令部超速运转，启动"紧急再安置行动（Fast RELOCation）以便完成这项令人畏惧的任务——重新安置大约 7 万名人员和 400 个军事机构，包括 30 个重要的空军、陆军和海军的军事设施"[7]，以及位于巴黎郊区的北大西洋公约组织总部。也就是在这个时候，约翰逊总统向戴高乐提了一个很著名的问题，问他是否还要求美国把那些为了两次把法国从德国占领者手中解放出来而献身的美国士兵的遗体也带回去。巴黎和华盛顿的第一次离异既迅速又痛苦。

亨利·基辛格回忆了他在 1969 年 3 月陪尼克松总统去巴黎时第一次见到戴高乐的情形。当时，这位法国总统在爱丽舍宫设宴招待美国客人。戴高乐发现在屋子另一头的基辛格后，打发一个助手去告诉基辛格，说总统想同他讲话。"多少抱着敬畏之情，我接近了那位高大的人物"，基辛格写到，"看到我后，他支开了身边的人，没有问候也没有其他的社交礼节，他用这样一句质问迎接我：'你们为何不从越南撤出？'"[8]

但是，在1969年戴高乐出人意料地辞职后，事情有了变化，而且，出于种种原因，美国也在暗中考虑再次同法国结缘。对这种意愿的变化若贝尔似乎并不知情，他像一位毫不怀疑的新娘一样走进了预先设在圣·克莱蒙特的定亲宴会上。基辛格不但设法减轻了法国对新的美苏协议的担心，而且，按照普林斯顿大学学者理查德·H.乌尔曼的说法，基辛格突然提出了一个将改变历史进程的问题。

> 据说，基辛格说，美国已经注意到，因为不能稳定导弹的自旋，法国为潜艇射弹道导弹研制多弹头的计划遇到了困难。法国人愿不愿意了解美国工程师是如何解决这个问题的？若贝尔给予了肯定的答复，同时指出，法国还欢迎美国帮助解决其他问题。[9]

基辛格很清楚地知道，根据1954年修订的原子能法案，公开给法国的核武器计划提供技术援助是被禁止的。为此，基辛格提议了一个"消极指导"体系来避免任何直接的保密数据转让。这个指导体系后来被称为"二十个问题"。法国专家们同来自美国国家原子能实验室的同行们坐下来，"描述他们打算做什么，然后美国对话者用一般的术语让他们知道这种思路是否正确"。[10]如果考虑到设计洲际弹道导弹和核弹头微型化的异乎寻常的复杂性，这样一个眨眼点头的系统显得很粗略。事实上，这是无价的，这使法国人缩短了好几年开发时间，节约了上亿美元。在美法核合作开始三年后，法国成功解决了新一代弹头和导弹的所有技术难题，极大地提高了法国给苏联造成破坏的能力。[11]

若贝尔尽职地向蓬皮杜总统作了汇报。蓬皮杜派遣国防部长罗伯特·加莱于1973年9月赴美同他的美国同行建立工作关系。但是，加莱回到法国后却报告说"美国人所提供的东西没有实在的"，而且他见到的五角大楼官员"对若贝尔的谈话一无所知"。[12]若贝尔同基辛格的关系

"是一种因为相互讨厌而相互喜爱的关系"。若贝尔断定这位美国国务卿哄骗他透露了法国的真实感情。但是他错了。不久若贝尔辞职。很显然,他没有了解真相就离职了。只不过做出技术上的安排需要更多的时间罢了。

若贝尔膨胀的自我意识使他失去了判断力。他后来认为,正是因为他对美法战略合作的好处作了才华横溢的解释才把基辛格和尼克松争取过来。这次,他又错了。基辛格和尼克松故意决定在1972年限制战略武器谈判后启动同法国的核合作,这是"(从质量方面)提高西欧尚存的核能力"大战略的一个组成部分。限制战略武器谈判确定了美苏的核均势。[13]而一个更强大的法国核力量给苏联的核计划增加了不确定因素。由于法国的力量不再并入北大西洋公约组织中,苏联不能确切地知道,万一苏联攻击美国或在欧洲的北约军队,法国是否加入北约的第二次打击。在盘算世界末日的核战略中,这种不确定性是美国的宝贵资产。

在技术层面上,基辛格精确地知道法国要想提高他们的军力还需要什么,这是因为一份高度机密的报告描述了法国计划的缺点。那份由斯坦福研究所于1972年8月完成的报告说:

> 法国已经强烈地感到,如果没有美国的合作,要想发展自己的核力量,则在时间和气力上都要加倍。过去有好多次,法国都设法获得了华盛顿的批准以便有权使用美国的核技术,或者可以购买支持它自己核计划的美国辅助设备和物资。美国的决策者通常都持消极立场。考虑到美国愿意同英国共享它的大部分核技术,法国领导人对美国的这一立场深恶痛绝。[14]

这份斯坦福研究所的报告接着描述了法国人在设计某种弹头时遇到的困难。这种弹头需要有效的突防辅助能力以便击败莫斯科周围的初级弹道导弹防御保护。报告建议给法国的计划提供"适度的"支持,包括核安全装置技术、远程导弹发动机技术以及无限制使用美国电脑和电脑技术。如果政府认为可以有把握地寻求国会批准来提供更广泛（以及更公开）的援助，这份报告建议"给法国提供核火箭技术方面的支持，"以及最终"使法国的核动力潜艇及携带的导弹更完美"。[15]两国的公众直到现在都不知道，这份1972年的绝密报告奠定了30多年来两国在核合作上的框架。

在法国，人们在第二次结婚时没有精心准备的婚礼，甚至连教堂结婚仪式都没有，这是经常发生的事。这两个伙伴开始安排新的生活了，好像戴高乐时代的离异从未发生过。但是法国人比美国人更热衷于保持秘密联络。原因之一是，法国的原子能大亨们不想再度唤醒戴高乐主义的幽灵，并且不想冒断绝同美国核武器实验室关系的风险。通过宣称打算不借助外来援助发展法国的战略核力量，法国已经赢得了预算的扩大并提高了声望，所以把全部事实都告诉他们的政治主人是没有意义的。里根时期负责政策事务的美国国防部副部长弗雷德·查尔斯·伊克尔说："是法国人想严格保密，而我们为了他们的声望也就帮了他们一个忙。"伊克尔是20世纪80年代核交流过程中的一位关键人物。[16]为这种联盟保守秘密使法国在很大程度上保持了独立于美国的政治地位。

在美国方面，斯坦福研究所的报告指出，如果行政机关提交一份正式的核合作协议，那么，因为对法国人在1966年退出北大西洋公约组织这件事的怨恨经久不息，因为法国拒绝签订1963年的《部分禁止核试验条约》，因为法国继续进行大气层试验，因为怀疑苏联鼹鼠①已严重地渗透到原子能委员会中，这一切都可能促使美国参议院拒绝批准这个协议。[17]随着反法的情感被耗尽，卡特政府再一次提出了使这种关系正式化的想法，理由是如果得到参议院的批准，他们可以提供更多更重要的援助。自然资源保护委员会（NRDC）研究员罗伯特·S.诺里斯得到了一份已经解密的美国能源部1978年的报告。这个报告表明：法国人对

---

① 在情报学术语中，鼹鼠指打入敌方内部并长期潜伏的间谍或双重间谍。

——译者注

于正式协定"毫无兴趣"。[18]这没有阻止卡特政府暗中同意出售最先进的克雷巨型计算机来帮助法国人进行完善弹头设计所需要的运算。[19]

大西洋两岸只有少数几个官员了解这项军事上的核合作。在这个交流计划开始时,除了蓬皮杜的私人密友、法国驻美大使雅克·科西阿斯科·莫里载外,"大使馆没有其他人知道从巴黎来的专家们的来访目的。这些人或者由安德烈·吉劳(当时的原子能委员会主席,后来的国防部部长)带领,或者由让-劳伦斯·德尔佩奇带领。德尔佩奇是法国武器装备总署①(DGA)的署长,而法国武器装备总署是掌控武器生产的政府机构。"[20]在后来的很多年里,这两个人和他们各自的机构在美国和法国的战略合作中一直起着最重要的作用。的确,对德尔佩奇而言,他的旗帜由他的儿媳泰雷兹·德尔佩奇继承了。泰雷兹·德尔佩奇在20世纪90年代成为雅克·希拉克总统的战略事务顾问。再后来,她是少数几个赞同继续同华盛顿建立紧密关系的法国官员。

乌尔曼发现,在很大程度上美法交流"偏离了实际上的核武器设计,以避免同美国立法机构发生冲突"。然而,乌尔曼和诺里斯都得出结论,说这些交易都应该包括在一项特别的核合作协议中,这是修正的原子能法案91c节的要求。

在这些交易进行时,兰迪·瑞迪尔是美国参议院政府事务委员会的高级成员。他指出,《不扩散核武器条约》中没有禁止核国家间进行军事合作的条款,而历届美国政府出于政治上的考虑直到1985年才向国会通报了这项合作。"他们通过苏格拉底问答法规避了法律,通过提问封堵了武器设计临界区域的死胡同"。"在技术上,这算不上非法转让信息",瑞迪尔告诉我,"所有这一切都是为了帮助一个盟友节省投资,节省资源,避开迷魂阵,这样他们可以有一个更有效率的计划。"[21]

但是,那种苏格拉底问答法可以变得非常具体。通过采访参与这场

---

① 原文为 Délégation Générale pour l'Armement,简称 DGA。这个机构的译名有很多,如"国防采办局"、"武器采购局"、"军备局"等。这里采用更接近原意的一种。——译者注

交易的美国和法国科学家，乌尔曼发现"法国人为使弹头小型化并保护它们不受附近的核爆炸产生的电磁辐射的影响而寻求建议，（而他们）也得到了这些建议"。核爆炸产生的电磁辐射是一种被称为"兄弟骨肉残杀"的现象，是武器设计师需要解决的最困难的技术问题之一。乌尔曼说："据此，法国科学家被容许秘密地把他们自己的物资和部件暴露在从内华达的美国试验基地地下爆炸发出的辐射中。"[22]有一次，美国主动允许法国在内华达实际测试已完成的武器，但是法国人拒绝了，很明显是担心在美国的地盘上测试"是法国独立性降低的极大象征，同时也因为法国人不愿提供具体设计信息以便让美国适当配置测试设施（而英国人通常都提供这些信息）"。[23]换句话说，法国人乐于从美国得到技术援助和高度机密的核武器信息，但他们还是有自己打算保守的秘密。

20世纪80年代中期，法国战略核威慑的设计师之一皮埃尔－玛丽·加鲁瓦将军在巴黎向我解释说，他所属的法国原子能机构的一个内部派别事实上相信戴高乐发明的那句口号，就是说法国需要在苏联和美国之间扮演微妙的平衡角色。他说，法国的战略核力量是用来威慑全方位（de tous azimuts）的对法国的攻击，包括来自美国的。[24]

但是，在华盛顿特区，在三个美国国家原子能实验室（劳伦斯·利物莫、洛斯·阿拉莫斯和桑迪亚），人们并不是这样理解这件事的。在那三个实验室里，美国的原子能科学家远离安全人员，很高兴地在家里接待他们的法国同事，絮絮叨叨地透露核武器设计的奥秘。从我自己同至今仍然从事这些交流的美国和法国物理学家的讨论中可以看出，很明显，这么多年来他们已经建立了很深的私交。一位肩负重任防止外国在这些实验室从事间谍活动的美国能源部前高级官员说："科学家的天性就是喜欢与人分享。"核武器设计师的圈子是很受限制的，因此他们聚在一起时就会发现，同大家一道分享自己的最新发现所带来的兴奋心情是一件很自然的事。他还说："即使法国人在我们头上丢一颗核弹，我敢和你打赌，那些实验室里一定有人会说我们可以从中学到一点什么东西。"[25]

把美法间的核合作描绘成只对法国人有利的单行道是不准确的。在某种意义上,美国在这项交流中得到的比它给予法国的要重要的多,因为那是我们所没有而又急切寻找的东西。这会让戴高乐在九泉之下不得安宁。

1. 《纽约时报杂志》,1968 年 5 月 12 日出版。(*New York Times Magazine*, May 12, 1968.)

2. 罗伯特·诺里斯等著,《核武器手册》第五卷《英国、法国和中国的核武器》第 214 页表 4.5 "法国的核弹头"。(Robert S. Norris et al, *The Nuclear Weapons Databook*, vol. V: *British, French, and Chinese Nuclear Weapons*, Westview (Boulder: 1994), table 4.5, "French Nuclear Warheads, 1964—2000", p. 214.) 戴高乐在 1968 年隆重宣布:法国的战略核力量,尽管数量很少,已可以用于作战了。

3. 诺里斯等著作(第 236 页)说 S2 导弹试验性生产的资格验证发射持续到 1973 年 3 月,战斗导弹的试验持续到 1977 年。1971 年,在宣布导弹基地可以用于作战时,只有九个弹头交付到阿尔比恩高原。

4. 这个人是弗里德里克·约里奥·居里(Frédéric Joliot Curie),是玛丽·居里的女婿,他在同居里夫人的女儿艾琳(Irene)结婚后改姓居里。见彼得·普林格、詹姆斯·史匹格曼著,《核武大亨》,第 128 页。(Peter Pringle and James Spigelman, *The Nuclear Barons*, Avon Books (New York: 1981), p. 128.)

5. 诺里斯等著,《核武器手册》,第 192 页。

6. 夏尔·戴高乐著,《希望回忆录》(Charles de Gaulle, *Mémoires d'espoir*),引自多米尼克·罗伦兹,《原子事件》,第 88 页。(Dominique Lorentz, *Affaires atomiques*, Les Arènes (Paris, 2001), p. 88.)

7. 诺里斯等著,《核武器手册》,第 188 页。

8. 亨利·基辛格著,《大外交》,第 604 页。(Henry Kissinger, *Di-*

plomacy, Simon and Schuster (New York: 1994), p. 604.)

9.《外交政策》第 75 期（1989 年夏季号），第 9 页，理查德·H. 乌尔曼，《隐秘的连结》。(Richard H. Ullman, "The Covert Connection," Foreign Policy 75 (Summer 1989): p. 9.) 乌尔曼说他对美国和法国高级官员进行了一百多次采访。这些人亲自参与了这个双方协作的核计划。他们同意告诉他这个可能是美国或法国政府"保守得最好的秘密"的背景情况。

10. 前引书，第 10 页。

11. 新式 M20 导弹随法国的第四艘弹道导弹核潜艇"不可征服号"（L'Indomptable）下水而开始服役，是第一种有两阶段热核装置（TN 60 弹头）的导弹。（参见诺里斯等，第 252 页）

12. 乌尔曼,《隐秘的连结》, 第 11 页。

13. 诺里斯等著,《核武器手册》, 第 190 页。

14. 斯坦福研究所,《美国—法国核关系的新视角》, 第 52 页。研究备忘录 SSC-RM-8974-2，1972 年 8 月。(Stanford Research Institute (SRT), Wynfred Joshua, New Perspectives in US-French Nuclear Relations, Research Memorandum SSC-RM-8974-2, August 1972, p. 52), 援引自诺里斯等著,《核武器手册》, 第 190 页。这个备忘录根据《自由信息法案》部分地解密并公开。

15. 斯坦福研究所报告，第 78—79 页，诺里斯等在《核武器手册》中引用，文见第 191 页。

16. 作者采访弗雷德·查尔斯·伊克尔，2003 年 7 月 25 日。

17. 诺里斯等著,《核武器手册》, 第 192 页。

18. （美国）能源部,《国际原子防务合作》, 1978 年 10 月 27 日，诺里斯等在《核武器手册》第 191 页引用。(Department of Energy (J. D. McBridge, Office of Military Application), "International Atomic Defense Co-operation", October 27, 1978, 0-1; cited in Norris et al., Nuclear Weapons Databook, p. 191.)

19. 诺里斯等著,《核武器手册》,第 192—193 页。这份秘密协定是在 1978 年签订的,第一台 Cray12 计算机是在 1982 年 8 月安装在原子能委员会位于里梅尔 – 凡伦顿的基本武器设计实验室的。

20. 乌尔曼,《隐秘的连结》,第 11 页。

21. 作者采访兰迪·瑞迪尔,2003 年 7 月 22 日。瑞迪尔为参议员约翰·格里恩(John Glenn,俄亥俄州民主党人)工作。约翰·格里恩是《不扩散核武器条约》的强力支持者,也极力主张对核技术出口严加控制,尤其是对那些有雄心大志的核大国及未宣布的核国家(比如以色列和南非)的出口。

22. 乌尔曼,《隐秘的连结》,第 13 页。

23. 前引书,第 14 页。

24. 作者采访皮埃尔 – 玛丽·加卢瓦将军,1985 年 3 月 5 日。"de tous azimuts"这个短语是阿耶雷将军(Ailleret)在 1967 年杜撰出的,但长期以来一直和戴高乐联系在一起。

25. 采访美国能源部前高级官员,2003 年 7 月 21 日。

3

危险的联系

  一个阳光灿烂的早秋下午,一架绿白相间的波音707飞机降落在巴黎奥利机场。飞机上装饰着萨拉丁之鹰,那是伊拉克崇尚武力的国家象征。那天是1975年9月5日,星期五。法国当时最年轻的总理亲临现场,客人的双脚一踏上法国的土地,他就走向前致意。一条长长的红地毯一直铺到贵宾室,屋里香槟酒、法国鸡尾酒和三明治在等候着伊拉克客人。"欢迎您,您是我的私人朋友",希拉克总理告诉他的客人,"我向您表达我的尊重、我的关心和我的友爱。"希拉克的"私人朋友"就是萨达姆·侯赛因。尽管在职务上他只是伊拉克的副总统,但他已经成为公认的复兴党政权的实权人物。

  萨达姆用妄自尊大回报了希拉克的好意,后来也正是这种妄自尊大让萨达姆蜚声世界。"我们希望法国同〔其他〕阿拉伯国家保持的关系将受益于和今天一样的温暖和热诚。我的访问只会增进我们两国的关系,而且我希望我的访问对世界和平也有好处。"[1]

  这位伊拉克副总统到法国是为了签订一个战略条约,为了这个条约他已经和希拉克谈判了大半年了。他们的"友谊"将很快转化为法国对伊拉克的大规模武器销售和关键核技术转让。这将显著地加快中东的军备竞赛,也标志着萨达姆野心勃勃的核武器计划启动了。

  法国人给了38岁的萨达姆一个国家元首能够得到的所有荣誉。他们安排他住在巴黎奢侈华丽的马里尼宫,在他之前,这是来访的君主和国家元首们下榻的地方。他们为他在凡尔赛宫中举行了盛大的招待会。瓦莱里·吉斯卡尔·德斯坦总统在爱丽舍宫用国宴招待他。希拉克总理就像胶水一样粘着他。那五天的行程就是一长串的合影、香槟酒和颂词。法国人急切地需要萨达姆,就像萨达姆需要他们一样,因为伊拉克人手上有能让法国经济应付自如的东西:石油。法国媒体的那些大腕们从爱丽舍宫的形象顾问①嘴里套出一星半点内幕,就把这种关系称为"理性的婚姻"。今天,武器换石油这个说法已经变成陈辞滥调了,但这种说法就是从这里起源的,是法国和伊拉克恋爱关系的结果。

那个周末,希拉克找到老戴高乐党人雷蒙·特威利尔,要求他帮助自己向富有石油(却缺乏武器的)萨达姆示好。特威利尔是法国最知名的厨师,已经当了二十多年波-普罗旺斯的市长。他曾在他的田园风格的高级旅馆里招待过很多权贵。他专用的周末度假胜地有个古怪的普罗旺斯名字,叫乌斯托·波曼尼叶,是法国政治精英们经常光顾的最奢侈的隐匿处所之一,紧靠着离地中海海岸不远的一个孤立的峡谷。从这个餐馆能看到一个废弃的中世纪要塞引人注目的景致,这个要塞耸立在普罗旺斯坍塌的峭壁间,就像是巴比伦空中花园的西部荒野版。

我在1988年春天到波-普罗旺斯请特威利尔回忆当时的情景。尽管他已年届90,但思维仍然很敏锐。他描述了菜单上的每道菜,翻出了希拉克和巴比伦的新主人的照片。照片上两人并肩而坐,在乌斯托那个隐秘的庭院里喝着饭后咖啡。"希拉克一步也不离开他",特威利尔回忆说,"他们就像新娘和新郎一样。"在特威利尔给我出示的照片中,萨达姆·侯赛因穿着一身白黑相间的方格套装,一件带色的衬衫,还系着不相配的领带。"他容光焕发,就像一只孔雀",特威利尔笑着说。这次访问后不久,萨达姆请了一位法国裁缝在他的巴格达宫廷定居下来,这样

---

① 原文为 spin doctors,指善于对负面消息进行积极解释的宣传者和策划者。多用来指总统竞选中所雇佣的媒体顾问或政治顾问。他们负责对候选人进行从演讲谈吐到穿着打扮的全方位包装,旨在保证候选人在任何情况下都获得最佳宣传。

——译者注

他就不会因为他的劣质阿拉伯套装而再次受窘（据说这位黎巴嫩血统的裁缝给法国人提供了十分关键的帮助，甚至为几个法国军火承包商蹚开了路）。

午餐后，希拉克给客人准备了一个惊喜：在悬崖下的古代大墓地上斗牛。特威利尔亲自指导恢复了那个中世纪的废墟，然后安排了一切。这个地方是不对游客开放的，露天看台搭起来了，一个很大也很安全的牛栏建在了坍塌破败的建筑之间。村里的男孩子们为了准备这个活动训练了好几天。普罗旺斯的斗牛（jeu de taurillons）不会有流血，这和西班牙人的斗牛不一样。但这仍然是一项很刺激的运动：愤怒的公牛在圈子里奔跑，男孩子面对公牛，尽量靠近它，把别在公牛耳朵后的那朵颜色艳丽的花摘下来。

"萨达姆立即被吸引住了"，特威利尔回忆说，"在第一头公牛结束后，他上下跳跃着，呼喊着，鼓励那些男孩子们。然后，他的一个侍从走到我身边，说他出100万法郎（大约是20万美元）给能击败下一头公牛的小伙子。你可以设想接下来会怎么样！镇子里的每个男孩都想跳进斗牛场。"

特威利尔说，有三次，萨达姆都把注押在公牛身上，每一次都许诺用100万法郎作奖金。"斗牛结束后，那些获胜的小孩走过来问我是不是认为他是当真的，我说'他当然是当真的，你等着瞧吧'。"

特威利尔说，几个星期后，一位从驻巴黎的伊拉克大使馆来的使者出现在他的办公室里，手里拿着三张支票，每张是100万法郎。萨达姆给那些当地的小家伙们付了钱。很快他也会付钱给那些大人物们。在随后的15年里，他花在法国武器上的钱多达200亿美元。对萨达姆·侯赛因来说，这是独立于苏联的代价。对法国人来说，这是天赐的甘露。

萨达姆向法国求助的理由很实在。在过去的20年里，伊拉克成了苏联的附庸国。历届苏联政府都乐于给伊拉克提供米格战斗机、坦克、大炮、飞毛腿导弹以及战舰，以此来对抗美国在萨达姆的邻国伊朗日益增长的军事存在。事实是，在萨达姆求助法国的时候，是苏联顾问在操控他的国家。苏联的石油专家修起了管道、勘探了新油田；苏联的水利工程师修建了新的水坝；苏联的军事顾问在训练伊拉克的坦克手和空军飞行员如何使用那个兄弟般的社会主义国家宽宏大量地提供的武器。

但在萨达姆看来，苏联是个累赘的盟友。他们指望着他在重大外交政策和联合国投票上言听计从。更糟糕的是，他们干涉他同国内政治对手的血腥斗争，坚决主张他同当地的共产党结盟，而他却憎恶共产党。1974年，萨达姆对库尔德人发动了进攻，因为库尔德人是莫斯科的宠儿，苏联政治局决定教训这个雄心勃勃的伊拉克独裁者，于是苏联停止了交付弹药和备件。萨达姆后来说因为苏联的武器禁运，伊拉克军队差点败在库尔德人手上，他的空军"只剩下一颗炸弹了"。这个痛苦的经历促使他寻找其他武器供应国。他希望通过求助法国来解除苏联对他的野心的束缚。

法国人讨好萨达姆的理由也很充分。除了廉价石油的供给有了保障之外，他们需要给法国武器找到新的出口市场，而廉价石油在1973—1974年世界石油价格长了三倍之后是至关重要的。法国的国防预算不大，不可能花费巨额经费开发出新型作战飞机、弹道导弹和核武器却只供自己使用。他们需要用规模经济来支付开发费用，而伊拉克是个最合适的人选。

法国人对萨达姆的策略符合美国国务卿亨利·基辛格的战略。基辛格一直密切注视着复兴党政权和苏联在1972年签订的为期10年的《友好合作条约》。"那时，伊拉克被美国人看成是一个'黄色信号灯'国家，是一个需要慎重对待的国家，但对这个国家的大门不应当关闭"，法国外交政策分析家亚历山大·阿德莱尔说，"法国大胆鲁莽地同伊拉克打交道，这样就给整个西方阵营打开了一个口子。"[2] 这种团队合作行动在戴高乐时期很显然是不存在的，这是这两个国家间的新气象，是由基辛格和尼克松发起的，其原因就是秘密核合作。

1974年12月2日，在希拉克结束对巴格达的三天访问后，他对法国媒体说，萨达姆给法国的新合同是"名副其实的富矿"。其中有个看上去不相干的合同是伊拉克和法国的农业部长签署的，要在法国享有声望的梅里埃研究所的指导下建立一个细菌实验室。数年后，联合国武器核查员得出结论：阿德－达乌拉工厂"已稍做改进，用来制造大量的病原性材料"。这是伊拉克制造生物武器的秘密计划的一部分。[3]

希拉克和他的顾问们用浮夸的术语对法国公众描述他们愿意卖给伊拉克武器和技术，说这是通过技术转让实现提高第三世界影响力的"哲学"。希拉克宣称法国对伊拉克这样的国家可以提出一个"第三条路线"，允许他们花钱买安全而不附加任何政治条件。一个未来出任国防部官员的社会党人对此表示赞同，他撰文说法国的军火出口政策定向正确，就是"为了帮助那些希望摆脱某个超级大国枷锁的国家"。[4]

这一论调击中了一心想独立的萨达姆·侯赛因的要害——他喜欢自称为阿拉伯世界的夏尔·戴高乐，在同"占领"他的地区的外国人作战。他认为，伊拉克成为一个拥有核武器的重要军事强国是把犹太人和"帝国主义"力量从阿拉伯中东驱赶出去的唯一途径。

希拉克讨好萨达姆也有他个人的理由。尽管他只是在一年前才就职，但已经与吉斯卡尔·德斯坦不和了。吉斯卡尔·德斯坦是个中右的技术官僚。1974 年 3 月，希拉克在最后一刻撤回了他对戴高乐党的领先者雅克·沙邦－戴尔马的支持，这才帮助吉斯卡尔·德斯坦当选。希拉克怀疑他当总理的日子不多了（也确实是这样），他希望伊拉克领导人的"友爱"能拯救他，使他免于长年处在政治荒野中，免于在一个没有法律制度来管理资金流向政治的国度被剥夺重要的财政支持来源。由于他同萨达姆的"私交"——这是希拉克再三说起的[5]——他逐渐被商人和政治家之流公认为是法国非官方的"伊拉克游说集团"的头目。希拉克在 1976 年 8 月被迫辞去总理职务。辞职仅仅一年后，他发起了一个有充足经济资助的政治运动，名为保卫共和联盟（Rassemblement pour la République）。这个运动一贯捍卫法国人同伊拉克以及萨达姆在阿拉伯世界的朋友们的关系，同时提倡同美国保持一定距离，即使是在冷战的高潮时期也是这样。这笔钱是从哪儿来的一直没搞清楚，即便是在当时也没搞清楚。

希拉克曾是一个被称为"公民行动处"（Service d'Action Civique）的戴高乐主义打手队的前主席。这个组织的成员通过暴力手段为党派募集资金，并采取行动在身体和精神上恐吓他们的政敌。这个隶属关系在法国之外不为人知（也不会出现在他的官方简历上）。经过这些年，他同在非洲和中东运行的并行情报网之间的关系得以巩固，这些网络是由戴高乐的前助手雅克·福卡尔代为管理的。吉斯卡尔·德斯坦在1974年进入爱丽舍宫后不久就解雇了福卡尔，这是取缔戴高乐派网络的尝试，但是希拉克被任命为总理几个星期后，他就再次雇用了福卡尔。美国情报分析员道格拉斯·泊什在1995年写了一本书，题为《法国的情报机关》（The French Secret Services），书中描述了希拉克同那两个并行网络的密切联系。按照道格拉斯的说法，福卡尔受命负责"把资金从加蓬和伊拉克输送进戴高乐党的金库里"。[6] 这两个国家都同法国签了特许的石油供应合同，有很大余地来提供政治贿赂。

这些钱是谁支付的？这些钱最后怎么样了？这很可能永远是不解之谜了。亚美尼亚血统的黎巴嫩军火商萨基斯·索加纳利安帮助法国人在伊拉克做成了几笔大的交易。他说萨达姆支付了打算用来帮助雅克·希拉克的款项，这是"毫无疑问的"。"萨达姆是希拉克的朋友，他很慷慨。他的现金是不受限制的。有几次我自己就带着现金付款。"

索加纳利安说，按照巴格达和法国供应商事先做出的特殊安排，他得到了半张撕开的美元钞票作为识别暗号。"我会带着一个雇员同一个来自伊拉克大使馆的人一起前往瑞士的UBS银行，按照巴格达的指示提取现金。每一个包装都用类似万宝路香烟包装纸的东西包着，但要稍微宽些。每个包装里装着44万美元，都是崭新的100美元钞票。"在预先安排的约会地点——永远是在瑞士（但是从来不在法国），他会把包装移交给一位密使，当然这位密使要先出示另一半撕开的美元钞票。"政治家们都有为自己打掩护的人。你永远别问他们的名字，他们也绝不问你的名字。你有半张美元，他有半张美元。你们对上了那组序号就做交易。就是这么运作的。"[7]

在他们去雷波看斗牛的路上,萨达姆的法国主人带他参观了卡达拉希核研究中心,这是欧洲最大、最先进的中心之一。这个普罗旺斯小镇在马赛以北,法国原子能委员会(CEA)在这里建起了法国的第一个试验性快中子增殖反应堆。他们把它叫做"狂想曲"(Rapsodie)。无疑,这使萨达姆欣喜若狂。在官方发布的他们参观中心的图片中,希拉克和萨达姆穿着白色的试验室工作服,正在向上翻着眼,神情紧张,似乎有人刚告诉他们一个什么大东西就要落在他们头上了。[8]

法国人对增殖反应堆有兴趣是因为增殖反应堆能产生武器级的钚,这是发电时产生的副产品。这样就能"繁殖"出比实际耗费的要多的核原料。在当时,这项技术被认为是能迅速而又低成本地增加法国核武器原料储量的一个很有希望的方法。但这项技术天生就是有扩散性的。把它卖给萨达姆实际上就保证了他可以迅速获得大量武器级核燃料。

伊拉克人说他们需要发展核能工业。考虑到伊拉克拥有世界第二大石油储量,这么说多少透露了伊拉克的真实想法。他们询问了购买一座500兆瓦天然铀/气体-石墨反应堆的可能性。这种反应堆是由法国设计的,它生产的钚的数量比它发的电更引人注目。萨达姆在1975年9月参观卡达拉希中心时,法国电力公司已经不用这种气体-石墨反应堆来发电了,取而代之的是效率更高的轻水反应堆,是法国人从西屋公司(Westinghouse)获得许可生产的。然而,法国政府还继续让几个气体-石墨工厂运行着。那是为法国核武器计划保留的钚增殖反应堆。

法国人建议萨达姆考虑用一座40兆瓦的奥西里斯研究用反应堆来替代气体-石墨反应堆,因为前者可以再生少量的原子弹级原材料。萨达姆同意了,但有一个条件,就是在一开始时法国额外提供足够四年用的反应堆燃料。1990年10月,我参观位于萨克雷的最初的那个工厂时,法国原子能委员会官员承认,奥西里斯反应堆是靠浓缩到93%的武器级铀来运转的。如果伊拉克人愿意,他们可以把反应堆燃料取出来,直接用来制造原子弹。四年的燃料供应相当于72公斤。这至少够制造两枚原子弹，其大小相当于投放到广岛上空的那两颗。

伊拉克人把这个反应堆叫做奥西拉克（Osirak），但是在法国，媒体嘲弄地称它为"噢，希拉克（这是为了向总统表示敬意）。随后，伊拉克人改变了这个称呼。那个实验工厂和研究用反应堆后来被称为"塔穆兹 I"和"塔穆兹 II"，塔穆兹（Tammuz）是苏美尔文化中的农神，是伊师塔①的情人。他被从阴间带回人世，以象征永恒的收获。塔穆兹也是1968年萨达姆的复兴党夺取政权的那个月份的名字。

后来，一位原子能委员会官员告诉我，原子能委员会主任安德烈·吉劳考虑的不仅仅是卖给伊拉克一个核弹工厂。"吉劳讨论过邀请伊拉克进入欧洲气体扩散公司（Eurodif）。"这家公司是一个由法国人领导的联营企业，专给欧洲的核能工业提供浓缩铀。"他想给他们提供气体扩散浓缩技术，以及切米克斯（Chemex 化学浓缩）工艺。他告诉我们，这个想法就是给伊拉克铀浓缩的独立性，这样的结果就是不能掌控他们生产多少武器级的燃料。事实上，这很令人担忧。我们最终在1980年或1981年终止了这件事。"⁹十多年后，联合国武器核查员告诉我，基于通过正式渠道从法国政府获得的信息，他们认为伊拉克已经成功获取了这项技术。

参观卡达拉希后，萨达姆接受了一家黎巴嫩杂志《阿拉伯周刊》的采访，采访内容在他结束对法国正式访问的当天发表了。萨达姆宣布，"同法国的协议是生产阿拉伯原子武器的第一个具体的步骤。"他的声明就像敲响了警钟——在美国，在以色列。但是在法国大家置若罔闻。

在周末玩过普罗旺斯斗牛后，萨达姆和希拉克又开始谈正经事儿。1975年9月8日，星期一。那天早晨，希拉克陪着萨达姆和他的私人秘书阿德南·哈姆达尼驱车15英里前往位于伊斯特的法国空军试验场。伊斯特在马赛西北，浩浩荡荡的车队穿过地中海常绿矮灌木丛的景象很

---

① 伊师塔，Ishtar，是巴比伦和亚述神话中司爱情、生育及战争的女神。

——译者注

壮观。陪同他们的有萨达姆的军事顾问萨阿敦·盖丹将军和一大群法国官员。法国官员中最重要的是那位优雅的、带眼镜的雨果·埃图瓦勒,他是法国对伊拉克大规模武器销售的主要设计师。

在同伊拉克签订第一批主要合同时,埃图瓦勒在法国国防部主管军火出口。他的推销员天赋深得赏识,结果在他决定转行进入私营工业时,他可以自行决定一切。他决定做航空航天巨头马尔塞勒·达索(Marcel Dassault)的左膀右臂,将要亲自监督对伊拉克销售133架各种复杂版本的幻影喷气歼击机。他的职务描述还和从前一样,他只不过是改了身份。

伊斯特基地是所有重要的外国客人必看之地。由法国主要的航空航天承包商修建的华丽的农舍式小屋散布在伊斯特各处,这些承包商除了对外国要人们炫耀直升飞机、喷气歼击机、教练机、集束炸弹、跑道催泪弹、空对空导弹和防空系统等一系列法国标新立异的航空工业的最新发明外,还要招待他们。

起初,萨达姆·侯赛因告诉希拉克他要买以色列用的那种幻影战斗机。1973年,以色列在对埃及和叙利亚开战时,用这种战斗机取得了很大胜利。但是,在达索公司和法国军用发动机制造商斯奈克玛公司①向巴格达派去一个技术代表团时,他们要给萨达姆提供更好的。他们说,法国空军刚刚完成新一代战斗机幻影F1的飞行试验,这要比以色列人得到的幻影Ⅲ先进得多。这种新型飞机相当于美国的F-16,而F-16刚刚在"世纪合同"②中侥幸胜过幻影飞机,重新装备了半打北约空军。法国的武器推销员放映了这种新型战斗机实飞的录像,对这种战斗机能携带什么武器做了详细的技术说明。他们向国内报告说萨达姆的人喜出望外。[10]

---

① Snecma是一家在世界上居首要地位的航空航天工业集团公司,其航空航天推进技术在欧洲及世界居领先地位。——译者注

② 原文为"contract of the century",指合同涉及金额巨大,或产生影响巨大,可谓百年一遇。——译者注

3 危险的联系

在达索公司设在伊斯特的农舍小屋的露台上，萨达姆坐着观看了最新式幻影飞机的特技飞行，然后转头问他的空军专家盖丹将军："这就是那种差点灭了F-16的飞机？"看到盖丹点头称是，萨达姆似乎下定了决心："我们什么时候能得到这种飞机？"

哈姆达尼向法国人询问交货间隔时间，盖丹则讨论法国人该提供哪种航空电子设备。萨达姆强调，不是最好的伊拉克不会要。他要得到达索公司承诺给法国空军提供的同样装备：同样的雷达、同样的电子对抗设备（ECM）、同样的武器系统。他需要一种第一流的北约战斗机，最后他得到了。达索公司指定把卖给伊拉克人的喷气式飞机称为"EQ"飞机，这样就同这家公司按照购买国命名航空器出口产品的代码系统一致了。后续的版本被称为EQ2、EQ3、EQ4、EQ5和EQ6，以区分它们的武器配备。

从法国南方返回巴黎后，萨达姆决定给他的"私人朋友"雅克·希拉克准备一份惊喜。他想以私人方式来签署他们的协定。萨达姆命令他的御用厨师乘总统专机飞回巴格达弄回来一整飞机各种食品。在他下榻的位于法国政府大厦内的饭店里，那位饭店老板惊愕不已。在食品清单中，头一样就是1.5吨玛丝古夫鱼①，希拉克头一年在巴格达时就已经享用过这种美味了。伊拉克的保安人员手持自动手枪在马里尼宫的厨房周围巡逻时，萨达姆的厨师们正在露天烤着这种巨大、油腻的鱼。就连希拉克也觉得这有点过分了。他后来告诉雷蒙·特威利尔："那个地方到处是肉烧焦的味道。这很有趣，但是也乱七八糟。"

萨达姆访法快结束时，法国外交部对新闻界吹风，大谈加强同巴格达关系的"客观的、历史的原因"。《世界报》报道说，伊拉克把法国看作"在当今的地缘政治舞台上帮助它摆脱那个超级大国霸权的最天然的盟友……如果巴黎是在试图把它的政治资产转换为经济成果，那么巴格达则希望把它的经济实力转换为政治收获。"[11]这个美好的方案把法国的

---

① masgouf，一种伊拉克河鱼。——译者注

商业利益提升到了宏大的地缘政治愿景当中。

和客人告别时，希拉克口若悬河。他宣布，法国的政策"不仅是由利益主宰的，也是由人心来支配的……法国相信，以最符合生产者和消费者双方利益的条件来建立双方的关系是很有必要的"。除了与伊拉克的石油和幻影飞机的交易，这些利益还包括石油化工厂、咸水淡化工厂、综合企业、住房建筑计划、无线电通讯体系、广播和干扰设备、化肥厂、军用电子设备工厂、汽车装配厂、一个新的机场、一个地铁网以及一个海军船坞，更不必说飞鱼、米兰、霍特、魔术、马特尔和阿玛特导弹。还包括云雀III、小羚羊以及超级美洲狮直升飞机，155毫米高射速自行榴弹炮，老虎–G雷达，当然还有一座能为原子弹生产燃料的核反应堆。这是一种价值亿万美元的关系，这种关系的根基是一种对萨达姆·侯赛因有吸引力的"均势"，那就是恐怖均势。

仅仅两个月之后，法国总统瓦列里·吉斯卡尔·德斯坦把他最信赖的政治盟友派遣到巴格达。这个人的公文包里装着法国–伊拉克核合作条约的最终文本。1975年11月18日，法国工业及研究部长米歇尔·奥尔达诺在巴格达草签这份条约时，法国媒体说这只是一个简单的外销合同。这份协议包括销售奥西里斯/塔穆兹I、40兆瓦研究用反应堆、伊西斯/塔穆兹II以及一个试验用的缩尺模型，价值14.5亿法国法郎（按当时汇率约3亿美元）。塔穆兹II是个很重要的追加，因为它允许伊拉克核科学家不用停止塔穆兹I原子弹工厂就可以试验不同的反应堆负荷。"法国将培训大量的伊拉克人员"，奥尔达诺说，"巴黎希望我们在这个领域的合作是示范性的。"

法伊核合作条约的全文在八个月之后才公布于众，是刊登在法国官方公告上的一个很不起眼的通告，时间是1976年6月18日。伊拉克人坚决要求把"所有的犹太人或摩西教的人"都排除在这个项目之外，不管是在伊拉克还是在法国。[12]萨达姆对犹太人的刻骨仇恨没有给法国人添什么麻烦，他们连眼皮都没眨就同意了这个条件。

法国人保证培养600名伊拉克核技术人员。要启动一个原子弹计

3 危险的联系

划,这些人绰绰有余。"他们中的一些人上了法国的大学",一位原子能委员会的高级官员说。其他人在原子能委员会的研究机构接受培训,同时也从在此工作的法国同行那里收集核武器的机密。那位官员说:"我们也培训伊拉克化学家。"[13] 承认这一点(培养化学家),虽然就一句话,但极其重要,因为从乏反应堆燃料中提取军用钚需要用到合成化工工艺。

最大的讽刺还在于燃料。为了提供萨达姆所寻找的数量巨大的高浓缩铀(HEU),法国人不得不做出特殊安排。多年来,法国人一直从美国能源部进口93%的浓缩铀燃料来启动他们自己的奥西里斯反应堆,因为法国生产的每一克高浓铀都是专门为法国的军事计划生产的。他们最不想看到的事就是美国政府开始干涉法国的核出口。所以一项秘密交易就达成了。通过特殊订单,塔穆兹反应堆的燃料由一家法国原子弹工厂生产。[14] 当然,在萨达姆手上,这些原子弹级的燃料只会用于"和平的"用途。

希拉克有些重要盟友帮助他在法国做强有力的亲伊拉克游说。其中重要的一个人就是航空奇才马尔塞勒·达索,他是法国犹太人,纳粹占领期间被维希当局驱逐出境,从集中营死里逃生并在欧洲的废墟上建起了一个工业帝国*。法国空军拥有的每一架战斗机都是他提供的,其中的一些是那些将军们宣称他们从来就不想要的。达索在战后皈依了基督教。他坚持认为,对伊拉克的武器销售能创造就业,改善支付平衡,降低新武器的开发成本。

马尔塞勒·达索在法国妇孺皆知。除了领导战后法国最有声望的工业帝国,他还在法国国民议会担任职务。他很少参加议会辩论,但他在议员当中出现这件事本身就强有力地说明了国防工业游说团体和法国政府间的密切结合。没有人抱怨利益冲突;连达索的政敌们也不要求他从他的工业帝国辞职以便留在议会。法国政治制度的这一特殊性,即行业

---

* 有关希拉克同马尔塞勒·达索的关系,详见第11章。

和政府实际上是一体，对今后15年的军售政策会产生很大影响。连议会监督这样的遮羞布都没有。

马尔塞勒·达索是个小个子男人，经常有些不切实际的想法。他备受尊敬，也许是因为他成功地把分裂法国左派和右派的社会和政治裂隙连接起来了，而这是个几乎不可能完成的任务。他的政治哲学使他名列右派，并从右派的行列中被选入议会，而他在自己的飞机和电子设备工厂里提倡的劳动政策为他赢得了强大的共产党工会——法国总工会的忠诚。每当政府试图减少空军的订货时，达索的共产党员工人们会领导阻止国防裁减的抗议活动。在他建议卖给以色列战斗轰炸机时，法国总工会欢呼喝彩。戴高乐在1968年对以色列实行武器禁运时，达索把同样的飞机卖给利比亚、伊拉克、南非以及智利的奥古斯托·皮诺切特将军，法国总工会再次欢呼喝彩。达索的对外销售符合国家利益，不管这些武器帮助的是民主主义者还是独裁者。法国的武器销售就意味着工作机会。

除了达索，萨达姆在国防工业领域内最坦率的拥护者是雅克·密特朗将军，他是法国国家航天工业公司的总裁，后来这个公司被简称为宇航公司（Aérospatiale）。作为反对党领袖弗朗索瓦·密特朗的哥哥，这位将军在戴高乐保守派和他弟弟的左派联盟之间小心翼翼地穿针引线。在发掘海湾武器富矿的早期，国家航天工业公司通过卖给伊拉克数以千计的反坦克导弹和几十架战斗直升机大发其财。一旦幻影飞机的交易完成，这家公司将会给萨达姆提供最尖端的武器系统：掠海飞行的飞鱼导弹。后来，伊拉克在1987年用这种飞鱼导弹攻击了美国史塔克号导弹巡洋舰，杀死37名美国水兵。

达索和密特朗将军从法国武器装备总署得到了决定性的帮助，获得了这些武器的销售授权。法国武器装备总署负责法国所有的武器计划、采购和国外销售。总署老板亨利·马尔特认为，同伊拉克的"理性的婚姻"可以改善国防部长久以来特有的资金流转问题，这个问题是法国核至上主义的直接结果。即使有美国的援助，建立和部署一个相当规模的核武器库也是昂贵的，几乎耗费了国防部全部研究和发展预算的一大半。这意味着许多有价值的常规武器计划急需资金。伊拉克给这个问题提供了一个巧妙的解决方案。马尔特的副手雨果·埃图瓦勒后来告诉我，让伊拉克远离苏联也算法国对西方联盟做了贡献。他说："我们的主要竞争对手几乎永远是苏联，而不是美国人。"情报局长亚历山大·德·马朗什伯爵也是这条船上的人。他曾主张任何美国技术都不应该转让给伊拉克，因为苏联在伊拉克军事基地的谍报人员一定会窃取这些技术。但他没有成功。法国同萨达姆联盟的另一个关键支柱是原子能委员会首脑安德烈·吉劳。他认为核武器扩散符合诸如法国这样的中等实力国家的战略利益，因为这有助于削弱超级大国的共同统治。吉劳是个深受尊重的技术官僚，他后来担任了吉斯卡尔·德斯坦的工业部长，再后来又当了国防部长。

20世纪70年代后期和80年代早期随着同萨达姆战略关系的发展，对伊拉克的武器销售占了法国武器销售的庞大份额。大约一千个法国防务承包商获利丰厚，大到达索公司、法国国家航天工业公司、汤姆逊半导体公司（Thomson-CSF）、马特拉公司和法国地面武器工业集团公司（简称GIAT），小到电子线路板、玻璃纤维艇、降落伞和伪装网的制造商。真正的问题不是谁属于亲伊拉克的游说集团，而是谁有胆量反对。

1990年，我通过综合国防部的官方消息来源和法国的各个防务公司的信息，辑录了一组数字，而我的这组数字从来没有遭到过质疑。在这种关系的顶峰时期（那是在1983年），仅萨达姆就购买了法国军火出口的51.5%。[15]这种日益增加的对伊拉克的经济依赖后果是意味深长的。考虑到法国武器的第二大市场是沙特阿拉伯，这种依赖推动历届法国政府修改外交政策来迎合他们最好的客户。法国哲学家和政论撰稿人安德烈·格卢克斯曼说："按照惯例，法国外交部的专家们假装以'阿拉伯世界'的名义讲话时，在根本上是反美的，他们更多地是在考虑现实性。"[16]在2002年—2003年伊拉克危机时，这些亲阿拉伯的观点和那种反美主义就不能分离了。

在巴格达以南 15 英里的图瓦萨沙漠中，建造伊拉克核研究中心的工作进展迅速。抗议也是接踵而来，是来自以色列、英国、沙特阿拉伯、叙利亚和其他地方。所有国家都对法国人表示，他们担心那个奥西拉克反应堆实际上打算建成一个核弹工厂。

为了应对这类批评，法国总统瓦列里·吉斯卡尔·德斯坦在 1979 年命令原子能委员会为奥西拉克反应堆开发一种"清洁"燃料，这样法国就可以承兑有利可图的核合同而不用加剧大家对核扩散的恐惧。于是，原子能委员会开始试验一种新的燃料包，他们称之为"卡拉梅尔糖"。这种燃料包是浓缩到 7% 的铀，足够推进奥西拉克反应堆，但如果不进一步浓缩就不能用于核武器。法国人强烈要求萨达姆接受这种新燃料，但是萨达姆冷淡地拒绝了。尽管在公开场合他对他的法国"伙伴"大加赞赏，私下里他威胁说，如果法国人不给他提供原子弹级的铀，他要取消油水丰厚的非军事合同。[17]

这组奥西拉克反应堆堆芯完成后，原子能委员会把它们运到图隆附近的滨海拉塞纳港，等待一艘伊拉克集装箱船的到来。安全措施是精心安排的：原子能委员会采取一切措施来掩人耳目。这批贵重货物在装甲车的护送下于深夜到达。他们的计划是在 1979 年 4 月 9 日凌晨，趁白班的人还没到，把反应堆堆芯装上伊拉克来的船。

在巴格达以南的图瓦萨，万事俱备，只等反应堆堆芯到来。深深埋入岩石地层中的巨大的钢筋混凝土反应堆池已由法国承包商按时完成。用来吊装反应堆入位并处置乏燃料棒的巨大吊车已经测试过了，也上了润滑油，一切都很完美。来自世界各地的试验设备也陆续到达。图瓦萨项目的负责人贾法尔·迪亚·贾法尔博士告诉他的欧洲朋友们，一个伟大的日子即将到来。

但是，他的大话说得太早了。4 月 4 日，三名青年男子从巴黎到土伦-耶尔机场的通勤班机上走下来。他们彼此间没说话，分头乘坐出租汽车驶向不同的旅馆。这三个人都持有欧洲护照。4 月 6 日，另外四名"游客"到达土伦。那天晚上，7 个年轻人在滨水区汇合，观察一个仓库守夜人的习惯。那组反应堆堆芯就存放在这个仓库里。他们没有引起任何怀疑。一旦确信守卫人员去休息了,他们就翻过安全栅栏,悄悄地靠近了仓库,用一把精确复制的钥匙打开了仓库。就在几个小时前,那个值夜警卫还用他自己的钥匙把仓库锁了起来以便过夜。

进入仓库后,他们的注意力立即集中到八个大板条箱上,那些箱子里装着反应堆堆芯的蜂巢构造。几个月后,奥西拉克炸弹工厂按计划首次开动时,贾法尔博士和他的同事们要把外表包着锆的燃料棒放进这些蜂巢结构里。这些闯入者敏捷、仔细地把特别设计的高爆炸药安在反应堆堆芯周围。这种炸药力量很强大,可以穿透防弹钢板。

4月7日凌晨,大约3点15分左右,随着一声巨响,仓库直晃,巨大的爆炸完全破坏了反应堆堆芯,却没有对其他东西造成太大的损害。也没人受伤。直到今天,法国警方也没有找到安放炸弹者的踪迹。如果不是这个七人突击队的一位成员一年后在德国媒体上公布了他的"忏悔",这些细节恐怕永远也不会真相大白。

突击队的七名成员都是以色列人。摩萨德①出手了。这次在拉塞纳的袭击代号为"大起吊行动"。

萨达姆得知在滨海拉塞纳的爆炸事件后大发雷霆。当然,法国得替换这些反应堆,因为反应堆在法国的地盘上他们就要对安全负责。但是法国人要做的远不止这些。爆炸发生三个星期后,萨达姆派他的表兄,国防部部长阿德南·凯拉拉到巴黎,一是要求补偿被破坏的反应堆堆芯,二是转达伊拉克的最终决定:除了原子弹级燃料,其他概不接受。

为了软化核交易上的强硬立场,5月4日,凯拉拉会见了他的法国同行,国防部长伊冯·布尔热。议程的头一项就是详细介绍达索公司的最新型飞机、当时已经在研制最后阶段的幻影2000。凯拉拉告诉布尔热,伊拉克准备从幻影F1直接跳到幻影2000,尽管伊拉克还没有得到幻影F1。还有过一个小障碍:萨达姆要求达索公司在伊拉克建一条装配

---

① Mossad,以色列情报机构,成立于1951年。——译者注

线并培训几千名伊拉克工人。

对布尔热和他的高级武器推销员雨果·埃图瓦勒来说,那个装配线的想法根本不可能。他们担心伊拉克日后会在第三世界市场倾销这些飞机,大幅度削减达索公司通过垄断可以维持的高价格。然而,他们对凯拉拉可不是这么说的。幻影 2000 还有若干年才能部署,而伊拉克现在就需要一种一流的战斗轰炸机。与其指望新型飞机,伊拉克最好是多购买 F1,尤其是汤姆逊半导体公司正在最终定型一种新雷达,就是西拉诺 IV 型雷达(Cyrano IV),这能使伊拉克飞机在沙丘高度飞行数百英里而不被敌人的防空体系发现。

有了这种新雷达和成套低空导航设备,伊拉克空军就有了侵袭以色列的能力了。这种交易是萨达姆最爱听的。6 月 7 日,他把吉斯卡尔·德斯坦总统的新总理,一个名叫雷蒙·巴尔的前大学教授,招到巴格达并接受了法国人的建议。谈判结束了,萨达姆告诉一脸迷惑的巴尔,是该有结果了。

"我们永远不会忘记,在我们历史上最困难的时刻,你们的积极态度和你们的理解",萨达姆说,"几年前,我们把石油公司收归国有时,你们是西方国家中唯一认可我们决定合法性的国家。你们是唯一不向库尔德叛军提供支持,不暗中对巴格达中央政府使诡计的国家。"伊拉克和法国已经成了战略伙伴,萨达姆说。为了表明这一点,他承诺对法国的石油输送再增加一半。

对萨达姆的石油提议,雷蒙·巴尔很乐意地接受了。那年早些时候,阿亚图拉①霍梅尼混乱的革命中断了伊朗的石油输送,这使法国大受其害。现在伊拉克把自己大约 25% 的石油提供给法国,而法国也成了继西德和日本之后伊拉克的第三大贸易伙伴。

对法国众多"理解"的奖赏源源不断。巴尔在 1979 年 6 月对巴格达的访问还没结束,《世界报》就宣布伊拉克海军要购买价值 14 亿到 23

---

① 阿亚图拉,Ayatollah,对伊朗等国家伊斯兰教什叶派领袖的尊称。——译者注

亿美元的东西，法国供应商在被考虑之列。到 10 月份，法国人对伊拉克的非军事出口增加了 53%。1979 年 12 月，额外的 24 架幻影战斗轰炸机的合同签下来了。这份合同被认为是"准备在达索公司的幻影 2000 能作战时购买这种新型作战飞机的"一种途径。

对达索公司、汤姆逊半导体公司、马特拉公司和法国国家航天工业公司来说，伊拉克就是最好的目标。

1979 年 6 月，萨达姆登上总统宝座，他最终夺取了伊拉克的最高权力。在清除被他指控为双重忠诚的复兴党高级官员时，他处决了革命指挥委员会三分之一的成员。受害者当中有阿德南·哈姆达尼，就是他为萨达姆从法国购买武器费力地做出了各种财务安排。

当时在伊拉克工作的法国防务承包商已经听说了哈姆达尼即将完蛋的传言，他于 1979 年 8 月被处死。之前几个星期，这些承包商拼命躲避他。一位武器商回忆说，"等你听说这个官员或那个官员贪赃枉法了，那往往已经太迟了。几个星期内——至多几个月内，他就消失得无影无踪了。"[18]

萨达姆发现哈姆达尼同一位巴勒斯坦中间人拉姆兹·达娄尔私下做交易。拉姆兹·达娄尔是法国在伊拉克最大公司的代理人。他们两人从伊拉克同法国签订的每笔武器交易的总数中拿走 10%。哈姆达尼再从这笔钱中拿走一半。法国人认为这个回扣是个合理的价格，因为他帮助法国建立了通向萨达姆的专用通道。法国人把这笔"附加费"打入了他们的成本里，转而由伊拉克政府支付了。

萨达姆被激怒了，因为他和他的家人都没有得到应得的那份。除此之外，他还有一种想法，就是外国政府可能已经成功地获取了伊拉克的国家机密。这是因为，在伊拉克有三个人对萨达姆打算获得大规模杀伤性武器的长远战略计划知道得一清二楚，哈姆达尼便是其中之一。[19] 他亲自谈妥了许多武器交易，很详尽地知道萨达姆企图从西方国家和巴西购买化学武器和核技术。强迫哈姆达尼招供后，萨达姆狂怒之下把达娄尔传唤到巴格达，让他把钱退回来。这个巴勒斯坦人吓坏了，不得不给复兴党设在一家瑞士银行的秘密基金捐出了 800 万美元现金,也许还有其他的"贡献",他的一个法国伙伴告诉我。随后萨达姆找到法国人,恼怒地通知他们,他拒绝支付佣金,并打算从每笔未付的货款中砍掉 10%。法国人艰难地咽下了这口气,最后同意不再收佣金。转过身来,他们同达娄尔就将来的服务达成秘密交易,而且一直贯穿了整个 20 世纪 80 年代。你一旦养成了习惯,就很难不再给回扣了。

到 1979 年,由尼克松总统和蓬皮杜总统开始的核合作已兴旺发展成法国和美国之间全新的军事和战略联盟。没有任何公开说明,法国的参谋长们静悄悄地开始在欧洲盟军最高司令部(Supreme Allied Command Europe)会见他们的美国同行"以确保即便法国不是[北约]一体化军事组织成员,法国的军事力量也可以有效地参与对西方的防卫"。[20] 为了确保在苏联推进到中欧时美国有能力给盟军提供再补给,法国指挥官同他们的美国同行准备好了详细的计划。法国同意授权美国"使用法国的港口、机场、管道、铁路和公路,而不是被局限在西德更易受攻击的交通线上。每天通过的吨位也[得以]确定"。[21] 因为同法国人的秘密安排不属于正式的北约计划,这样就扩展了美国的政治和军事领导人所能掌握的选择权,在东西方对峙引人注目地增强时,他们有更大的灵活性来应对苏联的侵略。

同法国的联盟绝不仅仅是心照不宣。卡特总统的助理国家安全顾问大卫·亚伦"会定期去巴黎,坐下来同[雅克·]瓦尔[爱丽舍宫的秘书长]仔细讨论我们需要共同做的所有事情。我敢肯定,如果我们没有另外一种关系,我们是不可能这么做的"。一位华盛顿的知情人说。"这不只是哲学的或个人的手段,也是吉斯卡尔·德斯坦对在他的安全机关里的戴高乐主义者的强大控制手段。"[22] 同样是这些戴高乐主义者——希拉克,亨利·马尔特和安德烈·吉劳,还有其他人,他们在卖力推动同萨达姆·侯赛因的关系。

在高层,这种磋商变得很个人化了。吉米·卡特总统和瓦列里·吉斯卡尔·德斯坦总统在信任和相互尊重的基础上建立了很密切的关系,甚至卡特在欧洲和中东见了其他外国领导人后还会在巴黎中途停留并同吉斯卡尔·德斯坦商议。最有名的例子发生在卡特1978年1月1日对伊朗进行国事访问后。在伊朗，他宣布那位生病的沙赫①的政权是在一个麻烦不断的地区中的"稳定之岛"。一位了解日益增强的美法战略合作的卡特助手说，"在我的记忆中，这是同法国关系最好的时候。我认为这种关系的基础，在很大程度上，是由于我们愿意参与这个核交流计划而逐渐产生的相互信任和亲切感。"[23]

当苏联在欧洲部署SS-20中程核导弹时，吉斯卡尔·德斯坦给白宫的卡特打电话，强烈要求两人举行一次危机峰会。他们可以借七国集团年度经济峰会来掩饰他们见面的紧迫性和主题。但是吉斯卡尔·德斯坦坚持日本不参加——因为日本既是一个非欧洲国家又是一个和平主义国家，而且没有受到欧洲导弹公司②危机的直接影响，集团中的小国意大利和加拿大也不参加。这事关欧洲安全，事关北约，所以应该局限于"四巨头"间，他坚持说。

卡特同意了。在1979年1月4日上午11点50分，他同国家安全顾问兹比格涅夫·布热津斯基乘坐空军一号从安德鲁斯空军基地起飞前往普安特·彼得雷，这是一个位于加勒比海瓜德罗普岛上的主要法国城市。在机场迎接他的是白宫的常客雅克·瓦尔。一小时之后，吉斯卡尔·德斯坦到达卡特下榻的饭店。[24]

为了给这次史无前例的五日峰会增添一丝在隆冬的加勒比海度假的气息，卡特带着他的妻子和女儿艾米。他时常和她们一起出现，在那个古老的港口和海滨闲散地漫步。毫无疑问，1979年1月4日至9日的这次会谈还包括自携水下呼吸器的潜水、半天的钓鱼、礼节性拜访当地官员、慢跑和冗长的饭局。但是同吉斯卡尔·德斯坦、英国首相詹姆斯·

---

① Shah，沙赫，伊朗国王的称号。——译者注
② 即Euromissile。欧洲导弹公司是法国国家航空工业公司、马特拉公司（法国）和戴姆勒-克莱斯勒航天公司的合资企业，现在被称为MBDA。详见第13章。——译者注

卡拉汉和德国总理赫尔穆特·施密特的闭门会议确是极度认真的。他们的首要议程是努力形成一个共同的北约战略来对抗引人注目、逐步升级的东西方紧张关系，这种紧张是由于苏联把致命的新导弹引入欧洲中心地带而造成的。在海滨胜地阿珠帕的会议厅里做出的决定是那个所谓的双轨政策：推进潘兴Ⅱ式导弹和带核弹头的巡航导弹的研制，但推迟部署。他们期待着战略武器谈判者们可以在北约准备部署前让苏联人撤消他们的 SS-20。

许多年之后，吉斯卡尔·德斯坦告诉洛杉矶一家电台的记者，在瓜德罗普岛还做出了另外一个重要决定，涉及截然不同的另一个世界：伊朗。卡特已经确信伊朗"已到了发生政治转变的时候了"，这四位领导人同意一起努力为那个生病的沙赫找一个替代者。吉斯卡尔·德斯坦宣称他对卡特的立场感到"诧异"，"因为我们有这样的印象，就是美国支持伊朗政权"。[25]吉斯卡尔·德斯坦的评论也许是为自己的利益服务的，因为他的政府在 1978 年 10 月接受了阿亚图拉霍梅尼流放到巴黎市郊的诺伏勒堡。显而易见的想法是，这位阿亚图拉会永远地感激法国（但他没有）。但是，卡特对伊朗沙赫的模棱两可态度吉斯卡尔·德斯坦是猜对了。"我非常希望沙赫在伊朗维持统治，希望伊朗目前的问题得以解决"，在瓜德罗普岛会议两个星期前，卡特在一次白宫记者招待会上说，"有些人所做出的毁灭和灾难的预言根本没有实现。"[26]虽然卡特这么说，在这之前，他已经派遣空军的罗伯特·海瑟将军（驻欧洲美军总司令的副手）秘密前往伊朗鼓励保皇派军官们夺权。

法国人对当时发生在伊朗内部的事了解得更多，这一点你可以争辩，因为他们的国外情报机构没有同伊朗的萨瓦克①建立那种过分亲密的关系，而正是这种关系模糊了美国中央情报局和国务院的判断。确实是这样。一位在 20 世纪 70 年代后期被派驻伊朗的前法国情报军官告诉我，他曾经两次警告沙赫要注意日益增长的反对力量。"我们告

---

① SAVAK，1979 年革命以前伊朗的秘密警察组织。——译者注

诉他，你必须应对，要不然就全完了"，他说，"走到街上，稍微打探一下，你就知道发生什么了。"[27] 这是被中央情报局所忽略的情报搜集方式。

1979年11月4日，自称伊玛目（霍梅尼）路线追随者的伊朗"学生"袭击了美国驻德黑兰的大使馆，把美国外交官扣为人质。吉斯卡尔·德斯坦和他的情报局长亚历山大·德·马朗什暗中给卡特提供了大量的帮助，以求这些人质获释。法国律师赫里斯蒂安·布尔盖在巴黎和德黑兰之间来回穿梭，传达出价和反报价提议，意在说服霍梅尼释放美国人质。这些努力失败后，卡特在1980年4月下令组织了一次营救，这次营救也失败了，而且一些美国军人为此付出了生命的代价——他们的直升飞机在伊朗东南部塔巴什小镇附近的会合点沙漠一号上方同一架C–130运输机相撞了。

伊朗人的应对措施是把人质化整为零藏在全国各地的可靠地点。卡特和他的顾问们发疯似地要查明他们的下落。所以马朗什同意帮助美国中央情报局，计划派一位美国商人到德黑兰收集情报。

多年后，我从那位商人口中了解了这次美法情报合作鲜为人知的秘密——他最终还是同意告诉我他的故事。还有那些前法国情报军官，他们印证了这位商人所说的一些关键要素。马朗什的机构给美国中央情报局提供了那位密使的商业掩护以及新的欧洲护照。在1980年4月的营救行动失败后，他以寻求欧洲公司和伊朗新革命政权间的商业合同为由前往德黑兰，通过多次谈判，他最终获悉伊朗人把所有人质都弄回了德黑兰，他们相信卡特政府不会冒险进行第二次营救行动。马朗什讲述了随后发生的事。

我们注意到，那位阿亚图拉时常回他自己在圣城库姆的家。他住在一个相当僻静的地方，不远处有一块空地可以降落直升飞机。我们想，我们可以抓住这位大人，客气、坚定地把他带到在印度洋阿曼近岸等待的海军舰艇上。我们做出了详细的方案，连最后的细节都考虑到了,最终这个方案提交给卡特总统了……尽管卡特觉得这个方案既有创意又吸引人,但他说,"你们不能对一位主教那么做,尤其是他已经一大把年纪了!"引语结束。[28]

1980年7月的头一个星期,为了探究另一种途径,美国国家安全顾问兹比格涅夫·布热津斯基前往安曼会见约旦国王侯赛因,他是萨达姆在阿拉伯世界最亲密的心腹朋友。桌上摆着萨达姆的详细计划:进攻霍梅尼的伊朗,以便激烈而快速地终结这个地区激进的伊斯兰原教旨主义,副产品就是解救美国人质。萨达姆的计划是应保皇派伊朗军官的请求发动入侵,而那些军官们正在密谋起义。他们由伊朗国王的最后一位首相沙赫普尔·巴赫蒂亚尔组织。巴赫蒂亚尔是一位前抵抗战士,因为在抵抗纳粹、保卫法国的战斗中英勇作战而被授予法国公民身份。霍梅尼在1979年2月12日夺权后,巴赫蒂亚尔逃往法国,在那里召集一批保皇党军官加入他的团队。1980年7月,布热津斯基会见侯赛因国王时,这些政变策划者在萨达姆的完全庇佑和支持下,正在巴格达以及位于库尔德小镇苏莱曼尼亚的一个训练营地做着准备。他们向萨达姆保证,一切都在按照计划进行。

后来我通过当时的伊朗总统阿布哈桑·巴尼·萨德尔了解到,事实上,派驻法国和拉丁美洲的苏联谍报人员已经向霍梅尼政府泄露了即将发生政变的消息。就在布热津斯基在约旦会晤国王几天后,巴尼·萨德尔发出命令围捕六百名亲巴赫蒂亚尔的军官,他们当时正在位于德黑兰和伊拉克边境间的哈马顿市外的诺格空军基地参加一个谋划会议。一个字也没漏泄,他成功地终止了一场政变。[29]

萨达姆没有被吓倒,他决定无论如何也要入侵,并于1980年9月22日在1,200公里长的战线上对伊朗发动战争。就在第二天,他的副总统塔里克·阿齐兹到达巴黎,要求法国人兑现他们的承诺,交付幻影战斗机。吉斯卡尔·德斯坦在公开场合很发愁地说战争改变了一切,他担心伊朗会攻击伊拉克的石油出口码头,进而减少对法国事关重大的石油供应。阿齐兹多次前往巴黎，配合以贿赂和展示强力，法国人才交付了幻影飞机。这里所说的强力包括伊拉克人威胁中止对法国的石油输送，而那时进口石油的25%来自伊拉克。圣诞节前，法国的亲伊拉克游说集团获胜了。萨达姆得到了他的幻影战斗机，还有更多的东西——其中包括供奥西拉克使用的第一批12.5公斤高浓缩铀燃料。

假如武器设计得当，这些东西足够建一个单独的核装置。

1. 《世界报》1975年9月9日。(Le Monde, September 9, 1975.)

2. 由多米尼克·罗伦兹引用，见《原子事件》第256页。(Dominique Lorentz, *Affairs atomiques*, Les Arenes (Paris: 2001), p. 256.)

3. 联合国特别委员会核查报告，"UNSCOM 15—任务检查报告"，1991年9月29日—10月3日。（未发表；由作者收集）(United Nations Special Commission, Inspection Report, UNSCOM 15-Mission Inspection Report, 20 September – 3 October, 1991)。

4. 让-佛朗索瓦·迪博，《军火销售：一种政治》，第60页，第63页。(Jean-Francois Dubos, *Ventes d'armes: Une Politique*, Gallimard, (Paris: 1974), pp. 60, 63.) 该文按博士论文出版。迪博（Dubos）的研究是现有的对在这个领域的法国政策最清晰的表述。迪博后来成了社会党人国防部长查尔斯·埃奴的高级助手，而埃奴继续了法国对伊拉克的武器销售。后来法国新闻周刊《快报》指责他授权由法国防务制造商吕歇尔公司在1984年至1985年期间对伊朗进行秘密武器销售。

5. 例如，在1976年1月27日对印度进行正式访问后，希拉克在回国的路上中途停留在巴格达，进行了三天"私人"访问。在巴格达，他是萨达姆的私人客人。希拉克对新闻界宣布，他只想对他的"私人朋友"萨达姆·侯赛因表示敬意。但是，事实上，萨达姆给了希拉克国事接待的所有荣誉。

6. 道格拉斯·泊什，《法国的情报机关：从德雷福斯事件到海湾战争》，第 448 页。(Douglas Porch, *The French Secret Services: From the Dreyfus Affair to the Gulf War*, Farrar, Straus and Giroux (New York: 1995), p. 448.)

7. 作者采访萨基斯·索加纳利安，2003 年 9 月 15 日。

8. 这张照片由法国官方新闻社法新社发布，可以在线看到，网址是：www.boston.com/news/packages/iraq/globe_stories/030203_chirac.htm

9. 作者采访原子能委员会高级官员，1992 年 9 月 18 日。

10. 法国航空总局的一份五页纸的秘密备忘录，1975 年 3 月 19 日，由作者收集。

11. 《世界报》，1975 年 9 月 9 日，"巴黎与巴格达之间的协约"。("Entente cordiale entre Paris et Baghdad," *Le Monde*, September 9, 1975.)

12. 《费加罗报》，1990 年 9 月 3 日，"30 年来，伊拉克一直在试图制造原子弹"。(Eric Laurent, "Depuis trente ans, l'Irak essaie de fabriquer la bombe A", *Le Figaro*, September 3, 1990.)

13. 我在 1990 年 10 月参观位于萨克雷的那个最初的奥西里斯反应堆时一位原子能委员会高级官员的评论。

14. 原子能委员会高级官员的谈话，1990 年 10 月。

15. 《中东防务新闻》第 17 期，1990 年 6 月 11 日出版，蒂默曼，"对法国军售的比较"。(Kenneth R. Timmerman, "French Arms Sales Compared", *Middle East Defense News* (*Mednews*) 3, no. 17 (June 11, 1990).)

16. 安德烈·格卢克斯曼，《西方反对西方》，第 128 页。(André Glucksmann, *Ouest contre Ouest*, Editions Plon (Paris; 2003), p. 128.)

17. 《快报》周刊，1980 年 7 月 19 日—25 日，"伊拉克与炸弹"。(Caramel: Jérôme Dumoulin, "L'Irak et la bombe", *L'Express*, July 19-25, 1980.)

18. 从1984年到1993年，我采访了许多法国销售商，在巴格达，也在他们法国的家中。在我同意严格保密的前提下他们对我讲了这些事。他们中的多数人感到，这些故事太好了，不能不分享。但是，如果他们因为提供消息而暴露身份，他们有丢了工作的风险，而在巴格达则有丢了性命的危险。

19. 哈姆达尼是负责秘密采购的战略计划委员会三个组成人员之一。另外两个成员一个是萨达姆自己，另一个是他的堂兄国防部部长阿德南·凯拉拉。在《死亡游说》一书中，我对这个战略计划委员会有详尽的描述。参见《死亡游说：西方是如何武装伊拉克的》。(*The Death Lobby*: *How the West Armed Iraq*, Houghton Mifflin (Boston：1991).)

20. 乌尔曼，《隐秘的连结》，第21页。(Ullman, "Covert Connection", p. 21.)

21. 前引书，第23页。

22. 前引书，第18页。

23. 前引书。

24. 《卡特总统日记》，1979年1月4日。(The Daily Diary of President Jimmy Carter, January 4, 1979; Carter Presidential Library, Plains, Georgia.) 在白宫的日志中，卡特在随后五天的每一分钟都被记录下来了。

25. 伊朗色达叶电台（Radio Sedaye Iran）对帕尔维兹·沙赫纳瓦兹的采访，1998年7月16日。参见伊朗通讯社1998年10月6日新闻稿，"在瓜德罗普岛，卡特宣布沙赫必须下台"。("In Guadeloupe, Carter Announced That Shah Must Go：VGE," Iran Press Service, October 6, 1998.)

26. 卡特总统，白宫新闻发布会，1978年12月12日。(President Jimmy Carter, White House press conference, December 12, 1978.)

27. 作者采访前法国情报军官，2003年8月14日。

28. 亚历山大·马朗什，《在王子们的秘密中》，第270页。作者的译文。(Alexandre de Marenches with Christine Ochrent, *Dans le Secret des*

Princes, Editions Stock (Paris: 1986), p. 270;)

29. 有关诺格政变,我在《死亡游说》中做了更详尽的描述,见《死亡游说:西方是如何武装伊拉克的》,第五章。

4

内阁中的共产党人

在吉斯卡尔·德斯坦强烈要求下,达索公司推迟了交付卖给伊拉克的第一批幻影战斗轰炸机,一直到在德黑兰的美国人质获释,那天是1981年1月21日,正是罗纳德·里根宣誓就职的时刻。仅仅十天后,这批飞机由法国空军飞行员空中转场至塞浦路斯的拉纳卡,再从那里由伊拉克机组接手并飞完到巴格达的最后一段航程。从那时起,法国人以每月两架的速度交付这些飞机,同时成百上千的伊拉克幻影飞行员和机械师被派往位于布列塔尼和波尔多的专门中心接受培训。那些成功通过培训的人返回伊拉克,在本土由法国空军飞行员完善他们的战术技能。

"同伊朗的战争打响后",一位当时在伊拉克的法国高级防务行政官告诉我,"为了让他们的飞行员尽快成长起来,我们做了一切能做的。在训练飞行时我们就坐在他们身后。我们帮助他们设计战术。我们教他们如何使用新式导弹。有时候我们的人甚至俯身去拉操作杆帮助他们飞到一个较好的射击位置。我们什么都做了,就差扣动扳机了。"[1]法国与伊拉克的关系接近于一种战略联盟,你觉得有多近就有多近,只差法国的战斗部队实际部署在伊拉克了,而这一切都是严格保密的。

我是最早从巴格达报道法伊合作的记者之一,我的一系列文章最初刊登在《世界报》上,后来登在法国及其他地区的国际防务期刊上。[2]我的第一篇文章一面世,伊拉克人就很不高兴,把我封杀了一年多不得入境。后来我才弄明白，伊拉克人之所以愤怒并不是因为我透露了他们同法国的合作，事实上这种合作让他们自豪，而是我暗示他们的飞行员缺乏必要的技能和经验来充分开发他们所使用的先进法国装备特别是飞鱼反舰导弹的能力。我所不知道的是，他们当时正同法国人为一项商业纠纷而僵持不下，伊拉克人断言那些导弹有缺陷，正在要求数亿美元的赔偿。当然，法国拒绝了伊拉克的索赔。他们给我讲了让人心惊肉跳的故事：伊拉克飞行员即使看不到任何目标也要把导弹发射入水，因为带着武器飞回家可能会葬送他们的职业。通过对比伊拉克宣称使用飞鱼导弹摧毁的"海上目标"的数目和伦敦的劳埃德公司报告的被击中船只的数目，我发现伊拉克人只命中了当时 20% 的船只。很明显，这对萨达姆来说是新闻。

在第一批幻影飞机交货数星期后，法德联营企业欧洲导弹公司（Euromissile）宣布伊拉克同意在一笔 29 亿美元的一揽子交易中购买罗兰 2 型防空导弹组。法国人开发罗兰系列是为了同美制霍克式防空导弹竞争，因为在 20 世纪 70 年代已有大批量的霍克式防空导弹交付给了伊朗。除了 113 套罗兰 2 型发射装置，1981 年 3 月的这次卡里（KARI）交易还包括给幻影战斗机配备的新式导弹、潘哈德装甲车、霍特反坦克导弹和更多别的东西，法国的防务承包商告诉我。KARI 是法文"伊拉克"（Irak）的倒拼，被用做一系列防务合同的代号。这些合同最终引出了一个一体化的防空体系，而美国中央司令部（CENTCOM）在 1991 年发动沙漠风暴前终止了这个防空体系。

尽管购买了这些新式高技术武器，伊拉克军队在战场上仍遭受着伊朗从美国购买的大量 M–109 自行榴弹炮的打击。这些可以"打了就走"的先进火炮比伊拉克的任何装备都射得远、打得准，伊拉克人很强烈地感到了这种劣势。因此，在 1981 年初，伊拉克国防部通知自己在海外使馆的武官们紧急寻找一种与此相当的装备。他们最先打探的地方就是法国。

当时法国军队正在测试用来装备法国 AMX–30 坦克的一种新的远

程野战榴弹炮。他们称这种榴弹炮为 155 毫米 GCT①，并在国际武器市场上做广告说这是世界上最快、最准的火炮。研制工作的部分资金来自沙特阿拉伯，因为法国国防部仍然把自己的大部分经费花在核武器上，而不是常规保障上。这种火炮由法国地面武器工业集团公司（GIAT）制造，由两个专门的外销经销商代理，一个是索夫赫沙公司（SOFRESA），针对沙特阿拉伯和下海湾国家，另一个是索夫玛公司（SOFMA），主管伊拉克、摩洛哥和南美洲。在 20 世纪 80 年代，我经常和这两家公司的官员交谈，在伊拉克，也在其他地方。我也采访过向伊拉克详细介绍训练任务的法国炮兵指挥官。1988 年 7 月伊拉克战胜伊朗后，这些军官在讲述他们亲身见证的故事时，对其中难言的那部分也觉得不难启齿了。

对中东销售武器，总得有一个中间人，即使是在萨达姆·侯赛因的伊拉克这样一个处于严密控制之下的地方。中间人不仅负责给买家和卖家牵线，也要负责处理更敏感的安排，例如把特别款项打入两个国家的官员们在海外的账户中。索夫玛公司求助的是黎巴嫩军火商萨基斯·索加纳利安。他是萨达姆信赖的代理人。索加纳利安看到这种新火炮就立即看到了滚滚财源。这正是伊拉克人所说的他们需要的那种东西啊。

说到萨基斯，什么都是大的。他体重远远超过 300 磅，食欲也是饕餮型的。1981 年 3 月，索加纳利安用他自己的私人喷气飞机"自由企业精神号"送一群索夫玛公司的高级官员前往巴格达，在从巴黎到巴格达六个小时的飞行中，让他们畅饮香槟酒。他的客人包括丹尼尔·于埃将军，是索夫玛公司的总裁，米歇尔·贝扬，索夫玛公司的执行董事，雅克·马森－勒尼奥，主管这个项目的一位退休炮兵军官，以及他的助手米歇尔·奥比林斯基。"当我们知道他已经获准在穆萨纳空军基地——而不是在国际机场——降落时，我们知道他确实如他所说是个人物"，

---

① GCT，法文 grand cadence de tir，意为"速射"。——译者注

一位法国参加者告诉我。穆萨纳基地专供伊拉克官员和特别客人使用，这样他们就可以避免引起不必要的注意，也不用办海关手续。如果是法国人自己去巴格达的话，他们常常要在萨达姆国际机场降落。

　　为了在逼真的战场条件下向伊拉克采购军官们展示法国地面武器工业集团公司出品的这种新型火炮，于埃将军从他的竞争对手索夫赫沙公司那里"借用"了六门火炮。索夫赫沙公司刚完成了一次给沙特军队的演示。那些巨大的火炮被装上坦克运输车，被牵引着通过沙特的沙漠直达伊拉克南部城市巴士拉。同时，法国炮兵工作班随同索加纳利安乘坐伊拉克陆军直升机飞往巴士拉，在沙漠中试验火力和机动性，就在伊朗军队能听见的范围内。

　　伊拉克人喜欢这种新式火炮。安装在轮胎式坦克底盘上，它可以去任何地方，对远距离目标迅速发射炮弹，然后在敌人的炮兵校射观察员完成定位前躲避起来以隐蔽自己。它非常有效，一个胜任的班组就可以"打了就走"，几分钟时间后再从新的地点发射。伊拉克用被摧毁的坦克当靶子，告诉法国的预备役军人开始干活。然后他们把索夫玛公司的销售人员带到一个观察掩体去看演示。这个掩体是用煤渣砖和沙子修起来的，距目标区的距离在双筒望远镜的观察范围之内。这些火炮距离太远，实际上谁也没有听到发射开始，但是，突然之间，爆炸声在距他们藏身数百米的地方突然响起来，在沙漠里震耳欲聋地轰鸣。即便这些火炮是在以24公里的最大射程发射，仍然是一个接一个地命中目标，把那些伊朗坦克打成碎片。这都是因为有先进的电子炮火控制计算机。"如果他们没有打中，那可是有点让人尴尬"，多年后，一位参与者开玩笑说，"说实在的，我们都捏着一把汗。"展示全部结束后，伊拉克人拍手叫好。这是他们所见过的给人印象最深刻的精确火力展示。当然，他们的法国客人也经受住了考验。

　　最终，伊拉克人以不寻常的16亿美元购买了83门火炮、弹药、人员培训服务以及技术支持。像同伊拉克签订的其他合同一样，这份合同也得到了它自己的专门代号：武尔坎①，这是地狱之神的名字，而地狱正是伊拉克人想把他们的沙漠敌人送去的地方。法国人大喜过望。一位法国武器销售商告诉我："通常，伊拉克人先支付20%的保证金，六个月后再付20%，剩下的要过很久才付清。而这次他们预先支付了我们8亿美元。所以，你明白我们为什么这么开心。"对索加纳利安来说，伊拉克愿意满足法国的商业要求是因为他们必须这样做。"法国是唯一有我们所需要的东西的国家"，索加纳利安告诉我。[3]

这笔武尔坎交易意味着几十个法国防务承包商有了业务。军需品制造商不得不加倍生产。法国地面武器工业集团公司只好新建了一个工厂来及时完成伊拉克的订单。然而，幸运总是有不好的一面。一旦伊拉克订货减少，这些新工厂和新设备就会闲置了。但是，法国人的眼光没有那么远。这是一段黄金岁月，是伊拉克的富矿让每个人都得了好处的岁月。

在国内，吉斯卡尔·德斯坦越来越不得人心了。他是一位孤独清高的技术官僚，与其说是政治家不如说是贵族，他很为自己超过普通法国人的优越性而自豪。在他七年总统任期快结束时发生了一系列丑闻，逐渐消蚀掉了他的信誉，更糟的是他的尊严也受到了损害。

在1981年5月的选举中，他再次同社会党候选人弗朗索瓦·密特朗竞争，而密特朗这次设法联合了他时有时无的联盟——强大的法国共产党（PCF）。法国共产党是欧洲最后的斯大林主义政党之一。1979年，当西班牙和意大利的欧洲共产党领导人公开同苏联决裂，宣布他们从俄罗斯母亲那里独立时，法国共产党的领袖乔治·马歇夸口说，苏联共产主义50年的记录——尽管在斯大林统治期间有清洗、饥荒和大规模谋杀——"在全球范围内是积极的"。这既不是一个偶然想到的措词也不是一个错误。马歇在每一个可能的场合都重复说着这个套话，就像一个

---

① 武尔坎，Vulcan，罗马神话中火和锻冶之神，相当于希腊神话中的Hephaestus。——译者注

学生很自豪他背会了功课，甚至在苏联入侵阿富汗后他也这么说。民意调查显示，马歇和他的斯大林主义党有望同他们的社会党盟友们夺得权力——这是很危险的。在冷战的高峰时刻，法国很危险地走向左倾了。

在第一轮投票前的几个月，法国嘲讽性周报《鸭鸣报》① 攻击吉斯卡尔，指控他收取了中非共和国的独裁者让－贝德尔·博卡萨的钻石礼物。博卡萨是法国所支持的暴君，曾在他的宫殿里请客人们品尝用他政敌的孩子做的多汁炖肉，这件事是人所共知的。不论是竞选活动还是电视辩论，只要吉斯卡尔出现，一定会有人问"博卡萨钻石"的指控是否是真的。尽管他一再否认，受贿的谣言也许已经动摇了足够的选举人把密特朗推到前台，推进爱丽舍宫。1981年5月10日，密特朗以52%的选票赢得选举。

法国实际上停止运转了一个星期，因为法国左派认为，法国前一个"伟大的"左翼联盟人民阵线的"累进性的"政策得到了历史性地恢复，并且为此大肆庆贺。人民阵线在20世纪30年代由社会党人总理莱昂·布卢姆领导，其政策奠定了欧洲社会福利系统的基础。（密特朗的盟友中几乎没有人想要记住这位新总统20世纪50年代初在政府的工作。当时，社会党人领导的政府做出了代价高昂的寻求核武器的决定，并派兵前往印度支那和阿尔及利亚，企图保护法国殖民帝国所剩为数不多的几个地方，但这一企图没有成功。）

实际上，从密特朗成为法国军队总司令的第一天起，他就被无法预料的挑战所困扰。最公开的挑战就是因他的前任对萨达姆·侯赛因的伊拉克所采取的政策而产生的后果。

在巴格达南部，数以百计的伊拉克核武器科学家和法国工程师正在兴奋不安地进行启动法国建造的核反应堆的最后一分钟准备工作。按照设定，奥西拉克在1981年7月1日达到临界状态。在1981年上半年，

---

① Le Canard Enchainé 是法国的政治性杂志，也是最具法国特色的杂志。——译者注

吉斯卡尔政府已经把第一批93%的浓缩铀交付到现场了,已经准备给那个可怕的蓝色冷却通道注水了。一旦法国人宣布这个地点可以使用,他们的合同就结束了,他们也应该离开这个国家了。一旦萨达姆·侯赛因亲自下令,由贾法尔·迪亚·贾法尔博士领导的伊拉克武器科学家会立即开始生产钚——方法就是逐渐照射他们已经秘密从尼日尔、巴西和葡萄牙购买的成吨的铀黄饼①。萨达姆的目标是在两年之内把伊拉克变成一个核武器国家。*

1981年春天,就在密特朗就职前,国际原子能机构完成了对在图瓦萨的伊拉克核研究中心的半年定期核查。在此前的多次核查中,这个核查机构都没有发现什么异乎寻常的。但是国际原子能机构的负责人汉斯·布里克斯则更进了一步,在提交给国际原子能机构理事会的报告中,他附了一封信,说没有迹象表明伊拉克违反了根据《不扩散核武器条约》做出的承诺。由于他对伊拉克核武器计划一厢情愿的视而不见,布利克斯被联合国委托去负责两个——而不是一个——不同的核查伊拉克裁军的工作。在这两项活动中,他再次什么异乎寻常的东西也没发现。

然而,私下里,一些国际原子能机构的官员忧心忡忡。曾访问过伊拉克的核查员之一罗伯特·里希特站了出来,把他们的担心和害怕公之

---

① 原文为yellowcake,"黄饼",核反应燃料重铀酸铵或重铀酸钠的俗称。——译者注

* 历史上伟大的讽刺事件之一是,在图瓦萨的伊拉克核武器计划的关键性部件是由一位名叫毛里齐奥·齐费雷罗的意大利人销售的。他后来成为位于维也纳的国际原子能机构的高级官员,在1991年第一次海湾战争后负责除掉伊拉克的核武器计划("当然,我特别胜任除掉伊拉克核计划的工作,因为我在70年代曾参与了同伊拉克的核合作,"他面无表情地告诉我)。在20世纪70年代后期担任伊拉克原子能组织顾问期间,齐费雷罗监督销售及在图瓦萨安装一系列由意大利核公司斯尼亚·泰琴特(Snia Techint)制造的热室,这种热室是特别设计的,能从奥西拉克反应堆照射的靶物中提取钚。他还帮助伊拉克从其他意大利公司获得燃料制造试验室。在1991年和1992年,我和齐费雷罗在他宽大的办公室里进行过多次长谈,他承认早年间在武装萨达姆方面他所起的作用。他的办公室在国际原子能机构大楼的28层,俯瞰着多瑙河和维也纳森林。

于众。里希特在 1981 年对美国的一个参议院委员会透露，伊拉克在图瓦萨修建了秘密设施，这些设施是不对国际原子能机构核查员开放的；而允许这个联合国机构检查的反应堆和实验室距这些秘密设施只有几百英尺远。国际原子能机构拒绝就这些隐蔽的实验室向伊拉克人提出异议，因为从来没有宣布过这些实验室是核设施，而且这些设施已经被保护起来了。但他认为这些实验室里有再处理设施。按照里希特和其他国际原子能机构官员的计算，伊拉克可以在 1983 年前制造出第一颗原子弹，到 1985 年时可以每年制造五颗。国际原子能机构主任汉斯·布利克斯迅速解雇了里希特这个美国公民，因为他太坦率了。[4]

不只是里希特一个人对伊拉克核计划所构成的威胁提出强烈抗议。在法国，三个曾经参与开发最初的奥西里斯反应堆并了解它的能力的物理学家写了一份报告，证明伊拉克的"研究用"反应堆是用来制造原子弹的。密特朗总统就职几天后，这份报告就递交给他了。[5]

还有一个人也在为奥西拉克反应堆大伤脑筋。这个人就是以色列总理梅纳凯姆·贝京。1981 年 4 月，贝京得出结论，如果以色列想避免今后有大灾难，就必须破坏伊拉克的核装置。而做这件事的唯一机会就是当前，趁核燃料还没有装入反应堆。他指示空军参谋长大卫·伊夫里将军着手策划巴比伦行动。

贝京是波兰籍犹太人，是大屠杀的幸存者，他不需要别人帮忙就知道萨达姆的企图：那就是在中东消灭犹太人的家园，进而完成大屠杀。他决心不惜一切代价阻挠伊拉克的原子弹计划。虽然他的情报系统故意把伊拉克的威胁说得不那么严重，但他并不考虑情报部门的反对，要求伊夫里建一个同实物一模一样的伊拉克核装置模型供空军飞行员做轰炸训练。飞行员们说奥西拉克非常类似以色列自己位于迪莫纳的原子弹工厂，因为以色列的设备也是法国人提供的。[6]

1981 年 6 月 7 日，星期日。那天早晨，以色列开始了打击行动。在飞往巴格达五百英里的勇敢行程中，以色列飞行员在敌国空域外飞行的时间不超过三分钟。伊夫里将军选择他的飞行员小组不仅考虑他们的作战技能,还考虑他们的语言技能。在他们飞越约旦领空时,他们用沙特口音的阿拉伯语彼此交谈,并告诉约旦的空管中心管制员他们是一个沙特阿拉伯的巡逻队,迷路了。在进入沙特领空后,他们改变阿拉伯语的口音,假装是约旦人。当他们最终到达图瓦萨时,他们从东边靠近,这样保卫这个工地的防空炮手们因为清晨的阳光而变成了瞎子。后来,目击者报告说,第一波次的以色列F-16飞机用精确制导导弹在塔穆兹Ⅰ反应堆的屋顶正中间钻了一个洞。第二波次的战斗机准确地往这个洞里扔进了两千磅的"哑"弹,摧毁了堆芯、围墙和龙门起重机。[7]破坏非常严重,奥西拉克被宣布完蛋了。萨达姆·侯赛因获取原子弹的紧急计划也随之完蛋了。

最先抗议以色列大胆袭击的世界领导人就包括法国的新总统弗朗索瓦·密特朗,而以色列曾为他的当选而欢欣鼓舞。密特朗是二次大战后第一位赢得法国总统职位的社会党人,和吉斯卡尔·德斯坦一样,他是以色列的坚定支持者,对阿拉伯世界毫不示弱。在1954年至1955年担任内务部长期间,他在法国人粉碎阿尔及利亚的叛乱时起了重要作用,后来是以居伊·摩勒为总理的法国政府的骨干。就是这届政府在1957年批准了同以色列签署的合同,在内盖夫沙漠修建迪莫纳原子弹工厂。[8]以色列和法国的情报官员告诉我,梅纳凯姆·贝京推迟了执行巴比伦行动的时间,一直到密特朗稳定地掌管了一切,并且在袭击前把他的意图告诉了这位法国新任总统。的确,尽管在以色列袭击时还有数百名法国工人在图瓦萨的现场,但他们接到了异乎寻常的命令,要求他们那个星期日早晨在远离反应堆屋顶的一个大楼里举行弥撒(在伊拉克,星期日是一个普通的工作日)。一个前法国情报官员(当时是密特朗的高级助手)说,在这次空袭中只有一位法国人丧生。他的工作是在堆芯上安放一个归航信标,这样以色列人就准确地知道该炸哪儿了。因为最后一刻的耽搁,他命丧黄泉。[9]

密特朗的抗议是能想象到的,也是有限的。他没有要求对以色列进行制裁,以最含混不清的方式向伊拉克允诺重建奥西拉克反应堆。但是,法国核输出的前锋圣·戈班核公司的官员努力要说服他作出明确承诺。更强有力的抗议来自美国,是里根总统亲自发出的。20年后,美国副总统迪克·切尼终于公开感谢以色列摧毁了伊拉克的原子弹工厂,他承认这一行动使萨达姆的核计划延缓了整整十年。[10]

　　密特朗的当选使萨达姆·侯赛因烦恼。这位伊拉克领导人一直在怀疑法国的社会党人,因为他们有亲以色列情绪,萨达姆能感知到这种情绪。奥西拉克袭击发生仅仅一星期后,又发生了一件事,让伊拉克领导人更有理由担心密特朗准备改变法国的政策,而这种改变会对伊拉克不利。在巴黎航空展览会开幕的当天,法国总统会在国防部长和法国航空和航天工业集团(GIFAS)负责人的陪同下参观航展,这已经是惯例了。事情就那么巧,在1981年6月,法国航空和航天工业集团的代理总裁正好是雅克·密特朗将军,是总统的哥哥(熟友们都称呼这位将军"雅各")。同国家元首有兄弟关系本应是法国武器出口商的光荣。实则不然。

　　这位新总统命令他的哥哥在参观开始前把所有的武器都从这个展场搬走。那些武器出口商通宵苦干,把炸弹、导弹、火箭从陈列在布尔热机场沥青停机坪上的飞机上拆卸下来,从展览馆里被遮盖的数百个展架上撤下来(在密特朗兄弟到达时,有些人仍然在工作。总统的随从们巧妙地避开了这些碍眼的人)。密特朗告诉新闻界,新的社会党政府将不再盲目地把武器出口给全世界的独裁者。道德上的考量将决定法国该把她最好的武器出口到什么地方。

　　随后发生的事我是听一位伴随总统参观航展的法国高级航空航天官员讲述的。在他们参观的过程中,"雅各向他弟弟解释说,很多著名的外国客人到法国就是为了看看法国最新式的武器,让他们失望是不明智的",他说。其中的一位客人就是阿卜杜勒·讷归博·杰纳博·塔努恩将军,是伊拉克的参谋长。杰纳博将军是个好客户,如果不立即把那些武器陈列出来,他是不会领会总统的意思的。毕竟,伊拉克同法国出口商签有长期订单,为这些军事装备预付了数量庞大的定金,而就在他们说话的时候，这些军事装备正在下装配线。总统是不是想让这些客户相信他将取消同他们的合同？那相当于出卖法国作为国际贸易伙伴的信誉。

将军赢了。总统一行人刚离开航展，他就命令把那些炸弹、导弹和火箭摆回展示区。对法国武器承包商来说，生意如常。

因为法国新政府引人注目的变化而忧虑的外国领导人，萨达姆·侯赛因决非仅有。在华盛顿，里根政府的高级官员不安地监视着巴黎的一举一动。

在法国人生美国气的时候，他们小看我们是一个"暴发户"国家，只有两百年的历史。但是从1789年起就是法国大革命的那年，美国就只有一种政体。我们的宪政共和政体维持在一起，经过内战、经济萧条和来自国外的挑战而没有重大的体制改革，算是经受了时间的考验。相形之下，现在法国民主的形式只能回溯到戴高乐将军建立第五共和国的1958年。法国人进行政治转变时，他们经常把整个政体连同他们的领导人一起丢弃。

在赢得1981年5月10日的决定性竞选后不久，密特朗就解散了国民议会，要求举行临时议会选举。他赌了一把，希望他在总统选举中获胜的气势能使他赢得议会的大多数。在第五共和国，控制国会是很重要的，因为尽管总理是由总统任命的，也必须赢得立法机关的信任投票。

共产党领导人乔治·马歇也渴求当选。他希望把自己在总统大选第一轮赢得的令人震惊的15.3%的选票转化为真正的权力。在被称为左派联盟（Union de la Gauche）的选前磋商中，社会党人和共产党人同意在决定性竞选中互相支持对方的候选人，不论左派候选人是和一位挑战者竞争还是和来自右派的在职者竞争。在全国范围内，这种选举的精明交易对法国共产党是一种实惠，也抬高了马歇作为国王拥立者的角色。尽管密特朗的社会党在议会选举中赢得了258个席位——这是绝对多数——马歇仍然可以宣称是他决定了这个成功，而且没有他的支持密特朗将不能统治。现在到了偿还的时候了。马歇想要新政府中一半的部长职位。自 1947 年意大利和法国把共产党人逐出联合政府后，在冷战时的欧洲，这是共产党第一次随时准备进入政府。

　　密特朗拒绝了马歇的这个稀奇古怪的要求，但是他知道他无法完全拒绝共产党人进入政府。最终他给马歇提供了四个内阁职位，包括运输部部长。在法国人喜欢的中央控制系统中，运输部对整个国家的运输网（公路、铁路、港口、机场）以及连接法国的大西洋港口和北约供应网的战略石油管道有着绝对控制权。万一苏联发动攻击，北约的军事计划者会依赖这些资源给在欧洲的北约战斗力提供再补给，这是巴黎和华盛顿之间秘密战略合作的结果。如果亲苏联的法国共产党人得到了运输部长的职位，他们不需要进行间谍活动就可以获得北约战略作战计划的关键部分。

　　共产党人即将进入法国内阁，特别是要担任这样一个敏感的部长职务，这个消息让在华盛顿的人顿时警觉起来。法国共产党并没有受到所谓"欧洲共产主义"（Eurocommunism）的革新浪潮的影响，但这个浪潮使西班牙和意大利的共产党人疏远了莫斯科。法国共产党中央委员会里充满了坚定的斯大林主义者，同苏联共产党的步伐是一致的，而马歇是其中的头号人物。6 月，在同法国共产党的交易敲定后，美国国务院发出了一个引人注目的公开警告："共产党人进入政府这件事将影响我们之间盟友关系的基调和实质，在任何我们的西欧盟友政府里都一样。"美国副总统乔治·布什当天在爱丽舍宫拜见密特朗时再次强调了这个警告。一个北约盟友，一个像法国这样刺头的盟友，似乎有脱离西方轨道的危险。

　　在幕后，里根政府在考虑所有的方案，包括采取行动破坏法国新政府。"这里有许多不确定性，因为有关密特朗的过去的说法并不好，尤其是他讨好共产党人的事，"时任负责政策事务的美国国防部副部长弗雷德·查尔斯·伊克尔回忆说。[11]的确，在选举后达成一个统治契约，这不是头一次了。一个早期没有成功的方案，人称"共同纲要"（Programme Commun），就包括许诺单边地遣散法国的核威慑力量，关闭法国的核武器实验室,把法国变成芬兰那样的亲苏联的"中立"国家。更让美国心生疑虑的是,密特朗把雷日斯·德布雷请进了爱丽舍宫当他的战略顾问。众所周知,这位德布雷是菲德尔·卡斯特罗的敬慕者,他很为自己自豪,因为在1973年,他被投入了玻利维亚的监狱,指控他是切·格瓦拉的同伙,而格瓦拉正是卡斯特罗富有传奇色彩的革命助手(密特朗那时已经是德布雷的朋友了,费力把他从监狱里捞了出来)。

但是,密特朗是一位经验丰富的政治行家,认识到了疏远华盛顿的危险性。在爱丽舍宫会见布什后,他让国防部长查尔斯·埃奴悄悄地把他的高级顾问弗朗索瓦·埃斯堡派遣到华盛顿,还带去了一条明确的口信。"埃斯堡一再向我们保证,安全机构掌握在可靠的人手中",当时在五角大楼接待埃斯堡的助理国防部长理查德·珀尔回忆说,"他强调在那些敏感职位上没有共产党人——在国防部、外交部和情报机关里没有共产党人。"[12]

在幕后,另外一位法国密使访问了华盛顿,而密特朗对此事却毫不知情。这位密使名叫亨利·康策。他不是政治人物,是法国武器装备总署的高级官员,由于他的亲美观点,他在华盛顿的圈内人中名头很响。"康策告诉我们,事情并没有看上去那么糟",在五角大楼弗雷德·伊克尔手下工作的史蒂芬·布赖恩回忆说。从20世纪70年代中期开始,康策就参与了绝密的美法核武器交易,因而他的话还是有相当的分量的。康策记得,他是在密特朗赢得决胜选举前去华盛顿的,因为他很关注自己在华盛顿的所见所闻。他告诉布赖恩及其他在五角大楼的朋友,密特朗的确要赢得这次选举,而且他会招共产党人进入内阁,"但是,我敢打赌,不出两年,他们就得走人。"[13]不过,美国和法国看上去还是要迎头相撞了。

正如美国所担心的,共产党人运输部长查尔斯·菲特曼履新后的第一件事就是赶到他的办公室在保险柜中寻找法国国家铁路和法国航空公司的战略动员计划。但是,很不巧,在场的人谁也没有那个保险柜的保险锁密码。几个小时后,这件事上报到了爱丽舍宫,那份绝密的动员计划被从运输部长的权限（和他的保险柜）中收回，这是密特朗亲自下达的指示。这件事多年来一直没有被报道过。[14]后来我了解到，帮助说服密特朗把这份战略动员计划从运输部长的权限中收回的那个人正是亨利·康策。

在7月，密特朗新任命的国外情报主管皮埃尔·玛丽恩飞抵华盛顿特区，却受到了美国中央情报局局长威廉·卡塞伊的冷遇。美国人想派遣前国务卿亨利·基辛格去私下向密特朗说明苏联的威胁，并强调美国政府对共产党人进入内阁的担忧。玛丽恩担心他可能会成为传递坏消息的人，但是他说他要看看自己能做什么。

皮埃尔·玛丽恩从法国国家航空公司（即"法航"）过来担任这个新职位，此前，他服务于航天工业领域，在国外工作多年，期间偶尔以"名誉记者"的身份为法国情报机构提供服务。他既不是密特朗很亲近的人，也不是搞情报工作的专业人士。密特朗之所以选拔他来领导外国情报与反间谍局是因为他是密特朗了解的左派当中唯一一个同情报机关有积极关系的人。玛丽恩的主要任务是把戴高乐主义者从外国情报与反间谍局清除出去，并整编该机构以便为社会党人政权效劳。

玛丽恩后来在回忆录中写到，基辛格的这次访问"在双方都有问题。基辛格矜持而寡言，而密特朗对十年前的一次经历有很糟的记忆，那时他是没有政府职位的政治家，访问华盛顿时受到了这位国务卿的冷遇。"[15]整个7月间，密特朗都没时间见玛丽恩，玛丽恩只好通过密特朗的办公厅主任皮埃尔·贝雷戈瓦把美国人的请求转告给密特朗。然后，密特朗很突然地同意了这次见面。更让人奇怪的是，他建议邀请这位前美国国务卿前往他在拉谢的农场，以示对基辛格的尊敬。农场在莱兰兹的沙地松林中，离法国西南部的大西洋海岸不远。只有密特朗的密友才被邀请到拉谢。

在1981年8月3日的这次会见中，玛丽恩充当了司机和译员的角色。他去多维尔接基辛格，当时基辛格在啤酒业巨头罗尔·吉尼斯位于诺曼底的葡萄园休假。在打了网球，用过小型私人晚宴，同基辛格进行了一个小时的私人谈话后，玛丽恩在那里过了夜。次日早晨，他陪同客人前往多维尔机场，从那里登上一架神秘-20公务飞机，开始了前往西南部的比亚里茨的一小时飞行。"天气很好，基辛格的心情也好，我们在飞机上没人打扰，都埋头看报纸"，玛丽恩回忆说。在机场，他们被一辆没有任何标记的外国情报与反间谍局轿车接走，沿着乡间道路迅速驶往密特朗的公馆。"我希望你不是要把我交给巴斯克分离主义分子"，在他们沿着一条泥土小道在茂密的松树中前行时，基辛格开了一句玩笑。

密特朗在门外等候着迎接他们的到来。"他满面笑容，最初的接触一切良好"，玛丽恩写到。基辛格一整天都和那位法国总统在一起。密特朗的妻子安排了午餐，他们在有阳伞的露台上同总统高级顾问弗朗索瓦·德·格罗素弗及雅克·阿塔利一起进餐，由玛丽恩做翻译。午餐后，密特朗陪着他的客人在农场里散步，这是最受欢迎的客人才有的荣幸。基辛格开始了"一次地缘政治的世界之旅，这显然是他乐于做的事，而弗朗索瓦·密特朗则很少开口"。

这位前美国国务卿洋洋洒洒地大谈苏联的威胁，也透露说他相信苏联已经进入了经济衰退期。他谈到了中东，并告诉密特朗古巴和尼加拉瓜的桑地诺主义者①对西方造成的威胁，说这些政权"不该受到鼓励"。玛丽恩说，在驱车前往机场的路上，密特朗第一次开始讲话。

"他把话题引回基辛格对苏联的分析，但是很奇怪，他没有谈论国际方面，而是说到了法国的国内政治，以及他开始采用什么战略来削弱共产党。'你看，我也在赌共产主义会被击退'，密特朗说着诡秘地一笑。"[16]

玛丽恩没有搞清楚。他在华盛顿的所见所闻使他相信，基辛格被派到法国是为了警告密特朗。相反，这个美国人用的是一种温厚的、教授

---

① 桑地诺主义者，原文为 Sandinistas，指尼加拉瓜桑地诺民族解放阵线的成员。——译者注

般的语气，而且在密特朗告诉他击溃法国共产党的计划时他听得很专心。事实上，这个重要信息正是基辛格还有里根想要知道的。他们现在认为这位法国的新总统有完全不同的一面，而他的话印证了他们的猜想，也强化了他们的信念，那就是，密特朗将是美国在欧洲最好的盟友。

因为基辛格和密特朗都知道一件事情，而玛丽恩这位新任法国情报局长却不知道。这是一个行将改变世界的秘密。

密特朗首次在国际上登台亮相是在加拿大渥太华参加 G7①峰会，也就是在和基辛格的热忱会面前两个星期。当时巴黎和华盛顿之间高度紧张，新闻界在等着争吵爆发。如果密特朗拒绝把共产党人踢出他的内阁，里根会把这位法国社会党人驱逐出西方联盟吗？美国人会不会准备宣布采取经济和安全措施来孤立法国新政府？大西洋两岸的新闻界充满臆测，也都十分期待会议上发生令人恼火的对抗。

然而，在两个人秘密会晤之后，里根立即改变了他对密特朗的态度。"这位美国总统是不是被法国政治选择的正义性镇住了？"法国新闻记者蒂埃里·沃尔顿写到，"这位法国总统，一位职业律师，是不是已经精力充沛地为社会党人领导的法国的事业进行了辩护，结果是成功地说服了那个曾经高度轻视他的人？根本不是这么回事。事实上，两个总统仍然保持着原来的立场。"17

实际发生的事"事关重大，使华盛顿当场改变了语气"，沃尔顿写到。"这件事在瞬间消除了美国人的忧虑，并惊人地改善了法美关系，尽管双方政治上的差别依然存在。"

这件事可以用一个词概括：辞行。

史蒂芬·布赖恩博士在五角大楼主管技术安全，特别是有关苏联窃取西方军事机密的工作。新一届美国政府决心制止苏联获得西方的高技

---

① G7, Group of Seven 之略，指西方七国集团，由美国、日本、德国、法国、英国、意大利、加拿大组成。下文中的 G8 由 G7 加上俄罗斯组成，称为西方八国集团（Group of Eight）。——译者注

4 内阁中的共产党人

术,因为五角大楼认为这些技术帮助苏联人生产了更准确的战略导弹、更好的轰炸机,有时甚至直接仿制北约的武器系统。"在渥太华,他们一起坐下时,里根想方设法让密特朗关注俄罗斯威胁的严重性",布赖恩说,"我知道他的话的要旨,因为是我为他准备了这次会见的谈话参考。这是我在国防部的第一份公文。"里根描述完苏联充满敌意的各种活动后,密特朗只是微微一笑。"'哦!要比这个还糟糕。苏联的这个重大行动是针对你们的,也是针对我们的。但是我们有情报。'"[18]

接下来,这位法国总统描述了现代间谍史上最非凡的情报政变的大致轮廓。

他告诉里根,法国最近在苏联情报界最高层中发展了一名线人。他的权限很完全,可以提供由当时克格勃的头目尤里·安德罗波夫注释、总书记莱昂尼德·勃列日涅夫签署的文件。法国人给他的代号就是"辞行"。他在T局高层工作,而T局是克格勃第一总局内负责针对西方进行科学和技术间谍工作的那个局。亏得有"辞行",法国人能看到和克格勃提供给苏联政治局相同的情报。

密特朗建议同里根分享所有的收获,因为他想击败苏联对西方军事机密的攻击。"密特朗说他既担心苏联窃取法国技术,也担心苏联窃取美国技术",布赖恩回忆到。他建议在两个星期内派一名密使到华盛顿提供更多的细节。临行前,他给了里根一份"辞行"提供的文件做样品。文件上有"Soverchenno Sekretno"的印章,是苏联版本的"绝密",保密级别很高,每份都带编号。在随后的18个月里,美国人会了解到,实际上"辞行"提供的所有文件的编号都是1,表明这些文件是为T局负责人准备的。[19]

在圈子极小的情报界,"辞行"的能力被认为是"宇宙级"的。

弗拉基米尔·伊泼利托维齐·韦特罗夫上校是一位53岁的工程师,他的工作就是评估T局搜罗到的情报。"对一个还在位的叛逃者,这是一个理想的身份",美国中央情报局分析员格斯·W·韦斯说。那个夏天,韦斯一直在负责处理"辞行"的档案材料。[20]因为理想主义、反感苏联的体制以及对早年在法国旅居的怀旧之情，1981年3月，韦特罗夫自告奋勇为法国人做间谍。1965年，他在巴黎时还是个年轻的情报军官，一次在驾驶大使馆的公车时，他出了事故。这件事如果被发现，有可能断送他的职业前程。幸运的是，他得到了一位在汤姆逊半导体公司工作的法国商人的帮助。他在韦特罗夫的上级发现真相前修好了汽车。韦特罗夫的感激无疑是有理由的，"即使这位商人的友善姿态不完全是无私的"，法国反间谍机构本土警戒局的前负责人马尔塞勒·沙莱说。

沙莱对韦特罗夫（也就是"辞行"）的职业生涯的叙述给我们提供了一幅引人入胜的冷战时期最有价值的间谍活动的画卷。出于某些直到今天还不甚明确的原因，当"辞行"决定为法国人充当间谍时，他同一位在莫斯科的朋友取得了联系。他知道这个人同本土警戒局有联系，而不是他们的对外间谍机构外国情报与反间谍局（现在被称为海外安全局）。沙莱没有说"辞行"为什么做这个选择，但是他指出，这个俄罗斯人是个专业情报人员，知道自己在干什么。他是故意选择了本土警戒局，或许担心外国情报与反间谍局不能对克格勃保守住他通敌叛国的秘密。绕过玛丽恩和外国情报与反间谍局来运作"辞行"的决定一直报到密特朗那里，沙莱说。而此前本土警戒局从来没有在国外开展过如此复杂的业务。[21]

本土警戒局内部没有人能迅速前往莫斯科来运做"辞行"的案子又不引起克格勃的怀疑。沙莱说，最后本土警戒局招募了一个"享有外交豁免权，我们完全信任的人"做"辞行"的管理人。他们对他进行了间谍技巧的特种训练，指导他在莫斯科地区设立了一系列"情报秘密传递点"，这样韦特罗夫可以在传递点留下文件，让法国人复制后送回。沙莱说，"除了'辞行'自己的特殊心态之外，我们想到了一切"。

在回忆录里，沙莱用假名"马克西姆"称呼那位外交官。这两个人在莫斯科第一次见面时，"'辞行'就让马克西姆明白他是一个训练有素的专业人员，是在自己的国家从事间谍工作，所以他打算建立他们自己的接触手段"，沙莱说。在所有事情中，"他声明他完全反对那种尽量减少同马克西姆亲自见面的做法……他需要同人接触。"[22]

和他的克格勃同事一样，韦特罗夫是个酒鬼。他乐于冒险，让他的法国管理人大张着嘴，既敬畏又惊愕。"'辞行'喜欢开着车带着马克西姆到处跑，让他看各种各样的军事工业设施（武器工厂、研究中心、最新技术设计局等等）。有一天，他们开车到了一个地方，在法国我们把这类地方叫最高敏感目标。就在那个时候，他告诉马克西姆他想带他进到里面看看。原来，那是个导弹工厂。对保安人员出示了他的克格勃通行证后，他全速开进了院子，掉了一个U字头，然后开了出来。你可以想象马克西姆的脸色！"[23]

沙莱说，从1981年4月直到他在1982年2月消失，"辞行"共向法国人传递了2,997页文件，都是高度机密的。他提供的情报当中有在西方秘密工作的苏联谍报人员的清单，这些人已经渗透到了高度保密的武器实验室，还有在西方工作的叛徒的姓名，这些人向克格勃出卖了军事机密——这些情报揭露了苏联在西方从事高技术相关的间谍活动的事实真相，揭示了这些活动对苏联军事的极端重要性。[24]

密特朗第一次对里根透露"辞行"的存在两个星期后，沙莱带着"辞行"档案中的一部分文件到达华盛顿。他会见的第一个美国官员不是中央情报局局长威廉·卡塞伊——他怕引起玛丽恩的外国情报与反间谍局的怀疑，因为是这个局负责联络美国中央情报局。他见的是副总统乔治·赫伯特·沃克·布什。这两个人于1981年8月3日在副总统官邸见面，当时，那位毫不知情的皮埃尔·玛丽恩正在3,500英里之外的拉谢为亨利·基辛格和密特朗当翻译。"我没有对这位美国副总统讲太多，他不是最适合领会这样一个反间谍专案的技术含量的美国官员"，沙莱说。[25]当布什判断出这些文件的重要性后，他要求中央情报局局长卡塞伊、联邦调查局局长威廉·韦伯斯特、国家安全局局长博比·英曼乘直升飞机赶来见他们。沙莱回忆说："我们面前是美国所有重要情报机关的负责人。他们非常震惊，脸色白得象桌布。"[26]一个特别的管道迅速建立起来了，这样就把法国外国情报与反间谍局推到圈外了，主要是担心苏联的鼹鼠。"辞行"提供的这些文件证实并展开了里根和他的高级顾问一直知道的事：苏联的体系完全腐烂了，没有能力进行创新，之所以还作为一个超级大国存在，完全是因为它把经济资产的绝大部分用于武器生产。

根据"辞行"的文件，法国人在1982年完成了一份绝密报告，题目是"苏联获得西方技术的组织体系"。这份报告表明，盗窃高技术不是偶然的计划，实际上对苏联军事是不可缺少的。但是和里根政府不一样，法国人把这份报告和那些情报都作了严格保密。[27]

苏联获取西方军事技术的这项工作的顶峰是那个强大的军事工业委员会，即VPK，它直接向由苏联共产党总书记领导的部长会议主席团汇报。每年，在克里姆林宫的一次秘密会议上，军事工业委员确定对西方军事技术或双用技术的收集要求——也就是苏联情报活动的"目标"。然后这个目标清单被分送给苏联在海外的大使馆，给克格勃和格勒乌①的驻外特工组，还有几十个科学情报搜集机构。"辞行"获得了这份目标清单以及那些收集者的身份。美国和法国最终从中获取的信息不仅对情报界，而且对西方每一个主要高技术制造商都有深远的影响。

"卡塞伊会把'辞行'的文件送来让我看，同来的还有一个中央情报局的管理人，他从来不会让这些文件离开他的视线范围"，一位五角大楼的高级官员回忆说，"这些是蓝边文件。蓝边文件都是受严格控制的。我记得一份'辞行'的早期报告就像西尔斯目录，列举了所有应用了西方技术的苏联军事计划。"

"辞行"提供的其他文件就像是会计写给苏联政治局的报告，给出了X线（Line X）通过窃取西方的这种或那种技术而节省的确切金额。"我想不起一个例子来说明克格勃透露他们花费了多大成本来窃取技术"，另一位"辞行"卷宗的消费者告诉我，"他们就利用节省研究和开

---

① 格勒乌，即俄文 Glavnoe Razvedivatelnoe Upravlenie 的缩写 GRU，意为"苏军总参谋部情报总局"。——译者注

发资金这个概念来证明他们在外国进行大量的间谍活动是对的。"

美国中央情报局的分析员格斯·韦斯说阅读那些"辞行"文件"让我最糟的恶梦成为事实。自从1970年，X线获得了数以千计的文件和产品样品，数量太大，似乎苏联的军事和民用部门大部分是靠西方特别是美国的成果来进行他们的研究。我们的科学在支撑他们的国防。损失主要在雷达、电脑、机床和半导体方面。X线完成了三分之二到四分之三的收集要求——这是令人印象深刻的业绩。"[28]

根据马尔塞勒·沙莱的叙述，1982年2月，在一次预先安排的同马克西姆在莫斯科见面时，"辞行"突然没有露面。他也没有前往后备的约会地点或留下预定信号告诉法国人他处境危险。他只是消失得无影无踪。九个月后，在1982年11月沙莱辞去本土警戒局负责人职务时，还是没有来自"辞行"的消息。法国人寻找他下落的所有工作都失败了。"在那个时候，我已经完全不再担心了"，沙莱说。

直到三年后，一位名叫维塔利·尤尔琴科的苏联反间谍官员叛逃到美国，法国人才获悉了"辞行"的命运。直到今天，一些法国高级官员还认为密特朗把"辞行"的情况告诉里根总统是一大错误，而且"辞行"暴露是因为美国中央情报局内部的苏联谍报人员造成的。"关于他的结局，我们所知道的都是苏联人想让我们知道的"，一位前高级官员告诉我，"谁知道那究竟是怎么一回事？"[29]

依照尤尔琴科的说法，有一天晚上，"辞行"正在自己的车里同情妇喝香槟酒，一位民兵敲打他的车窗。"辞行"跳下车把那个人刺死了。因为恐慌，他的情妇跑了。"辞行"追上去也刺了她，然后开车跑了。一个小时后，很显然，因为良心不安，他返回了犯罪现场，出乎他的意料，他的情妇没有死，正在对民兵们控诉他。"他就像陀思妥耶夫斯基小说中的人物"，沙莱这么说"辞行"的终结，"一个被曲解的人，忽然间被命运击倒了，一个瞬间的罪犯，因为良心不安而返回了他的犯罪现场。"[30]

1982年11月，弗拉基米尔·伊泼利托维齐·韦特罗夫因谋杀罪被判处20年徒刑。但是,克格勃仍然没有任何线索表明他是苏联历史上最惊人的双重间谍,尤尔琴科说。到后来他们才起了疑心,因为韦特罗夫从监牢里给他妻子写了一封信,说到"有一件大事"他不得不在被捕后停止。最后,克格勃开展了调查,韦特罗夫招供了。克格勃宣布他因为叛国罪于1984年1月23日被处决,之前他最后写了一封信,解释他的目的就是要把"令人厌倦的老娼妓"——苏联体制的实际情况暴露给西方。

韦特罗夫的信,尤尔琴科读过手稿,克格勃也曾考虑公布出来以警告未来的叛徒。他宣称这封信太令人信服了,他决定叛逃。尽管尤尔琴科自己的行为很奇怪——在到达西方三个月后又叛逃回了苏联——沙莱觉得他对"辞行"最后的死亡的叙述是可信的。"他的最后书信决不是一个'招供,'而是令人震惊的'控诉'",沙莱说,他引证的是爱弥尔·左拉对1895年德赖弗斯事件中的法国军官团的反犹太人性质的猛烈抨击,这句话很有名。"他的信从来没有公开,即使在克格勃的内部公告里也没有登过。这就是原因。"[31]

尽管围绕"辞行"的失踪和最终死亡有很多模糊的地方,但对他所提供的文件的真实性,或他给苏联造成的损害的真实性,却从来没有任何争论。在五角大楼官员史蒂芬·布赖恩以及其他人的督促下,美国中央情报局最终在1985年把"辞行"文件浓缩成一份"白皮书",第一次公开展示了苏联窃取高技术的程度,并说明了军事工业委员会的结构。这样一来,这份白皮书暴露了几十个以前很机密的苏联情报搜集单位,包括一些看上去无关紧要的致力于科学交流的国际组织。[32]

的确,多亏了"辞行",里根政府得以说服以前不情愿的欧洲盟友们重振对苏联集团销售双用技术的控制工作,要借助的就是一个古老的冷战机制,那就是设在巴黎的多边出口管制统筹委员会,简称巴黎统筹委员会(CoCom)。从1982年起,在法国的积极帮助下,巴黎统筹委员会关闭了大部分对苏联集团的高技术补给线,引发了克里姆林宫高层的恐慌,严重阻碍了苏联在军事技术方面跟上西方进展的努力。

"事情分'辞行'之前和'辞行'之后",沙莱说。[33]和我交谈过的大西洋两岸每个有权阅读"辞行"文件的人都赞成。从整个20世纪80年代一直到90年代,法国的小罪被忽视了,她的大罪被讨论过,但从来没有被惩罚过——就是因为曾有过"辞行"。不可能低估密特朗在1981年7月做出的同里根分享"辞行"档案决定的重要性,也不可能低估在冷战转折点之际加强美国和法国之间战略关系的决定中密特朗的个人贡献。

如果在自由和暴政之间做选择,密特朗没有片刻犹豫。尽管他的左派哲学和政治亲合力以及对美国根深蒂固的怀疑再三地浮出水面,他选择了美国做他的盟友。今天,就是要按照这个标准来评价雅克·希拉克和多米尼克·德维尔潘。

1. 作者的采访,1989年1月19日。
2. 《世界报》,1985年3月17日—18日,肯尼斯·蒂默曼,"伊朗-伊拉克:城市间的战争。巴格达军队不知道如何利用法国提供的军备力量"。(Kenneth Timmerman, "Iran-Iraq: La Guerre des villes. L'Armée de Baghdad ne sait pas exploiter la puissance des armements livrés par la France", *Le Monde*, March 17–18, 1985.)
3. 作者采访萨基斯·索加纳利安,2003年9月15日。
4. 国际原子能机构虽然驳斥了里希特的指控,但也承认,奥西拉克/塔穆兹反应堆一旦开始生产,每年能够生产大约10公斤钚,或者足够"每年一到两颗有意义的数量[说得更精确些就是原子弹]。参看《国际原子能机构第23号公告》,1981年12月,第4期。(H. Gruemm, "Safeguards and Tammuz: Setting the Record Straight," *IAEA Bulletin* 23, no. 4 (December 1981).
5. 同洛杉矶的西蒙·维森塔尔中心副院长拉比·亚伯拉罕·库珀(Rabbi Abraham Cooper)的交流。库珀在1981年5月受委托编写这份报告。这份报告由法国国家科学研究中心的乔治·阿姆赛尔（Georges Amsel），让－皮埃尔·法拉博得（Jean-Pierre Pharabod）和雷蒙德·萨尔（Raymond Sarre）一起完成，也在《双弹》一书第172页中被提及。（Pierre Paen, *Les Deux bombes*, Fayard (Paris: 1982)）

6.《巴格达上空的两分钟》，第69页—70页。（Amos Perlmutter, Michael Handel, and Uri Bar-Joseph, *Two Minutes over Baghdad*, Vallentine Mitchell &. Company (London: 1982), pp. 69 – 70.）参见《双弹》第172页。

7. 有关目击者的报告，参看《自然》杂志第302期，1983年3月31日出版，《走访位于伊拉克图瓦萨的被炸的核反应堆》。（Richard Wilson, "A Visit to the Bombed Nuclear Reactor at Tuwaitha, Iraq", *Nature* 302 (March 31, 1983);）有关精确制导军火，参看伦敦出版的《防务》杂志1985年8月号，《伊拉克的核计划偃旗息鼓了》。（"Iraq's Nuclear Programme in Limbo", *Defence* (London), August 1985.）

8.《双弹》，第88页—89页。（Pierre Paen, Les Deux bombes, pp. 88 – 89.）

9. 作者采访保罗·巴里尔（Paul Barril）上尉，1990年。巴里尔是GIGN突击队（相当于法国的德尔塔部队）的前副指挥官，密特朗总统的安全部队的副司令官。

10. 2001年4月末，为纪念以色列独立纪念日，切尼在华盛顿特区的以色列大使馆发表演说。我参加了这次活动。

11. 作者采访弗雷德·查尔斯·伊克尔，2003年7月25日。

12. 作者采访理查德·珀尔，2003年7月12日。

13. 作者采访亨利·康策，2003年8月29日。

14. 肯尼斯·蒂默曼著，《大量的贼赃》，第五章。（Kenneth R. Timmerman, *La Grande fauche*, Editions Plon (Paris: 1989), chapter 5.）

15. 皮埃尔·玛丽恩著，《不可能完成的任务》，第36页。（Pierre Marion, *La Mission impossible*, Calmann-Levy (Paris: 1991), p. 36.）

16. 前引书，第 38 页。

17. 蒂埃里·沃尔顿著，《法国的克格勃》，第 241 页。(Thierry Wolton, *Le KGB en France*, Bernard Grasset (Paris: 1986), p. 241.)

18. 作者采访史蒂芬·布赖恩博士，2003 年 7 月 10 日。

19. 沃尔顿著，《法国的克格勃》，第 249 页。

20. （美国）中央情报局，《情报研究》杂志，第 39 期，1996 年第 5 期，格斯·W. 韦斯，《愚弄苏联人：辞行档案》。(Gus W. Weiss, "Duping the Soviets: The Farewell Dossier", *Studies in Intelligence*, 39, no. 5, 1996, Central Intelligence Agency.)

21. 马尔塞勒·沙莱、蒂埃里·沃尔顿著，《阴影下的来访者》。(Marcel Chalet and Thierry Wolton, *Les Visiteurs de l'ombre*, Bernard Grasset (Paris: 1990).) 沙莱在一系列采访中对调查记者蒂埃里·沃尔顿讲述了"辞行"同意做法国间谍之前和之后的职业生涯。见"友好的姿态"，第 160 页，("Friendly gesture," p. 160)；"陀斯妥耶夫斯基"，第 185 页，("Dostoievski," p. 185)。通过对沙莱的副司令官雷蒙·纳尔（Raymond Nart）进行详细采访得到了额外的姓名和细节。参见《法国本土警戒局的隐秘手册》，第二章。(Eric Merlen and Frederic Plonquin, *Carnets intimes de la DST*, Fayard (Paris: 2003), chapter 2.)

22. 前引书，第 174 页。沙莱的副司令官雷蒙·纳尔（Raymond Nart）认定"马克西姆"为帕特里克·费朗（Patrick Ferrand）少校，是自 1979 年起派驻莫斯科的法国武官。因为他是在莫斯科工作的正式情报军官，克格勃显然认为费朗"太显眼"，不会执行管理非法谍报人员的任务，因此从来没有把他置于密切监视之下。参见《法国本土警戒局的隐秘手册》，第 33 页。(Merlen and Plonquin, *Carnets intimes*, p. 33.)

23. 马尔塞勒·沙莱、蒂埃里·沃尔顿著作，在前引书中，第 175 页。(Chalet and Wolton, op. cit., p. 175.)

24. 肯尼斯·蒂默曼著，《大量的贼赃》，第二章。

25. 马尔塞勒·沙莱、蒂埃里·沃尔顿著作，第 181 页。

26. 《法国本土警戒局的隐秘手册》，第44页。

27. 几年后，一位法国官员给我了一本这份1982年的报告。

28. 格斯·W. 韦斯，《愚弄苏联人》。

29. 作者采访法国前高级官员，2003年。法国人从1981年4月或5月开始给美国中央情报局提供"辞行"档案中的文件，这是密特朗在渥太华向里根透露有这么一个谍报人员在工作之前很久的事。然而，这位官员以及前里根政府的官员告诉我，在交流这些情报时，法国人一直没有透露这些信息的来源。

30. 马尔塞勒·沙莱、蒂埃里·沃尔顿著作，第55页。

31. 前引书，第187页。

32. 中央情报局白皮书，《苏联获取在军事上意义重大的西方技术：最新情况》，1985年9月，华盛顿特区。(*Soviet Acquisition of Militarily Significant Western Technology*: *An Update*, Washington, D. C., September 1985 (CIA white paper).) 克格勃收集者使用的这种团体之一就是国际应用系统分析研究所（IIASA），这个机构位于奥地利的维也纳，最初是用福特基金会提供的资金创建的，目的是为了促进东西方的缓和。整个20世纪70年代和80年代初期，这个机构由杰尔曼·格维希阿尼（Djermen Gvichiani）掌控。他是苏联总统柯西金的女婿，是一位克格勃将军和高级技术收集者。借助国际应用系统分析研究所，格维希阿尼非法进入了洛克希德、美国国家航空航天局、欧洲空间署和其他机构的成百上千的航空和太空文件服务器。

33. 马尔塞勒·沙莱、蒂埃里·沃尔顿著作，第183页。

5

蜜月期

在巴黎，亨利·康策这颗明星正在升起。

康策出生于1939年，在戴高乐时代加入法国原子能委员会，为法国的原子弹项目工作。肯尼迪政府和约翰逊政府拒绝向法国提供美国的核武器技术时，康策加入了一个由一流的法国科学家和情报人员组成的小组，以寻找解决办法。如果有可能，康策指导原子能委员会的采购官员在公开市场为法国的原子弹项目购买他们自己不能生产的物品。如果有必要，他们在美国实施秘密活动来获得所需要的物品。康策曾告诉我："在戴高乐时代，我帮助组织了一些活动，试图打破美国在核技术方面对法国的封锁。"他的整个职业生涯结合了他的爱国主义和对美国的深刻了解，用这种方式描述这种结合是很文雅的，也没有泄漏他具体做了什么事情。

在1971年，康策从原子能委员会进入国防部，从事核弹头的军需工作。在法国和美国之间的秘密核合作开始时，康策很自然地成了一位关键的参与者。到1975年，在他36岁时，他去国防部武器装备总署任职，负责核武器的研制，这个职位使他可以根据尼克松和蓬皮杜达成的秘密协定同美国的武器实验室保持联系。"有时候，国家之间的政治最后变成了私人之间的关系"，在回忆美法战略交流初期的情况时，康策这么说。就这个核协议来说，这都是由尼克松而起的。"1963年11月，尼克松在竞选加利福尼亚州州长时失败"，康策回忆说，"在美国，大家都说他的政治生涯到头了。但是，几个月后他来巴黎时，戴高乐把他当成在位总统接待。尼克松一直没忘记这件事。是他在美国那边力促同法国的战略合作。"[1]

尼克松同戴高乐的接班人、前银行家乔治·蓬皮杜建立了很密切的私人关系。1970年，在蓬皮杜对美国进行第一次国事访问前夕，法国政府宣布向利比亚的穆阿迈尔·卡扎菲上校销售一批幻影喷气歼击机。美国犹太人委员会及其他团体的抗议者出现在法国总统到访的每一个地方。这些人甚至说服了纽约州长纳尔逊·洛克菲勒和纽约市长约翰·林德赛抵制在曼哈顿商业区的沃尔多夫－阿斯托利亚酒店为法国总统夫妇举行的盛大招待会。尼克松得知这事后大发雷霆，决定秘密飞往纽约参加这个宴会。"我在宴会上露面是个引人注目的惊喜。这些年来，我们多次讨论过实质性的问题，我说的那些没有哪句话像我的这个姿态这样赢得了蓬皮杜的友谊和合作。"[2]

那些实质性的交谈没有局限于核问题：从尼克松时代起，还有很多领域是美国和法国可以秘密合作的。许多类似的合作是针对苏联的，但也不尽然。直到今天，大部分合作还是保密的。"我从70年代后期在做核试验业务时就认识康策"，威廉姆·施奈德说。施奈德从1971年到1981年在美国国会负责核试验和武器设计问题，后来成为里根政府的副国务卿。[3]在随后的25年间，康策去美国的次数超过150次，敲定了美国和法国间战略合作的所有细节。

密特朗总统的第一任国防部长查尔斯·埃奴立即就弄清楚了，康策可以帮助向里根政府保证，法国政府无意废除秘密的核合作条约。康策在华盛顿的成功使埃奴决定让他负责同北约和美国的军备合作。在20世纪70年代中期，因为幻影F1飞机在竞争成为北约新一代战斗喷气式飞机的"世纪合同"中败北，同北约进行军备合作的概念至少可以说是很新奇的。但是，康策把这个新差事看成是一个机会而欣然接受。

美国和法国间一项成功的防务合作计划就是CFM56喷气式发动机，是20世纪70年代通用电气和斯奈克玛公司各占50%股份合伙开发出来的。CFM56 在 1979 年获美国联邦航空管理局批准做商业使用，被德尔塔公司及其他美国航空公司用做波音 707 和后来的波音 737 喷气客机的发动机。在法国，这种新发动机被用在第一架空中客车 300 上。空中客车当时刚下线，是波音飞机在欧洲的竞争对手。康策帮助促使法国军队把这种发动机用于它的美制 KC–135 军用喷气空中加油飞机，后来又用于美制机载预警和控制系统飞机。今天，在全世界，超过 13,500 台这种发动机被 350 家客户使用，所以大部分飞来飞去的美国人都把他们的性命交给了法国技术。

在康策指导下，大西洋两岸的防务合作不断扩大、不断改变。法国和美国政府官员第一次开始谈论军用品销售的"双向道"，而不仅是欧洲人购买美国的武器和装备。

我是被马克·布罗曼上校引见给康策的，我的身份是驻巴黎的外国记者。1982 年 9 月我第一次见到布罗曼时，他在美国驻巴黎的大使馆主管防务合作办公室。我当时在写一篇文章，是有关是否在欧洲部署美国潘兴 II 式导弹和带核弹头的巡航导弹的争论的。我问他那些共产党人部长们的存在是否影响美法关系。布罗曼的回答让我很惊诧，因为他所说的和我在所谓的主流媒体上看到的正好相反。

"法国政府中的那些共产党人部长对我们的防务合作没有影响"，他告诉我，"这届政府比前届政府更亲北约，更反苏联，能更明确地感知来自苏联的威胁"。布罗曼说："吉斯卡尔·德斯坦采取的是这个立场，即法国可以在美国和苏联人之间当个'可靠的经纪人'。密特朗不是这样。他就在我们的阵营里，很牢靠。"[4]

我对此感到惊讶，而他接着描述了让法国维持独立的核威慑力量即独立于北约统一军事指挥体系的好处。"法国的身份让苏联人必须面对额外的困境"，他说，"如果苏联人入侵西欧，他们不仅要对付北约，还必须单独对付法国。让法国不受北约统一指挥给苏联人添了无限的麻烦，因为法国有独立威慑力量。"他建议说，如果我想更多地了解法国的核态势，他可以把我介绍给他在法国武器装备总署的一个亲密朋友。

那个人就是亨利·康策。

康策的日程安排和我的日程安排都不允许我们立即见面。然而,当我从中东出了一次长差回来后,他很高兴地在办公室里接待了我。他的办公室在法国国防部一个僻静的附属建筑里。当时我们两人都是烟鬼,他的小办公室里过热的冬季空气里充满了法国黑色烟草的臭味。他刚过40,穿一件花呢短外套,他的眼睛藏在厚厚的玳瑁边眼镜后面,带过滤嘴的高卢瓦烟片刻不离手,时常停下他的话,深吸几口,手指上满是焦黄的烟熏痕迹。康策可不是个优雅的人物。我呢,笨拙,热心,穿着打扮也好不到哪儿去,也不是个能参加上流社会舞会的人。但是我们一拍即合。他说着,我听着。我很清楚,他是个难得的人:出众、消息灵通、周到、不教条。他是个坦白正直的人,在法国官僚机构里,这种人比在华盛顿的美国国务院或五角大楼曲折的走廊里更稀有。[5]

里根总统曾呼吁欧洲盟友把各自的国防开支增加到各自国民生产总值的3%以帮助分担军事和经济的负担,共同应对来自苏联的威胁。康策首先解释了法国对这个问题的反应。现在,法国花费在国防上的费用是国民生产总值的4.15%,他说,"除了英国,这比任何其他北约伙伴都多"。

另外,法国有自己独立的核力量,并打算更进一步扩大它。他说,"我们需要有战术核武器来对抗苏联对欧洲的常规攻击"。法国政治家公开承认法国核战略的这一观点,尤其是对一个外国记者,这是很罕见的。

现阶段的M20战略导弹允许每艘法国潜水艇发射16枚针对苏联的热核弹头。这些都是庞然大物,每个百万吨级。"这使我们同美国潜水艇大致处在同一级别",康策指出。这是对当时正在进行的巴黎和华盛顿之间绝密核合作的谨慎的首肯。这种合作帮助法国人仅用了三年时间就最终完成了M20导弹的研发,而之前他们走了将近十年技术上的死胡同。他说,下一代导弹,代号M4,将要携带六个分导式再入多弹头①,

---

① 原文为MIRVs,指多弹头分导再入飞行器或称分导式再入多弹头。

——译者注

但他没说把多个弹头安装在导弹上所需的技术也是由美国同法国共享的。"我们的威慑力量最主要的要素是不能让法国成为避难所",他强调说。他的话同许多戴高乐主义者和社会党人反复对法国公众讲的话大相径庭。

康策解释说,尽管法国的立场是法国的核武器只用来保卫法国的领土,但法国"将根据北大西洋公约采取一切行动干涉直接涉及西德的危机。我们的威慑力量是为了保卫我们的切身利益,而德国是我们的切身利益的一部分。"他补充说,我们决不允许把法国的核力量算在美苏裁军谈判中,这样法国就有了让苏联战略策划者们感到麻烦的东西。"美国已经有64艘核导弹潜艇,法国有6艘。在作为联盟对付苏联人时,你知道有64艘加6艘潜艇比有70艘潜艇要好的多。这给你对手的心理上造成了不确定性。"

因为不打算再次正式加入北约的统一军事指挥,法国对西欧和美国的防务所做的贡献比成为一个正式盟友能做的还要大。例如,法国指定了4万军人作为"快速部署部队"来阻遏苏联的扩张主义。"如果我们是北约的一部分,这事我们就不能说也不能做",他说,"我们强迫苏联人设想我们的战斗力投入使用后出现的各种情况。"

在1983年1月,在冷战生与死斗争的最高峰,康策描述了当时正在进行的法美战略合作的概貌。这并不为人所知,而他以及我在国防部和爱丽舍宫采访过的其他官员都觉得这个信息很重要,需要传达出去。

20年后,一位里根政府的高级官员告诉我,在"辞行"事件后,美国给法国核武器计划提供的援助"广泛而详尽"。"因为美国法律禁止核武器技术的转让,我们只好寻找有创造性的方式来帮助法国人,而我们也做到了。这种帮助不是最低限度的,而是至关重要的。如果没有得到美国的援助,他们今天不会拥有令人满意的核方案。这不是因为他们的科学家不行——他们是一流的——只是因为维持一个有安全、可靠、高质量弹头的核方案的成本异乎寻常地高。仅仅是能够知道什么可行,什么不可行就要值几十亿[美元];我们免费告诉了他们,就像一个盟友对另一个盟友那样。我们承认，我们结盟在一起，我们一起应对共同的威胁。在这种情况下，你要帮助盟友就得这么做。"[6]

最近，在我询问康策对这个评价的看法时，他强调法国也向美国提供了有价值的深刻见解和技术，特别是和弹头安全相关的技术。"我们有能力向美国武器实验室展示一些东西，他们告诉我们，他们非常感激得到这些东西。我们都喜欢在一起工作。我们是一个团体。"

"所以法国突然之间解决了在多弹头分导导弹上存在的问题"，我说，"这就不是什么出人意料的事儿了。"

"你说的对。这个问题解决得很快，也没有花费很多钱。这件事现在仍然是保密的，所以我不能谈论这件事。"他说着，又露出了柴郡猫①似的傻笑。

在战略问题上非同寻常的思维一致并不意味着在密特朗和里根岁月的早期巴黎和华盛顿之间没有争议。争议存在，而且意义重大。这些争议涉及工业政策问题，特别是对苏联集团的技术转让问题。有时候美国提出的限制对苏销售某些高技术的请求遭到法国人公开地藐视，这时，这些争议变得十分苦涩。法国人总是申辩说他们没有觉得这种转让会造成什么战略威胁，而且即使法国的公司没有卖，其他人也会卖的。

在最早、最公开的冲突中，法国反对里根政府禁止给苏联人正在修建的一条庞大的输气管道提供技术援助。这条管道是从西伯利亚天然气气田通向西欧的。在里根总统看来，这个项目不仅是衰退的苏联政权的经济命脉，也是苏联通过控制欧洲能源供应来勒索欧洲的一种方式。而且他知道，没有西方的信贷和西方的技术，这条输气管根本建不起来。在美国中央情报局局长威廉姆·卡塞伊、美国国防部长卡斯帕尔·温伯格和美国国家安全顾问威廉姆·克拉克的指导下，华盛顿的高级官员起草了一份旨在战胜苏联的"竞争战略"途径，要点是设法利用苏联经济

---

① Cheshire cat，英国小说家刘易斯·卡罗尔的童话小说《爱丽斯漫游奇境》中有一个角色，就是一只经常咧嘴而笑的柴郡猫。——译者注

的弱点，同时利用美国实力的杠杆作用。这个想法就是强迫苏联领导人"对如何分配越来越有限的资金做出越来越艰难的决定"。[7]这个途径是在一份至今仍然保密的由里根总统在1982年5月签署的长达8页的国家安全决策备忘录中提出的。这个战略的要素之一就是减少苏联销售原油和天然气的硬通货收入。要达到这个目的，阻碍这个修建西伯利亚输气管线的亿万美元项目就成了不可避免的事。

随之而来的同法国对抗是很剧烈的。保证天然气通过3,300英里长的输油管的关键是苏联人需要修建的41个加压站。根据最初的合同，美国通用电气公司将提供燃气涡轮发动机和特别设计的转子叶片。里根的第一着棋是禁止美国公司提供这样的援助。但是，他这么做的同时，法国及其他欧洲的供应商"以最快速度"取代了这些美国公司，美国国家安全委员会前经济分析员罗杰·鲁宾逊如是说。[8]在1982年初，尽管北约的外交部长们签订了一份协定，不允许欧洲公司暗中破坏美国的禁令，但是密特朗政府同意阿尔斯通－大西洋公司提供同样的设备，而这些设备是这家公司经通用电气公司许可制造的。华盛顿怒火中烧。

法国人辩解说，这条输气管道只是一个商业合同，与防务根本没有关联。所以，在6月4日至6日在凡尔赛召开的七国集团经济峰会上，里根尝试了一个不同的方法。如果密特朗和德国总理赫尔穆特·施密特不能接受全面禁运，他们能不能限制自己的销售，这样的话苏联人就只能建一条而不是两条输气管道？作为放松制裁的交换条件，里根要求他们中止对莫斯科的信贷津贴，并在巴黎统筹委员会同美国合作更进一步限制对苏联人出售高技术。欧洲人再次拒绝了他。"密特朗和施密特离开闭幕式后告诉媒体和公众，他们同苏联的金融或能源关系的模式将不会改变"，鲁宾逊说。[9]

6月18日，里根决定进一步施加压力，扩大美国的制裁，包括对任何参与输气管道项目的外国公司出售美国高技术物资"拒绝定货"。这条新禁令的目的就是给阿尔斯通和汤姆逊半导体这样的公司提供一个明确的选择：或者尊重美国对输气管道的禁令或者失去使用美国技术的机会。在法国，工业部长让－皮埃尔·舍韦内芒，一个左翼戴高乐主义者，威胁要"征用"任何拒绝承兑同苏联所签合同的公司的生产设备。在他的督促下，克勒索－卢瓦尔（工业公司）在 1982 年 8 月 26 日开始运送被禁止的压缩机。克勒索－卢瓦尔公司拥有在法国生产美国德莱赛工业公司设计的设备的许可证。[10]

这是不是法国的"忘恩负义"？这是不是一个盟友打的一记耳光？而这个盟友正在得到美国的秘密援助以制造更好的核武器。在匆忙做出结论前，先考虑这个情况。玛格丽特·撒切尔被里根看成是最好的盟友，是他的私人朋友，但她至少和密特朗或赫尔穆特·施密特一样积极反对美国的禁令。她亲自告诉里根："你们的法律在这里不适用。"[11] 的确，美国的欧洲盟友们联合起来反对美国限制他们的公司出口自己的产品。他们认为这样的选择事关国家主权和国家政策，而不是有关联盟的事情。如果他们想同独裁者和暴君做交易，这不关华盛顿的事。

新上任的国务卿乔治·P. 舒尔茨运用圆滑的谈判技巧结合强硬政治才说服了法国人。处在危险中的不仅仅是跨西伯利亚的输气管道，还有整个苏联经济。这场争论的结果将塑造冷战的未来。

"法国人在巴黎统筹委员会内缺乏合作，这件事的非凡之处在于，由于'辞行'的存在，他们知道我们所知道的一切"，美国前助理国防部长理查德·珀尔说。通过巴黎统筹委员会限制战略性技术流向苏联集团是里根击败共产主义战略的支柱。因为拒绝在这件事上同美国合作，法国人让人觉得太过分了，五角大楼的珀尔等人最终提出是使用美国武库中最大的武器的时候了。"我们无情地给他们施压，他们最终屈服于我们的压力。"我可以在这里首次披露，这种压力包括威胁中止绝密的核合作。"我们说如果你不一起合作来减缓技术流向共同的敌人，那么在共同防御中的合作就没有意义。"大西洋两岸的其他前官员都认可他的叙述。

里根政府在 1982 年 1 月重启了巴黎统筹委员会后，珀尔带领很多美国高级代表团前往巴黎参加会议。[12] 这个有创意的冷战组织成立于 1949

年，在理论上可以阻止任何盟国把高技术设备卖给苏联集团。但是，在尼克松总统、福特总统和卡特总统当政时的缓和年代里，这个组织的权力被忽略了。因为"辞行"，法国和美国现在都明白，苏联正在从同西方签订的合同中衍生出巨大的军事利益（而这些合同表面上看来是供民用的），而且正在直接把西方技术整合进自己的产品，不管是洲际弹道导弹还是军用运货车。而巴黎统筹委员会在限制这类销售中的重要性本应该是很明显的。

但是，"辞行"的档案即使在法国也仍然是严加保守的机密。直到法国本土警戒局确信韦特罗夫上校永远消失了，那是 1983 年底了，该局才开始下发一份绝密文件，其中分析了他提供的情报，还配有一张详细的苏联高技术情报搜集机构组织图。本土警戒局的报告透露，苏联军事工业委员会（VPK）为苏联军队管理着完全独立的经济，有自己的工厂、自己的城市、自己的采购和分配组织，同时伪称苏联在西方的大规模采购纯粹是为了民用，是供那些在很多情况下根本不存在的行业使用的。法国的主要公司每天都在同军事工业委员会的成员做生意，在直接协助苏联军事帝国。[13]

法国机床制造商拉季埃 - 费雷斯特（这家公司还有几个别的名字，如费雷斯特 - 里内，卢尔德法国机械公司，后来叫布里萨尔刀具机床公司）把机床运到位于基辅和列宁格勒的飞机制造厂来制造喷气式发动机上用的涡轮机叶片。加工这个部件需要极端精密的铣床，要可以从几个不同的角度同时切割金属，这种能力是苏联当时已有的设备不具备的。法国人是和苏联对外贸易机构（V/O Stankopromimport）签订这些"民用"合同的。这是苏联国家科学和技术委员会（GNKT）的下属单位，"辞行"认定它是军事工业委员会的采购部门。1983 年，正当美国和法国紧锣密鼓地讨论如何恢复巴黎统筹委员会来限制战略技术流向苏联时，费雷斯特 - 里内公司向列宁格勒海军造船厂出售了 8 台庞大的五轴机床，并且在出口文件上篡改了它们的规格。[14]这种对巴黎统筹委员会规则的违反是无耻的、公然的、一贯的，而巴黎统筹委员会规则对大西洋联盟的所有成员以及日本都是有约束的。然而,尽管美国多次抗议,法国政府拒绝严厉制止这种行为。

最后,珀尔和其他五角大楼密使前往巴黎,明确对法国人说,如果他们不加强自己的出口管制程序,美国将终止核援助。"这项交流是我负责谈判的",美国前国防部副部长弗雷德·查尔斯·伊克尔说。"我们同意做这个,他们同意做那个。这不一定要写在一纸合同里,可实际上就是这么做的。"[15]为法国人在两边忙活这笔交易的是越来越有影响力的亨利·康策。"康策是个真正的法国爱国主义者,他懂技术转让,也明白这些卖给苏联的东西对法国的安全也没好处",伊克尔说。

这笔交易涉及了西伯利亚输气管线,能公开的部分是在法国外交部的一次引人注目的记者招待会上公布的,当时已是子夜时分,穿西服打领带的晚宴刚结束。"我们在一张20码长的桌子上用餐,银餐具闪闪发光",美国前国务卿舒尔茨在他的回忆录写到。这个国宴厅本身"用大量的金叶、大理石、有翅膀的小天使和水晶枝形吊灯装饰着,我总担心这些重东西会让天花板塌落下来"。[16]值此大西洋联盟同苏联对抗之际,舒尔茨和他的法国同行克洛德·谢松所协商的事情在政治上很重要。弗雷德·伊克尔、理查德·珀尔同康策及其他法国国防部的官员在幕后达成的交易对赢得冷战的胜利是至关重要的。

史蒂芬·D·布赖恩博士是美国国防部副部长助理,在弗雷德·伊克尔手下工作。作为五角大楼的高级代表,他在巴黎参加了很多次巴黎统筹委员会会议,亲眼看到了他的老板努力达成的新协议所带来的效果。所发生的变化可谓巨大。对这种西方世界各方协调的针对战略贸易的态度,法国由最初的反对者变成了一个重要的促进者和拥护者。"80年代我们在巴黎统筹委员会取得成功的关键在于我们能够先同法国人商量出解决办法再提交给巴黎统筹委员会会议",布赖恩说,"他们不再玩花样,而是卷起袖子准备行动。"[17]核挤压取得了效果。

一个现成的例子就是无线电通讯,这也是苏联的主要需求。"法国人领先我们很多",布赖恩回忆说。"阿尔卡特公司和汤姆逊公司造出了第一批数字交换机,这要比美国公司早好些年。为了阻止他们向苏联出口这些交换机,我们费了很大劲。最终我们达成了一笔交易,为我们赢得了四年时间。这种合作很不容易,但这种合作至关重要。而且对法国人来说,这是一个重大让步。"法国人同意限制这些销售更是不同寻常,因为他们同苏联人已经有了现成的合同,他们得推诿了。这本来很可能是西伯利亚输气管线的翻版,但是现在来看,结果正好相反。

在西方国家,民用通信网络和军用通信网络是分开的,但苏联的情况与此不同,只有一个单一的综合通信网。集权体制允许国家机器窃听在这个国家任何地方的任何谈话,简单到只需要拨一个号。但是,苏联的体系也是不可靠的,而且效率低下。在吉斯卡尔·德斯坦时期,法国电信巨头阿尔卡特公司同意把数字交换机卖给苏联人。在此之前,苏联的电话系统简直就属于第三世界。勃列日涅夫希望在维持中央对国家控制的同时跨越一代,在苏联帝国内安装最高水平的数字设备。

阿尔卡特公司已同意在位于乌拉尔山脉战略要地的乌法修建一个装配厂,每年生产足够装备 100 万条新线路的交换机。"准确地说,那是我们在法国的生产量的一半左右,"一位阿尔卡特公司的官员解释说。他告诉我,在吉斯卡尔·德斯坦总统时期,法国人根本就忽略了把这份合同提交给巴黎统筹委员会。仅是工厂的那部分就值十亿法郎——按当时汇率大约为 2.3 亿美元。在五角大楼催促下,法国政府放慢了这笔交易的速度,阻拦了一些关键的许可,以拖延时间。乌法工厂直到 1988 年才开始生产数字交换机——这就是布赖恩所提到的"四年时间"。[18]这四年是世界历史上关键的四年,是导致了冷战终结的四年。

巴黎统筹委员会在位于巴黎博埃西路美国大使馆内一座布满灰尘的附属建筑里。使巴黎统筹委员会的决策适应现代商务步伐的重要一步是安装了功能强大的新电脑,同巴黎统筹委员会 17 个成员国的首都有直接的数据链接,这样,出口管制官员们就可以同巴黎即时共享正在讨论的疑难案件的信息。即使是这个努力也遭到了许多巴黎统筹委员会盟友的顽固抵制,因为,给其他国家否决自己外销的权利,这种想法他们从来就没喜欢过。"我清楚地记得和一位日本高级官员的谈话,当时他的政府派他到巴黎参加一个为了加强巴黎统筹委员会而召开的会",理查德·珀尔在《华尔街日报》撰文说。"我们希望增加巴黎统筹委员会的预算,日本因此而增加的份额是45,000美元。这位官员不诚实得让人吃惊。他告诉我日本负担不起。如此缺乏共识使得美国人的另一个倡议被耽搁了。"[19]

不光日本人是这样,珀尔解释说。"和日本人一样,德国人也和我们斤斤计较。他们总是热心于扩大〔可供对共产集团出口的〕技术清单,但是,一旦需要他们帮忙执行已经达成协议的出口控制或者给'绕道者'应有的惩罚,他们的坚持不懈就突然不见了。"这是强制执行出口管制的关键,因为只有刚性的刑期判决而不是轻微的民事罚款才能够威慑那些被称为"技术大盗"的中间商继续从事他们同克格勃进行的赚取暴利的交易。

"其他巴黎统筹委员会的成员——荷兰人、加拿大人、比利时人、意大利人、挪威人、英国人和丹麦人都在不同程度上抵制我们的工作,使我们不能有一个一碗水端平的平台供所有委员会成员国比较执行禁令的努力程度",珀尔继续说,"实际上,他们都在设法解除对技术的控制,而且是多多益善,特别是如果他们的某一个行业受到了直接的影响,更会这样。在巴黎统筹委员会会议上,你会发现,在讨论或协商某些欧洲公司的生产线时,这些公司的官员就坐在他们国家的代表团后面,这种情况一点也不罕见。他们绝不会考虑西方联盟的安全。他们在场就是为了给自己的公司开拓市场的机会。而且,美国是不是必须增加国防预算来对抗苏联军事装备中的西方技术,那可不是他们所关心的。"

在珀尔列举北约联盟中的不守规矩的玩家时,有个国家没被提及,这很惹人注目。这个国家就是法国。

1982年12月6日,星期一。国务卿乔治·舒尔茨离开华盛顿特区,开始了对欧洲国家首都的令人头疼的旅行。舒尔茨的使命就是说服欧洲人着手在一年时间内部署572枚美国巡航导弹和潘兴Ⅱ式核弹头导弹。

在他离开华盛顿特区时，他成功的可能性显得很小。

这个部署的决定最初是在1979年的瓜德罗普岛峰会上做出的，一年后被北约的国防部长们批准，但现在到了摊牌的时刻了。日内瓦的武器谈判者们走进了死胡同，苏联人迅速在欧洲和亚洲部署了新型的SS－20导弹，而美国情报界也开始得到令人不安的暗示，说苏联人正在积极准备发动一场核战争。

舒尔茨出访的前一个月，克格勃的老板尤里·安德罗波夫从生病的莱昂尼德·勃列日涅夫手中接过了控制苏联的大权，已经准备同西方进行新的、更激烈的对抗。作为克格勃的首脑，安德罗波夫在1981年秋季亲自批准镇压了由列赫·瓦文萨领导的波兰团结工会。他明白里根总统决心通过暗中破坏苏联在阿富汗、柬埔寨、安哥拉、尼加拉瓜和波兰的傀儡政权来击退共产主义。在舒尔茨出访前，苏联新任国防部部长德米特里·乌斯季诺夫发动了恐吓攻势，指责美国在做战争准备。最近解密的文件表明，乌斯季诺夫是把苏联的战争计划投射给美国了。

按照里根总统的要求，美国国家情报委员会（NIC）刚完成了一次高度保密的对苏联弹道导弹防御体系的评估，并对舒尔茨和其他政府高级官员做了简报。尽管情报中还存在关键性的空白，国家情报委员会仍然得出结论：就在美国和苏联根据1972年的《反弹道导弹条约》（ABM）承诺放弃这种防御设施时，苏联仍在致力于大规模、秘密、非法地部署弹道导弹防御系统。这份标着日期为1982年10月13日的《秘密国家情报评估》得出的结论是：尽管这种弹道导弹防御体系的有效性还不确定，但苏联获得这个体系的后果是很严重的。这种成就的概率就算很低也会造成忧虑。[20]

在西德和荷兰，反核"和平主义者"进行了激烈的示威，在树上挂上了山姆大叔的肖像。在英国，在野的工党把"单边裁军"当成了它的政治平台的基石。在美国，"核冻结"运动赢得了国会中主要民主党人的支持，还赢得了政治小人（及未来的总统候选人）杰西·杰克逊的支持。杰克逊领导的 PUSH① 行动同美国共产党和苏联支持的美国和平会议联合，几乎是在要求单边解散整个美国军队。共产党的《每日世界报》宣称，1982 年 6 月 12 日，杰克逊和共产党人组织了一个集会来支持这个事业，这个集会吸引了一百多万人。²¹

尽管有这些在大街上的抗议活动，意大利和英国似乎准备接受美国的巡航导弹了。比利时和荷兰的结果不那么确切，当然最终也不那么关键。真正的考验是西德。

1982 年 10 月 4 日，德国社会党人总理赫尔穆特·施密特的政府在议会的不信任投票中失败，因为一个主要的联盟伙伴，汉斯-迪特里赫·根舍，撤回了他的支持。根舍出生在东德哈雷，是个朝秦暮楚的伙伴。他因为执行对苏联控制的东德让步的"东方政策"（Ostpolitik）而臭名昭著，从来没有支持过部署导弹。然而，他支持基督教民主党领导人赫尔穆特·科尔，这样他自己就可以当外交部长，尽管科尔发誓要在即将到来的议会选举中让公民投票决定是否部署欧洲导弹。

赫尔穆特·施密特被社会民主党（SDP）的领导人汉斯-约亨·福格尔取代，福格尔是一个反核、亲苏联的和平主义者。1983 年 1 月，福格尔访问莫斯科，"看到苏联人提出的如果德国拒绝部署美国潘兴 II 式导弹就会得到什么什么好处，他似乎心有所动"，乔治·舒尔茨回忆说。²²更糟的是，福格尔暗示他支持苏联的策略，那就是把法国的核力量包括在任何限制欧洲中程核武器的条约内。弗朗索瓦·密特朗就是这么卷入了这个一触即发的国内政治争论中。让福格尔十分震惊的是，这位法国总统抛弃了他的社会党人伙伴们。

1983 年 1 月 20 日是法国-德国友好条约签订 20 周年的纪念日，在纪念讲话中，密特朗令人震惊地告诉德国联邦议院，北约的盟友不应该分裂。法国和德国属于同一个联盟："我再重复一遍，同一个联盟。"他

---

① 即 People United to Save Humanity，意为"人民联合起来拯救人类"。

——译者注

说。紧接着，他尖刻地批评了东方政策。根舍、福格尔以及福格尔的社会党人同事所珍视的东方政策被密特朗称为绥靖政策。

核武器仍然是和平的担保人，密特朗说，但是两个超级大国之间应该有均势。相对于243枚苏联SS–20导弹，"整个欧洲地区"没有针对"专门瞄准他们的核武器"的防务系统。虽然他"殷切"希望日内瓦谈判取得成功，这些谈判从一个合理的基础开始谈起也是很重要的。"这就是为什么要想取得谈判的成功，大西洋联盟成员必须明确地表明他们共同的决心和他们彼此间的团结。"他的意思是绝对清楚的：在有关部署的决定上不应该有更多的推诿躲闪。

密特朗接着提醒联邦议院，法国对欧洲防务的指挥承诺就是让法国的第二军驻扎在德国的领土上。他说法国在德国的战斗力正在显著地得到升级"来增加他们的机动性和火力"，并且会很快得到新一代的战术核导弹，即哈得斯核弹头导弹。"这就是我们所设想的如何保卫我们的领土和我们的切身利益"，密特朗说。

谈到在日内瓦举行的军备控制谈判时，密特朗解释为什么法国不会允许超级大国在协商时把法国的力量也统计在内或受到他们的影响。

> 有的国家有能力彼此摧毁若干次，比如美国和苏联，而有的国家，比如说我自己的国家，其基本的可能性就是不准任何可能的侵略国从战争中获取利益。这两种国家之间的差距是如此巨大；有本质上的区别。让我说得更具体些：如果这两个超级大国的某一个销毁了自己全部的中程导弹，还剩下数以千计的火箭，而法国将会失去它的威慑能力的决定性因素，进而失去它的安全保证，因为安全低于某个门槛就不再存在了……这种[法国核威慑力量的]独立性也会增加不确定性——但只是针对一个可能的侵略国的不确定性。通过更有效地实施威慑力量这种不确定性也增加了战争的不可能性。[23]

在西方联盟面临一个关键时刻时,密特朗做出决定,支持部署美国巡航导弹和潘兴Ⅱ式导弹。华盛顿担心,如果德国选民让社会党人在福格尔领导下重掌大权,西德可能会落进全面的和平主义中,最终摧毁北约,打开苏联冒险主义的大门。为了向德国人证明社会党人也可以坚定地支持北约——而新的德国社会民主党领导人拒绝这么做——密特朗帮助了赫尔穆特·科尔和他的基督教民主党人,他们在1983年3月以极微弱的优势赢得了大选。弗雷德·伊克尔回忆说:"密特朗真是了不起。他真的使事情发生了逆转。"这位法国总统再次证明,如果让他在支持自由和姑息暴君之间做出选择,他一准会选择自由,即使这样做意味着抛弃一位政治盟友。

就在北约的部署开始倒计时时,克格勃通过在美国和欧洲的貌似中立的组织发起了一轮"和平攻势"。法国共产党此时虽然仍然在密特朗的内阁里,但是已经在制定战略决策时靠边站了。法国共产党参加了"百人呼吁"活动(Appeal of the 100)。这个活动是左翼政治人物和知识分子联手的请愿活动,号召在欧洲进行核冻结。当然,在当时实际水平上的核"冻结"意味着把苏联在军队和核武器上的优势永久性冻结在原来的位置上——这正是克里姆林宫的目标。来自密特朗和他领导的社会党的批评阻止了这个和平运动。密特朗冷冰冰地评论说:"欧洲导弹在东方,而和平主义者在西方。"不到2万人在巴黎参加了共产党人和他们的盟友组织的为期两天的"和平进军"。[24]

"密特朗并不是在帮助我们",理查德·珀尔坚持说,"那些巡航导弹和潘兴Ⅱ式导弹并不是要部署在法国。这不是法国为我们做出的牺牲姿态。德国正在向和平主义方向迈进,密特朗对此比某些美国人还要关注。支持部署是法国人做出的政治决断。这是他们自己的利益,因为他们眼里只有他们自己的利益。"[25]

关于密特朗的动机,理查德·珀尔也许说对了。甚至在他于1981年当选总统以前,密特朗就强烈批评苏联部署了SS-20导弹,说苏联在欧洲大陆造成了危险的战略不平衡。[26]尽管如此,他在这个关键时刻的支持帮助里根总统赢得了冷战。

美法战略合作的军事成分很强,这种成分到1983年年中已经成了公开的秘密,或者按法国人喜欢的说法,是"un secret de Polichinelle"①。我想起了1983年6月在贝鲁特法国外籍伞兵第二团的军官餐厅吃饭的事。我是弗朗西斯·库兰将军的私人客人。他是当时驻扎在黎巴嫩的多国维和部队中法国外籍军团分遣队的司令官。在西贝鲁特竞技场附近的前法国大使官邸内,高大的窗子在此前八年的战争中被损坏。在餐厅的长条松木桌子旁,八十多位军官立正站好,手拿葡萄酒杯,高唱进行曲。他们高喊:"注意沙尘啊……"示意我在应该举杯的时候举杯。"送!"那是干杯的信号。这次四道菜的正餐非常棒。葡萄酒是新从波尔多运来的,可以敞开喝。库兰将军定期邀请美国海军陆战队的军官来共同进餐。还没有听说过谁拒绝参加。

法国人在贝鲁特不光是为了男人之间的友情,也是为了参加一次北约的共同军事行动。但是,至少对外界不是这么说的——这件事是单独协商的。然而,假如没有法国的广泛参与,在1982年9月萨布拉和夏蒂拉大屠杀后,美国要把军队派回黎巴嫩还是要好好考虑的。正因为如此,当伊朗支持的真主党民兵针对维和部队进行游击活动时,他们不会搞错法国人是站在哪边的。1983年10月23日,两起真主党的汽车爆炸摧毁了美国海军陆战队在贝鲁特机场的营房和法国海军陆战队在南郊的营房,这两起爆炸是分开进行的,但相隔仅几分钟。在德黑兰直接指挥下,共有241名美国海军陆战队士兵和58名法国军人死亡。[27]我们两个国家再一次被血肉连接起来了。

在德国,法国的部队已经被彻底整合进北约的战争计划中。法国和北约的策划者"已经做出安排,一旦巴黎判断战争临近了,法国地面部队将在德国中部占据阵地,并完全由在当地的北约指挥官指挥",普林

---

① Polichinelle 指意大利假面喜剧中的驼背丑角,这个法文词组的意思是"尽人皆知的秘密"。——译者注

斯顿大学学者理查德·H.乌尔曼写到。密特朗还在用那个有20年历史的法德条约当遮羞布来掩饰法国同北约的军事合作。他在德国联邦议院做关于欧洲导弹的演讲时也是这样。但是，这种作战的组织协同远远超过了基于利害关系的结合。乌尔曼引用一位北约高级军官的话说："尽管他们愿意说他们只是支持北约构架的法国部队，但事实上，他们一直都在这个指挥系统中。"[28]那时我也从法国和美国军官那里听到过相似的评论。

而且合作不仅仅是同美国进行的。在位于德国普特罗斯一个属于英国人的北约基地内，英国第一旅的指挥官基思·克罗瑟旅长给法国防务工业的专家打电话，请他们帮助进行一种新式杀手坦克的野外试验。这种新坦克由阿尔维斯公司制造，是英国装甲车安上了法国的米兰线导弹。在他们专门对专业媒体开放野外试验期间，我同克罗瑟及法国和英国的技术人员聊天时，谁也没有对一个法国小组参加北约行动表示出一点儿不适或惊异。[29]

美国也给了法国人较小的、不怎么公开的帮助。1983年7月，利比亚的穆阿迈尔·卡扎菲上校入侵乍得北部，表面上是为了支持一个试图推翻政府的乍得叛乱集团。乍得领导人希塞内·哈布雷当时是里根总统最喜欢的人，因为他愿意勇敢地抵抗卡扎菲。1982年，当哈布雷在苏丹流放时，美国静悄悄地给他提供了军事和财政援助，帮助他驱逐了利比亚人支持的对手古库尼·韦戴。卡扎菲很早就在乍得进行干涉活动，想吞并在利比亚南方边境的奥祖地带，因为这个地方富有铀和石油。里根总统把哈布雷看成是抑制卡扎菲扩张主义梦想的最佳人选。

但是，在非洲，讲法语的乍得无疑属于法国的势力范围，因而密特朗不愿援助哈布雷。法国情报机关和外交部的非洲通们厌恶哈布雷，因为他和几年前绑架一位法国教师的妻子的案件有牵连。那个事件被称为"克洛斯特事件"（Claustre Affaire）。法国国外安全总局催促密特朗教训一下哈布雷进而使局势恶化。

就在法国人犹豫不决的时候，利比亚的装甲部队和其他军队越过边境,加强了他们对北部绿洲小镇法亚-拉若的占领。里根命令五角大楼给哈布雷政府2,500万美元的紧急拨款,允许哈布雷购买急需的设备和弹药。但是法国人仍然按兵不动。最后,里根派遣了一名助手带着一捆卫星照片前往巴黎,在爱丽舍宫亲自展示给密特朗。"这些照片毫无疑问地证明利比亚人直接参与了战斗",一位美国外交官告诉我,"那时,密特朗只好采取行动。"[30]

哈布雷的战士们变成了传奇故事的主角,他们从丰田运货车上发起突然攻击,所用的武器只有反坦克火箭或机枪,但他们在沙漠中摧毁了利比亚的坦克。从那以后,他们的"丰田战争"战术成了标准的游击队做法。但是,因为卡扎菲占领北方所有的简易机场,哈布雷无法使他的军队迅速到达战斗地带,以阻止利比亚人加强他们的阵地并向南逼近首都恩贾梅纳。

8月,密特朗派出外籍军团和法国喷气战斗机帮助哈布雷夺回法亚-拉若。但是,哈布雷和法国人都没能够在沙漠中跑道很短的临时简易机场上起飞和降落运输机来运送军队和哈布雷的丰田运货车。就是在这个时候,美国大使馆防务合作办公室的布罗曼上校想出了一个主意。他探听到澳大利亚空军正在通过一个名叫约翰·福特的美国中间商卖掉一组淘汰的C-130赫拉克勒斯运输机。福特当时正好在巴黎。布罗曼把福特请到他位于博埃西大街美国大使馆内一座附属建筑内宽大的办公室里(巴黎统筹委员会总部也在这个附属建筑内),和他协商以最低价280万美元购买了一架这种飞机。

他迅速从五角大楼获得了首肯和必要的许可证,安排支付了从澳大利亚到法国再到乍得的空中转场费用,到达乍得后由法国机组接手。他们很快把这架飞机派上了大用场来阻滞利比亚人的攻击。"没等法国人张口我们就把赫克运输机(Herc)给他们了",布罗曼后来告诉我。"这是自尊心的问题。法国空军没有一架飞机可以做C-130所能做的事情。而且他们没有购买新飞机的要求。所以我们就对法国人说,给,用这架吧。"[31]

布罗曼同意康策的说法，即大张旗鼓地巩固法美秘密联盟的最好办法就是对法国防务公司撬开五角大楼武器采购的密封世界。这件事很微妙，会遭到来自大西洋两岸的误解、错觉和怀疑。他们把这种尝试称为"双向道"，在专业媒体上有很多报道，偶尔也会在主要的日报上见报。但是，因为五角大楼的晦涩难解的程序以及法国人长期以来同那些不对国会或任何公共团体负有责任的客户打交道的习惯使这条路很艰难。

根据他们在伊拉克、叙利亚、沙特阿拉伯、阿拉伯联合酋长国（阿联酋）的经验，法国人认为批准主要政府合同的决定因素是领导人的政治意愿，而这种意愿会受到打进瑞士（或巴哈马）银行账户里的巨额款项的影响。当然，事关美国时，康策更了解：说服法国防务公司在华盛顿雇用顾问做国会的工作，以及掌握足以使人晕倒的五角大楼一系列的采购规程是很困难的工作。那些采购规程就像在横跨大西洋的狭窄的大车道上设立的障碍礅一样。

康策和布罗曼联手做成的一件事是一份为美国陆军购买新式机动战术通信系统的合同，涉及金额40亿美元。布罗曼在美国大使馆的工作就是推进这两个国家间的商业和军事防御合作。这套系统在五角大楼被称为移动用户设备（mobile subscriber equipment，MSE），而在法国，人们更熟悉它的用户友好的缩略语"丽塔"（RITA）[①]。

到1984年时，比起约翰·韦恩[②]电影里的那种装置，作战用无线电设备已经有了很大改进。在电影里，班长摇着直流发电机，手抓硬线受话器，在炸弹爆炸声中对战地指挥官呼喊。1984年秋季，经布罗曼建议，我表示了报道丽塔能力的兴趣，法国国防部不怕麻烦来满足我的要求。法国制造商汤姆逊半导体公司也是一样。

在11月一个寒冷、湿润的早晨，我和一群跑防务口的记者在巴黎

---

① RITA，法文词组 Réseau intégré des transmissions autonome 的字头词。

——译者注

② John Wayne（1907年—1979年），美国电影演员、导演及制片人。

——译者注

的国防部集合,上了一辆法国陆军的中型车,开车两个小时去德国边境。我们将同法国第二军的小分队汇合。这就是那个在德国定期参加北约军队联合演习的小分队。

我们在法国东部一个树木覆盖的山坡上找了一个泥泞的空地停下车——这也是1940年希特勒的德国国防军入侵的路线。一个法国军官从停在树下的一辆伪装过的有篷货车里出来,给我们发了橡胶靴。这不仅仅是出于礼貌,更是必要的。

在作了简短的情况介绍后,皮埃尔·勒梅西埃上校,就是那位高级通信军官,请我们核对时间。正在这时,四辆有伪装的吉普车到达了这个空旷地带,士兵们跳下车,举起了手提式的丽塔天线。

过了大约不到十分钟,在树林的中间,勒梅西埃递给我一个移动式电话——这是那个价值40亿美元的网络的用户终端。"干吗不给华盛顿打个电话?"他问我。我拨通了乔治亚州亚特兰大,同我的编辑说了几句话。在蜂窝电话出现10多年前,从法国东部不知什么地方的连接和从一间巴黎的办公室的连接一样简单,一样清晰。

一位设在法国第二军的美国联络军官在讲述丽塔的能力时满脸洋溢着热情。"丽塔比我们现有的任何东西都要先进好多年",他说。让评估这个系统的五角大楼采购军官印象特别深刻的要素之一是它的"生存能力"。假如一个传送"结点"失效或因电子干扰或设备故障而损坏,丽塔强大的数字转接不断通过一个电子蛛网发送信号来即时接通并联通路。恒定信号水平也提高了操作保密,因为在最高速运转时,通话中没有泄露秘密的脉冲尖峰——对机敏的敌人来说,这种泄露会要命。就像民用电话系统一样,每个用户有一个个人电话号码,受加密法则的有力保护。我们得知,如果一位丽塔用户阵亡或被俘,敌人无法接过他的电话就接通网络。

美国军队购买的丽塔系统为在战场通信方面取得引人注目的进展铺平了道路,帮助美国在1991年的波斯湾战争和其后的许多冲突中取得胜利。但是,尽管有最高水平的法国技术,五角大楼在这条双向道上几乎是徘徊不前。挡在这条道上的是两个觉得受到了严重侵犯的美国竞争对手：美国电报电话公司（AT&T）和洛克韦尔国际公司。

汤姆逊半导体公司明白它不能把没有下定单的产品卖给五角大楼，所以它和位于马萨诸塞州尼达姆的防务承包商通用电话电气西尔维尼亚有限公司（GTE-Sylvania）配了对。[32]演示期间，我遇到了一位五角大楼的项目官员，他对我解释说汤姆逊公司的美国对手"不顾一切地要让这个采购案卡在国会，这样他们就有时间开发自己的系统"。美国军队的高级军官想要法国的系统，但是国会倾向于附和行业院外游说者。当时，法国人比他们的美国竞争对手要先进好多年。

最后，新任的美国驻巴黎大使乔·罗杰斯出面积极干预。这位来自田纳西州的商人乘坐自己的私人喷气式飞机多次往返于华盛顿，撮合这笔生意。罗杰斯帮着达成了一个折衷方案，让军方、国会和法国人都高兴了。我们会购买丽塔系统，但要由通用电话电气公司在美国制造这些设备。法国人会从波音购买带有机载预警和控制系统的飞机，而波音也会从法国的分包商手中购买大致相等的防务设备。每一笔交易价值大约40亿美元，但是，在当时，这么巨大的工业和商业的相互补偿是前所未闻的，也成了跨大西洋防务贸易的里程碑。[33]

这笔交易又用了两年多才完成。这不仅提高了这两个国家军队的实力，而且提高了法国军队同北约在地面和空中的一体化程度，因为法国的机载预警和控制系统在装备时就特意同北约飞机"能共同操作"。而这一切都是同一个在书面上不属于北约联合指挥系统的国家，一个同大西洋联盟保持距离的国家做的。

1. 作者采访亨利·康策，2003 年 8 月 29 日。尼克松曾热情洋溢地叙述了他于 1963 年 6 月同戴高乐在爱丽舍宫一起用午餐的事。参见《尼克松回忆录》，第 248 页。(RN: The Memoirs of Richard Nixon, Grosset and Dunlap (New York: 1978), p. 248.)

2. 前引书，第 479 页—480 页。

3. 作者采访威廉姆·施奈德，2003 年 7 月 30 日。

4. 采访美国驻巴黎大使馆防务合作办公室主任马克·布罗曼上校，1982 年 9 月 30 日。

5. 以下引语出自我采访康策的采访记录，1983 年 1 月 21 日。也参见《今日美国报》1983 年 2 月 8 日，"法国坚定追求核武器作为强大的防卫力量"。(Kenneth R. Timmerman, "France Committed to Nuke Weapons, a Strong Defense", *USA Today*, February 8, 1983.)

6. 作者采访前里根政府高级官员，2003 年。

7. 彼得·施威策著，《胜利：里根政府的秘密战略加速了苏联的崩溃》，第 82 页。(Peter Schweizer, *Victory: The Reagan Administration's Secret Strategy that Hastened the Collapse of the Soviet Union*, Atlantic Monthly Press (New York: 1994), p. 82.)

8. 前引书，第 83 页。

9. 前引书，第 107 页。

10. 前引书，第 111 页。乔治·舒尔茨著，《骚乱与胜利：任职国务卿的岁月》，第 138 页—141 页。(George P. Shultz, *Turmoil and Triumph: My Years as Secretary of State*, Charles Scribner's Sons (New York: 1993), pp. 138—41.)

11. 彼得·施威策著，《胜利》，第 111 页。(Schweizer, *Victory*, p. 111.) 有一次在下议院发言时，她对 1982 年 6 月 18 日做出的实行制裁的决定迅速做出了反应。"问题在于，一个大国是否可以阻止现有的合同得到履行。我认为这么做是不对的。"乔治·舒尔茨著，《骚乱与胜利》，第 136 页。(Shultz, *Turmoil and Triumph*, p. 136.)

12. 作者采访理查德·珀尔，2003 年 7 月 22 日。

13. 据法国本土警戒局的报告，苏联军事工业委员会的 12 个组成部分是航空部（处理民用和军用喷气式飞机）、机械制造部（自动推进武器和炸药）、国防工业部（装甲和电子光学系统）、通用机械制造部（战略导弹和太空)、交通设备部、无线电设备部（雷达和大型电脑）、中型机械制造部（核武器和高能激光器）、造船部、电子仪器部、化工部、电子设备部和石油部。

14. 肯尼斯·蒂默曼著，《大量的贼赃》，第五章。（Kenneth R. Timmerman, *La Grande Fauche*, op. cit., chapter 5.）

15. 作者采访弗雷德·查尔斯·伊克尔，2003年7月25日。

16. 乔治·舒尔茨著，《骚乱与胜利》，第144页。（Shultz, Turmoil and Triumph, p. 144.）根据这个协议，美国同意解除对现有的输油管合同的制裁，与此同时，法国人同意寻找替代能源、限制对苏联的出口信贷以及加强巴黎统筹委员会的控制权力。

17. 作者采访史蒂芬·D. 布赖恩，2003年7月10日。

18. 采访CIT-阿尔卡特公司官员J. P.·沙庞（J. P. Chapon），J. P·杜朗（J. P. Durand）及M.·方塞卡（M. Fonseca），1989年4月13日。

19. 《欧洲华尔街日报》1987年7月23日，"让西方的技术留在西方"。（Richard Perle, "Keeping Western Technology Western", *Wall Street Journal Europe*, July 23, 1987.）

20. 《国家情报评估》1982年10月13日，编号NIE 11-13-82，《苏联弹道导弹防御》。（"Soviet Ballistic Missile Defense," National Intelligence Estimate, NIE 11-13-82, October 13, 1982.）这是根据美国中央情报局历史回顾计划在1996年解密并发表的秘密文件。我查阅的涉及苏联战略武器和导弹防御的《国家情报评估》报告在位于马里兰州学院公园的国家档案馆，对研究人员开放。我要感谢已退休的国防情报局分析员William T. Lee，他引起了我对这些信息的关注。参看2001年4月30日《洞察力》杂志，肯尼斯·蒂默曼，《导弹防御部署在俄罗斯》。（Kenneth R. Timmerman, "Missile Defense Deployed in Russia", *Insight* magazine, April 30, 2001.）最终，美国得以证明苏联违反了《反弹道导弹条约》（部署成千上万的SA-5发射架、在克拉斯诺雅尔斯克非法部署相控阵雷达以及"鸡舍"战斗管理雷达）。这让里根总统更加确信，他要对美国人民负责就得启动战略防御计划。

21.《每日世界报》1982年6月15日,"举国上下群众和平大集会"。(Romulo Fajardo, "Mass Peace Rallies Across the Country," *Daily World*, June 15, 1982.) 引自肯尼斯·蒂默曼著,《彻底搜查:揭秘真实的杰西·杰克逊》,第140页。(Kenneth R. Timmerman, *Shakedown: Exposing the Real Jesse Jackson*, Regnery (Washington, D.C.: 2002), p. 140.)

22. 乔治·舒尔茨著,《骚乱与胜利》,第349页。

23. "在法德合作条约20周年之际,法国总统弗朗索瓦·密特朗先生在德国议会发表讲话,波恩,1983年1月20日,星期四,"爱丽舍宫公布的官方文本。("Discours prononcé par M. François Mitterrand, président de la République Francaise, devant le Bundestag à l'occasion du 20ème anniversaire du Traité franco-allemand de coopération, Bonn, jeudi 20 janvier 1983")

24.《亚特兰大宪法报》1983年10月30日41-A版,"法国在抗议美国导弹的问题上分裂"。(Kenneth R. Timmerman, "French Split on American Missile Protests", *Atlanta Journal-Constitution*, October 30, 1983, p. 41-A.)

25. 作者采访理查德·珀尔,2003年7月12日。

26. 在他1980年的政治宣言《此时此地》中("*Ici et maintenant*, Fayard (Paris: 1980)"),密特朗写到:"我承认,对俄国人来说,潘兴导弹是不堪忍受的。我仍然在等着俄国人还有法国共产党的领导人明白,对法国来说,SS-20导弹是无法忍受的。"(第235页)

27. 在这次爆炸前四个星期,美国国家安全局窃听了德黑兰的伊朗情报机构发给他们驻大马士革大使馆的一条信息,下令他们袭击海军陆战队士兵。20年后才公开了这次情报窃听结果。参看《洞察力》杂志,2004年1月6日,《给9/11发出的邀请》。(Kenneth R. Timmerman, "An Invitation to September 11", *Insight magazine*, January 6, 2004.)

28. 乌尔曼，《隐秘的连结》，第22页—23页。（Ullman, "Covert Connection", pp. 22 – 23.）

29. 作者采访基思·格勒塞尔旅长，1985年6月27日。

30. 作者采访一位美国外交官，1984年11月。

31. 作者采访马克·布罗曼上校，1984年3月。福特在另外一次采访中证实了这个故事。

32. "我们意识到，我们不能把纯粹的法国系统销售给美国，"当时，汤姆逊半导体公司丽塔（RITA）计划主任费尔南·格朗日（Fernand Grange）告诉我，"得到一部分总比什么也得不到强啊。"

33. 参看《亚特兰大宪法报》1984年12月23日，"法国想用电话换机载预警和控制系统。"（Kenneth R. Timmerman, "France Wants to Swap Phones for AWACS", *Atlanta Journal-Constitution*, December 23, 1984）。波音公司从法国购买的最大一笔物资是CPM-56喷气式发动机。这是由一家美法联营企业为美国机群中的机载报警与控制系统、KC135空中加油机及其他飞机生产的。

6

海湾的富矿

在萨达姆的军队越来越陷入攻打伊朗的泥潭时,他的岳父凯拉拉·图尔法赫写了一本宣传小册子,目的是要鼓舞复兴党的群众。这本在伊拉克内部广为散发的小册子有个清楚明白却让人寒意顿生的标题"真主不应该制造的三种东西:波斯人、犹太人和苍蝇"。图尔法赫写到:波斯人是"真主以人的形状创造的动物";犹太人是"秽土和众多民族的剩饭混合而成的";至于苍蝇吗,它们是微不足道的创造,"我们也不了解真主创造它们的目的"。[1]对这三种东西,复兴党都有解决方案,而且这些解决方案已通过巴格达"大众之音"电台的那些功率强大的法国发射机传遍了整个阿拉伯世界。"针对每一种虫子都有一种杀虫剂",这是伊拉克人在玩幽默。和复兴党的其他笑话一样,这个幽默的要害就是死亡。

尽管总的来说,密特朗对萨达姆和军火贸易都有顾虑,他还是迅速吸引了一批支持他的密友和部长们到他身边。外交部长克洛德·谢松是第三世界特别是中东直言不讳的代言人,这在法国广为人知。不像美国(谢松对美国嗤之以鼻,因为美国执行的是有利于以色列的"一边倒"政策),法国是伊拉克这样的国家完美的合作伙伴,因为这些国家为了满足自己发展的需要必须寻求西方的援助。1981年8月18日,在谢松同伊拉克外交部长塔里克·阿齐兹初次见面时,谢松称赞了"伊拉克的实验",而许多法国精英们都怀有同样的激情。伊拉克是个世俗的国家,有水资源,还有受过教育的人口。当然,更重要的是,它有石油。阿齐兹问谢松法国是否会重建奥西拉克反应堆,谢松没有咨询他的上司就回答说会,而他是没有资格这么说的。谢松对法国的《世界报》说,伊拉克的核反应堆是"和平的纪念碑"(密特朗后来撤回了谢松的许诺,奥西拉克仍然是废墟一堆)。

密特朗还任命了其他亲阿拉伯的部长们。他的合作部长让－皮埃尔·科特在报纸专栏版和著作中把谢松的反帝国主义行话提升到了教义的高度。让－皮埃尔·舍韦内芒娶了一位埃及女性为妻,毫不掩饰地敬慕萨达姆·侯赛因。[2] 尽管舍韦内芒在密特朗的第一任内阁中只担任教育部长,但他在执政的社会党中有着强有力的影响,因为他控制着社会党中最大的派别。另一个亲阿拉伯的人是密特朗的对外贸易部长米歇尔·若贝尔,他脾气暴躁,憎恨美国在欧洲的主导地位,经常表现出对以色列国的刻骨仇恨。若贝尔多次前往巴格达,带去名为幻影、飞鱼、霍特、米兰和罗兰的礼物。据法国新闻记者让·蒙塔尔多说,密特朗和他的儿子吉尔贝特从这些销售中间接获得好处,因为一位长期任用的亲信罗杰－帕特里斯·佩拉把一笔私人津贴支付给他们,理由是他们提供了法律服务。从事情报工作的消息提供者说,佩拉的公司维布拉肖克因为同伊拉克的飞鱼交易而从法国国家航天工业公司获得佣金。这只是蒙塔尔多所描述的密特朗总统任期内的阴暗面的一小部分。蒙塔尔多在他1994年出版的著作《密特朗和四十个大盗》中详述了维布拉肖克公司的付款情况。[3]

在8年的两伊战争中支持伊拉克独裁者萨达姆·侯赛因是美法战略合作的又一个领域。这件事虽然时常被媒体歪曲错报,但很少有人承认,更少有人理解这件事。后面的叙述是根据我对巴格达、巴黎和华盛顿的许多关键人物的采访得来的。

到1982年5月,伊朗已成功地把萨达姆的军队从伊朗领土上驱逐出去,并把战火延伸到伊拉克境内,威胁要夺取巴士拉。巴士拉是伊拉克第二大城市,也是伊拉克到海湾的唯一出口。绝望中,萨达姆向霍梅尼求和。求和不成，他点燃了这个地区的另一把火，期待把伊朗的注意力转向共同的敌人以色列。6月3日，一位巴勒斯坦枪手袭击了以色列驻英大使什洛莫·阿尔戈夫，在伦敦多尔切斯特饭店前的台阶上使他受了致命伤。这次暗杀最初看起来是亚西尔·阿拉法特的巴勒斯坦解放组织（PLO）干的。这正是以色列总理梅纳凯姆·贝京的政府所需要的。以此为借口，以色列发起了早就计划好的对黎巴嫩的军事入侵，以破坏巴解组织的基础结构。

6月5日，在以色列入侵几个小时后，萨达姆再次求助霍梅尼。他主张说，伊朗和伊拉克应该停止相互间的战斗，在针对以色列的圣战中联合行动。伊朗领导人再一次拒绝了。随后，伦敦警方的调查得出结论：那位枪手用来行刺以色列大使的武器是伊拉克驻伦敦大使馆的一位军事情报官提供的。伊拉克谍报人员策划了这次行动并提供了经费，雇用一位阿布·尼达尔组织①的刺客执行，而阿布·尼达尔组织当时就是以巴格达为根据地的。

美国也许知道萨达姆与阿尔戈夫暗杀案有牵连，但是，在那时，里根政府已经决定，萨达姆对伊朗的战争能服务于一个更大的目的，那就是限制霍梅尼在伊朗以外传播伊斯兰原教旨主义的能力。1982年3月，美国国务院把伊拉克从支持恐怖主义的国家名单中拿掉，这就为随后采取的美国官方政策中的"倾斜政策"做好了准备。以色列人陷入了他们在黎巴嫩的战争泥沼中，所以也不会重视伦敦警方不惹人注目的调查，因为那会暗示他们攻击的对象错了。后来，我向美国国务院的高级阿拉伯问题专家理查德·墨菲打听阿尔戈夫暗杀案，他只是耸了耸肩。"国务院从来没有讨论过把伊拉克重新列入恐怖名单。这个问题从来没有提出过。"[4]

还有一个话题从来没有提过，至少没有被负面地提出过，那就是法

―――――――――
① Abu Nidal Organization，以其领导人 Abu Nidal 命名。美国国务院在《2002年全球恐怖主义形势报告》中确定了一份外国恐怖主义组织名单，该组织榜上有名。——译者注

国流向萨达姆的先进武器的数量与日俱增。我问弗雷德·伊克尔,这个话题有没有导致过摩擦,他这么反驳我:"我们反对过法国武装萨达姆吗?在 80 年代我们是支持伊克的!"[5]

20 世纪 80 年代中期派驻巴格达的美国外交官告诉我,这种支持包括提供伊朗空军喷气式飞机的作战情报,因为这些伊朗飞机一直被驻扎在沙特阿拉伯的美国预警和控制系统飞机跟踪。[6]另一种支持就是鼓励伊拉克的主要西方武器供应国法国扩大对伊拉克的贷款,保证新式武器通过法国这个渠道流向伊拉克。"美国人催促我们向伊拉克交货,他们总是说快些、快些",亨利·康策回忆说。康策当时是法国军备委员会国际销售局的高级官员。"我记得战争开始不久,有一次在白宫开会。国家安全委员会发现,苏联人在给阿富汗人输送武器,也在给伊拉克输送武器。美国不想让伊拉克变成苏联的一个附庸国家。所以说法国是在为一个战略目的效劳。"[7]

但是,对于法国给伊拉克提供武器这件事,在公开场合、在媒体上,曾有很多人表示异议和失望。在 1983 年秋季,有一条消息被人捅了出来:伊拉克正在寻求从法国租用五架超级军旗战斗轰炸机,这是在下一批幻影 F1 飞机到达前的权宜之计。在交付日期临近时,伊朗威胁要封阻霍尔木兹海峡,而这个海峡是世界上超过一半以上的石油运输的必经之路。因为担心引发世界范围的石油短缺,英国外交部公开请求法国不要交付这些飞机。美国把突击者号航空母舰以及它的全部战斗群从中美洲派到印度洋,以展示它保持霍尔木兹海峡畅通的决心。

那年 10 月,塔里克·阿齐兹再次私下会见了乔治·舒尔茨,不过这次是在纽约。他质问为什么交付五架已经停产的飞机投入战争就会引发如此规模的大惊小怪,而在这场战争中,人员的伤亡是以成千上万计的。他说,伊拉克的敌人都没有引起媒体的关注。当然,这些敌人中主要的就是以色列。阿齐兹担心,如果法国人觉得美国反对这笔交易,那法国就会退缩而不再交付这些飞机,所以他试图减轻舒尔茨本能的疑心。

对伊拉克人来说,超级军旗是一种战略武器,是他们在战争时要使用的几种战略武器中的头一种。如果交货完成，这种法国战斗轰炸机将是伊拉克的军品清单中第一种能够发射威力巨大的飞鱼反舰导弹的飞机，而飞鱼反舰导弹在1982年的福克兰群岛战争①中被证明是极具杀伤力的。在这场局部战争中，一架阿根廷超级军旗战机击沉了英国皇家海军驱逐舰谢菲尔德号。如果伊拉克人装备了飞鱼导弹，就能破天荒地把伊朗的石油出口定为目标，因为伊朗所有的石油都是用船运输到国外市场的。阿齐兹同舒尔茨争辩说，伊拉克攻击伊朗的运油船只不但不会延长战争，反而会缩短战争。因为如果没有资金在黑市上购买武器，伊朗很快会被迫退出战斗。舒尔茨在他的回忆录中对这次同阿齐兹的会晤只字未提，但是记录证明，不论是他还是里根政府的任何其他官员都没有采取任何措施来阻止法国人交付这些飞机。

而在巴黎，其他重量级的人物也在向法国政府施加压力来履行对伊拉克的承诺。雨果·埃图瓦勒此时已离开法国国防部，成了达索公司最重要的武器推销员。他已经施加了很多高压手段来说服法国海军出借超级军旗飞机（这些飞机得首先退出在法国航空母舰上的现役）。这种飞机只生产了86架，大部分属于法国海军（阿根廷得到了其余的15架）。埃图瓦勒说，相对于他在那一年早些时候谈妥的一笔将近20亿美元的交易，这种临时的"出借"要支付的代价微乎其微。他说的交易就是额外卖给伊拉克29架幻影F1战斗轰炸机。这种新式幻影飞机是专门为伊拉克重新设计的，可以携带飞鱼导弹，但是要到1984年下半年才可以服役。埃图瓦勒说，在那以前，伊拉克需要超级军旗来阻止伊朗赢得战争；事实上交付超级军旗是达成幻影飞机交易的条件。埃图瓦勒很成功，他甚至争取到了密特朗总统的帮助。密特朗在开罗公开宣布："我们不愿意伊拉克在这场战争中失败。阿拉伯世界和波斯世界长期以来的平衡必须绝对得到维持。"埃图瓦勒在法国武器装备总署的继任者是皮

---

① 又称马尔维纳斯群岛战争，简称马岛战争，发生于1982年3月到6月间，是英国和阿根廷为争夺马尔维纳斯群岛（英国称为福克兰群岛）的主权而爆发的一场战争。——译者注

埃尔-勒内·奥德朗将军。他在巴格达同阿米尔·拉什迪·乌巴亚迪将军匆匆见了一面后,给国防部部长查尔斯·埃奴发了一封手写的传真,催促他立即调遣飞机。

10月13日,萨达姆·侯赛因把32名法国新闻记者召集到巴格达,让他们观看一次引人注目的表演。尽管这些记者们并不知情,但法国政府已经在一个星期前交付了这些超级军旗飞机,这次秘密飞行的代号是"米兰行动"。[8] 萨达姆的表演是经过预演的,目的是为了让人往完全相反的内容上联想。

"这些是我们的武器,我们已经为这些武器支付了费用",他嘴里叼着雪茄烟,生气地对记者们说。对"一种连核武器都不能携带的"飞机干吗要这么大惊小怪呢?他警告说,如果超级军旗飞机不能立即到达,伊拉克可能会被迫采取严厉的手段来惩罚法国人。

萨达姆的诡计取得了他绝对想象不到的成功。伊朗人认为法国人对伊拉克的支持摇摆不定,所以收回了他们封锁霍尔木兹海峡的威胁。连续几个月,法国各地的报纸刊登着这些飞机的图片,一会儿在布列塔尼,一会儿在波尔多,而事实上,法国趁人不备已经悄悄地交付了这些飞机,而且伊拉克飞行员已经驾驶着这些飞机在波斯湾上空训练了。到那年年底,伊拉克飞行员已经开始使用致命的飞鱼导弹有选择地打击在哈尔克岛油码头上停泊的油轮(这是伊朗唯一的油码头),这也打击了伊朗的经济命脉。

《波士顿环球报》在头版报道了法国已交付飞机的消息,并警告说波斯湾的紧张局势会加剧,但这已是事后好几个星期了。亨利·康策正在波士顿参加一个有关北约战略的会议。之前,美国刚成立了中央司令部,以便重组美军,使之能在中东和波斯湾地区迅速部署,而法国积极同新上任的指挥官罗伯特·金斯顿将军和他的高级军官们开展合作。*

---

* 美国中央司令部是1983年1月1日成立的,最初被称为迅速部署共同特遣部队。它的总部位于佛罗里达州坦帕的麦克迪尔空军基地。

"我们的军官们经常去坦帕",康策说,"我们把我们所掌握的一切,有关非洲的,有关乍得战争期间卡扎菲的,有关中东的,统统提供给这个新的美军司令部。"法国国防部派去的军官可不是那些坐扶手椅的将军们,而是作战指挥官们,他们去那儿的目的就是分享他们在冷战前沿阵地获得的经验。这是美法战略关系的另一面。

康策曾经接到邀请就法国与北约的合作发表演说,但他知道谁听了有关超级军旗飞机的故事会觉得倍受煎熬。金斯顿将军刚做完有关这个新司令部的陈述。这位将军借助一张这个地区的区域地图来说明美国和它的盟友所受到的威胁。康策问他愿不愿意把那张图留在投影仪上。他打算从正面抨击有关伊拉克的问题。

"我说,'大家看看金斯顿将军很好心地留下的这张地图。你能看到俄国人在阿富汗,你能看到伊拉克在和伊朗打仗。假如苏联人给伊拉克提供武器,那么伊拉克就变成了一个苏联傀儡国。如果那种情况发生,那么苏联人就既拥有阿富汗又拥有伊拉克。你认为伊朗会怎么样?'"他继续说,从沙皇时代起,俄国人的目标就是抵达波斯湾和印度洋的暖水区。他们今天的目标也没有什么不同。"但是,如果苏联人决定走另一条路,放弃伊拉克,那会怎么样?那样的话,伊朗会赢得战争的胜利并且感激莫斯科。于是,很快你就发现科威特和沙特阿拉伯都有阿亚图拉①了。所以说,不管怎样,法国是在通过帮助伊拉克来帮助西方联盟。"康策说,法国所作所为的逻辑十分清楚,所以没有人向他提任何问题。"我们站在同一边,事情就是这么简单。"⁹

法国和美国都对伊拉克的化学武器计划心存忧虑,尤其是在1983年后半年伊拉克开始在战场上对伊朗使用毒气后。1983年12月总统特使唐纳德·拉姆斯菲尔德在巴格达同萨达姆·侯赛因会面,他所带来的口信之一就是美国不同意伊拉克使用化学武器。这类口信并不总是由国务院的外交官传达,因为他们担心会激怒伊拉克人,但是,在同萨达姆

---

① 关于阿亚图拉的注释见第三章,这里借指伊朗的势力。

会谈的前一天晚上，拉姆斯菲尔德同塔里克·阿齐兹进行了两个半小时的会面，对这个问题做了强硬的陈述。拉姆斯菲尔德这次1983年12月的使命时常被新闻界歪曲错报，但是新近解密的文件纠正了这些误解。[10]

为了建设自己的毒气工厂，萨达姆基本上都是向德国求助。在德国，前纳粹分子、腐败的中间商以及伊拉克的情报人员成功地做成了他们的交易，还得到了顺从的德国政府的援助——德国政府宣称它不能阻止这些人的致命贸易。美国助理国防部长理查德·珀尔后来在一个美国参议院听证会上说，里根政府已经三番五次向德国人提出抗议，他都记不清次数了。"我们向他们提出要求，我们向他们提出要求，我们向他们提出要求"，珀尔解释说，"然后，所有的要求都不了了之。"[11]到了20世纪80年代中期，有150家德国公司在巴格达开设了办事处。后来，联合国武器核查员和伊拉克点出了这当中的几十家公司的名字，说明它们在建设伊拉克日益扩大的非常规武器库的过程中所起的作用。美国和法国公司在这些项目中的作用是很有限的。

但是，法国的军事工业在伊拉克做着极大的生意。他们建立起全新的工厂，仅仅是为了服务伊拉克客户，他们开发了新版本的幻影战斗机和新式激光制导导弹，仅仅是为了萨达姆。他们甚至在巴黎的郊区儒伊－昂－若萨斯成立了一所私立大学，向伊拉克电机工程师讲授如何操作一个新的法国电子工厂里的设备。这个新工厂是汤姆逊半导体公司建的，设在底格里斯河畔萨达姆的堡垒提克里特附近的一个小村子里。*在20世纪80年代，我曾多次前往巴格达，基本上认识在伊拉克工作的每个法国军火商和技术人员。通常，我们在饭店的阳台上谈话，这样可以避开无所不在的伊拉克警卫和窃听装置。

但是，法国人同萨达姆·侯赛因之间还是存在问题，那就是他的资金。到1984年时，萨达姆在支付上有了困难，而法国财政部也很厌倦

---

* 这个工厂建在阿德－杜尔村。2003年12月13日，萨达姆·侯赛因最终在这里被美国步兵第四师的士兵俘获。

从政府的出口信用机构法国外贸保险公司①收取贷款了。

达索公司的首席推销员雨果·埃图瓦勒在努力规避这些障碍。1984年12月,他花了两个星期陪伴阿米尔·拉什迪·乌巴亚迪将军在巴黎走访防务承包商和政府官员。阿米尔将军领导着一个不为人知的机构,名叫科学研究委员会,但在法国防务游说者的封闭圈子里,他更多地被人称为"伊拉克的法国空军之父。"

这位伊拉克将军不只是一位重要客人,他是达索公司、马特拉公司、法国国家航天工业公司以及其他法国武器制造商希望接待的那位最重要的客人。阿米尔将军带着一个空军技术人员小组。法国建议向伊拉克出售最新式战斗喷气式飞机幻影2000,他们是前来评估这个建议的,而当时幻影2000刚刚在法国空军服役。幻影2000太新了,还没有自己的雷达,这样从军事角度看,它只不过是带机翼的兰博基尼②。伊拉克人还要讨论购买新的成套幻影 F1 战斗机,机上要装备法国国家航天工业公司最新的 AS30-L 导弹,是由激光指示吊舱制导的,而这种激光制导吊仓是汤姆逊半导体公司经美国马丁·马利埃塔公司许可而生产的。

埃图瓦勒带着这个伊拉克小组拜访了他的老上司亨利·马尔特,此时马尔特已经离开国防部去经营国有的法国国家航天工业公司。马尔特几乎不能拒绝伊拉克人的要求,因为他的公司正在从同巴格达的生意中攫取巨大的利润。大约每四枚刚下法国国家航天工业公司装配线的飞鱼导弹中就有三枚被伊拉克买走了,每年收入大约2亿5千万美元,这是法国国家航天工业公司的官员告诉我的。除了这些,伊拉克还买走了数以千计的霍特和米兰反坦克导弹、罗兰2型防空系统以及小羚羊直升飞机。事实上,伊拉克购买的法国国家航天工业公司出产的产品比法国国防部买的还多。而这也是问题的一部分:伊拉克实际上是在补贴法国国

---

① 原文在此处使用的是该公司的缩写 Coface,国内通常译为科法斯。该公司全称是 Compagnie française d'assurance pour le commerce extérieur. ——译者注

② Lamborghini,意大利著名的跑车品牌,价格昂贵,是法拉利跑车的主要对手。——译者注

防部,而法国国防部的采购预算已经被削减到了法国人被迫削弱他们的战斗力的程度。法国人喜欢吹嘘他们的武装力量所担负的"全球义务",这些武装力量部署在全世界各地以便保护法国的产业运转所需要的原材料的来源地。但是,在某种程度上,正是萨达姆的现金才让法国人能够实现他们的全球野心。

阿米尔将军解释说,他准备捐助相当数量的资金来加速开发中程空对地导弹①。这是一种带核弹头的、可空中发射的战略巡航导弹,这种导弹可以由幻影 2000 飞机发射。法国空军急切需要这种导弹,但是却没有资金来开发它。当然,阿米尔将军再三向马尔特保证,伊拉克对带核弹头的型号不感兴趣,因为他意识到马尔特对伊拉克人提出的要求感到不安。我在巴格达采访到的法国武器销售商很情愿地承认,这笔 60 亿美元的一揽子武器交易"是一个有高度攻击性的采购单。把这个清单汇总起来不是为了伊朗,而是为了攻击以色列"。

但是这里有个小障碍——事实证明是几个小障碍。阿米尔·拉什迪·乌巴亚迪从伊拉克财政部带来了一个小组,目的是要敲定再次从法国政府贷款的细节,而这笔贷款要抵偿这笔一揽子武器交易的所有费用。阿米尔将军许诺,伊拉克会把这笔资金的大部分回注到法国经济中。对此,法国财政部长皮埃尔·贝雷戈瓦回答说:胡说八道。用法国政府贷款购买法国制造的飞机供伊拉克使用就好像是拆东墙补西墙,贝雷戈瓦对此毫无兴趣。

贝雷戈瓦和他的会计师们主张不必仓促对巴格达做出新的、巨大的财政承诺,可以等到那年晚些时候伊拉克开始通过沙特的原油管线中搭售自己的石油,这将使伊拉克的石油出口每天增加 50 万桶同时收入也增加了。甚至到那时候,法国也只可以消耗这么多的伊拉克石油。上一次伊拉克进行的巨额武器采购是由法国社会党人同意为其负担费用的,现在还在用巨大的伊拉克石油输出来支付。会计师们说,最好是先消化

---

① 原文是 Air–Sol Moyen Portée,缩写为 ASMP。——译者注

了已经做成的生意,而不是吞下伊拉克经济不能消化的东西。[12]

雨果·埃图瓦勒和那个亲伊拉克的游说集团从来就不喜欢社会党人,他们回击了。他们主张,如果没有新的销售,法国的国防工业将被迫裁减工人,而且裁员要从法国的飞机制造旗舰达索公司开始。伊拉克威胁说,如果法国人拒绝出售幻影2000飞机,他们就不再签署幻影F1飞机的后续定单,而没有这笔后续定单,达索公司就得关闭了它的装配线。这可是令人难堪的事,会对社会党人有负面影响,因为在密特朗当选后不久社会党人就把达索公司收归国有了。这一争论一直吵到爱丽舍宫,在1984年12月的一次会议上,密特朗总统的核心内阁讨论了这个问题。国防部长查尔斯·埃奴为了维护国防工业的利益同财政部长激烈交锋。最后,总理洛朗·法比尤斯建议双方折衷,即削减伊拉克一半的定单。在三年时间内,即第一架飞机交付后,法国政府始终可以重新考虑其余的飞机。这对法国国防部来说是一笔重要的交易。"我记得一位法国高级官员对我抱怨,说他们那一年只卖出几架幻影飞机",美国国防部前助理副部长史蒂芬·布赖恩回忆说。[13]伊拉克独自就占有了1984年法国国防出口的40%,而这个市场似乎在干涸。

一个法国国防部代表团预定于1985年2月初访问巴格达。这个折衷的解决方案本来是要由国防部国际销售局的负责人皮埃尔-勒内·奥德朗将军亲自告诉对方的。但是奥德朗没赶上那班飞机。

法国人自己也有对伊朗军售的丑闻,虽然没有像伊朗门事件①那样成为媒体的大标题,而且也不具备相同的政治冲击力。在法国防务承包商向伊拉克出售价值几十亿美元的先进武器的同时,法国政府试图通过私人中间人和政府官员开辟一条连接德黑兰的不引人注目的管道。这项后门政策同里根总统倡导的伊朗倡议差不多,包括正式认可对伊朗的灰

---

① 伊朗门事件,是20世纪80年代中期发生在美国的政治丑闻。当时里根执政时的总统国家安全事务助理麦克法兰背着国会同伊朗搞秘密武器交易,以"赎回"在黎巴嫩被绑架的美国人质。此外,麦克法兰还把卖武器所得的部分款项秘密地转交给反对尼加拉瓜政府的叛乱分子(contras)。——译者注

市武器销售，主要通过法国军火制造商吕歇尔公司来进行。

这一切开始于 1984 年 6 月，当时密特朗总统的私人顾问罗朗·迪马邀请一位伊朗政府的密使到爱丽舍宫进行私人会谈（这位密使叫萨迪克·塔巴塔巴伊，是一位很有名的军火商，是霍梅尼的侄子）。几个月后，已经高升担任外交部长的迪马在对沙特阿拉伯进行国事访问时未经宣布中途在德黑兰停留。没多久，这个秘密被泄露，亲伊拉克的游说团体开始猛烈抨击。在野党领袖雅克·希拉克 1984 年 11 月撰文说法国不应该放弃"对伊拉克在道义和物质上的支持"。他批评那些人是因为想过好日子而在修建通往伊朗的桥梁。他在《国际政治》杂志（Politique Internationale）上发表文章说，"与其梦想后霍梅尼时代"，"要先担心霍梅尼，这样才能做得更好"。法国人针对伊朗的"倡议"很快变成了灾难。

皮埃尔－勒内·奥德朗将军在这个巴黎－巴格达传奇故事中所起的作用太重要了，他因此而获得了"伊拉克先生"的绰号。但是，在他计划前往巴格达通报法国人对幻影 2000 交易的答复之前的几个月内，他三次秘密访问德黑兰，这也是那个"倡议"的组成部分。他奉命同伊朗领导人讨论的话题涉及如何开辟对伊朗输送武器的秘密管道。然而，在 1984 年 12 月，社会党人政府决定取消这笔交易。奥德朗在德黑兰的谈判伙伴穆赫辛·拉菲克－道斯特获悉这个决定后大为震怒。拉菲克－道斯特是伊朗革命卫队的头目，不仅指挥着成千上万的士兵在前线同伊拉克作战，还掌管着遍布全球的恐怖分子集团，包括在 1983 年 10 月炸毁美国和法国海军陆战队在贝鲁特营房的那批人。拉菲克－道斯特告诉奥德朗，他认为奥德朗本人需要对法国政府的两面派手法负责，并打算"让他付出代价"。1 月 28 日，也就是奥德朗预定前往巴格达的头几天，他在外出上班时被射杀在自己在巴黎市郊的家门口。

亨利·康策当时是奥德朗的助理，他对这个戏剧性的时刻记忆犹新。"第二天，我接到了阿米尔将军的电话"，康策说。在对奥德朗遇刺身亡表示哀悼后，这位伊拉克人问自己是否可以在两天后来巴黎同康策见面。"他到部里后，拿出一份合同，当着我的面签了。他说'这是给奥德朗的'。没错,那个时候我们交情很深。"

如果法国和美国在伊拉克问题上看法基本上一致,那么在利比亚问题上就不是这么回事了。虽然在1983年美国通过卫星照片和后勤支援帮助法国人把卡扎菲赶出了乍得北部,法国同美国的分歧几乎随即就出现了。密特朗总统非常愿意同美国合作扩大法国的核力量来威慑苏联,但是,因为他的性格,他不喜欢让法国军队承担实际作战的义务。1983年在贝鲁特,这是真实的情况。当时法国外籍军团的弗朗西斯·库兰将军痛苦地向我抱怨,说他在巴黎的"政治主人"阻止他和美国人联手保卫在苏克-加布地区的基督教徒免受来自贝鲁特舒弗山上由叙利亚人支持的恐怖分子的袭击。在乍得,这也是真实的情况。密特朗前脚把法国军队派到乍得后脚就在琢磨撤回他们。

根据法国外交部长克洛德·谢松谈妥的协议,留在乍得的5,500名利比亚地面士兵应该在1984年11月10日前离开。那天晚上,谢松出现在法国电视上,得意洋洋地宣布他的交易成功了。他说:"没有外国军队留在乍得。"依据这个论断,密特朗于11月15日在希腊的克利特岛会见了卡扎菲上校。谈话的主题之一就是恢复法国对利比亚的武器销售。法国人在此前已经向卡扎菲出售了幻影III战斗机,现在卡扎菲想要使他的机群现代化了。[14]

美国一直在密切监视利比亚的撤军,之后不久就公开宣布一只大约3,000人的利比亚军队仍然留在乍得,尽管由3,200人组成的法国军队的最后一批已经撤离。美国国务院给乍得总统希塞内·哈布雷出示了卫星照片,证明利比亚人继续留在乍得北方。法国外交部的官员宣称美国给他们脚下放了"香蕉皮"。

事情很快就明朗了:利比亚人不但没有撤退,还新增派了部队来加强他们的力量,而法国媒体开始攻击密特朗,说他被卡扎菲"忽悠"了。谢松早先的撤军协议公式——"如果他们离开,我们也离开;如果他们留下,我们也留下"被亲社会党人的《解放报》的主笔塞尔日·朱利给颠倒过来了。"即使他们留下,我们无论如何也要离开",他写到。

"法国已经显示她不能信守诺言……利比亚人公开嘲弄了我们，而我们却什么反应也没有。"

关于为什么对卡扎菲如此恭谦，谢松做出了解释，而这也预示了美国和法国之间的其他几个危机。他说："我们认为，利比亚革命的领导人不应当被孤立……法国不会像美国对待尼加拉瓜人那样对待利比亚人。"对于所发生的事，谢松的一位助手向我提供了更为坦率的解释，但他要求不具名。"我们没有觉得好像我们被嘲弄了"，他说。"我们承认卡扎菲没有遵守诺言。这就好比你走进一家商店买了什么东西，回到家里打开包装后，你意识到你没有得到你已经讨价还价的东西。所以你把东西拿回那家商店去换，希望一切都能很友好地结束。"

因为乍得问题，谢松被迫于 12 月 4 日辞职，接替他的是罗朗·迪马。迪马是个浮夸的律师，曾在利比亚驻巴黎军事采办处状告一位法国军火经纪人的诉讼案中代表利比亚人。[15] 就像有亲伊拉克派一样，在政府内部的高层有一个强大的亲利比亚派别。谢松辞职后不久，国防部长查尔斯·埃奴的一位高级助手对我解释了他们的想法："美国认为卡扎菲已经无可救药地自绝于西方阵营了，而我们觉得美国的幻想是错误的。利比亚也许在从苏联人那里获得武器，也许在利比亚土地上有苏联顾问，然而，整个 60 年代埃及一直都是这样的，这也没有妨碍前埃及总统安瓦尔·萨达特改变阵营……如果我们想限制苏联在非洲的扩张主义，我们的行为就不能让人觉得好像利比亚真的是永久归附于我们的对手了。这样做正好使苏联人获益。"类似的论调后来也用在了萨达姆·侯赛因身上。

虽然法国人假装用比美国人更"复杂的眼光"来看待行使权力，但分歧最后大多都归结到生意上。还是那位国防部的顾问，他指出利比亚人渴望更换法国提供的老一代武器，因此再一次求助法国是本能的欲望。"一旦利比亚军队撤离乍得，情况就可以逐渐恢复正常"，他说。

我问导弹制造商法国国家航天工业公司的董事长亨利·马尔特，"正常"意味着什么，他说他的商务代理人从来没有中断同利比亚的所有关系,一旦法国政府许可,就"可以行动起来"商谈新合同。"我们是公司,我们没有外交政策,只有商业政策",他说,"我们所有的对外销售都取决于政府。"[16]

航空产品出口是法国主要的外汇收入来源,在20世纪80年代的大部分时间里,军事合同占所有航空产品出口的60%还要多。[17]虽然美国的防务承包商也经常游说国会议员,做出种种悲观的预言,说如果哪一项特别交易被否决的话,他们的地区就会出现大规模的临时解雇,但是没有哪个主要的美国防务公司会依赖对外出口来获取60%以上的收入,而法国人就是这么做的。把先进武器卖给伊拉克和利比亚的独裁者对法国国防工业的兴旺发达是至关重要的。的确,这是事关生或死的问题。

这对社会党的兴旺发达、对密特朗总统的竞选金库也是至关重要的。据法国前反间谍军官丹尼尔·布罗尼说,法国社会党通过艾哈迈德·卡扎菲达姆(利比亚情报系统的第二号头目)及其他管道定期得到大笔付款。那些受益人当中就有密特朗自己的高级顾问。据说有一位顾问得到了400万美元,他后来被任命为法国驻一个阿拉伯国家的大使。

布罗尼说法国反间谍部门本土警戒局最初获得这项贿赂的线索是在1982年,那时密特朗取得政权还不到一年。但是,因为一项行贿安排涉及了总统自己家的一位成员,他们从来没有"开发"这条信息。本土警戒局还怀疑一个利比亚"鼹鼠"在爱丽舍宫为密特朗工作,于是花了将近五年时间查找他的身份,但没有结果。布罗尼说,正是这个人同一位利比亚武器采购军官一道安排了卡扎菲和法国总统在克利特岛的会面。[18]

利比亚情报机构用"十二月影子"来称呼这位在爱丽舍宫的鼹鼠。1985年年末,本土警戒局副局长雷蒙·纳尔多次前往伦敦,想从英国情报机构军情六处①获得更多的信息。最后,英国人移交了一张这个鼹鼠的照片,是军情六处自己的一个谍报人员拍摄的。这位英国特工渗入了

---

① 军情六处(MI6)是英国军事情报部门中专门负责搜集国外情报和对付恐怖主义活动的组织,对英国外交部负责。——译者注

利比亚情报机构,后来安全渗出。据纳尔副局长的英国联系人说,那位鼹鼠把有关美法共同行动的文件传递给了利比亚人。这次在苏丹的共同行动是要帮助希塞内·哈布雷展开攻势来成功驱逐利比亚人在乍得的傀儡古库尼·韦戴。

那张照片显示密特朗的顾问①和他的联络官在一起。这位联络官叫基拉尼,是一位常驻伦敦的利比亚商人,也是利比亚的高级情报军官。照片是 1986 年 9 月在马尔他拍摄的。"本土警戒局得出结论,这是一次极端重要的会面,这才能解释为什么像基拉尼这样的利比亚高级情报人员会出动",布罗尼对我说,"而且[这位鼹鼠]也不可能有官方的使命,不可能是爱丽舍宫派遣的,因为那样的话他要带保镖,但我们知道他是单独来的。"

纳尔手里拿着照片去找密特朗的情报事务顾问弗朗索瓦·德·格罗素弗。格罗素弗一眼就认出了这个鼹鼠,把他解雇了。然而,直到今天,他的名字也没有公布于众。[19]但是,他和他的利比亚联络官在 1986 年 9 月讨论的重要事情现在可以透露了。这些事情也是生死攸关的事,对穆阿迈尔·卡扎菲的政权来说是,对美国来说也是。

几乎从里根总统的任期一开始,卡扎菲上校就已经引起了里根的注意,但是到了 1986 年,利比亚成了当务之急了。1986 年 1 月 23 日,美国中央情报局前副局长弗农·沃尔特斯将军来到巴黎,要求密特朗参加美国的一项秘密工作来颠覆卡扎菲。

密特朗信赖沃尔特斯超过信赖其他任何美国官员。这不仅仅是因为他说流利的法语,也不是因为他对法国十分了解。这源于沃尔特斯同从二战时期起的每一位法国领导人的个人交往——在二次大战期间,他是德怀特·D·艾森豪威尔将军的翻译,每次艾克会晤那位小题大做的法国抵抗运动领导人戴高乐都是他做翻译。沃尔特斯的法国同行是一位年轻的法国贵族,名叫亚历山大·德·马朗什。几十年来,这两位"译

---

① 即利比亚间谍"十二月的影子"。——译者注

员"的职业生涯一直相互呼应,直到1981年,在马朗什当了十一年法国情报机构负责人后,密特朗把他换掉。那以后,马朗什和沃尔特斯担任了各自总统的心腹顾问,虽然不是政府成员,但参与了其中的许多秘密。

沃尔特斯告诉密特朗,美国把利比亚看作苏联的附庸国,一个打算在非洲推进苏联影响的附庸国。自从1983年下半年萨达姆驱逐阿布·尼达尔后,卡扎菲不仅欢迎这位巴勒斯坦恐怖分子和他的追随者到利比亚,而且还为他们和其他恐怖主义团伙设立了训练营地。沃尔特斯说,我们需要你们的帮助来消灭他们。

密特朗听得很专注,但拒绝作出承诺。前法国反间谍军官丹尼尔·布罗尼告诉我,原因之一是,有些美国打算破坏的恐怖分子训练营地是由一家法国公司以"农业联合公司"的幌子建立的,而这家公司后来暴露了,原来是为密特朗的社会党竞选运动秘密捐献的渠道。"这些特别的'农业联合公司'还建有简易机场,有足够长的跑道供大型军用喷气式运输机起降",布罗尼说。对卡扎菲解释为什么法国要先建立那些训练营地然后又和美国一道把它们破坏掉,这让人很难为情。

但是,里根并没有放弃说服他的盟友的努力。二月份晚些时候,美国要求法国加入一场有限度的攻势,对利比亚境内的目标进行空中打击。密特朗再一次拒绝了。然而,在沃尔特斯将军1986年3月3日返回巴黎后,这位法国总统不厌其烦地解释说,他的拒绝并不意味着法国反对美国针对利比亚的行动。[20]

雅克·阿塔利撰写的三卷本大事记记载了密特朗总统任期头十年的点点滴滴,这在法国文学史上是前所未有的。不像密特朗、米歇尔·若贝尔或多米尼克·德维尔潘这样的政治家所撰写的回忆录,阿塔利的叙述很少有辩论和自我庆贺。在担任密特朗的办公厅主任期间,他在笔记本上记下了一切,渴望一字不差地记录法国的日常事务。在这个有特权的职位上,阿塔利关注、倾听、逐字记录密特朗同工作人员、客人、其他法国官员及外国元首的会面过程。他记载了法国拒绝允许美国军用喷气式飞机越界飞行去袭击卡扎菲一事，但从来没有人对他的记载有过异议。[21]

1986年3月16日，密特朗的左翼联盟在立法机构选举中败北，这使事情复杂化了。这次选举失败开创了法国历史的新纪元，被称为"同居"时代①。这和美国不一样。在美国，即使总统失去国会参众两院，他仍然控制着行政部门。在法国，行政部门同议会搅和在一起，以致对权力的描述很不清楚。

密特朗迅速地估计了形势，在1986年3月20日任命反对党领袖雅克·希拉克担任总理职务。对希拉克来说，这是甜蜜的复仇，因为十年前，希拉克的总理职务被密特朗的中右前任吉斯卡尔·德斯坦解除了。希拉克赢得选举时社会主义已经在法国衰退了。他一开始就让银行和工业集团企业私有化，而这些是社会党人在1981年才收归国有的。他还许诺要压低密特朗和他的盟友们扩大了的众多昂贵的社会福利计划。但是，最重要的是，他再三强调，只要法国坐在世界事务的桌子旁边，他就想要一席之地。在最后这个问题上，密特朗坚决反对。他申辩说，根据法国宪法，总统控制外交政策和国防。他会同希拉克磋商，但是他不打算允许希拉克操纵法国，好像他才是唯一的合法选出的掌权人。那年5月，在东京召开的7国峰会上，他对新闻界宣布："法国要用一个声音说话"。而希拉克就坐在他身边，很明显怒气冲冲。这两位领导人时常在公开场合和在私下彼此挖墙角，有时也能取得喜剧效果。

美国策划袭击利比亚，这是新政府面临的第一个外交危机。1986年3月21日，在"同居"后的第一次会议上，密特朗把美国请求对利比亚采取行动一事告知希拉克、新任国防部部长安德烈·吉劳和新上任的外交部长让-伯尔纳·雷蒙。密特朗说，他已经"答复美国人了，最重要的是，我们不能给人留下联合行动的印象。我们在北方什么都不做，但

---

① 同居，cohabitation，即"左右共治"，指的是共同掌管国家行政权力的总统和总理分属不同政治派别的情况。——译者注

是，最终在南方我们可以同意希塞内·哈布雷……美国人的行动很笨拙，会把阿拉伯国家统一在卡扎菲身后。至少，我是这么想的。"希拉克随声附和说，"我也是这么想的。"[22]

当天晚些时候，美国国务卿乔治·舒尔茨抵达巴黎同密特朗会晤。此时，美法关系很密切，他是"选举后第一个来法国的外国人"。舒尔茨问密特朗，谁准备参加在东京举行的 7 国首脑会议，这是"在用一种很有礼貌的方式问现在谁在掌管外交政策"。密特朗赶忙告诉他，法国"在利比亚问题上同你们合作是没有问题的"。[23]

但事实上，根据阿塔利的记载，密特朗非常担心可能引发同利比亚的军事对抗。卡扎菲宣布在利比亚海岸外有一个 200 英里的海域和空域禁区，发誓任何越过"死亡之线"的外国飞机或船只都会被消灭。这是典型的卡扎菲大话（国际法承认一个 12 海里的排他性禁区；法国也坚持它的大西洋沿岸地区有一个 200 海里的"专属经济区"——这让法国的邻居们很恼火）。3 月 24 日，美国军机越过了卡扎菲在海中划的线，遭到了利比亚的俄罗斯造 SA-5 防空炮组连发导弹的打击。密特朗召集希拉克、吉劳、外交部长让-伯尔纳·雷蒙以及他的高级军事助手福雷将军开会，说美国"要通过自己的失足来联合阿拉伯国家，我们应该做最坏的打算"。

吉劳这位帮助过萨达姆·侯赛因的核大王赞成同美国合作对付利比亚。"我在考虑去乍得"，他说，"但是我不想给人留下印象说我赞成美国人的行动。"对密特朗来说，真正来自卡扎菲的威胁是在非洲，而法国认为非洲是它自己的豪华地盘。加蓬、安哥拉和苏丹富有石油，喀麦隆、象牙海岸①、扎伊尔和刚果拥有给法国各政党的佣金和回扣，实际上，每个非洲国家都是法国武器的潜在顾客。密特朗回答说，"我们的首要任务是阻止利比亚人到达黑非洲。"[24]

第二天，为了报复利比亚人发射导弹，美国战机击沉了两艘利比亚

---

① 现名为科特迪瓦。——译者注

船只，毁坏了另外两艘，并且摧毁了一个 SAM-5 导弹发射场。里根总统邀请密特朗访问华盛顿以便拟定共同袭击利比亚的作战细节，密特朗拒绝了。阿塔利评论说，在恐怖主义问题上，"我们坚决反对美国人，他们想让我们同意他们针对利比亚的行动，并把其他七国集团成员国的警力置于他们的控制之下。"[25]

在向希拉克、他的国防部长和外交部长介绍当时在黎巴嫩的法国人质的情况时，密特朗陈述了他的道德准则。"我选择不同劫持人质者直接谈判有两个理由：第一，不认可他们的合法性；第二，不接受用已经在我们的法庭上合法判决的犯罪分子交换无辜者。我们已经同一些国家协商了：叙利亚、伊朗……我一直拒绝，而且将要继续拒绝用一个人交换另一个人，但我一直在说，我准备对一个名叫阿尼斯·纳卡凯的囚犯做出某种姿态。"[26]密特朗指的是那位伊朗雇佣的间谍，1980 年他企图谋杀伊朗前总理沙赫普尔·巴赫蒂亚尔，但没成功。他最终在人质交换中被从监狱释放出来。伊朗人把这件事领会为法国的软弱。在这种软弱的激励下，他们在 1991 年派出了第二个刺杀小组，成功暗杀了巴赫蒂亚尔。

密特朗的说教本来就是一种怠慢，因为希拉克已经派了他自己的密使前往黎巴嫩和加蓬，试图在选举前解救这些法国人质。但是，他声称决不会同恐怖分子谈判，这是自命不凡的蠢话。法国已经一而再、再而三地同恐怖分子、他们的代表、他们的代理人以及他们的支持者谈判，妄想阻止恐怖分子进一步袭击法国本土或袭击法国的海外公民。法国政府也屡屡对那些声名狼藉的谋杀犯视而不见，让他们把法国当成避难所或者在法国治病。第二次世界大战后，哈吉·穆罕默德·阿明·胡塞尼逃往法国时，戴高乐政府接纳了他。胡塞尼是耶路撒冷的大穆夫提①，在第三帝国终结的前三天还在柏林，是希特勒的私人座上客。胡塞尼受

---

① 大穆夫提（mufti）是伊斯兰教法典的说明官或者伊斯兰教宗教领袖。

——译者注

雇于希特勒和纳粹党卫军，在巴勒斯坦和埃及鼓动阿拉伯群众屠杀犹太人，这是希特勒"最终解决方案"的组成部分。1977年1月，法国政府邀请穆罕默德·达乌·奥德赫（他的化名阿布·达乌更为人熟知）访问法国并会见外交部的高级官员，这是他的法塔赫①前同事阿布·伊亚德说的。²⁷达乌是巴解组织突击小分队声名狼藉的头目，就是这个小分队在1972年慕尼黑奥运会时谋杀了11位以色列运动员和教练员（包括一名美国人），就在距达豪②仅仅12英里的地方。当他来访的消息被透给新闻界后，吉斯卡尔政府大张旗鼓地"逮捕"了达乌并把他驱逐到阿尔及利亚。在20世纪80年代初，密特朗政府数次接待黎巴嫩恐怖分子伊马德·穆格尼亚造访法国，全然不顾他在1983年贝鲁特美国大使馆汽车爆炸案中所起的作用，也不顾他曾在1985年6月莽撞劫持从希腊飞往贝鲁特的美国环球航空公司847号航班飞机。在这次劫机中，他把39个美国人劫为人质17天。穆格尼亚头带滑雪面具，徘徊在那架飞机的过道里，寻找美国军事人员。穆格尼亚发现了美国海军潜水员罗伯特·史提森，于是就折磨他，枪杀他，并把他的尸体扔到停机坪上，这一切都是当着国际媒体的电视摄像机做的。后来，美国联邦调查局在飞机后部的卫生间找到了穆格尼亚的指纹，起诉他谋杀史提森。

美国中央情报局驻巴黎站的站长查尔斯·科甘对穆格尼亚有私人怨恨（中央情报局局长比尔·凯西也有），因为穆格尼亚绑架了科甘的私人朋友和同事、中央情报局驻贝鲁特站的站长威廉姆·布克莱。中央情报局认为穆格尼亚亲自拷问布克莱以榨取他能得到的任何秘密，然后杀害了他。1985年11月11日，一位中央情报局的特工在穆格尼亚到达巴黎奥利机场时拍下了他的照片，并把这些照片转交给法国人，希望法国方面逮捕他，但他的努力没有成功。三年后，一位对此深恶痛绝的法国官员给了我这些照片的副本，我把这些照片用在我当时在巴黎编印的机

---

① 法塔赫（Al Fatah）是巴勒斯坦解放组织最大的一支游击队。——译者注
② 达豪位于德国慕尼黑市，二战期间法西斯德国在这里设立了第一个集中营。——译者注

密的业务通讯中。[28]

希拉克新政府开始执政的当天,黎巴嫩恐怖分子根据来自伊朗的指令,在香榭里舍大街的普瓦肖购物中心引爆了一颗炸弹,炸死两人,炸伤28人。新任内务部长查尔斯·帕卡匆匆赶到现场,告诉记者们新政府将"对恐怖分子采取恐怖行动"。实际上,他还是延续着常规作法,派遣密使同恐怖分子谈判。而爆炸案也在继续着。

3月26日,密特朗在爱丽舍宫接待了另一位美国特使,他来是为了商讨利比亚问题,也要仔细看看"同居"是如何运转的。谈到希拉克和他的新政府时,密特朗告诉亨利·基辛格,"他们控制一切,除了最最重要的"。[29]

卡扎菲的鼹鼠肯定会监视密特朗同美国人的交易。希拉克不愿意批准袭击一个阿拉伯国家,以及密特朗的犹豫不决,这些情况肯定会怂恿卡扎菲,使他相信他可以攻击美国而不会招致大范围报复。4月5日,卡扎菲动手了——不是对在地中海的美国战舰或飞机,而是对柏林的一个迪斯科舞厅,这个地方是在德国服役的美国士兵熟知的公众聚会场所。令人感到奇怪的是,阿塔利在他的每日大事记里没有记录拉·贝勒迪斯科舞厅的爆炸案,这次爆炸造成一名美军士兵和另外两个人死亡。他第一次提到这次袭击是在五天后,那时里根总统正式请求法国人允许驻扎在英国的美国FB-111战斗轰炸机飞越法国领空去袭击在利比亚的恐怖主义目标。

里根在1986年4月12日致密特朗的信中正式提出了这个要求,而这个要求已经通过其他渠道向密特朗的高级军事助手福雷将军提出过。对这件事,前里根政府的官员和阿塔利都认可。里根要求立即答复,这样美国的战术策划者就可以标绘出通向利比亚目标的最佳路线。他还向密特朗提供了另外的情报,即美国情报机构已经得知利比亚人打算对在苏丹、西德、土耳其、叙利亚、西班牙、中非共和国、肯尼亚和拉丁美洲的美国公民发动恐怖袭击。他再三向密特朗保证,美国的空中袭击不会打击非军事目标、基础设施,甚至不会打击利比亚的正规军队,只打击"以明显的方式涉及实施和支持恐怖活动的目标"。里根在信中说,美国的目的是让卡扎菲因为支持国际恐怖主义"而付出高昂的代价"。[30]

密特朗不是直截了当地拒绝美国的要求,而是没有理会里根的信件。4月13日,星期日。一大早,他告诉希拉克和外交部长让－伯尔纳·雷蒙,虽然法国不能允许卡扎菲继续他的恐怖袭击,"但要让法国为美国的行动做什么事,这也是不可能的"。他指示雷蒙召见利比亚驻巴黎的大使,向他转达了一条有两部分内容的口信:"我们没有同美国结盟来对付你们,但我们也不能接受你们对南部欧洲的威胁。"

那天晚些时候,弗农·沃尔特斯回到巴黎,在巴黎市政厅会见了希拉克(希拉克此时还没有从巴黎市长的位置上搬入总理府)。次日,沃尔特斯造访了爱丽舍宫,同密特朗举行了长时间会谈。到了这个时候,他不再提出美国越界飞行的请求了,生怕这会迫使法国公开拒绝。当密特朗询问沃尔特斯同总理的会面有何收获,沃尔特斯放声大笑:"关于美国在阿拉伯世界的天真无邪,总理给我上了一课。所以我也变刻薄了。我对他说,'您的经验令人佩服。在您上台前,你们在黎巴嫩有四个人质,现在你们有九个!'"沃尔特斯接着解释说,美国窃听了的黎波里同在东柏林的利比亚大使馆之间的加密通信,其中包括发出指示对一个美国目标实施爆炸以及在拉·贝勒迪斯科舞厅爆炸案发生后的事后报告。

这是几个月来沃尔特斯为利比亚一事第三次面见密特朗,此外还有几次同希拉克的会晤。一位美国国务卿已经前来巴黎解释这个美国案子,还有现在是一介平民的亨利·基辛格也来了。美国国家安全顾问约翰·波因德克斯特海军上将几乎每天都和阿塔利以及密特朗在爱丽舍宫的军事助手联络。很明显,里根政府很渴望它针对恐怖主义的行动能赢得法国的支持。密特朗向沃尔特斯解释了他的问题。

> 我们彼此间很熟悉,让我对你开诚布公地说吧。卡扎菲已经让人不堪忍受了。他是在催生战争的大气候。我们不能再像从前

那样规劝他了，以前我们觉得还能找出一个临时的解决办法。但是，问题是如何做。我告诉舒尔茨先生：一切能让卡扎菲在阿拉伯世界以英雄面目出现的事，我们都必须避免……西方的行动不够老练。

沃尔特斯声明，美国对这些袭击会仔细谨慎的，不会把轰炸机派出去毫无目的地轰炸。"你知道利比亚人差点在巴黎的美国大使馆前炸毁一辆警用货车吗？这次袭击是你们的警察制止的。"

密特朗特别提到他和希拉克都不同意允许越界飞行，与此同时，他说话超越常规，确保沃尔特斯明白法国的立场。"我不想惹人讨厌，我不想阻止你们，我不想公开指责你们的行动"，他说。[31]前美国国防部长卡斯帕尔·温伯格称密特朗的行为"是他特有的，但是仍然令人愤怒"，因为他"免费给美国提出了如何实施袭击的建议"，却拒绝允许美国飞越法国领空（密特朗建议说："别只是小打小闹"）。[32]但是，密特朗从来没有抄起电话阻拦另一个外国领导人同美国合作空袭利比亚，这和17年后希拉克当了总统时的行为很不同。而且过了很久，当他听说西班牙也拒绝了美国的越界飞行要求时，他的反应很冷漠。

这次针对卡扎菲设在的黎波里的总部和在班加西的恐怖分子训练营地的黄金峡谷①行动在4月15日实施。综合各种说法，这次行动取得的效果远没有如果法国人允许24架FB-111战斗轰炸机飞越法国能取得的那么大。这条从英国飞越大西洋，绕过直布罗陀海峡再进入地中海的迂回路线给这个轰炸航路增加了几个小时的飞行时间，把美国飞行员的耐力推到了极限并导致了错误。在飞往利比亚2,800英里的航程中，得给飞机空中加油五次。但是，美国的袭击除了打击卡扎菲的情报机构总部和另外一个目标外，还对利比亚的空军和海军基地造成了破坏性的打击，战果比通常报道的要更广泛。[33]

---

① 原文为 El Dorado Canyon，又称多拉多峡谷。——译者注

法国的拒绝被公布于众后，阿塔利抱怨在美国出现的"反法运动"，密特朗命令法国驻联合国大使克洛德·德·克穆拉里亚在美国媒体上为法国的立场辩护。阿塔利说，希拉克的外交部长让－贝尔纳·雷蒙"气坏了"。此后不久，法国和美国的报纸开始透露说美国飞机到底还是秘密飞越法国去打击利比亚了。[34]但是事实并非如此。

很快，在一次法国电视谈话节目中，希拉克自夸他独自做出决定拒绝美国的越界飞行要求。[35]希拉克的谎言激怒了密特朗（他在公开场合仍然对此一言不发），也透露他的性格中侵略主义的一方面。多年后，在伊拉克危机期间，他的这一面占了主导地位。雅克·希拉克在暗中发现了勇敢对抗美国的乐趣。他用每个法国人都听得懂的语言，大声发出了喔喔喔①——这是法国人描绘的他们的国鸟公鸡的叫声。这很愚蠢，这很小心眼，这完全是希拉克式的。

在巴格达，希拉克在1986年3月的选举中获胜是个好消息。伊朗军队刚刚突破伊拉克的防御，攻陷了巴士拉以南的法奥半岛，而这里控制着伊拉克通往波斯湾的唯一出口。尽管伊拉克欠着50亿美元的外债，希拉克申辩说这不是放弃他的"私人朋友"萨达姆·侯赛因的时候。他当总理后签署的第一批法令中就批准了一项对伊拉克的一揽子新武器销售，虽然他知道伊拉克人不能为这笔交易付钱。

比起法国军事工业界已经习惯的那些同伊拉克签署的大笔交易，这项新交易很有节制，合计总量仅有4亿3千万美元。这其中包括六架法国国家航天工业公司生产的、装备着新一代反舰导弹的海豚直升飞机，以及大量的由汤姆逊－布朗特公司生产的高精确迫击炮。这些合同都有色彩艳丽的代号：直升飞机的代号为橘红宝石和郁金香，迫击炮为朱庇特②。希拉克还许诺，法国会让幻影F1的生产线开动着，尽管达索公司早就没有定货了。伊拉克需要新的飞机来补充战争损耗。

---

① 原文为法语 cocorico，意指雄鸡啼叫。法国自称为"高卢雄鸡"。——译者注
② 原文为 Jupiter，是罗马神话中的主神，相当于希腊神话中的宙斯，这个词的另外一个意思是木星。——译者注

塔里克·阿齐兹发现他的老朋友雅克·希拉克重返马提翁大厦①，几乎不能抑制他的狂热激情。在他前往巴黎签署朱庇特项目时，他滔滔不绝地称赞这位回归的总理。"法伊关系的天空上没有云雾"，6月10日他在记者招待会上说。"我的访问已经获得成功。我的所有目标都已经实现了。"担心这个信息还不够明确，他又说："你们可以说这是具体的成果……武器定货已经走上正常轨道。财务上的问题都解决了。"

由伊朗支持的恐怖分子安放的炸弹在香榭里舍大街和巴黎的其他地方接连爆炸，所以希拉克下令对未来同伊拉克签署的武器合同要严守秘密。除了塔里克·阿齐兹定期朝拜巴黎外，法国同伊拉克关系的全部内容是希拉克第二任总理任期内保守最好的秘密。达索这样的大公司，虽然在继续给伊拉克供应武器，却被命令保持沉默，尽管它们强烈地需要宣布新的外销合同来恢复投资者的信心。

但是，这种武器供应在继续，而且是每天都有。一个以前的北约机场，是由美国陆军工兵团在法国中部沙特鲁修建的，现在是法制导弹、集束炸弹、雷管、雷达设备和电子设备等物资加急投送的主要装载点。这些设备被装上伊拉克空军巨大的安东诺夫-124喷气式运货机，而这些飞机飞到法国就是为了运载武器。到了1986年年中，"消耗品"的输送变得很频繁了，连飞巴黎-巴格达的商业航班也被用来运输武器。一位法国技术人员曾随同一批迫击炮弹药搭乘了一次这种航班。他告诉我，他乘坐的伊拉克航空公司班机实际上是空的，但是飞机太重了，在奥利机场的跑道上几乎没能飞起来。因为这些额外的载荷，这些飞机只好在雅典或伊斯坦布尔中途加油，而通常情况下都是不间断飞行。另一个法国武器推销员在巴格达告诉我："如果法国关闭对伊拉克的武器输送通道，只要三个星期，伊拉克就会崩溃。"

因为不能把伊朗人从法奥驱逐出来（伊朗已经在那里投入了30万

---

① 自20世纪30年代起，法国总理的办事机构总理府就设在马提翁大厦。——译者注

军队），伊拉克凭借它所拥有的法制战斗机和飞鱼导弹猛烈打击伊朗在海湾的石油出口。在1986年，法国人给伊拉克交付了将近270枚飞鱼导弹，或者说，大致是法国国家航天工业公司总产量的75%。伊拉克也是精确但昂贵的汤姆逊－布朗特迫击炮的最大买主，这在封闭的防务小圈子里是众所周知的。这笔迫击炮交易太大了，其他公司蜂拥到巴格达，希望得到一点碎渣儿。一位热心的年轻推销员向我展示了他的公司打算卖给伊拉克人的一种沙地汽车的模型，用来在沙漠中牵引损毁的迫击炮。另一个人让我看了一本小册子，是特殊的降落伞安全带和降落伞，可以用来从直升飞机上空降迫击炮。还有一个人描述了他打算向伊拉克人推荐的外壳加强的佐迪亚克坦克，这样他们就可以借助霍维扎湿地密集的掩护炮击伊朗人。

同时，美国也开始努力了。美国允许伊拉克通过美国商品信用公司和位于乔治亚州亚特兰大的国民劳动银行（BNL）提供资金为军工厂购买双用的生产齿轮。美国把武器销售的事交给了法国，通过加速伊拉克本土武器制造的能力最终帮助萨达姆成了真正的危险。当时，除了五角大楼的少数官员，没有人能看到这一点。

1. 萨米尔·卡利尔著，《恐惧共和国》，第17页，（Samir al-Khalil, *Republic of Fear*, p. 17.）

2. 据前法国反间谍负责人伊夫·博内说，舍韦内芒太太是一位埃及籍的犹太人。伊夫·博内著，《是谁在嘲笑他们?》，第309页。（Yves Bonnet, *De qui se moquent-ils?* Flammarion（Paris：2001），p. 309.）

3. 从1972年到1980年，维布拉肖克公司给弗朗索瓦·密特朗支付了293,000法郎未详细说明的"费用"，从1981年到1989年（佩拉死亡的那年），支付给他的儿子吉尔贝·密特朗579,429.92法郎。参见让·蒙塔尔多著，《密特朗和四十大盗》，第220页—221页。（Jean Montaldo, *Mitterrand et les 40 voleurs...*, Albin Michel（Paris：1994），

pp. 220 – 21.）在采访法国情报官员时他们对我讲述了 20 世纪 80 年代后期因为同伊拉克的飞鱼导弹交易而产生的维布拉肖克公司佣金的情况。

4. 作者采访理查德·墨非，1991 年 3 月 7 日。1983 年 5 月 10，美国国务卿乔治·舒尔茨同塔里克·阿齐兹在巴黎"私人"会见时要求伊拉克提供支持，这件事我在《死亡游说》中描述过。舒尔茨告诉阿齐兹，如果伊拉克想改善同美国的关系，可以从除掉阿布·尼达尔开始。那一年年底之前，巴格达遵照执行了，为在 1984 年初恢复外交关系铺平了道路。

5. 作者采访弗雷德·查尔斯·伊克尔，2003 年 7 月 25 日。虽然有种种意思相反的谣言流传，里根政府从来没有批准美国对萨达姆的武器销售，尽管里根促成了武器生产设备的转让并提供了上亿美元的农业贷款，而伊拉克人用这些贷款在世界范围内购买双用设备。详见第 8 章。

6. 秘密消息提供者。

7. 作者采访亨利·康策，2003 年 8 月 29 日。

8. 雅克·阿塔利，《一字不差》第一卷，第 779 页。（Jacques Attali, *Verbatim I*, Fayard/Livres de Poche (Paris：1993), p. 779.）幻影飞机于 1983 年 10 月 8 日到达巴格达。

9. 作者采访亨利·康策，2003 年 8 月 29 日。

10. （美国）国务院电报 E. O. 12356 号，1983 年 12 月 21 日，通过伦敦美国大使馆发出，唐纳德·拉姆斯菲尔德致国务卿乔治·舒尔茨。(Department of State cable E. O. 12356, dated December 21, 1983, from Donald Rumsfeld to Secretary of State George Shultz via US Embassy/London.) "我要说清楚，我们协助斡旋 1980 年 – 1988 年两伊战争的努力被某些事情约束了，这些事情让我们很难办，比如使用化学武器、海湾地区可能的逐步升级以及人权"，拉姆斯菲尔德在汇报电报中写到。

11. 《化学和生物武器的全球传播》，1989 年 5 月 2 日，第 166 页—167 页。美国参议院政府事务委员会及其永久调查小组委员会的听证会。

(*Global Spread of Chemical and Biological Weapons*, hearings before the Committee on Governmental Affairs and Its Permanent Subcommittee on Investigations, United States Senate, May 2, 1989, pp. 166–67.)

12. 根据一份1982年签订,每年更新一直到1986年的协议,伊拉克卖给法国122,000桶/天,其中80,000桶/天,价值52亿多美元,被用于武器。

13. 作者采访史蒂芬·D·布赖恩,2003年7月10日。

14. 谢松谈妥的撤军协议是在1984年9月17日签署的。参看《亚特兰大宪法报》1984年11月25日,"密特朗和卡扎菲的交易导致骚乱"。(Kenneth R. Timmerman, "Mitterrand's Dealings with Khadafy Create Uproar", *Atlanta Journal-Constitution*, November 25, 1984.)

15. 在1977年11月26日的一起诉讼中,迪马作为首席律师为达基尔·穆夫塔(Dakhil Moufta)上校及在巴黎的利比亚中央军事办事处做代理,对方是武器经纪人乔治·斯塔克曼(Georges Starckmann),事由是被称为"星子"(startrons)的夜视装置。

16. 作者采访亨利·马尔特,1984年12月。

17. 法国航空航天工业协会(GIFAS)在1988年发表了如下数据,说明军事销售占航空出口总数的百分比:1980年:74%;1981年:67%;1982年:60%;1983年:68%;1984年:64%;1985年:63%;1986年:64%;1987年:51%。来源:法国航空航天工业协会,总裁记者招待会,1988年2月24日,巴黎,由本书作者收集。(Groupement des Industries Françaises Aéronautiques et Spatiales, Conférence de Presse du Président, Paris, February 24, 1988)

18. 采访丹尼尔·布罗尼,1989年7月16日及1989年10月23日。

19. 这位给利比亚工作的前鼹鼠摇身一变成了社会党人的议员。我给他的办公室打电话,要求对方评论这件发生在1989年的事件,但从来没有得到回话。

20. 雅克·阿塔利,《一字不差》第二卷,第57页。(Jacques Atta-

li, *Verbatim II*, Fayard/Livres de Poche（Paris：1995），p. 57.）

21. 雅克·阿塔利，《一字不差》。（Jacques Attali, *Verbatim*, Fayard/Livres de Poche（Paris）.）第一卷跨度从 1981 年到 1986 年，在 1993 年出版；第二卷跨度从 1986 年到 1988 年，在 1995 年出版；第三卷跨度从 1988 年到 1991 年，在 1996 年出版；以下简称：《一字不差》第一卷，《一字不差》第二卷，《一字不差》第三卷。（*Verbatim I*, *Verbatim II*, *Verbatim III*.）

22.《一字不差》第二卷，第 26 页。

23. 同上书，第 27 页。

24. 同上书，第 29 页—30 页。

25. 同上书，第 35 页。

26. 同上书，第 25 页。

27. 阿布·伊亚德著，《没有祖国的巴勒斯坦人》，第 163 页。（Abu Iyad, *Palestinien sans Patrie*, Fayolle（Paris：1978），p. 163.）

28.《中东防务新闻》第 15 期，1988 年 5 月 2 日，《伊马德·穆格尼亚：一个真实的故事》。（"Imad Mugniyah: The Real Story", *Middle East Defense News*（*Mednews*）1, no. 15（May 2, 1988）.）要更多地了解穆格尼亚，参看《洞察力》杂志 2001 年 12 月 3 号，"攻击双塔可能的策划人"。（Kenneth R. Timmerman, "Likely Mastermind of Tower Attacks", *Insight* magazine, December 31, 2001.）

29. 阿塔利，《一字不差》第二卷，第 38 页。（Attali, *Verbatim II*, p. 38.）

30. 同上书，第 56 页。

31. 同上书，第 58 页—59 页。

32. 卡斯珀·温伯，《为和平而战》，第 192 页。（Caspar Weinberger, *Fighting for Peace*, Warner Books（New York：1990），p. 192.）

33. 乔治·舒尔茨著，《骚乱与胜利》，第 648 页。（Shultz, *Turmoil and Triumph*, p. 684.）

34. 同上书，第 63 页。

35.《实话实说》，1986 年 4 月 24 日。（April 24, 1986, *Heure de vérité*）；引自阿塔利，《一字不差》第二卷，第 70 页。（Attali, *Verbatim II*, p. 70）

7
技术紧张

　　五十岁的米歇尔·罗普凯恩是位有俄罗斯血统的法国人，是一家大型机床集团企业的销售经理，而这个集团企业是由法国政府大力补贴的。1988年4月18日早上10点半，正当他准备在鲁瓦西－戴高乐机场登上飞往莫斯科的班机时，四个穿便衣的人从他后面追上他。"是罗普凯恩先生吗？"他们当中的一个人悄悄地问。

　　"是我"，他回答说。而在这个令人畏惧的时刻最终来临时，他几乎有种解脱了的感觉。

　　"如果安静地跟我们走就不会有任何问题。"

　　米歇尔·罗普凯恩一个字也没有说，随着那四个人从机场的候机室到了外面一辆没有标记的汽车上。他后来告诉我，他当时根本就没有想到要让他们亮明身份，因为他知道他们一定是反间谍机构法国本土警戒局的人。谁也没有停下来去取罗普凯恩的行李——理由很简单，除了一个手提皮包外，他什么都没有带，即便他计划了三天的旅程。"莫斯科的规矩"，他解释时诡秘地一笑，"但凡你和他们说过话的人，上至总统，下至看门人，都是克格勃。所以你学会了不随身带任何东西，没有纸张，没有文件。只带一个空白记事本就去参加会议。"[1]

　　尽管他的家庭在三代前，也就是在1917年革命的时候，就离开了俄国，我遇见他时，他说的法语仍然带有浓重的俄罗斯口音。罗普凯恩在鲁瓦西－戴高乐机场被捕后48小时内，他消失得无影无踪——这是本土警戒局在盘问可能是"油水充足"的捕获物时使用的标准手法。但是罗普凯恩不为所动。在巴黎内拉东大街本土警戒局总部那间小屋里，在审问的间隔，他会在椅子上酣然入睡。他的行为只能加深对他的怀疑。"他一定是克格勃！"他听到审问他的人相互间耳语，"还有谁能承受这样的磨练？这需要经过训练！"

罗普凯恩被捕后的第二天凌晨，本土警戒局对卡普德纳克一个寂静的村庄发动了破晓袭击，抓获了罗普凯恩的三个同伙。让－保罗·沙穆东是卢尔德法国机械公司的董事长，而卢尔德是当时拥有费雷斯特－里内公司的控股公司。在他家里，本土警戒局发现了一张手写的便笺，清楚地描述了这家公司如何违反巴黎统筹委员会有关高科技的禁令对苏联出售有战略意义的生产设备。这张便笺警告公司官员将来要更小心地掩饰类似的销售，因为法国政府开始对他们的活动感兴趣了。60岁的沙穆东被逮捕，这在法国安全机关引起了巨大震动。沙穆东新近才以法国空军中将的身份退役，他的个人简历很耀眼。在将近20年时间里，沙穆东一直是法国核武器规划的关键人物，曾是国防部长的侍从参谋和法国在太平洋核试验的负责人。他甚至控制着部分核打击力量。[2]同时被逮捕的还有费雷斯特－里内公司董事长路易·塔尔迪（63岁）和一位推销员杰拉尔德·布罗涅。

对这四个人的指控的严重程度在法国最近的历史上是前所未有的。他们被指控为外国势力从事间谍活动，这种指控可以让他们在监狱呆20年，而不是通常对那些违反海关规定的本土技术强盗做出的理论上的三年行政判决，这可不是法国人很轻易就宣判的那种指控。

他们这个案件的根源在于他们最近同苏联对外贸易机构（Stankopromimport）所签订的几份合同。第一份合同签署于1986年6月6日，与两台专门为航空工业设计的高度复杂而完善的机床有关。这些机床交付给了苏联航空部位于杜维阿诺斯克的工厂，苏联人打算在这个工厂使用这些机床来制造第一流的米格－29战斗机，而巴黎统筹委员会严厉禁止向苏联集团出口这种机床。[3]第二份合同与一种新型航空铣床有关。这种铣床能够在一整块材料上加工大型结构件——飞机机翼、水平尾翼和武器吊架。这是为先进的作战飞机制造形状复杂的构件的关键技术,一直是苏联人所缺乏的。第三份合同被及时终止了,否则将给苏联人提供由美国空军开发的最高水平的复合物敷设技术。这些庞大的机床是由一家名为戈兹沃西的美国公司制造的,在80年代中期由费雷斯特－里内公司买下。这笔由费雷斯特－里内公司对苏联销售铺带机的交易被策划成了一份技术转让合同,这使这笔交易更难被发觉。[4]

考虑到沙穆东将军在法国核武器机构的背景,本土警戒局也担心他同克格勃的牵连或许已经超出了商业合同的范围——所以才有从事间谍活动的指控。但是米歇尔·罗普凯恩把这种忧虑称为巧妙安排的阴谋。有一次,我们在一家巴黎咖啡馆见面时,他大声说:"我?克格勃间谍?"他的巴列斯特罗眼镜后面的脸上满是笑容。"是我冒险把苏联持不同政见者的信带回来并在西方的报纸上发表的!我们只不过是一场贸易战的参与者而已。这场贸易战是在从苏联到印尼的全世界范围内发生的,法国的公司要和肆无忌惮的对手竞争,这些对手在需要达成交易的时候会毫不犹豫地寻求他们各自政府的帮助。"罗普凯恩不同意这个说法,就是涉及费雷斯特－里内公司的一系列逮捕同国家安全有关。"法国需要替罪羊来向美国证明他们对技术转让很严格,而我就是这个代人受过者",他说。他和他在费雷斯特－里内公司的上司"只不过是在执行一项现有的同苏联合作的政策"。

在许多方面,罗普凯恩是对的。尽管新闻界大肆炒作,尽管法国当局企图围绕这个案件制造一种间谍氛围,仅仅三个月后,所有四个被扣押者都被悄悄释放了。而在幕后,政治家们在忙着做出各种安排。

⊙

在华盛顿,五角大楼的高级官员们知道,费雷斯特－里内公司职员的被捕是美法战略合作的直接结果。继续同法国进行核合作是正确的,而对转让技术的人采取严厉措施有助于证明这一点。到了20世纪80年代中、晚期,这种合作的焦点是用新一代导弹来提升法国的核潜艇队伍。这属于美国国防部副部长弗雷德·伊克尔提到的互惠行为。在这个案件及其他类似案件上给法国人提醒的出头人①是他的助理史蒂芬·布赖恩博士。

1987年4月,在布赖恩第一次对法国人提起费雷斯特-里内公司案件时,美国国会的部分议员正在国会大厦的台阶上用大锤砸碎东芝公司生产的无线电设备,因为五角大楼刚透露了一条消息:配备着计算机化数字控制器的东芝机床正被苏联人用来为他们的弹道导弹核潜艇制造先进的新型推进器,而这种控制器是由挪威的康斯伯格公司生产的。巴黎统筹委员会和技术转让可是主要话题。就连法国媒体都在关注。在布赖恩谨慎地对法国官员介绍了费雷斯特-里内公司的情况后,法国外交部采取了前所未有的主动,在其他巴黎统筹委员会的委员们面前为费雷斯特-里内公司在20世纪70年代末的这笔销售道歉,说法国"和她之前的其他人一样"是[国际关系]缓和的受害者。"这就是为什么有一些合同避开了我们的警戒,而且这些合同的严重性还有待于证明",法国人如是说。⁵

1987年10月,法国巴黎统筹委员会的代表告诉布赖恩,他们正在起草新法规来封堵在出口管制法律上的漏洞,这样他们就可以追逐费雷斯特-里内公司及其他技术强盗,但是他们需要时间。他们说:耐心些,你们会有令人愉快的惊喜。

1988年1月26日,布赖恩返回法国,在凡尔赛参加一次巴黎统筹委员会的高级会议。这次的美国代表团是阵容最强大的。除布赖恩之外,还包括助理国务卿约翰·怀特海德、E. 艾伦·文特大使以及负责出口管制局的贸易部副部长保罗·弗里登博格。在第二天的新闻发布会上,美国人透露说,这次为期两天的会议是在东芝-康斯伯格转移案之后"在美国的迫切要求下"召开的,是一次"关于巴黎统筹委员会的巴黎统筹委员会会议"。美国的目标是得到所有巴黎统筹委员会成员的承

---

① 原文为 point man,指在政治等问题上处于第一线的人。——译者注

诺，加强他们各自国家的出口管制，为"1992年起在欧洲无许可证的环境"作好准备。要实现这个目标，美国代表团声称，有必要"协调巴黎统筹委员会国家内部的控制……只有这样，这个链条上的最薄弱环节才不会变成走私者的天堂"。

与此同时，布赖恩从他的法国朋友那里获悉，那些赞成出口的内阁部门正在猛烈反对更严格的出口管制法律。所以，在新闻发布会上专门提到东芝案件后，他发出了含蓄的警告："只有"在加强出口管制方面"加大合作力度才可以阻止美国国会的单方面行动。我们想让国会相信巴黎统筹委员确实在运转。"仅仅六个星期之后，在1988年3月5日，新的法国海关法规在政府公报上刊登。如果对于违反巴黎统筹委员会规定的处罚并没有布赖恩在法国的联系人希望的那么严厉（对每一次违章判刑最多三年），那么法国的海关会被赋予新的权力。这被看作是法国认真对待此事的一个标志。

1988年年初，布赖恩在华盛顿、东京和奥斯陆之间往返穿梭，试图说服同盟国政府加强他们的出口管制程序和法律。日本人意愿的转变给他留下了尤为深刻的印象。"他们雇用了一百多位注册登记和案件复审官"，他当时告诉我，"而且还加强了警方的工作。现在他们在同时调查20个案子。"但是，当他4月13日同艾伦·文特返回巴黎时，他很沮丧地得知，费雷斯特－里内公司对苏联的出口还依然在继续。他把费雷斯特－里内公司违规的详细情况转交给法国人也将近一年了，而迄今为止，还没有对这家公司采取任何行动。在同法国的巴黎统筹委员会代表会谈时，他说如果在五月举行的法国总统大选前法国的媒体了解到这件事的来龙去脉，这将会是很遗憾的事情。雅克·希拉克正把他的总理职位当成一个平台来挑战密特朗的再选努力。根据"同居"的规则，内部安全和反间谍是希拉克政府的责任，而不是密特朗的责任。许多人担心，因为沙穆东将军卷入其中可能会使法国的战略核力量处于危险之中，而如果对于这样一个案件不采取任何行动，肯定不会对希拉克的选举雄心有帮助。

7 技术紧张

在表达了他含蓄的威胁后，布赖恩同一位在巴黎的老朋友一起吃饭。这位朋友这些年来一直官运亨通，已经是希拉克的国防部长安德烈·吉劳的高级顾问了。吃完餐后甜点，他告诉他的朋友，东芝公司不是唯一一家帮助苏联人制造更安静的核潜艇的公司。多亏了他们的新式推进器，苏联核潜艇的噪音现在很小了，它们成功地潜入了切萨皮克湾①而没有被探测到。这些推进器最初就是用费雷斯特－里内公司的机床生产的。在法国媒体刊登的那些罕有的提到费雷斯特－里内公司的报道里，这家法国公司被描述成只在东芝－康斯伯格丑闻中跑了跑龙套。布赖恩说，事实上，费雷斯特－里内公司是苏联军队的主要供应商，而且新近刚签署了新的大宗合同。布赖恩的法国朋友勃然大怒。"你是说我们在这件事上无所作为？"

"什么事都没做。"

当时，布赖恩很谨慎，没有向我透露他的法国朋友的身份。但是我已经和法国国防部打了多年交道，能相当可靠地预感到这个人是谁。我给这个人的秘书打电话，安排在那个星期晚些时候见面（自从我第一次遇见他后，他已经升到了将军的军阶）。

"这么说你是促使本土警戒局采取行动的那个人了？"见面后我问他。

他只是微笑，吸着他的高卢瓦烟。"我推测，我一向被认为是个时不时告密的人"，他说，"你知道，这次我们有了结果。"

这位将军同布赖恩在巴黎吃饭 48 小时后，本土警戒局突然袭击了罗普凯恩、沙穆东将军、塔尔迪和布罗涅。他们很及时地采取了行动。合成材料带敷设机的关键部分已经装入板条箱，正在费雷斯特－里内公司工厂外的装车站台上等候发往苏联呢。

但是，最初对费雷斯特－里内公司的制裁是个例外，而不是规则。

---

① Chesapeake Bay，位于美国东海岸，大西洋由南向北深入内陆最深的海湾。——译者注

其他的技术强盗并没有被追捕,尽管有明确的文件线索证明他们代表苏联购买战略设备。艾梅·里夏特的情况就是这样。里夏特最初借助国有的法国兴业银行的支持在法国建立了一个由不知名的公司构成的网络来获得美国制造的设备然后再转售。在一个值得关注的案件中,里夏特在给苏联人船运一条完整的磁泡存储器生产线时被抓获。这件事后来成了法国新闻周刊《快报》的封面报道。当时,这类没有民用用途的电脑芯片是苏联人高价寻求的,就是为了用于弹道导弹制导,也为了用于连接克里姆林宫和核战争战斗指挥所的战略通信装备,因为这是唯一一种能够在核爆炸产生的大规模电磁脉冲中工作的微处理器。虽然里夏特在技术进出口公司(V/O Technopromimport)的定单上的零零碎碎的东西在洛杉矶和卢森堡被查获,里夏特从来没有在法国被成功起诉,尽管美国给法国政府施加了很大的压力。

里夏特转而向位高权重的政治人物寻求帮助。有意思的是,法国的右派做出的响应最有利于他。罗兰·南热塞是保卫共和联盟的国会议员,也是希拉克的心腹朋友,他亲自给里夏特授勋以表彰他为法国的出口所做的贡献。[6]另一位保卫共和联盟的议员罗伯特-安德烈·维维安在1986年呈递给法国最高法院的一封呼吁书中支持里夏特的事业,要求发放被行政机关阻拦的出口许可证。希拉克在1988年5月的选举中失败后,一个新的社会党人政府开始执政,社会党人财政部长皮埃尔·贝雷戈瓦的一位助手试图强迫里夏特在法国外交部的"死敌"提前退休。他是一位前海外安全局军官,后来成了法国的巴黎统筹委员会代表。在遭到财政部的攻击几个月后,这位官员被强迫从巴黎去国外任职。[7]

虽然许多法国官员明白对苏联出售军民两用技术或军用技术会给法国的安全带来威胁,但法国政府制裁同苏联的战略贸易并不是因为他们认为这件事是坏事。正如费雷斯特-里内公司和里夏特案件所揭示的,他们之所以采取严厉措施是因为美国威胁要揭发他们的背叛,而在美国的压力不是那么大的时候,他们就不再干预。迫使法国人进行合作的不是共享的意识形态或目标,而是对政治压力的巧妙应用。

贝尔纳·雷塔将军当时在国防部负责出口管制和武器销售。他对那些施加这种压力的美国官员表示敬意。他告诉我:"多少年来,我们都在低估自己的技术而过高估计了苏联人的技术。其结果是,我们没有采取足够的措施来保护我们的技术。"理查德·珀尔和史蒂夫·布赖恩是"先知。我们需要他们。在唤起注意、请求开会和制止争吵这些事上他们起了重要的作用。时机已经成熟了。我们还没有考量这个灾难的程度,以及做什么、如何做。长期以来,动员盟友就是美国的责任,而他们做到了。"[8]

法国当局从来没有认真追查里夏特或其他像他一样把战略技术出售给苏联集团的人,还有另一个理由。从 1970 年开始,密特朗自己的哥哥罗贝尔一直在同苏联集团做生意,他是达努倍克斯公司(Danubex S. A.)的董事长和首席执行官。这是一家由保加利亚政府拥有和控制的进出口公司,基地在巴黎。一位调查过这家公司在 20 世纪 80 年代中期活动的法国情报分析员说:"达努倍克斯公司的保加利亚雇员都是情报机构的特务。"过于仔细地调查总统家人的生意并不是一个促进职业发展的举动。调查里夏特有点像在踢一个蜂窝却不知道有多少蜜蜂在里面。一直有人怀疑里夏特的活动是得到暗中批准的,我是从几位调查里夏特案件的法国政府官员那里听到这个说法的。

每当有人对密特朗提出质疑,询问他在冷战期间同美国合作的动机,或拒绝美国越界飞行袭击利比亚的动机,他都喜欢强调他"在捍卫法国的利益"。他支持部署美国巡航导弹和潘兴 II 式导弹,因为他担心来自苏联的袭击以及和平主义在他的家门口崛起,这都很正当。同样,他几乎是单枪匹马就削弱了法国共产党,使它逐渐失去了合法性,直到它从 1981 年在选举中获得 15% 的选票剧降到 1988 年的 6%。

但是,他真像他的辩护者所宣称的那样是一位反共产主义者吗?多半情况下,冷战期间他和美国并肩作战时,他也在捍卫社会党的利益和他自己的政治生涯。例如,一旦涉及朝鲜的极端斯大林主义政权时,他就不再声称冷战时为对抗苏联而团结起来了。

弗朗索瓦·德·格罗素弗是密特朗 30 年的亲密同伴和顾问，他在 1981 年 2 月陪同这位未来的总统和他的家人前往朝鲜和中国。1981 年 2 月 15 日，密特朗在平壤见到了朝鲜领导人金日成，据格罗素弗说，密特朗发现金日成是个"有正确的判断力，很现实"的人。密特朗在 5 月 10 日当选后，朝鲜人要求这位新总统对他们的国家做出一点姿态。格罗素弗告诉新闻记者让·蒙塔尔多，朝鲜人前来拜访他，建议"由一家法国公司修建一个豪华饭店来做为我们两国间友谊的象征"。到 1983 年年初，法国建筑与建造总公司被选定来修建造价 11 亿法郎的羊角岛度假胜地。

但是朝鲜人有种种问题，他们也有种种要求。他们告诉建筑与建造总公司说他们缺乏资金，所以这家公司的董事长就求助于密特朗的亲信罗杰-帕特里斯·佩拉，请他帮忙从法国政府贷款 4 亿 5 千万法郎。为了使自己的服务物有所值，佩拉要求 2,500 万法郎的佣金，建筑与建造总公司为佩拉在巴黎南部的城堡施工，以这种方式支付了这笔款项。佩拉在他的城堡中举办小范围打猎聚会，来的次数最多的客人就是弗朗索瓦·密特朗，他乘坐总统的直升飞机从巴黎过来，就降落在佩拉专门为他修的停机坪上。[9]

为了这个朝鲜的豪华饭店而给佩拉支付回扣，这只是成百上千类似的交易中的一个例子。在这些交易中，国家的政策是由行贿的数量决定的。许多蒙塔尔多仔细记载的案件在 1992 年—1993 年期间受到了勒芒市法官蒂埃里·让-皮埃尔的调查。蒂埃里法官发现佣金、回扣和贿赂固定地流入社会党的金库。然而，过了不久，司法部突然把他调离这个案子。但是这种情况糟透了，来自反对党的代理人弗朗索瓦·奥贝尔指责密特朗把法国变成一个"香蕉共和国"①，并发起了针对国有的里昂信用银行的议会调查。他宣称里昂信用银行被用来给密特朗的社会党提供秘密财务服务。[10]

---

① 指只靠出口香蕉等单一经济作物且受外资控制的拉丁美洲小国。——译者注

贪污腐化绝不仅仅局限于密特朗或他的社会党，这点我们会看到。高层的贪污腐化是法国政治中的公开秘密，这使得法国人一提到政治和他们的政治领袖的动机时就愤世嫉俗。因为他们的领导人贪污腐败，并且往往逍遥法外，他们怀疑其他国家，包括美国，都是这样治理的。

在雅克·希拉克第二次担任总理的两年间，也就是从1986年到1988年，希拉克和他的政府对在战略问题上同美国合作表现得很热心。希拉克刚掌了权就告知密特朗总统，他想让法国参与里根总统的战略防御计划（SDI），这是对美国邀请的回应。实际上，打开法国产业参与战略防御计划的大门是他的竞选纲领的一部分，将在经济上和科学上给双方带来好处。但是密特朗拒绝了，借口是导弹防御会削弱法国的核威慑力量。作为替代，他同德国总理赫尔穆特·科尔携手制定了欧洲版本的战略防御计划，被称为"尤里卡计划"。尽管做了大张旗鼓的宣传报道，尤里卡计划什么结果也没得到，既没有军事上的应用也没有很明确的民用效益，成了一个政府赞助的研究计划布满灰尘的垃圾场。

希拉克也提出了让法国再次加入北大西洋公约组织联合指挥体系的话题。密特朗再一次拒绝了。因此，希拉克改变了方针，开始鼓动建立一个法德共同旅，密特朗起初支持这个计划，直到他开始意识到这个旅要驻扎在北约在德国的第一线，这实际上构成了一支驻在盟国的象征性部队，在受到袭击的情况下可能使法国卷入核反击。"如果没有核保护伞，我们会把它派遣过去么？"在密特朗和法德工作小组对这个计划长时间讨论后，阿塔利还是不清楚。[11]

希拉克在这个时候寻求加强同美国的军事关系和战略合作，其动机不是要再次确立法国在西方联盟中的成员地位，而是要向法国公众表明，他有别于密特朗，也独立于密特朗。如果密特朗喜欢扩大法国的核武库，希拉克则会支持单方面的裁军。同样，如果法国总统是亲阿拉伯而反以色列的，希拉克就会改变广为人知的对中东的偏爱，变得亲以色列而反阿拉伯。

1987年8月，希拉克的国防部长安德烈·吉劳秘密地请求美国帮助解决乍得问题,很显然他既没有向密特朗报告也没有向希拉克报告。卡扎菲上校再次发动攻势,轰炸在法亚拉诺和沿边境的奥祖地带的法国和乍得阵地。"我们秘密地同吉劳合作,提供情报协助和运输",弗雷德·查尔斯·伊克尔回忆说,"我们成功地使卡扎菲陷入困境,这是卡扎菲扩张的转折点,这也是我们同法国合作的顶点。"[12]

乍得炮手在乍得北部击落了两架利比亚的米格-23战斗轰炸机,用的就是美国一揽子援助计划提供的红眼导弹。吉劳被利比亚在乍得北部的轰炸攻势激怒了,想下令让法国空军的幻影F1拦截并击落利比亚飞机。[13]但是希拉克"对这类干涉很有敌意,因为他认为我们决不能直接对抗利比亚人",编年史家雅克·阿塔利宣称。相反,希拉克建议法国重新部署它在乍得北部的军事力量以使他们免受伤害。

到了8月底,利比亚空军摧毁了乍得在富有铀和石油的奥祖地带的阵地,并且实现了军事占领,乍得的战斗激化了。在美国暗中支持下,乍得总统希塞内·哈布雷开始了机动策略,这让人想起阿富汗的穆斯林游击队员在苏联的南方共和国进行的侵袭。他命令军队骑着骆驼进入利比亚南方的戈壁中,在那里用法国提供的米兰反坦克导弹袭击了利比亚在马滕—埃斯—萨拉的空军基地,使它暂时"丧失了能力"。这是一次漂亮的战术打击,制止了卡扎菲对黑非洲的扩张。希拉克听到这次袭击的消息后,挖苦地评论说:"美国人在催着希塞内·哈布雷做傻事。"两天后,他给密特朗打电话,要求他派遣高级军事助手弗勒里将军前往乍得首都警告哈布雷,如果他再玩这样的花活,法国将中止援助。[14]

法国403高射炮兵团的炮手在乍得首都恩贾梅纳上空击落了一架中途返航的利比亚轰炸机后,法国挑剔美国援助哈布雷的声音显著地减弱了。法国国防部的消息提供者告诉我,在飞机坠毁前的无线电侦听证实这架利比亚飞机上有两个俄国人,而这架飞机是用美制霍克式防空导弹击落的。1987年9月16日,苏联塔斯通讯社报道说,两位苏联顾问"在执行维护军事装备的官方任务"时在利比亚南方失踪,目前正在同法国政府采取措施寻找他们。突然间,里根总统所说的卡扎菲是苏联在非洲北部侵略行为的前哨这句话变得非常清楚了。[15]在法国国防部,哈布雷很快就变成了一个英雄——不仅仅是由于他大胆的沙漠战战术,还因为他把缴获的SA—13防空导弹(这是苏联出口的最先进的型号)送到美国和法国供专家们研究,这是一次情报工作的意外收获。[16]

具有讽刺意味的是,至今仍然属于机密的美法核合作的最高峰出现在1987年12月之后——12月8日,美国和苏联签署了《中程导弹条约》,要从欧洲撤销所有中程核弹头导弹。

这个《中程导弹条约》使法国感到了更大的威胁,对于这一点,密特朗和希拉克两人都同意。这个问题的症结是:如果在欧洲不存在美国的核弹头导弹,法国担心在苏联对西德发动常规袭击时美国不会做出反应,而没有美国的反应,欧洲只好投降。

被称为法国核力量之父的皮埃尔—玛丽·加卢瓦将军诠释了密特朗和希拉克共有的那个逻辑:"苏联对欧洲的侵略一开始,你立即就会看到有50万示威者包围波恩的总理官署、巴黎的爱丽舍宫以及罗马和伦敦的政府机关,要求马上谈判。"在《中程导弹条约》签署仅仅数月后,他如是说,"纵使我们的军事费用从现在的数字上翻番,面对200个苏联师,我们仍然算不了什么。这不仅对法国是这么回事,对整个欧洲也是。"加卢瓦认为,常规的防御超出了欧洲国家的能力,不管是单个国家还是集体。"如果我们依着里根的要求消除了核武器,我们就在帮助苏联成为世界上最强大的军事强国。这就是法国为什么不能在裁军的道路上追随里根。没有了核武器,我们是软弱的。"[17]

亨利·康策几乎是带着怀旧之情回忆起美法联盟的最后一幕。在当时,这是一个严格保守的秘密。它事关第一次也是最后一次讨论共同发展新一代核武器的三方会议。合作伙伴是法国、英国和美国。

那次会议是在1988年3月16日召开的,地点在法国中部城市布尔热。康策以法国负责政策的国防部副部长的身份亲自发出邀请。"我们的想法就是展示联盟的信心",他说,"美国想用射程较长的导弹替换它的试验用的空中发射巡航导弹。而我们呢,正在打算开发我们自己的巡航导弹。"至于英国人嘛,"他们想得到任何能得到的东西。你要记住,在那个时候,他们能给空军的还只能是自由下落炸弹"。法国刚研制成一种新式特超声速喷气式发动机,被命名为冲压式喷气发动机,这比当时美国正在研制中的巡航导弹发动机要先进很多。康策自豪地说:"从来不是一个大伙伴加两个小伙伴,而是两个大伙伴加一个小伙伴。"这个小伙伴就是英国。

1988年11月18日下午1点,美国大使乔·罗杰斯在他位于法布·圣·奥诺雷大街42号的官邸接待了一位重要客人。这件事的官方说法是"告别午餐会",因为罗杰斯在巴黎任职三年已满将要返回美国,而这三年也正是同法国战略合作的最高峰。他的客人是米歇尔·罗卡尔,是希拉克在5月的总统大选中失败后接手执政的社会党总理。

但是,这次讨论会决不是例行的那种;时不时地,讨论甚至不那么彬彬有礼了。罗卡尔被一群专事技术转让和出口许可的专家们包围着。他们来这里是要讨论巴黎统筹委员会的事,而这个话题是很有技术头脑的罗卡尔很精通的。他的一位顾问在描述这次会议时告诉我,巴黎统筹委员会是"这位总理关心的几个首要利益的重点,防务、国际事务和大宗出口合同"。而这也是一个让他恼火的话题。

罗杰斯已经接到五角大楼的要求,要他采取手段抗议费雷斯特-里内公司正在向苏联交货。这位美国大使称这样的发货"过分违反了"巴黎统筹委员会的规则,他说美国认为费雷斯特-里内公司这么干是得到了法国政府的批准的。他说其他法国公司也在从事着类似的违规出口。

据参加这次午餐会的法国人和美国人说,罗卡尔发脾气了。在上餐后甜点前,他冷冰冰地宣布:"你们的插手干预是难以让人接受的。"(他没有动那块甜点)。罗卡尔申辩说美国在侵犯法国的主权,"这要由我们而不是其他什么人来决定这类合同是否符合法国的最大利益"。讨论变成了呼喊比赛。罗卡尔和他的顾问拒不让步,而罗杰斯和他的专家们则继续展示法国违反巴黎统筹委员会规定的事实真相,并含蓄地威胁说如果法国人不马上按规则玩游戏就揭发他们。

一周后,在 11 月 24 日到 25 日,法国总统弗朗索瓦·密特朗对苏联进行了为期两天的访问。前里根政府的官员承认,就是这次旅行之后,法国人对美国的态度发生了显著的变化。"戈尔巴乔夫一见到密特朗就要求帮助。俄罗斯是拥有导弹的塞拉利昂。它没有民用工业,因为他们无法从西方得到技术",史蒂夫·布赖恩说。"戈尔巴乔夫要求密特朗帮助他摆脱巴黎统筹委员会。那正是戈尔巴乔夫的主要目标。"[18]

密特朗全力以赴地讨好苏联领导人,除了保证直接提供最好的法国高科技之外,还承诺了巨额贷款。为了证明他很认真,他那架协和式总统专机还带去了政府部长、重量级政治人物以及法国一流的实业家和银行家。[19]他邀请的几个公司后来都同腐败丑闻有牵连,包括给密特朗的社会党提供回扣。国家政策将再一次发生改变,而这一切都是因为钱。

爱丽舍宫宣布密特朗的俄罗斯之旅"不仅仅是一次国事访问。这是一次工作访问,为今后的岁月里进行的技术和经济交流制订了实用的日程表"。但是私下里,法国的安全机关非常惊骇。一位官员告诉我,"密特朗给苏联提供了一切,而这都是过去十年里他们一直在努力窃取的,一切都毫不费力,而且是免费的"。

这两位领导人讨论的许多工程项目在 1989 年 7 月 4 日至 6 日戈尔巴乔夫回访法国时最后确定下来了。一笔 120 亿法郎(21 亿美元)的信用额度在里昂信用银行开了户,无数的工业项目得以签署,再次由法国的纳税人负担了经费。最有趣也是最少宣传的一项是一份同法国国家空间研究中心(Centre National d'Etudes Spatiale,CNES)签订的重要空间协议。这份协议向苏联科学家打开了法国的高级空间研究实验室之门,换回的是法国宇航员在苏联宇宙飞船上的定期飞行。苏联外交官称之为"法苏空间合作的正常化"。我的一位在法国本土警戒局的朋友一直在跟踪苏联针对高科技的间谍活动,他说这是"克格勃 T 局不流血的胜利"。

苏联的《基本军事术语词典》说"掌握空间是在战争中取得胜利的重要先决条件"。[20]不是密特朗被戈尔巴乔夫欺骗了,也不是他天真。事实上,他自己的情报机关已经针对苏联的意图清楚地警告过他。法国情报机关对俄罗斯国家空间机构（Glavkosmos）发出了不信任通告，而这个机构是戈尔巴乔夫建立的所谓的民用销售商，来处理部分法苏空间交流事务。法国国外安全总局的报告指出，俄罗斯国家空间机构"事实上是通用机器制造部的主要管理局之一，而通用机器制造部是由军事工业委员会经营的苏联军事工业综合体九个部当中的一个"。[21] 通用机器制造部负责苏联全部的空间研究计划，包括战略弹道导弹、反卫星武器和空间飞船。法国国外安全总局的报告警告说，"俄罗斯国家空间机构只不过是军事工业委员会的掩护，在苏联军备组织的负责人到西方旅行时普遍用这个名字来保护自己"。

　　冷战远远没有结束，然而密特朗似乎已经换了边了。

1. 作者采访米歇尔·罗普凯恩，1989年4月和5月。

2. 关于完整的传记，参看《世界报》1988年4月23日。（*Le Monde*, April 23, 1988.）

3. 《世界报》1988年8月27日，"法国铣床被用于制造米格飞机"，（"Des fraiseuses françaises auraient servi à la fabrication de MiG", *Le Monde*, August 27, 1988）以及作者的各种消息来源。1989年4月，一位法国外交部的消息提供者告诉我，苏联人打算把这些机床退回去，因为法国政府随后对安装、维修和提供备件发出了禁令，使这些机床"无法使用"。

4. 罗普凯恩对他同苏联人在1987年6月签署的技术转让合同嗤之以鼻。"只有俄国人才会买这样的机床"，他说，"如果一个头坏了，其他九个也不能用了。"

5. 作者采访法国外交部官员，1987年10月。

6. 1986年10月6日，南热塞以法国—苏联商会会长身份颁发了这个奖项。

7. 作者采访外交部官员，1989年。

8. 作者采访贝尔纳·雷塔将军（法国武器装备总署对外军事销售局局长），1988年6月6月。

9. 蒙塔尔多著，《密特朗和四十大盗》，第180页—198页。(Montaldo, *Mitterrand et les 40 voleurs...*, pp. 180 - 198.)

10. 作者采访弗朗索瓦·奥贝尔，1991年11月28日。

11. 雅克·阿塔利，《一字不差》第二卷，第487页。(Jacques Attali, *Verbatim II*, p. 487.)

12. 作者采访弗雷德·查尔斯·伊克尔，2003年7月25日。

13. 雅克·阿塔利，《一字不差》第二卷，第462页。(Jacques Attali, *Verbatim II*, p. 462.)

14. 前引书，第470页。希拉克给密特朗打电话是在1987年9月5日。

15. 《中东防务新闻》第1期，1987年9月28日，《俄国飞行员和领航员在乍得上空被法国击落》。("Russian Pilot and Navigator Shot Down by French over Chad", *Middle East Defense News (Mednews)* 1, no. 1 (September 28, 1987).)

16. 那年秋天，哈布雷的军队从利比亚人手中缴获了大量的军火。除了SA-13导弹和发射架之外，他们侵吞了125台T-55/T-62坦克，10辆勒尔/奥什科什坦克运输车，39个BM-21卡秋莎火箭筒以及12套完整的SA-6防空导弹组。来源：《中东防务新闻》第5期，1987年11月30日，《乍得预期新的利比亚攻击》。("Chad Expects New Libyan Attack", *Middle East Defense News (Mednews)* 1, no. 5 (November 30, 1987).)

17. 作者采访皮埃尔-玛丽·加卢瓦将军，1988年3月。

18. 作者采访史蒂芬·布赖恩，2003年7月10日。在密特朗访问苏联时，布赖恩实际上也对我说了同样的话。

19. 陪同密特朗的是外交部长罗朗·迪马，财政部长皮埃尔·贝雷戈瓦，工业部长罗格·福鲁，农业部长亨利·纳莱，邮电、通信和空间部长保罗·基莱,对外贸易部长让－玛丽·劳施,以及若干名总统顾问。陪同他的还有长期的密友埃德加·皮萨尼,法国－苏联商会主席罗朗·南热塞,前共产党卫生部长雅克·拉力特,阿里安空间公司总裁、法国国家空间研究中心某局局长弗里德里克·阿莱,经济类日报《回声报》的发行人尼古拉·贝布,建筑业和电视巨头弗朗西斯·布伊格,时装设计师皮尔·卡丹,英特拉格拉公司的总裁米歇尔·杜芒,他是"红色男爵"让－巴蒂斯特·杜芒的儿子,而这位已故的男爵是法国的阿曼德·哈默。还有铝业巨头佩希内公司总裁让·冈杜瓦,里昂信用银行总裁让－伊夫·阿布海尔,法国核能垄断集团法马通公司的董事让－克洛德·勒尼,法国国家空间研究中心总裁让－路易·里昂,埃尔夫·阿基坦公司总裁米歇尔·佩凯。

20. 引自《苏联的太空挑战》,1987年11月,美国国防部,华盛顿特区。(*The Soviet Space Challenge*, Department of Defense, Washington, D.C., November 1987.)

21. 法国政府人士给作者提供的文件,1988年。

8
第一次海湾战争

萨达姆·侯赛因最好的法国朋友雅克·希拉克在1988年5月的总统选举中失利。伊拉克游说集团因而失去了它最有力的支持者之一，但是这个集团实际上又换了一个新的支持者。让-皮埃尔·舍韦内芒是法国社会党的害群之马。他是个我行我素的人，领导着左翼的色列斯（CE-RES）派别，这个派别结合了空谈理论的社会主义经济学和不妥协的戴高乐民族主义，还要加上反美国主义。1983年，因为同密特朗的政治分歧，舍韦内芒辞去了教育部长一职，但是，他在党内仍然很有影响。所以，当密特朗这位诡计多端的法国总统在当选后重组政府时，他宁愿让舍韦内芒在他身边这样他可以盯着他，也不愿意他置身政府之外搬弄是非。1988年6月，他任命舍韦内芒做国防部长，这是一个让密特朗后悔的决定。

舍韦内芒是那位巴格达屠夫①的老朋友。在1985年，他伙同一位极右的国民阵线党的辩护者成立了法国伊拉克友好学会。作为国防部长，舍韦内芒极力说服满心不情愿的财政部长皮埃尔·贝雷戈瓦批准由政府为希拉克签署的郁金香和橘红宝石直升飞机合同提供资金——而这才是个开头。他想让法国同萨达姆签订更多的新式武器的合同。

在舍韦内芒接手国防部时，萨达姆快要取得八年两伊战争的胜利

---

① 此处指萨达姆·侯赛因。——译者注

了。在4月，他最得力的将军马埃尔·拉什迪通过大规模使用化学武器，再配合着出色的装甲进攻，在法奥半岛打垮了伊朗人。到了7月，霍梅尼宣布接受停火，虽然他说这就像喝下"一杯毒药"一样痛苦。在8月，萨达姆回过头来对付他自己的库尔德人，用致命的化学混合剂毁灭了哈拉比亚镇，杀戮了三千多平民。据一份递交给联合国的报告说，萨达姆使用了法国幻影F1飞机来施放化学武器，飞机上配备有经过改装的农用喷雾器。尽管媒体对这次大屠杀做了图解式的报道，尽管有美国参议院外交关系委员会的工作人员提交的现场报告，美国还是决定扩大同萨达姆的贸易，这是由一个越来越有影响力的亲伊拉克商业游说团体努力争取到的结果。法国也是这么做的。

到1989年初，伊拉克的采油量上升了，法国和俄罗斯的石油公司找到了新储量，萨达姆正在寻求同他最好的供应商签署大规模的、新的武器合同。在3月份，阿米尔·拉什迪·乌巴亚迪中将由他在工业和军事工业化部的副职阿米尔·哈穆迪·萨阿迪中将陪同来到法国。我第一次遇见乌巴亚迪是在1986年的巴格达。伊拉克大使馆在五星级的克里永饭店为这两位阿米尔预定了一整层楼。克里永以前是个宫殿，在位于协和广场的美国大使馆的街对过。这两位伊拉克人同他们的中间人法德尔·贾瓦德·卡杜姆一道依次拜访了在法国有实力、有影响的每个人：财政部、商会和法国雇主联盟"法国雇主全国理事会"（CNPF）。他们拜访过的一位防务承包商告诉我，这次壮观的旅行是要向法国人"发出一条明确的消息"，就是伊拉克人感谢他们在战争期间所做的一切，而且也明白这是多么不容易。"他们在说，'再相信我们一次吧'。"[1]

1989年3月21日，伊拉克人参加了最后也是最主要的一次会议，地点就在达索公司位于沃克莱松时髦市郊的那个奢侈的幻影2000农舍式小屋。这次会议的记录以及后来对大多数与会者的采访详细说明了伊拉克人的用意。双方签署的协议书要求在未来十年里在伊拉克共同建立一个完整的航空工业体系。这对法国人是一笔巨大的交易，价值65亿美元的预付。他们称之为法奥项目，是以伊拉克在法奥的胜利命名的。

次月,达索公司的总代表雨果·埃图瓦勒在巴格达告诉我,伊拉克人必须通过重建他们已经拥有的东西来开始学徒生涯。"你掌握了之后就可以制造了,"他说。

根据法奥计划,从1991年开始,伊拉克人首先要在新的设施中进行他们全部133架幻影Fl飞机的中期大修。这些新设施包括为完成发动机和飞机机身整修这个高度复杂的任务而专门装备的车间。下一步,法国人将帮助他们建立一个单独的飞机制造厂,名为萨阿德25,来组装134架阿尔法喷气教练机。一旦这个教练机项目结束并开始运转,达索公司将帮助他们开始在当地组装54架幻影2000—S"攻击"机。这种法国最新式战斗机的新版本将作为低级突防轰炸机安装配置,所配备的尖端地形跟踪雷达能让这些飞机渗透敌人的防空体系。这是法国卖给以色列的飞机的变体,不过是经过了重新包装。

法德尔·卡杜姆试图让达索公司、汤姆逊半导体公司和马特拉公司使用他在亚特兰大谈妥的国民劳动银行(BNL)的信用额度,但是法国人坚决要求在9到14年内用现金、石油和石化产品支付。这是一个代价极高的错误。

在伊拉克,萨达姆·侯赛因的生日是一个全国性的节日。学生们得到鼓励来歌颂他们的总统。饭店要烘烤蛋糕。所有的汽车都要用鲜花装饰起来。巴格达像过节一样张灯结彩。但是,1989年4月28日,萨达姆52岁的生日和其他生日不一样。今年,萨达姆决定给他的臣民、他的武器供应国、他的银行家们和他的技术经纪人一个额外的惊喜。他把这个惊喜叫做首届"巴格达军工生产国际展览会"。它的标识是一个化型为鸽子的伊拉克旗帜。它的口号是"旨在和平和繁荣的防务装备"。这个笑话可不是萨达姆的主意。

来自28个国家的148家公司支付了高昂的价格租用展台来展示自己的产品。在参观我熟识多年的法国防务承包商的展品时,他们指出了来自意大利、西班牙和英国的竞争对手。他们当中的一个人开玩笑说:"这伙儿人都来这里了。"大家都在等待萨达姆权力很大的女婿侯赛因·

卡米尔·马吉德的来访。他是工业和军事工业化部的部长。他来了，穿着复兴党绿色的卡其布制服，两个阿米尔一边一个。大家争着吸引注意力，完成事先已预演过的操演，解释为什么他们的破坏手段可以击败他们的竞争对手。

除了武器销售人员外，许多机床公司也付钱来推介他们的产品——这在武器展览会上是异乎寻常的事儿。保加利亚人、波兰人和罗马尼亚人大批地出现在展会上，展示生产于60年代由日本发那科公司生产的操纵器操控的机床。德国人和奥地利人也来了，推荐最高水平的爆炸物工厂。

杰拉德·布尔①也在场，给每个有兴趣的人展示他的很快就声名狼藉的超级火炮的1∶35缩尺模型。很少有人留意他或者他的发明，因为他的发明是一种能够发射火箭推动炸弹（核的或者非核的）打击一千英里之外的目标的巨炮，这样的概念对那些精明而讲究实际的巴格达军火商来说简直就是睁着眼睛说瞎话。这里还公开展出了两种引人注目的新式伊拉克武器：麦吉努恩和阿尔—法奥自行榴弹炮，而布尔正是这些武器自豪的创造者。这些战场上的怪物式卡车结合了法国的火炮、西班牙的炮底架和瑞典的操作室。[2]

但是抢了展览会风头的还是玛特里科斯·邱吉尔公司，而它的伊拉克所有者临时把它再命名为"纳赛尔"。事实上，伊拉克人只是给玛特里科斯·邱吉尔公司的小册子贴上了纳赛尔的标签，写了一个在塔吉的地址就四处散发了。他们甚至都没有费神改动一下公司徽标。我撕下标签就立刻看见了 Matrix Churchill（玛特里科斯·邱吉尔公司）的字样。伊拉克官员坦率地告诉我，他们已经购买了这个公司，企图以此躲避西方的出口管制。

"现在，我们在伊拉克制造三轴机床"，他们在武器展上说。"很快

---

① Gerald Bull，加拿大人，二战后世界上享有盛名的超级火炮专家。他曾受萨达姆委托为伊拉克研制"超级大炮"——巴比伦大炮。1990年在比利时被暗杀，巴比伦大炮的研制计划也随即告终。——译者注

我们将制造五轴机床,带计算机数字控制的那种。"几乎毫无例外,这些机床将全部进入武器工厂。根据现在实行的巴黎统筹委员会章程,那些机床仍然需要出口许可证,但是通过在伊拉克制造,他们就可以回避这种禁运。这是一个行之有效的安排。³

伊拉克的主要供应商中唯一没有正式出现在武器展上的是美国。美国在展览会开始的前几天决定不参加了,显然是担心引起别人的臆测,说美国政府准备批准对伊拉克的武器销售,事实上,美国从来没有这样。"曾有过一张对伊拉克的军售许可证,上面是我的名字",负责安全援助的美国前副国务卿威廉姆·施奈德告诉我。"我们曾卖给伊拉克领导四把礼仪手枪。尽管做过各种各样的努力,再也没有卖过其他的防务产品。"⁴ 大量现在已解密的美国国务院和国防部的文件都支持施奈德的说法。任何在20世纪80年代最终落到伊拉克手中的美国武器——除了那几把手枪外——都是非法运输到那里的,都没有得到美国政府的批准。①

美国公司安排了秘密代表团来参加展览会,而不是设立展台来陈列美国武器。有些公司,例如通用汽车公司,甚至设法会晤了侯赛因·卡米尔·马吉德。在巴格达的美国武官接到了华盛顿的命令,让他在参观展览会时别穿制服。他和其他美国大使馆官员,穿着普通的西装,给他们能看到的每一件伊拉克武器拍照。我们在通道上相遇时假装彼此不认

---

① 这个说法只是本书作者的一家之言。关于西方国家在20世纪80年代武装伊拉克一事,西方媒体有很多反思性的报道。2002年12月30日,美国《华盛顿邮报》发表了深度调查报道"U. S. Had Key Role in Iraq Buildup: *Trade in Chemical Arms Allowed Despite Their Use on Iranians, Kurds*"。文中提到在1990年伊拉克入侵科威特之前,美伊之间的大规模合作包括两国两军情报分享,美国通过智利的公司向伊军提供极具杀伤力的集束炸弹,为伊拉克采购生化用品等。2004年1月24日,美联社发表该社记者Ken Guggenheim的文章"War Crimes Trial for Saddam Could Reveal Details of Past U. S. Help",对这个问题也有深入的探讨,并质疑美国前国防部长拉姆斯菲尔德在1983—1984年期间以里根总统特使身份多次访问伊拉克时所达成的秘密协议的内容。这些协议尚未解密。——译者注

识。后来,在巴格达,我同他们交换了对展会的印象,而我在展览会上遇见来自法国、西班牙、意大利和英国的朋友时也是这样做的。

虽然巴格达武器展对军火商是一件大事,但几乎没有引起媒体的任何注意。除了我自己和《简氏防务周刊》的火炮专家克里斯多弗·福斯外,没有别的西方记者认为这个事件有足够的新闻价值而前来参加。在开幕日当天,我在那里呆了两个小时,在90度[①]的热天穿着薄斜纹呢套装,打着领带,采访证很显眼地挂在脖子上,给每位登上贵宾席台阶的要人和军火商拍照片,就好像他们要去见财神似的。许多来宾我不认识。一位在巴黎的黎巴嫩朋友是位防务顾问,我们一起研究照片小样时他认出了萨达姆的小儿子库赛。我喜欢的一张是我抓拍的法国飞机巨头塞尔日·达索和他的高级武器推销员,那位永远优雅的雨果·埃图瓦勒,两人在侯赛因·卡米尔和那两个阿米尔面前奴颜婢膝。

但是,这些武器销售商开始忧心重重了。伊拉克人买的越来越少,而自己制造的越来越多。现在的每笔交易都必须包括大量的技术转让和允许伊拉克在当地生产。法国人可不喜欢这样,但是伊拉克人已经说得很清楚了:今后将不再单纯购买非专门定制的现成武器,包括喷气式战斗机;如果法国人不向他们提供制造自己武器的技术,英国人或美国人会提供。正是这种生产技术的转让而不是武器本身,使萨达姆·侯赛因很快变成了威胁。

法国人比任何人都更能够意识到萨达姆是在寻求独立。法国人不仅实际上无处不在,他们同萨达姆·侯赛因的复兴党还有某种意识形态的共鸣,这使他们比其他人更容忍萨达姆的过分行为。在我被安排参观伊拉克参谋学院时,接待我的人指给我看竖在入口大厅的一块牌匾,这是已退休的法国将军皮埃尔-玛丽·加卢瓦在为伊拉克空军军官做一系列演讲时赠送的。法国人正在用古老的方式培育新一代的伊拉克军官,那就是私人接触和共同参加战斗。加卢瓦将军异乎寻常的重要性,我和我

---

① 这是华氏温度的数值,相当于摄氏32.2度。——译者注

的伊拉克主人都注意到了——他长期支持既针对苏联人也针对美国人的独立的法国核力量。和萨达姆一样,这些参谋军官和武器采购专家把同法国的关系看作是"第三条路线",帮助他们在两个超级大国之间挖出自己的避难所。正是这种关系可以培育出狂热的忠诚。

巴格达武器展是萨达姆·侯赛因初次进入社交界的聚会。其目的是要昭示天下,伊拉克不是第三世界国家,而是稳固地处于工业化过程中,而且武器生产是萨达姆选定的通往权力、繁荣和现代化的道路。阿米尔·萨阿迪将军告诉我,伊拉克已经遭受的各种各样的武器禁运加强了伊拉克发展本土军事工业的政治意志。"我本人对我们听到的来自武器供应国的那许多'不'是很感激的。这迫使我们坚决主张并把我们的努力集中在改进本地生产能力上。"他还说,"在弹道导弹方面就是这样。"当我坐下来采访阿米尔·拉什迪·乌巴亚迪将军时,很显然他对伊拉克所取得的成就很自豪。这是我们这些年来第三次长谈。"在世界各地,你听到人们吹嘘说他们将要做到什么什么程度,但是他们大话说尽却一无所有。这些年来,我们决定保持沉默,即便是其他人嘲弄我们。但是现在,我们有了些可以展示的东西,而别人对此无法否认。"

伊拉克自己的武器和未来的武器项目是这次武器展的主角。这些武器包括阿尔-侯赛因导弹(这种导弹是由法国工程师帮助伊拉克设计的,会在1991年1月和2月大量落在以色列土地上)、一架临时准备的机载预警与控制系统飞机、一架苏联制造但装着法国雷达和英国航空电子设备的IL—76喷气式货机。在我先前写的一本书《死亡游说:西方如何武装了伊拉克》中,我有一个目录来说明这些武器以及伊拉克人为制造这些武器而得到的外来援助。联合国武器核查员罗尔夫·埃克乌斯称这本书为"圣经",在1991年,他发给核查小组负责人几本以帮助他们鉴别伊拉克的双用工业设施。[5]

阿米尔将军对伊拉克成就的自豪感以及因为两伊战争结束而产生的新的自夸的热望逐渐影响了他的项目工程师们。在摆放着阿尔-侯赛因和阿尔-阿巴斯导弹的伊拉克军工生产展台旁,一位伊拉克的弹道学专家看见我过来,不等我走到他的展台前就出来迎接我。"是蒂默曼先生?"他边说边和我握手。我回应了他的问候。"肯尼思·蒂默曼先生。"我问,"有事吗?"接着他又重复了一遍我的名字,这次包括我的中间名,而我的中间名在我的身份卡上根本就没有标记出来。到了这个时候,我还在琢磨这是怎么回事呢。"你一定要相信我,先生,我已经在这里等了五天了,就在这个地方,就是为了见你,"他滔滔不绝地说着,还抓着我的手不放。他接着告诉我,军工生产管理局的伊拉克工程师如何解决了增加飞毛腿—B导弹射程的问题,这样就可以打到德黑兰。除了加大尺寸,他们还"拙劣地改动"了燃料,他说。"考虑低温燃料。"[6]

有时候,伊拉克人的发明创造能力让他们的老朋友大为震惊。我目击的很刺激的一幕(为了后人我也留在胶片上了)发生在一架法国造幻影F1战斗轰炸机的机翼下。莫里斯·施米特将军是法国的参谋长联席会议主席。他是作为法国国防部长让-皮埃尔·舍韦内芒的私人代表来巴格达的。他们两人都对伊拉克人表现出的独立性和努力工作赞赏有加。但是,当他看到伊拉克人对幻影所动的手脚后,他几乎不能控制自己。

"那他妈的是什么玩意儿?"他指着法国战斗机机翼下面悬挂着的看着眼生的导弹冲着达索公司的雨果·埃图瓦勒叫嚷。

"是这样的,将军,如果您问我,这看着像苏联造的AS—14。"AS—14是一种激光制导导弹,和法国的AS—30L极其相似,而伊拉克人曾大量购买过AS—30L。和法国导弹相比,AS—14有两个明显的优点:它的射程稍长,它不是那么昂贵。

施米特很坦然地盯着埃图瓦勒:"你们这帮人在这里是干什么吃的?"

"您别瞧着我啊。"埃图瓦勒扬起双手表示抗议[①]。在他的左腕上,他戴着一块刻有萨达姆·侯赛因肖像的金表,就像一个光荣的战利品。

---

① 原文为 threw up his hands in protest。在英文中,to throw up one's hands 意为"举起双手",寓意为"认输"。作者在这里用这个词组是为下文打伏笔的。

——译者注

据说他的右手——他用来签合同的那只手——价值超过 500 亿美元。"我们与此毫无关系",他说,"伊拉克人一直在自己做着这一切。"

接着,埃图瓦勒把这位头戴白色法国军用平顶帽、穿着白色夏装制服的将军带到停在阿尔-穆萨纳机场停机坪上的另一架飞机旁。这是一架苏制米格—23 战斗机。"您看到那个空中加油管了吗?"埃图瓦勒指着那架苏联战斗机的飞机头,"那是我们的一种东西。"

施米特很不开心,即便埃图瓦勒赶紧解释说,伊拉克人根本就没询问过达索公司就改造了法国的空中加油管,而且还同苏联战斗机配套。1990 年 8 月伊拉克入侵科威特后,我采访了施米特将军。他告诉我,就是在这里,在巴格达武器交易会上,他第一次"开始怀疑我们是不是"在伊拉克"已经走的太远了"。"我意识到,我们最好开始仔细留意伊拉克人在军备方面有什么进展。"

那张带苏联导弹的幻影飞机的照片令法国防务电子巨头汤姆逊半导体公司大为头痛,因为照片显示了一个由汤姆逊半导体公司制造的阿特丽斯 II 型(Atlis II)激光指示吊仓,这是法国人在 1984 年—1985 年期间卖给伊拉克的,是给欧洲导弹公司(也就是法国国家航天工业公司)制造的 AS—30L 导弹配套的。我在《死亡游说》一书中说过,用来制造那个激光指示器的技术是马丁·马利埃塔公司为汤姆逊公司研发的,是 1975 年签订的一份价值 3,700 万美元合同的一部分。对伊拉克这样的第三国转让这种技术需要事先得到美国政府的批准,但汤姆逊公司从来没有申请过这样的许可。

这个潜在的违约在 1992 年成了一个大问题,当时汤姆逊半导体公司正寻求购买美国航空制造商 LTV① 公司的导弹部门,而 LTV 公司曾在无数高度保密的"黑色"工程中同美国中央情报局和五角大楼合作。五角大楼的国防技术安全管理局(DTSA)早就因为汤姆逊公司对其他国家的销售而对它的可靠性有顾虑,想拖延汤姆逊公司购买 LTV 公司的建

---

① 原文即为字母缩略词。——译者注

议，这样就可以进行更彻底的调查。接到一个在国防技术安全管理局任职的朋友打来的电话时，我还不知道汤姆逊公司购买 LTV 公司的计划。我的朋友买了一本《死亡游说》，读了我描述的给伊拉克出售激光指示吊仓的情节。当我提到施米特将军和雨果·埃图瓦勒在幻影飞机机翼下的照片时，他跳了起来。"我把所有巴格达武器展的照片都交给西格玛公司包销了"，我说，"这些照片付钱就可以买到——你或者任何人都行。"西格玛公司是一家法国摄影辛迪加。

我们谈话之后不久，法国国防部试图收回我的采访证。最初，我以为他们的公共事务办公室在给我的记者证办年度更新时出了错。但是，有一次出席一个活动时，一位宪兵在一个单子上查到我的名字，然后把我挡在门外。"你的证件已经无效了，先生，"他说，"你没有理由留在这里。"

我给国防部打了几个电话，证实这不是个错误。我在部长办公室的熟人对我透露说，我最近写的几篇文章"没有让部里那些身居高位的人高兴"。不久，我和另一个好朋友一起吃午饭。他在另一个部工作。吃餐后甜点时，他告诉我发生了什么事。"我们都认为你在为美国中央情报局工作"，他说，"这不妨碍我们同你交流，但是，在这种情况下，没有公道可言。也许该是你回美国的时候了。"[7]

大约就在这个时候，法国本土警戒局为我配备的监管人员开始在吃午餐时警告我别让我妻子在早晨送孩子上学时发动汽车。"如果她一定要发动车，要确保她先打开窗子"，他说。

"那为什么？"

"如果车窗关闭，爆炸会更厉害。"

美国读者可能会觉得这难以置信：一个在法国的外国记者，主要报道武器销售和中东政治这样的敏感话题，会真的有个由法国反间谍机构指派的"监管人员"，就好像法国是个第三世界的独裁政权似的。但是有五年多的时间，从 1987 年开始直到我在 1993 年离开法国，一位本土警戒局的反间谍官员会定期打电话来调查我的活动。他想了解我在写什么稿子，和谁见面了。如果一个监管人被分配到其他地方，他会把自己的继任者引见给我。这一切都很文明，甚至令人愉快。

刚开始时，我意识到对法国人的这种手段，我有两种回应方式。我可以怒气冲冲，愤慨激昂，拒绝和他们说话，我也可以和他们在一起，很可能通过交流得到一些有用的东西。我选择了第二种办法，这让我的监管人长出了一口气。他们从来不放过在好餐馆同我见面吃饭的机会。在我们通电话时，他们让我提议在哪家餐馆见面，因为他们承担全部费用——用现金。有机会使用他们的支出账，他们总是很开心的。有时候，为了让我关注他们对我的活动的了解情况，他们会一字不差地引用我同各种各样的消息提供者在电话中交谈的文字记录。一位前法国情报分析员解释说，政府在军事学院的地下室里设了一个巨大的侦听站，最初是为暗中监视苏联特工而设的。随着冷战的结束，他们面临大规模的解雇，因此"要找点事做"。

直到离开法国后，我才弄明白，我在国防部的麻烦同施米特将军和雨果·埃图瓦勒两人在巴格达的谈话，特别是同那张带着苏联导弹吊仓的幻影 F1 飞机照片有关。根据我那张可以从公开渠道得到的照片，五角大楼分析员得出了一条结论：用于伊拉克的法国吊舱同马丁·马利埃塔公司为美国空军生产的激光指示器是相同的，这个可能性很大。这些是美国的高技术武器库中的关键武器。如果因为法国人已经泄密而美国不得不重新设计这种激光指示器，这将花费纳税人几千万美元，说不定比这还要多。基于这些怀疑，国防技术安全管理局要求美国外国投资委员会（即 CFIUS，是一个多机构间的组织）阻止汤姆逊半导体公司购买 LTV 公司的导弹部门，等待一项深度调查。汤姆逊公司很恼怒，这也是可理解的。

这笔交易被阻拦三年后，一位在克林顿政府工作的朋友给我发来了传真，是汤姆逊半导体公司于 1992 年 6 月 11 日编写的"白皮书"，由这家公司的院外活动集团成员在五角大楼、国务院和美国国会广为散发。[8] 汤姆逊公司的人试图通过下列要点引起美国官员注意：

1. 汤姆逊半导体公司及其美国子公司现有的出口管制计划确保服从美国出口法律；

2. 汤姆逊集团服从出口管制的记录是示范性的；

汤姆逊半导体公司及其美国子公司在过去的十年里从来没有同美国出口管制产生过问题。

肯尼思·蒂默荣斯［原文如此］① 在《死亡游说》一书中提出的说法是毫无根据的。

有一个详细的、两页纸的东西，题目为"汤姆逊半导体公司对《死亡游说》一书的回答"，在这个小文里，这家法国公司的律师辩称每个提到他们的客户的地方都是虚假的。

总得说来，《死亡游说》中阐明的与汤姆逊半导体公司有关的主张包括了对一些基本事实的歪曲。通过对这些事实夸张、影射、臆测和真假难辩的表达，《死亡游说》制造了这样一种印象——一种和历史事实严重不符的印象——那就是汤姆逊半导体公司为了利润和自我利益而同与伊拉克战争机器出现有密切关系的那些凶暴的危险人物做交易，这造成了萨达姆·侯赛因在波斯湾战争中挑战盟军的军事能力。

……除了歪曲，《死亡游说》也包含一些一目了然的错误，需要更正以供备案。9 其中包括：

汤姆逊半导体公司帮助伊拉克在一个代号为萨阿德13的工厂创建了作战电子设备工业，这一主张……

1985年4月，当我第一次在一家法国防务杂志上报道有关萨阿德13

---

① 在这份文件中，本书作者的姓（Timmerman）被拼错（Timmerons），所以作者在文中加注说［原文如此］。——译者注

工厂的合同时,汤姆逊公司的反应是既狂怒又自豪。事实上,我第一次获悉合同的细节是在一年之前去巴格达采访时……从汤姆逊半导体公司的高管们那里得到的——这是汤姆逊公司在白皮书中宣称他们已经"终止"了那份合同一整整一年后(事实上,他们在 1984 年所"终止"的是建造那个工厂本身)。汤姆逊半导体公司在整个 20 世纪 80 年代继续同伊拉克做这样大的生意,理由之一,确切地说,就是帮助伊拉克人管理萨阿德 13 工厂的生产。我的消息提供者,包括汤姆逊国际的副董事长勒内·阿纳斯塔泽(我在 1988 年采访过他,内容是供正式发表的),都告诉我,汤姆逊公司在巴黎市郊的茹伊-昂-若萨斯专门建立了一个"校园"培训了 3,000 到 4,000 名伊拉克的技术人员来操作萨阿德 13 工厂内的设备。阿纳斯塔泽指出,按照设计,萨阿德 13 能集成当时已有的最先进的生产技术,使之"成为世界上最大、最现代化的电子设备装配设施"。他说,这种想法就是给伊拉克人"针对未来的工具",从装配配套元件开始,这样他们可以获得最终实施更尖端任务的专门技能,比如生产他们自己的战场雷达、电子对抗设备及供幻影喷气歼击机使用的航空电子设备。在 1987 年,汤姆逊公司更新了萨阿德 13 工厂的特许协议,在其中包括了在伊拉克生产老虎—G 两相预警雷达,而伊拉克把这种预警雷达大头冲下安装在它的阿德南—I 空降预警飞机上。[10]至于马丁·马利埃塔的激光指示吊舱,那些律师们宣称,"汤姆逊半导体公司提供给伊拉克空军的激光制导系统是使用降低等级的法国技术制造的,还得到了法国政府的完全批准。这不是《死亡游说》一书所错误报道的马丁·马利埃塔在美国为汤姆逊半导体公司研发的那种系统,因此不受美国出口管制的制约。"[11]

尽管有这些否认声明,美国外国投资委员会还是拒绝了汤姆逊公司购买 LTV 公司导弹部门的努力。这次婚姻失败了,随之而来的是爱情得不到报答的全部痛苦,这种痛苦在一场美国和法国之间的情报战争中得到了宣泄。我在下一章中要详述这场战争。

虽然美国仍然拒绝对伊拉克销售武器，但乔治·H. W. 布什总统①的政府已经对商业交易网开一面了。几十家美国大公司，从通用电气公司到通用汽车公司，都开始把他们的推销员派遣到伊拉克。到萨达姆入侵科威特时，美国商务部已经批准销售价值15亿美元的双用技术，其中有一些最终落在了伊拉克的武器工厂里。[12]正如一位在巴格达的法国外交官所言，法国人确信"美国人来了"，即将为了伊拉克的市场开始全面的商战。萨达姆·侯赛因在美国国务院最积极的支持者，助理部长理查德·墨非，现在供职于私营部门，但这也无济于事。1990年初，他代表德克萨斯州第一城市银行公司（First City Bancorporation）前往巴格达。这家银行公司的董事长罗伯特·阿布德是美国—伊拉克商业论坛的负责人，而这个论坛是一个院外游说集团，代表着来自不同行业的美国大公司，寻求解除最后残留的美国对伊拉克贸易制裁。墨非后来告诉我，他与卡米尔·马吉德会晤并讨论了"发展计划"。[13]

法国国防部长让－皮埃尔·舍韦内芒关切地注视着美国对伊拉克的商业入侵。如果法国不赶紧做点儿什么就会失去有特权的地位，因此舍韦内芒在1990年1月25日访问巴格达，要"把我们的双边关系提升到一个更高的水平上"。这是十多年来法国国防部长第一次前往巴格达。

舍韦内芒一到达巴格达就在接受一家复兴党报纸的采访时表达了他的效忠。"萨达姆·侯赛因总统有一个明确而有趣的观点"，舍韦内芒说，"就是领导他的人民走向和平和国家重建，尽管在同伊朗的战争中他遇到了挑战和困难。"为了确保他讲清楚了他的观点，舍韦内芒又补充说："萨达姆总统得到了法国领导人的尊重和敬佩。"

在舍韦内芒同萨达姆及侯赛因·卡米尔的会谈内容中包括了大量的、新的军事工业化工程项目以及直接的武器销售。这一切因为1989年9月14日对伊拉克债务的慷慨结算而具备了可能性。这个结算又给了伊拉克人额外的六年时间来偿还70亿法郎的旧债，同时还开通了新的

---

① 即老布什总统。

短期信贷。[14]

汤姆逊半导体公司是最先获益的。就在舍韦内芒出发的前几天，他们同伊拉克签订了两年多来的第一份新式武器合同，给伊拉克战斗机提供价值1亿6千1百万美元（9亿法郎）的尖端电子设备。然而，和先前的销售不同的是，这次伊拉克人预付了现款。这是汤姆逊公司敲定这笔交易的唯一条件。

另一笔销售涉及到装备伊拉克幻影 Fl 飞机和米格—25 侦察机的侧扫描空中监视照相机。一个伊拉克的幻影中队现在驻扎在约旦。从1989年8月开始，他们一直在约旦河上空执行侦察飞行任务，窥视以色列腹地以便更新伊拉克的作战目标地图。泽埃夫·斯希夫在以色列《国土报》上报道说，这些照相机使伊拉克人有能力探测以色列境内65公里范围内的目标，而约旦的 F—5E 侦察机的范围是40公里。这意味着伊拉克人现在可以精确地鉴别远至特拉维夫市郊拉马特甘的目标，而拉马特甘是重要的防务制造厂和一个主要的空军基地的所在地。在伊拉克决定用它的加强型飞毛腿导弹打击前述地区时，这些都会派得上用场。

伊拉克人真正需要的是让舍韦内芒帮忙说服法国政府在财政上支持法奥项目，这个65亿美元的一揽子计划就是要开创他们自己的航空工业。但是这次伊拉克人的胃口简直太大了。"我们注意到，伊拉克国民生产总值中的巨大份额被用于军事工业化项目"，财政部长皮埃尔·贝雷戈瓦的一位重要顾问在评价舍韦内芒的出访时这么对我说。"我们不想为地区的不安定提供经费。在伊拉克人兑现我们在9月做出的债务重新安排前，我们也不会再提供出口信贷担保。如果汤姆逊半导体这样的防务公司想卖给伊拉克东西，他们必须自己承担风险。"这位顾问接着透露说，财政部仍然在阻碍交付雅克·希拉克在1987年签订的第四份合同中剩余的最后八架幻影 F1 飞机。"如果伊拉克人付款，他们就得到属于他们的飞机"，他说。[15]那些飞机自从下了达索公司的装配线就覆盖着密闭的防护层停放在波尔多-梅里涅克机场，而且使这个法国飞机制造公司承受巨大损失。

在1990年7月，法国人终于对伊拉克所欠债务做出了最终的了结。经过三年等待，达索公司得到授权交付了那八架剩余的幻影F1战斗机。按计划，债务协议书将于8月4日在巴黎签署，但8月1—2日夜晚，大幕突然间落下了，萨达姆·侯赛因派遣十万军队越过边境进入科威特。"只要萨达姆等待几天再入侵科威特"，一位法国的武器推销员长叹一声，"我们将毫无负担了。"

萨达姆发动进攻时，密特朗总统和他的大部份内阁成员正在度假。布什总统正在阿斯潘同英国首相玛格丽特·撒切尔会晤。在法国西南部密特朗的乡村别墅里，外交部长罗朗·迪马告诉他，美国请求在联合国安理会投票谴责伊拉克的入侵，密特朗立即回答："同意，我们要投赞成票。"[16]他还下令让法国的克莱蒙梭号航空母舰准备离开土伦前往海湾地区，以防万一。

在他的总统任期内，许多其他的事情也都是这样的，密特朗的本能告诉他要支持美国，虽然要持谨慎态度。但是，当他8月9日召集内阁开会时，他发现，他的大部分高级顾问并不热衷对萨达姆采取军事行动。"伊拉克没有更多的对话者了"，内务部长皮埃尔·若克斯说，"我们一定要避免在军事上卷入。"社会党领袖（和未来的总理）莱昂内尔·若斯潘说干涉"没有意义"，甚至反对作为多国部队的一部分加入美国的行列。国防部长舍韦内芒是最直言不讳的。他为萨达姆做了很长的辩解，申辩说真正发生的事是阿拉伯人在讨论"石油财富的分配"。尽管发生了入侵事件，他还是迫切要求密特朗保持同萨达姆的对话。"美国人正在玩的游戏是很危险的"，他警告说，如果萨达姆政权消失，"对伊朗原教旨主义的唯一障碍也会随之而去"。他同意派遣一艘"直升机母舰"，连同几艘战舰，但是只能作为法国的军事力量，目的是"安抚这个地区的友好国家"，而不是作为多国海上封锁的一部分。随着会议继续进行，密特朗对他的国防部长越来越恼怒，他重申他的信仰，那就是，在美国人觉得他们的安全处于危险之中时，和美国人作对是不慎重的。

在某些情形下,我们乐意有美国人。我们是他们的盟友。在他们无条件支持以色列时,在他们轰炸利比亚时,他们不是我们的盟友。但是在目前形式下,我们需要昭示我们的团结。如果我们必须做出选择,我相信我们一定要同侯赛因作斗争,无论后果如何。如果我们不这样做,我们就要被称为只能同安乐不能共患难的朋友[les faux frères de l'Occident]①。我们一定要加强我们在海湾的存在,包括在我们指挥之下的制空权。

舍韦内芒再次强烈反对法国在那个地区的军事力量和美国人之间发生任何联系。"我同意在沙特阿拉伯遭受攻击时帮助他们。但是我们一定要把我们的飞行器安置在另一个国家来维护法国指挥机关的自主性。萨达姆·侯赛因不是新的希特勒,而是凯末尔·阿塔蒂尔克②、纳赛尔③和墨索里尼的混合体。"但密特朗犀利地反驳说,"纳赛尔从来不残杀他自己的人民或者使用化学武器的。"[17]这位国防部长走上了一条同他的总统冲突的路线,而总统那天晚些时候向他的顾问雅克·阿塔利吐露说,他深信法国可能会被强迫参战。

为了表示他对政府所制造的危机气氛不屑一顾,舍韦内芒在这次内阁会议后重新开始在托斯卡纳的假期,并且不顾密特朗的召唤,直到8月17日才返回巴黎。"他们不需要我来执行布什的政策",他告诉记者们。而在幕后,他四处打电话来确保法国的航空母舰停留在港内,这让密特朗"越来越愤怒",阿塔利注意到。

---

① 方括号部分原文如此。——译者注
② Kemal Ataturk,土耳其共和国缔造者,第一任总统(1923年—1938年),创建人民党(1923年),后改称人民共和党。他主张发展民族经济,实行社会改革、废除哈里发制度,被授予"土耳其之父"(Ataturk)的称号(1933年)。——译者注
③ 即 Gamal Abdel Nasser(1918年—1970年),埃及总统(1956年—1970年),领导"自由军官组织"发动起义(1952年),废除君主制,成立埃及共和国(1953年),宣布苏伊士运河国有化(1956年),抗击英、法、以色列武装入侵,提倡不结盟。——译者注

舍韦内芒视美国的阴谋无处不在，而这一态度是许多在法国情报机关里的人和那些在政治边缘的人，包括极左和极右的，共有的。1990年8月20日，舍韦内芒宣称法国在华盛顿特区的武官报告说，美国计划在48小时内对经由选择的伊拉克目标发动空中打击。密特朗发作了。"他们在四处说这个！这不是什么秘密，这是个谣言。在过去的这个星期里，这是人们谈论的唯一的一件事。无论如何，布什还没有对我说这个事。"

舍韦内芒反驳说："这就能证明我们的情报机关是对的。他们说这一切都是美国人为萨达姆·侯赛因设计的圈套。"[18]

在克莱蒙梭号最终出港时，舰上一架作战飞机也没有。30架小羚羊直升飞机和65辆卡车填满了飞行甲板。如此展示法国的力量实在不能给人留下深刻的印象。舍韦内芒一直在努力确保法国在海湾的出现（如果成为事实的话）不被萨达姆·侯赛因看做是威胁。到了八月底，密特朗已经在催促他的国防部长辞职了。但是舍韦内芒固执地拒绝了，很显然，他抱定决心要尽可能阻挠法国在海湾战争中同美国并肩作战。

法国的军事力量进入了沙特阿拉伯，并且努力敲定了在诺曼·施瓦茨科普夫将军打算在纳西里耶附近诱骗伊拉克共和国卫队这个计划中担任"钳子"角色的细节。就在这时，舍韦内芒最后一博要使这场战争出轨。1991年1月18日，盟军空袭开始还不到整两天，法国国防部长在巴黎的一个记者招待会上郑重声明，法国军队在任何情况下都不会攻击科威特以外的地方。对密特朗来说，这是最后一根稻草。"但是，海湾战争当然不会仅仅限于科威特。如果必须的话，我们会向伊拉克开火的。而这是必须的。因此，为什么舍韦内芒说些截然相反的话？"[19] 1月27日，他派他的高级军事助手，海军上将雅克·朗扎德，在法国电视上露面专门反驳他的国防部长。两天后，舍韦内芒递交了他的辞呈。密特朗立即宣布任命皮埃尔·若克斯替代他。

共有两万五千名法国军人参加了地面进攻，他们乘着轮式装甲车在沙漠中挺进。仅仅三天后，他们达到了幼发拉底河的塞马沃，切断了萨达姆的共和国卫队沿着纳西里耶以西 8 号公路的退路。尽管法国人的犹豫以及密特朗为使萨达姆获得更多时间而做的最后一分钟努力激怒了许多美国人,法国参与这次海湾战争联盟的真正的小故障来自空军。施瓦茨科普夫将军要求不让法国的幻影 F1 战斗机参加盟国的空中打击以防同伊拉克飞机混淆。法国忍了这口气,派出了老式的美洲虎战斗轰炸机。这总比在友军炮火下损失飞行员要好。总共 66 架法国飞机参加了盟军的攻击。

舍韦内芒造成损害的那些行为不只是局限于延误法国军队前往海湾或者让法国航空母舰的飞行甲板上挤满载重汽车和直升飞机。他还下令不让法国国防部或国防工业部门的人同美国人合作,给他们提供有关法国卖给伊拉克武器的信息。

我是从一个驻巴黎美国大使馆的空军军官那里听说舍韦内芒拒绝了美国人。这位军官向一位共同的朋友要了我的名字。1990 年 8 月末的一天下午,他给我打电话,问我们能不能见面。

我们最终在他的办公室里见面了。一开始,我无法相信他对我说的。"你是说,法国人没有提供你需要的东西来对抗伊拉克武器库中的法国武器?"我问。

"比这还要糟糕。他们甚至连电话都不回",他说。

我们的谈话很清楚地表明,五角大楼对法国究竟给伊拉克出售过什么武器所知甚少。他们知道有幻影战斗机和罗兰防空导弹,但也不过如此。因为我们是盟友,我们没有真正关注过他们的武器销售。这位军官说,他真正需要的是能让空军打掉那些武器的信息,特别是法国人卖给伊拉克人在幻影机群上使用的电子对抗设备的详情。我说我会翻翻我在世界各地(包括巴格达和开罗)各种各样的武器展览会上搜集的宣传小册子,但我不敢肯定能有什么收获,因为这是法国人口风很紧的一个领域。我建议他直接给制造商打电话。直到这个时候他才承认他甚至也不清楚谁是制造商。

在我翻腾我的存档时,我意识到实际上我有相当多的信息,至少在很基本的层面上，可能有用。法国人自己散发的宣传小册子有些还相当详细。我意识到，通过这些小册子有可能概括出伊拉克人已经从法国得到了什么武器，是谁制造的。这种概括不是十分详细，但这是个起点。其他记者也许不会理睬这个请求，但是我会毫不犹豫。美国正在打仗，而美国飞行员的生命正处在危险中。

战争结束后，我再次见到了那位空军军官。他感谢我的帮助，说我的信息让他在给法国人提更详细的行动方针时有了基本的东西，结果大获成功。通过其他渠道我获悉，甚至在舍韦内芒辞职前，爱丽舍宫就发出了命令，提供美国需要的一切。"我们之间没有秘密，"一位法国的防务承包商告诉我。他说他见过那位美国空军联络军官。"毕竟，我们是在交兵打仗，而且我们在一起打仗。"法国人提供了他们为伊拉克人建立的卡里（KARI）联合防空体系网络的所有细节，包括发射伊拉克的法国造罗兰导弹和苏联防空导弹的操作码，这样美国就可以给他们自己的电子对抗吊舱编程序来干扰这些信号。法国的援助挽救了许多美国和盟军飞行员的生命。联盟指挥官最初担心可能会损失10%的飞机。但盟军空军仅仅损失了38架飞机，其中27架是美国飞机。而战争开始时，为了控制伊拉克的领空，共有超过2,000架固定翼飞机和1,500架直升飞机参加了战斗。[20]舍韦内芒还有其他人申辩说，如果把这些信息交给美国人，今后再要给阿拉伯世界销售法国的武器系统就不太可能了。密特朗做出了决定，实际上，他说，那又如何？法国或者在战争结束后获得一席之地，或者在孤立中忧虑、自省。这就是选择。

第一次海湾战争明确地暴露了法国国家利益的矛盾。一方面是它同美国的联盟；另一方面是它的国内军事工业的需要，或更宽泛地说，是它的出口型经济的需要。密特朗希望因为自己选择了联盟，美国会给法国应得的战后市场份额。

但是对法国主要的防务承包商来说，比如达索公司、马特拉公司、法国国家航天工业公司、法国地面武器工业集团公司和汤姆逊半导体公司司，什么也替代不了伊拉克市场。他们在萨达姆身上赌注太大，一旦他们在伊拉克损失了全部家当,在战后游戏中,他们几乎不剩什么来再次下注。战争后,人们了解了损失的程度,这也给了舍韦内芒及其他和他一样主张法国决不应该加入美国领导的联盟的那些人一些安慰。

史蒂芬·布赖恩博士相信,美国"弄糟了同欧洲的关系",因为我们没有能够确定一项国防工业政策。武器市场不同于经济的其他领域,"不能像自由贸易那样经营",布赖恩认为,"因为这涉及了外交政策、安全政策和国家利益。在1975年,我们就应该对欧洲人说:你带头制造下一代坦克,因为你们的技术非常好,在很多方面都比我们的强;我们来制造下一代战斗喷气飞机。但是五角大楼希望美国的实业界什么都做。我要说,五角大楼是社会主义在美国的最后一个堡垒,是一个受到保护的工业。"法国人和欧洲人的"牢骚是合理的"。

在随后13年里,在下一次美国向法国人寻求帮助的时候,这些牢骚板结成了拒绝的核心。

1. 作者采访法国国防工业的高级管理人员,1989年4月。法德尔·卡渡姆是玛特里克斯·邱吉尔公司的董事。这个公司位于英国,但由伊拉克人拥有,曾提供了许多伊拉克人用来为他们的秘密核武器计划制造化学武器和设备的机床。他也是亚特兰大国民劳动银行的主要对话者。参见《中东防务新闻》第7期,1991年1月7日,《国民劳动银行的愚蠢错误:中东防务新闻特别报道》。("The BNL Blunder: A Mednews Special Report", *Middle East Defense News* (*Mednews*) 4, no. 7 (January 7, 1991).)

2. 杰拉德·布尔在阿斯特拉控股公司的展台上设立了一个小的工作台。阿斯特拉控股公司是一家英国财团,刚刚买下了比利时军火制造商PRB。布尔在巴格达武器展一年后被刺杀,估计可能是以色列行动小组干的。

3. 英国的出口管制记录显示从1987年到1989年,英国政府批准玛特里克斯·邱吉尔公司给伊拉克销售了176台先进机床。这个出口管制记录包括在关于英国对伊拉克出口的《斯克特调查报告》中,后来交给了联合国武器核查团队联合国特别委员会。这176台机床全部进入了伊拉克的武器工厂,其中有许多在生产供伊拉克的秘密核武器计划使用的设备。据我所知,没有记录显示有多少玛特里克斯·邱吉尔机床是伊拉克人在自己国内组装的。

4. 作者采访威廉姆·施奈德,2003年7月31日。

5. 法国给伊拉克导弹计划提供的协助是间接的,通过一份同巴西的合作协议来具体操作。1987年初,伊拉克人把六枚飞毛腿Bs导弹运到巴西,在圣何塞·多斯·坝普斯简易军用机场旁的一个特殊的飞机修理库里,伊拉克和巴西工程师在法国导弹专家的监视下把这些导弹拆成了零碎。他们一起拿出了一个解决方案,把射程从300公里延伸到大致800公里,这就把德黑兰(后来还有以色列)纳入了打击范围(参见《死亡游说》第247—249页)。把飞毛腿Bs导弹改造成阿尔-侯赛因导弹实际上是在伊拉克完成的。

6. 在1988年2月的"城市之战"期间,我曾广泛地报道了伊拉克的导弹计划,解释了伊拉克如何把三个飞毛腿导弹拆开,把零件焊接起来制造两颗阿尔-侯赛因导弹。我的文章发表在法国的防务期刊和别的刊物上,但遭到了军事"专家"的怀疑,他们坚持说伊拉克人宣称他们已经做的事情是不可能的。但是,据这位工程师说,在巴格达,这件事有很恰当的记录,而且被阿米尔·拉什迪·乌巴亚迪定为指定读物。他关于低温燃料的暗示大概只是自夸而已,虽然伊拉克人展示的阿尔-侯赛因导弹的萨阿卜-斯卡尼亚活动发射装置很大,完全可以装上必要的致冷装置。后来,联合国核查员在阿尔-阿米尔发现了一个液态氮生产装置,但认为这个装置是用于附近的塔尔米亚赫铀浓缩厂的,因为这个铀浓缩厂需要液氮来冷却它的电磁同位素分离装置,也就是卡留管。(详见第13章)。

7. 我很感激美联社的分社社长哈里·邓菲(Harry Dunphy)和我在

英美新闻协会的同事,他们亲自拜访了三位政府部长,抗议国防部长皮埃尔·若克斯对我采取的行动。多亏了他们的努力,我的记者身份才得以恢复。而没有注册的话,我就无法继续以合法的新闻记者的身份在法国工作。一个新闻记者和一个间谍之间唯一的区别就是新闻记者把他的发现公布于众,这个说法是陈腔滥调了,但确是真的。

8. 《汤姆逊半导体公司白皮书——支持美国对外投资委员会不干预汤姆逊半导体公司同LTV公司导弹部门的合并。》("Thomson-CSF White Paper in Support of Non-Intervention by the Committee on Foreign Investment in the United States in the Thomson-CSF/LTV Missiles Division Acquisition.")

9. 汤姆逊公司从来没有联系我的出版社要求更正——不管是法国的还是美国的。他们也没有联系《世界报》或那些法国防务期刊的编辑们要求更正,关于汤姆逊公司从1985年开始同伊拉克有合同的报道我最初就发表在这些报刊上。

10. 也参见《中东防务新闻》第10期,1991年2月18日,《汤姆逊半导体公司和伊拉克的电子工业》。("Thomson-CSF and the Iraqi electronics industry", *Middle East Defense News* (*Mednews*), 4, no. 10 (February 18, 1991).)。汤姆逊半导体公司是我的《业务通讯》的付费订户,但是从来没有打电话来抗议或者质疑那篇文章或者报道他们在伊拉克做生意的其他文章。《汤姆逊半导体公司白皮书》坚持说"汤姆逊半导体公司从未涉及开发或制造机载报警与控制系统原型。汤姆逊半导体公司确实提供了陆基老虎-G雷达,但是即使《死亡游说》也勉强承认,这种雷达不是用在机载报警与控制系统上的。"的确,伊拉克人的一部分发明创造能力就是改造武器——通常还取得令人震惊的成功——比如他们频繁地把苏联和法国的装备结合起来,但这都不是指定让他们干的事情。

11. 汤姆逊半导体公司还宣称,他们"从未同亚特兰大的国民劳动银行打过交道,和《死亡游说》所说的正好相反"。通过我从美国众议院银行委员会获得的数百份国民劳动银行信用证,我发现汤姆逊半导体公司从亚特兰大国民劳动银行接到了三笔付款,总额是 550 万美元,科目是未详细说明的"电子元件"。在国民劳动银行的灰色账簿上,这些钱是按支付记载的,时间是 1989 年 4 月 19 日、6 月 27 日和 7 月 17 日。

12. 在这个总额中,49,100 万美元同一个名为"通路国际"(Gateway International)的公司销售通用汽车公司的载重汽车有关。

13. 作者采访理查德·墨非,1991 年 3 月 7 日。

14. 《中东防务新闻》第 9 期,1990 年 2 月 19 日,《舍韦内芒前往巴格达》。("Chevènement to Baghdad", *Middle East Defense News* (*Mednews*) 3, no. 9 (February 19, 1990).)

15. 作者采访法国财政部高级官员,1990 年 2 月 16 日。

16. 雅克·阿塔利,《一字不差》第三卷,第 692 页。(Jacques Attali, *Verbatim III*, p. 692.)

17. 前引书,第 705 页—710 页。

18. 前引书,第 724 页。

19. 前引书,第 895 页。

20. 《沙漠风暴联军战斗总损失(按原因分类)》("Desert Storm Total Coalition Combat Losses by Cause,")出自美国政府印刷署,1993 年,《海湾战争空军力量概论》,第 641 页。(Eliot A. Cohen et al., *Gulf War Air Power Survey* vol. V, U. S. Government Printing Office, 1993, p. 641.)仅美国就单独出动 6 万多战斗架次(第 651 页)。美国空中力量一览表出自第一卷第 35 页(vol. I, p. 35)。

9

间谍和贿赂

贝尔纳·吉耶是那种容易怀恨在心的人。他是保守主义的政治家夏尔·帕卡的高级顾问，在社会党人重新掌权后吉耶就靠边站了。而帕卡在1986年—1988年期间任希拉克政府的内务部长。吉耶知道谁是他的敌人，他也无情地同他们斗争。他的敌人可不仅仅是那些社会党人。

1988年总统选举前三天，帕卡的几个顾问同在黎巴嫩和叙利亚的恐怖分子组织谈判，使法国人质获释，而吉耶就是顾问之一。尽管他的英勇行为没能使希拉克当选，但是帕卡觉得欠了他的情，于是通过法国外交部给他安排了外交职务。那称不上是个工作，后来我在黎巴嫩商人瓦利德·霍拉伊特姆位于法国里维埃拉香水之都格拉塞附近的山顶官邸里遇见吉耶时，他自己这么说的。他把自己1989年—1993年期间在美国得克萨斯州休斯顿任法国领事的工作称为"流放"。他的工作包括举办露天招待会、接待法国高科技高级管理人员代表团。有一次，他在得克萨斯州和其他几个南部州举办了7月14日庆祝活动①。吉耶先生为法兰西之家②所做的可不仅仅就是这些。

1991年5月初的一天早晨，在休斯顿非常豪华的橡树河地区一位美国高科技管理人员的豪宅附近，一位保安人员发现了一件很奇怪的事。

---

① 7月14日是法国国庆日。——译者注
② 原文为法文 La Maison France，指法国。——译者注

有两个人，都穿着裁减得体的西装，其中一个几乎谢顶了，开着一辆没有标记的货车，停在这所房子前，从垃圾箱里取出塑料垃圾袋。他们把垃圾袋扔进货车车厢后，急速离开——但这位保安还是在他们离开之前草草记下了他们的汽车牌照号。

公司的高管人员追查了那辆货车，发现是以法国领事馆的名义登记的。那天稍晚时候对证时，吉耶最初否认那辆领事馆的货车那天早晨曾经到过橡树河附近的任何地方。但是，当那位保安人员从一张相片里辨认出他后，他改变了说法，宣称他和一位助手在收集树叶和割下的草。好像是吉耶一直想在他的领事官邸修一个游泳池（une piscine），但总也办不下必需的许可证。吉耶告诉美国联邦调查局，他只不过是想把那个坑填起来。

这是一个很讨巧的故事。在巴黎，"la Piscine"是新闻界提到法国国外情报机构国外安全总局的总部时常用的名字。多年前，这个名字来自附近的梅里大道上的公共游泳池，一直就这么叫下来了。和游泳相关的隐喻及"深水"成了新闻界和前国外安全总局官员频繁使用的套话，用来描述这个法国机构的艰难困苦（知道内情的人用"迫击炮"[①]来称呼国外安全总局）。

吉耶似乎一直在为国外安全总局下面一个专门针对友好国家从事经济间谍活动的机构工作。一位藏身美国国防高级研究计划署的法国国外安全总局鼹鼠提供了线索，他们正在跟进。国防高级研究计划署是美国五角大楼下属研究机密国防技术的机构。按照作家彼得·施魏策尔的说法，法国国外安全总局对由美国国防高级研究计划署资助的隐形技术的研究尤其感兴趣，把吉耶派到了一家研究特殊雷达偏转涂层的公司。[1]

美国联邦调查局没有找出足够的证据来批准把吉耶从美国驱逐出境，于是就把案件的相关信息透露给了新闻界，吉耶被新闻界嘲笑为

[①] 原文为法文 Mortier。——译者注

"克卢索探长"①²。两年后,《华盛顿邮报》在"时尚"版上刊登文章说"美国联邦调查局的特工们……认为相对于美化环境,法国人对公司丢弃的纸张更感兴趣"。³ 我见到吉耶时,提起休斯顿他并不领情,尤其是他刚返回法国,他的流放生活现在已经结束了。希拉克的中—右联盟刚刚赢得了1993年3月29日的议会选举,一个新的同居(也就是左右共治)时期开始了。

吉耶在休斯顿出事仅仅一个月后,在巴黎航展上,法国国防部长皮埃尔·若克斯差点被美国海军陆战队队员摁倒在地上,而我则震惊地注视着这一切。若克斯跨过了让公众和F-117A隐型战斗机保持距离的隔离绳,想在飞机的雷达偏转外壳上蹭手。夜鹰飞机是沙漠风暴行动中的明星之一,这是美国首次公开展示这种以前高度保密的飞机。这次事件后,国防工业专家们告诉我,要了解这种雷达偏转涂层的秘密,方法之一就是用沾有特殊胶水的手或布摩擦表面以获得细微的样本。

国外安全总局前总干事皮埃尔·玛丽恩曾公开承认过,他以前任职的机关越来越强调针对美国等"同盟"国家的经济间谍活动。他说:"我认为你必须分得很清楚,哪些领域不包含在联盟之内。"军备和外交是盟友彼此间"通常不应该设法收集情报的"两个领域。"但是,在其他所有领域……国与国之间就是竞争关系。"说到经济间谍活动,就更是这个道理了。"我想,就是在冷战时期,[从]一个[同]你结盟的国家搜集经济、技术和工业情报……也不与联盟这个事实本身相矛盾。"⁴

就在1991年的巴黎航展打开大门前,法国新闻杂志《快报》透露说,在1987年和1989年之间,法国国外安全总局在美国国际商用机器公司(IBM)、德州仪器公司②和康宁玻璃公司驻法国的办事处安插了鼹

---

① 原文为 Inspecteur Clouseau。克卢索探长是20世纪60年代经典的浪漫喜剧《粉红豹》(The Pink Panther)中的男主角,是位高傲、自认为潇洒却经常出错的法国探长。——译者注

② Texas 作为美国的一个州被译为"得克萨斯"。但在本书中,Texas Instruments 的译名随约定俗成的"德州仪器公司",简称"德州仪器"。——译者注

鼠，为法国国有企业窃取经济和工业秘密。玛丽恩对美国全国广播公司的《揭发》节目（Expose）证实了这个说法，全国广播公司在1991年9月13日播出了对他的采访。但是，当法国国营电台追问时，玛丽恩否认了全国广播公司记录片中最惊人的声明，即国有的法国航空公司定期在头等仓的座位上安装送话器来记录美国商人的谈话*。然而，他承认说法国情报军官确实定期"走访"美国商人下榻的巴黎各饭店的客房，检查机密文件。的确，有些商人抱怨说，他们下榻法国航空公司管理的拉法叶—协和酒店时，他们的房间总有人进入，重要文件和便携式电脑被盗。[5]

有一件很怪异的事件暴露了玛丽恩以前所服务的机关的劣迹。1989年初，一个很大的牛皮纸信封被法国邮政局退回给寄件人，因为收件人地址签已经脱落了。信封上的寄件人是美国国际商用机器公司法国总公司的一位雇员。IBM的安全官员打开包装，很吃惊地发现里面是高度机密的公司文件。他们召来了美国中央情报局和美国联邦调查局，这两家联合调查了七个月，发现了三名在这家公司工作的法国鼹鼠。[6]随着调查深入下去，中央情报局和联邦调查局发现法国鼹鼠在德州仪器公司、康宁玻璃公司和其他几个在法国运转的美国公司内部潜伏很深，并且实际上是每天都在搜检公司机密。所有的人都是法国国外安全总局按照"变色龙行动"安插的，而这个变色龙行动是玛丽恩在20世纪80年代初启动的绝密计划。[7]1989年11月，美国国务院正式提出了抗议，法国人最初否认了同这些鼹鼠的任何牵涉，但最终还是承认了他们的活动。当时新任命的国外安全总局局长克洛德·西尔伯灿说，这个丑闻"由布什总统和密特朗总统在最高层次上讨论过"，用了"整整两年时间"同美国联邦调查局和美国中央情报局进行"艰难的、秘密的谈判"来修补损害。尽管这件事很严重（西尔伯灿公开称之为"危机"），他注意到美国从未要求法国人召回任何在美国工作的国外安全总局官员或"名誉记

---

* 玛丽恩在1981年接受任命担任法国间谍首脑之前是法国航空公司的董事长。

者"——我们很快就会看到,法国政府不是总会接受这番好意。[8] 据报道,国外安全总局为这30名被美国联邦调查局揭露后被美国雇主解雇的间谍安排了工作。[9]

法国国有电脑制造商布尔机器公司的例子说明法国人曾经多么恶毒。这家公司是国外安全总局鼹鼠窃取的专利文件的受益者之一。1993年10月,布尔公司决定在一家美国法庭控告它的美国竞争对手德州仪器公司。布尔公司宣称德州仪器在非法生产一款布尔在1978年取得专利的电脑芯片,要求德州仪器提交技术设计图和生产数据以便他们可以更好地评估可能造成的金钱上的损失。据《华尔街日报》记者约翰·菲亚尔卡说,德州仪器公司正准备屈从对方,忽然公司的一个人注意到,布尔公司的芯片同一位德州仪器公司的科学家四年前设计的一款芯片"离奇地相似"。德州仪器公司的律师把他们的调查报告归纳成诉讼案情摘要交给法院。"很明显,在1989年被揭露以德州仪器雇员身份工作的法国间谍在30年时间里一直把德州仪器计算器部有用的信息输送给布尔公司。"[10]

1991年第一次海湾战争后,间谍活动加强了,并且变得狠毒了。密特朗总统把国外安全总局的预算提高了10%并下令戏剧性地改组这个机构来扩大人工情报(humint)的数量并提高质量,而这时,其他国家包括美国都在减少自己的情报工作预算。专门鉴别潜在间谍的案件军官(case officers)的数量增加了三分之一。最重要的是,这次改组打开了接收法国高等专业学院①毕业生的大门,而这些精英的国立大学已经向法国的行政部门提供了最好、最聪颖的人才。在此之前,国外安全总局在海外的特工和分析员大多数都是军官,很不精通经济间谍活动,而现在密特朗把经济间谍活动看成了情报工作的重中之重。"近年来,法国人已经看到几乎在每个地区他们的市场占有率都在降低",一位美国的情报提供者说,"他们知道,保证他们的公司参与游戏的最便宜也是最

---

① 原文是 grandes écoles,也译为"大学院"。——译者注

好的办法就是在竞赛中窃取信息。"[11]在这个世界上的关键地区,他们的竞争对手都是美国的公司。

1991年5月29日,乔治·H.W.布什总统公开了一项中东军备控制倡议,要求对常规军备销售做出巴黎统筹委员会式的安排,法国人感到大事不妙。美国公司在第一次海湾战争中获得了巨大的经济利益,在重大的武器事宜上正在挤压法国人。许多我采访到的法国防务承包商对此感到惊讶,布什政府为什么突然之间要求公开交流有关国际武器销售的信息?要知道,几十年来,在这个领域,有利可图的后门交易、贿赂和给政党回扣已经成了大家都接受的准则。至少,对法国人是这样*。

领导国防委员会的社会党议员让-米歇尔·布舍龙看不出任何理由法国议会应该监管法国军火出口来满足美国的透明性准则。"我们所需要的只是一份政府军火出口政策的摘要陈述",布舍龙在巴黎的一次专为这个新的军备控制倡议而召开的讨论会上说,"一年一次足矣。"(想象一下美国国会的议员们告诉白宫他们不想听取任何事情的汇报!美国人强调透明性和责任,这是法国和美国政治制度之间最显著的差别之一。)布舍龙建议,那些主要的武器出口国应该看到地区间的不平衡,要以限制进攻性武器交易为目的,而不是别的。"这就意味着那些用于占领和守卫领土所需要的武器:坦克、远程火炮和攻击直升机。例如,对伊拉克这样的国家,获得1,500辆坦克的战斗力是可以接受的。但是,购买4,500辆就显示了控制这个地区的决心。对于这类装备,最终可以有某种禁运。"[12]

美国的行动加深了法国的怀疑。就在美国总统呼吁其他武器供应国要保持"克制"的同时,他的政府请求国会批准给埃及出售40架新的F-16战斗机,批准同沙特阿拉伯的一笔70亿美元的一揽子武器交易,批准给阿拉伯联合酋长国出售先进的阿帕奇反坦克直升飞机,批准给这

---

* 从1976年起,美国的《反海外腐败法》禁止美国公司从事贿赂行为,根据这个法案,企业的高级官员一旦被抓获将负刑事责任。

个地区的国家包括以色列出售价值几十亿美元的各种武器。仅1991年，美国国会就批准了总计118亿美元的对中东的新的武器销售，而政府在递交给国会的年度保密计划（被称为"贾维茨清单"）中最初的目标是220亿美元。1992年度的贾维茨清单要求的就更高了：350亿美元。遍及欧洲的武器制造商大叫犯规，但哪儿的抗议声也大不过法国的。"的确，我们有了军备控制"，我在1991年迪拜航展上采访的一位法国高级管理人员说，"美国人现在控制了整个武器市场。只有一个超级大国时这样的事就会发生。美国人今天面对的唯一竞争对手就是他们自己。"法国国家航天工业公司的国际销售副经理弗朗索瓦·大卫把美国的对外军事财务计划称为"改头换面的政府补贴"。他设法说服法国政府增加了法国武器销售的出口融资。[13]

法国人几乎在每次同美国武器出口商的正面交手都败北。他们在对沙特阿拉伯销售坦克的交易中失败了；"沙漠风暴"行动后，他们没能说服科威特人继续购买幻影喷气歼击机或战斗直升机；甚至在卡塔尔和阿拉伯联合酋长国，他们也有困难。而且这些问题并不仅仅局限于中东。

法国人开始怀疑，美国召集一个联盟把萨达姆·侯赛因赶出科威特有着自己不可告人的动机：那就是摧毁法国的国防工业。"你想要个例子？"法国武器装备总署的负责人伊夫·希拉尔问。"1992年6月，我们开始同台湾谈判，打算销售60架幻影2000飞机。一个月后，美国人提出要卖F-16飞机，而这个提议已经搁浅11年了。他们为什么偏偏在这个时候解除了自己的禁令？我从一位可靠的消息人士那里获悉，布什总统得到了一份来自美国航空工业界的报告，说如果他们不能完成这次对台湾的销售，法国的军备工业就能生存下去了。因此，布什做出了让步。"[14]当然，这纯粹是一派胡言真正的原因同选举年政治有关，但是希拉尔的评论也说明了当时在法国精英圈中流行的那种偏执狂。

法国人用来还击的手段之一就是行贿。"贿赂行为特别难查证"，《华尔街日报》记者约翰·菲亚尔卡说，"一种可能的迹象就是，你本来以为你已经赢得了一份合同，却突然逆转了。"这种逆转的一个例子就是在1992年向阿拉伯国家卫星通讯组织（ARABSAT）销售价值2.5亿美元的通讯卫星的竞争。阿拉伯国家卫星通讯组织在1992年9月30日把这份合同给了美国休斯飞机制造公司，但是在1993年4月12日彻底改变了自己的决定，把这笔生意给了法国国家航天工业公司。在这项决定公布后，休斯公司散发了一份新闻稿，评论说"一些制造商为了实现市场占有率乐意冒极端风险"。[15]

法国针对美国公司的工业间谍活动所占比例开始增大。1994年，在书面答复参议院情报特别委员会提出的问题时，美国中央情报局引证了17月内的72个案件。在这些案件中，外国公司针对美国竞争对手使用了"可疑的商业实践"，使美国公司因为失掉合同和失去工作岗位而造成"大约300亿美元"的损失。[16]

1993年2月，在为R·詹姆斯·伍尔西拟任职美国中央情报局局长而举行的确认听证会上，他承认，应对经济间谍活动已经成了情报界的主要挑战。1993年11月，在一次对芝加哥工商业者的讲话中，他更是直截了当。他说，从现在开始，中央情报局将采取措施保护美国公司防范外来的间谍活动。"不再有好好先生了。"然而，采取新的、"强硬的"政策并不意味着美国打算替美国公司从事工业间谍活动。只要这个机构发现"外国的贿赂行为已经发生或即将发生"，美国官员会把这个信息传递给外国的决策者。"大多数这样的公司从来没有意识到他们得到过我们的协助"，伍尔西告诉一个参议院专门小组，"并且甚至公开说他们不需要协助。对我们来说没关系。这就是情报工作的本质。"[17]

在伍尔西担任中央情报局局长期间，美国和法国情报机关之间的秘密战争在暗中激烈进行。时至今日，伍尔西仍然不愿意谈论其中的细节，而是让记者去参考他已经发表的评论，也就是那些中央情报局已经审查过的评论。[18]在评论中，他只点出了两家外国公司的名字。这两个公司都是法国的。

当然，从大西洋对岸看，事情有所不同。皮埃尔·希凯是法国地面武器工业集团公司的董事长,而这家新近改名的公司是法国坦克的唯一制造商。就在那个时候,法国人赢得了1993年2月"沙漠风暴"以来首单向海湾地区出口军火的大合同——为阿拉伯联合酋长国提供436辆AMX勒克莱尔主战坦克、弹药、培训以及维修,合同价值40亿美元。[19] 对法国人以及对希凯自己,这都是一个重大的成功之举。对法国人来说,这标志着在海湾战争中遭受众多耻辱后东山再起——海湾战争中,伊拉克军火库中那些昂贵的、尖端的法国制武器被美国军队像玩具一样毁灭了。对希凯来说,这是对他的私人和官场敌人的胜利——正是这些人想要地面武器工业集团公司使用他们在海外的"网络"给他们的朋友输送贿赂和回扣。出乎所有人的意料,地面武器工业集团公司成功地向阿拉伯联合酋长国卖了一款还在图纸上的坦克,同时还许诺把法国投资吸引到阿联酋,尽管它承认它根本找不到这种投资。这可是了不得的功绩,几乎完全出乎美国人的意料。突然之间,心醉神迷的希凯开始在各处看到以前似乎是关闭的市场。"阿曼还没有关闭,科威特也没有",他在阿布扎比告诉我。仅在海湾地区,地面武器工业集团公司就可以销售"多达1,000辆坦克"。[20]

法国对阿联酋坦克交易的主要竞争对手是美国通用动力公司,这家公司能提供的是艾布拉姆斯M1A2坦克。这家公司觉得这份合同已经是囊中之物了,所以公司官员们在洲际饭店租了一个大宴会厅,要搞一次阔气的胜利庆祝会,而且还发了压印浮凸字体的请柬。1993年2月14日,当阿布扎比政府在国际防务装备展览会(IDEX)上宣布法国人赢得了那份合同后,这个宴席被取消了,根本没有考虑任何社交礼仪。我第二天在阿布扎比采访到的通用动力公司的推销员责怪克林顿政府没有提供他们敲定这笔交易所需要的政治支持。那天早晨在美国大使馆召开了一次紧急会议,在会上,"我们从根本上被告知不要指望任何帮助,"一位官员告诉我。"通用动力公司被告知不要从中作梗,因为这其中涉及更高的美国利益。"他暗示,这些利益之一就是允许法国人拥有他们在海湾战争后的武器市场上的份额。[21]

婚姻顾问劝告他们的客户要站在彼此的立场上,这样才能更好地观察自己的行动。美国人和法国人可以从这个建议中获益,因为他们对这些事件(以及许多其他的事件)的说法是不同的,而且这种不同很引人注目。在四年后出版的回忆录中,希凯宣称美国政府曾试图阻碍法国的交易,对地面武器工业集团公司的高级武器销售员菲利普·莱捷进行了监视。他写到:"在阿布扎比,美国中央情报局跟踪我们的人从离开饭店到返回饭店,每天菲利普都得变换住处。"[22]

按照希凯的说法,他那位35岁的助手神秘地打开了通向阿布扎比最高决策者的大门,靠的就是对法国坦克完全诚实这一优点:"这种绝对的坦率成了我们的秘密武器……我们的客户觉察到他们自己的弱点,想把我们当作朋友对待。而朋友们彼此间不隐瞒一切。"所以,莱捷决定把真相告诉这些埃米尔们①。"他告诉他们,地面武器工业集团公司开发的坦克现在只是样机,但是将无庸置疑地会成为世界上最先进的坦克",希凯在书中写到。天哪,这就是说,就是因为法国坦率地说正在开发一款漂亮的纸坦克,一笔40亿美元的合同落进了他们的口袋里。

当然,在现实世界中,事情不是这样的。莱捷的哥哥是国外安全总局的上校,也许是他在诱使美国中央情报局相信莱捷也在为法国的情报机构工作——如果中央情报局的确在跟踪莱捷的话。海湾的石油国家充斥着贿赂、回扣和贪污,这使得这些国家声名狼藉,对此,法国人就像一个享用禁果的堕落女人一样恣意妄为地出力(也获益)。[23]希凯命令莱捷发展他自己的中间人和抽佣代理商网络,这在法国防务工业圈里已经是尽人皆知的。这让军火出口机构索夫玛公司(SOFMA)和索夫赫沙公司(SOFRESA)非常生气,因为在过去的几十年里,他们已经建立了自己的网络。

同通用动力公司的竞争一直坚持到最后一刻。法国国防部长皮埃

---

① 埃米尔是某些穆斯林国家的首长、统帅、王公等的称号,或穆罕默德后裔的尊称。

尔·若克斯飞过去，在洲际饭店的一间套房中监督谈判。莱捷穿梭于阿联酋武装力量参谋长穆罕默德·本·扎耶德酋长的王宫和若克斯的饭店套房之间，报告每一项新的进展。每次他同埃米尔们见面后返回，若克斯就变得更加担心。

"这么说，莱捷，我们失败了？"有一次若克斯问。

"没有，部长先生，他们还没有做决定呢。"

希凯说真正的谈判是"闭门进行的，是在皇储哈里发酋长和他的同父异母兄弟陆军参谋长穆罕默德酋长之间进行的"。[24]

当然，希凯没有写莱捷是如何成功地影响了最终的决定，以及他做出了什么允诺。的确，法国政府在 2001 年最终中止了交付勒克莱尔坦克，因为一个显然是暗藏在合同中的条款要求他们按照最新出厂的勒克莱尔的规格免费更新以前已经交付的坦克。那个小细节显然是在最后一分钟才加上的甜头，但估计使制造商损失了 12 亿欧元（16 亿美元）——足足是整个合同价格的三分之一。（想象一下通用汽车公司同意连续十年每年升级你的 1994 年产雪佛兰轻巡洋舰汽车，而不用你支付一个钢镚儿！）《世界报》把这个大得惊人的损失归因于"先前的管理部门从一开始就没有谈判好的一份协定"——指的就是希凯和莱捷。[25]法国政府的审计发现，每一辆勒克莱尔坦克花费了法国纳税人 1 亿法郎而不是希凯宣称的 2,800 万法郎。[26]随后的法国媒体报道称，这笔交易共支付了 73 笔佣金，"其中大部分进了希拉克的势力范围"。[27]

希凯确信，困绕法国人的每个苦恼背后都有美国中央情报局的影子。宣布那份合同的当天晚上，"阿布扎比街头流传着最恶毒的谣言：我们的坦克还不存在，地面武器工业集团公司行将破产，我不知道其他还有什么。"第二天，阿拉伯媒体刊登了许多这样的说法——阿拉伯记者是从其他在阿布扎比的法国防务承包商那里听到的，我也一样——希凯说这种攻击"带有明显的特征：就好像你看得见中央情报局的荣誉记者的影子在《阿拉伯祖国》的头版上夸口炫耀呢"。《阿拉伯祖国》是在伦敦出版的很受欢迎的阿拉伯语日报。[28]甚至到今天，和我聊过天的一位法国军火商还坚持说美国人在"蓄意破坏"这家工厂的坦克。

"对,我的欧洲大陆的朋友们,我们确实暗中调查你们了",前中央情报局局长吉姆·伍尔西在《华尔街日报》上撰文戏称。但这不是为了窃取技术或让美国制造商得益。真正的原因,伍尔西说,是贿赂行为。"没错,我的大陆朋友们,我们窥探你们是因为你们行贿。比起你们的美国对手来,你们公司的产品通常更昂贵,在技术上不那么先进,或者既昂贵又不先进。因此,你们大量行贿。你们的政府是串通一气的,甚至在几个欧洲国家,贿赂物仍然可以扣除税的。"

法国国外安全总局的做法是把经济间谍活动的成果交给法国国有公司帮助他们赢得合同,而美国中央情报局的做法正好相反。中央情报局把它的间谍活动的结果交给欧洲人企图收买的那个外国政府,"而且[我们]告诉这个国家的官员我们不会对这样的腐败行为泰然处之"。通常,这些国家回报的方式是"把全部或部分合同给最有价值的投标(有时是美国人,有时不是),这让你们心烦,而且有时候让你们的行贿者和其他国家的贿赂者之间相互攻击,这偶尔会造成公开的丑闻。我们喜欢这样"。

被伍尔西点名的仅有的两个案件涉及了汤姆逊半导体公司和空中客车公司。汤姆逊半导体公司被指在和美国雷神公司竞争一份70亿法郎的雷达和卫星合同时向一个巴西政府选购小组的成员行贿。而空中客车公司据说向沙特官员行贿。伍尔西承认,在这两个案件中,美国中央情报局都进行了干涉。[29]

1993年4月,奈特-里得报系的记者弗兰克·格瑞夫在他的华盛顿特区办公室里收到了一个未做记号的棕色信封,美国和法国之间的秘密情报战争随之也喧闹地公开了。有个人亲自把这个信封交给了前台,上面既没有邮费也没有回信地址。里面装的是一份21页的文件,盖着"国防机密"的图章,正是这份文件揭开了法国针对美国的咄咄逼人的间谍活动。这份文件号称是法国国外安全总局美国处的年度世界范围情报收集计划,其形式是给经济、科学和技术司(DEST)驻海外的情报

站站长的任务备忘录。

这份间谍计划"针对的目标是49家美国高科技公司，24家金融机构和六家在国际贸易中扮演重要角色的美国政府机构"，格瑞夫写到。法国的间谍活动"集中在直接同法国公司竞争的美国领先的航空和航天及防务承包商，还有他们研究中的重要技术成果以及销售策略"，并且从1到3给美国的技术和商业目标分级。最高的优先级别给了直接同法国国有公司竞争的波音公司、福特航空航天公司、休斯飞机公司、洛克希德公司及其他防务承包商。

例如，从波音和麦道飞机公司，法国的高科技间谍的任务是获得大量的技术数据及商业策略来帮助欧洲空中客车联营企业在大规模的竞争中从这些美国巨人手中夺得民用大型客机的市场占有率。从通用动力公司的空间系统部门，法国人寻求阿特拉斯/半人马座运载火箭的技术数据，而阿特拉斯/半人马座是法制商业太空发射火箭"阿里亚纳的竞争对手。"从洛克希德公司，法国人的首要任务是获取仍然是极端机密的先进战术战斗机计划的信息。这份任务备忘录表明，特别感兴趣的是"无源传感器的空气动力和红外辐射秘密一体化"。还有更多的例子。

在多数情况下，如果一个记者无意中发现了涉及高度敏感的情报问题，比如这个案子，美国中央情报局通常是克制做出评论的。而在这个案件，格瑞夫及其他获得这个题材的记者发现中央情报局的发言人（在这种文章中被援引但没有详细说明从属关系的"美国政府高级专家"）对鉴定这些法国文件的真伪，对提供有用的背景知识非常热心。"这个清单同法国人的倾向性、他们的兴趣所在、他们的国防工业政策以及他们的军事技术的缺陷相吻合"，一位"美国政府专家"告诉格瑞夫。来自另一个机构的一位官员"证实那个据说拟订这个清单的法国情报部门——经济、科学和技术司——以为法国公司搜集秘密情报而著称。"当格瑞夫给在华盛顿特区的法国大使馆打电话时，他们发狂了。在一个星期五下午，在同巴黎交换意见后，一位大使馆发言人发出了一个一句话的声明："这份文件中没有什么内容显示文件是法国政府机关核发的。"³⁰ 当然不是了：这是保密的！法国国外安全总局负责人克洛德·西尔伯灿说这份文件是"由一份真正的文件拙劣地拼凑在一起的赝品，而那份文件是早先写的，是我们的机关总结出的全世界各公司从事的关键技术，而不是间谍活动的目标"。³¹

这件事被揭露让美国国会热闹起来了。法国这样的盟友通过间谍活动获得的秘密"使美国的公司损失了亿万美元并且损害了美国的竞争力"，众议院司法委员会主席杰克·布鲁克斯（民主党，得克萨斯州）说。"法国人在不分青红皂白地打劫美国的工业"，众议员弗兰克·沃尔夫（共和党，弗吉尼亚州）说。"我不反对外国的竞争，但是让我们确保这种竞争都是可以拿到桌面上的。"他和其他人力劝联邦政府不去参加当年的巴黎航展。他说："把我们的政府雇员派到法国，让他们在那里成为飞贼战术的牺牲品，这我们承受不起。"他也要求美国的防务及航空航天公司抵制那届航展。

休斯公司董事长 C. 迈克尔·阿姆斯特朗说他本来就因为成本问题拿不准是否参加 1993 年的巴黎航展，但法国的情报活动是促使他决定放弃这次行程的"最后一根稻草"。然而，我在那年航展上采访的许多防务承包商认为那份报告渲染得过分了，并对美国国防部缺席表示遗憾。美国贸易部长伦·布朗曾在最后一刻试图说服五角大楼送一架 B2 轰炸机参加地面展示。他还很显眼地参观了航展，努力想激发那些参加展览的美国公司的士气。一位法国国防部的前最高官员现在领导着法国一家主要航空航天公司，他对有关间谍活动的报道一笑了之。美国和法国"有悠久的战略合作的历史"，他说，"但这并不排除竞争啊。"³² 毕竟，朋友之间有点小的间谍活动又能怎么样呢？

1994 年 1 月，当爱德华·巴拉迪尔总理在沙特阿拉伯首都利雅得走下飞机时，他可不是这么想的。在从巴黎飞来时，巴拉迪尔给他在空中客车公司的联系人打了电话，确保他掌握最后一轮谈判的最新细节——为了一份更换沙特阿拉伯航空公司全部商业机群的巨额合同，他们正在同沙特阿拉伯人谈判。想到可能要为法国的出口产业宣布一项 300 亿法郎（将近60亿美元）的胜利，巴拉迪尔很是心醉神迷。在1991年3月的立法机构选举后，这位一向彬彬有礼的前财政部长被中右联盟推举出来领导同密特朗的最新一轮的左右共治。尽管他是雅克·希拉克的盟友，他也越来越成了他的对手。希拉克决定在局外旁观以便为1995年的总统选举打基础，他的推理是，管理法国的日常工作会让他从竞选总统这件大事上分心。但是，权力是有诱惑力的，巴拉迪尔越是体验总理的地位，越是确信要竞选总统。以这样壮观的方式从沙特阿拉伯得胜还朝一定会给他的政治职业加分。

沙特皇储阿卜杜拉和国防部长苏丹·本·阿卜杜勒阿齐兹在机场的贵宾帐篷中欢迎了巴拉迪尔。但是，沙特阿拉伯人告诉他，他们在重新考虑，而不是准备草签合同。因为法国新闻周刊《新观察家》对巴拉迪尔行程的详细报道，美国国家安全局已经得到了巴拉迪尔的谈话，"在一小时内向白宫送去了欧洲人的最新建议"。两个月后，沙特阿拉伯人宣布他们将购买美国飞机。尽管"美国人早晚会签这份合同，"这本法国杂志承认，"这件轶事表明：为了赢得经济战争，为了赢得市场，美国人从现在开始依赖他们的强大的特务机关了。"[33]巴拉迪尔大发雷霆。但是，他没有信口开河（希拉克可能会），而是决定采取报复行动。

1995年2月22日，《世界报》透露，法国政府已经要求五名被怀疑为间谍的美国人离境，因为他们从事"与他们身份不相符的"活动。五人当中的四人是外交官，包括中央情报局的副站长约瑟夫·德特拉尼①。第五个人在媒体报道中被称为玛丽·安·鲍姆加特纳，据说是为一家位于得克萨斯州的呼吁拯救亚马逊河雨林的基金会工作，是位公共关系专家。根据法国本土警戒局的反间谍调查，内务部泄漏的详细情况表明，鲍姆加特纳女士给一位为巴拉迪尔工作的年轻助手亨利·普拉尼奥尔付了400美元，让他就"法国同北约的关系"写一篇五页纸的文章。她也

---

① Joseph Detrani，中文名狄长礼。他于2003年底担任美国的朝鲜事务特使。——译者注

"在四或五次不同的场合"带他去午餐。[34]

据内务部说,普拉尼奥尔从一开始就把这位美国女性的友好表示告知了本土警戒局并且同意做双重间谍。随着他同鲍姆加特纳女士关系的发展,普拉尼奥尔在七个场合被带去会见一位从布鲁塞尔来的中央情报局军官。美国人所寻求的深入的、阴暗的秘密围绕着一个困惑他们的奥秘:因为农业补贴、因为要保护他们蒸蒸日上的国内电视电影工业,法国人威胁要阻止在关税和贸易总协定①中的新一轮国际贸易谈判,这究竟是为什么?那些"审问"年轻的普拉尼奥尔的美国人很有经验,竟然没有注意到他们处在监视之下。法国人很有乐趣地摊开照片、他们得到的饭店登记签字、信用卡刷卡单等来证明这些美国人"使用了虚假的身份证明"并且进行秘密见面企图征募法国官员,这为驱逐他们提供了借口。

尽管法国人在关贸总协定一事上的立场可能让美国人很难理解(法国人觉得必须保护他们的农民和电影摄影师,这是他们生活方式的一部分),但这算不上是什么机密。"美国中央情报局的这次行动在我看来似乎有点愚蠢,居然用外行人来执行",法国的关贸总协定谈判代表贝尔纳·米耶说。"他们可能探听到的东西什么不能在媒体上找到?美国人要保卫他们在欧洲的地位,像我们这样做可能是明智的,那就是:公开。"[35]克洛德·西尔伯灿最近已经不再担任法国国外安全总局局长了,他也同意这个说法:"在盟友之间,这类[驱逐的]要求只能是因为极端严重的事件。"虽然他宣称他不知道事情的原委,因为反间谍工作是本土警戒局的职责,"我还是觉得这件事中有关关贸总协定的方面不可思议。这里有什么真的值得刺探的?在这类谈判中,不可能有什么关于法国立场的文件被锁在保险柜里,而我们的对手要想方设法获得这些文件。"[36]

---

① 即 General Agreement on Tariffs and Trade (GATT),简称"关贸总协定",是世界贸易组织(WTO)的前身。——译者注

美国中央情报局监察长进行的事后调查确认，这件事是一系列"失策"，伍尔西的接班人约翰·多伊奇随后到巴黎来改善关系。尽管如此，美国官员对法国人大肆张扬这件事还是感到震惊。通常这类事件都通过秘密渠道处理。"这件事不会在几个月时间里平息"，一位不愿具名的美国官员告诉《华盛顿邮报》。"要过几年之后，至少几年，我们才可以再次谈论在情报问题上认真合作。"[37]

事情很快真相大白了，这次间谍丑闻的调子和宣传都是由巴拉迪尔和帕卡特地安排的（在即将来临的同希拉克竞争总统的预备选举中，帕卡是巴拉迪尔的政治盟友），目的是要把舆论从灾难性的窃听丑闻中吸引开。（巴拉迪尔授权帕卡非法窃听一位法官的岳父，而这位法官正在调查帕卡所在的巴黎以西的那个地区的不透明的政治财务。法国媒体把这件事叫做巴拉迪尔的"水门事件"。）

有一个人特别乐意帮助本土警戒局查出那些美国间谍：他就是贝尔纳·吉耶，现在回到巴黎担任帕卡的"外交顾问"。据法国媒体报道，他也是向新闻界透露信息的人。对这位前驻得克萨斯州休斯顿的总领事来说，让这五位在法国的美国人走人能带来他喜欢的名酒那样的芬香：那就是复仇。

但是，并不是只是针对间谍和主要出口合同的分歧让法国和美国关系越来越远。还有伊拉克问题。

在我们的黎巴嫩主人①位于格拉塞的乡间庄园里，午夜自助餐上来了。吉耶坐在萨米尔·特拉布勒西旁边。特拉布勒西身材高大苗条，穿着白色套装，打着深蓝色领带，肤色黝黑。特拉布勒西是法国籍的黎巴嫩人，为汤姆逊半导体公司工作。他因为给法兰西之家提供了未被详细说明的服务而从前戴高乐主义内务部长夏尔·帕卡那里得到了荣誉勋位勋章。特拉布勒西很自豪地陪着他18岁的女儿，她那巴西人的美丽让人眼晕，也泄漏了她母亲的拉丁基因。这两个人就像是詹姆斯·邦德电

---

① 指本章开头提到的黎巴嫩商人瓦利德·霍拉伊特姆。——译者注

影里的人，刚从附近的蒙特卡洛赌场走出来。在他们的优雅的衬托下，贝尔纳·吉耶石雕般的下巴和脸使他看上去更像一个退役伞兵而不像法国政府部长的外交顾问。

我问吉耶，法国人是否知道伊拉克的秘密核武器计划，他这么回答我：在海湾战争中法国站在美国一边是犯了个大错误。"萨达姆从没有反对过西方。他从来没有试图对抗美国或西方的利益。有关他的原子弹我们知道什么？我们知道那不是针对我们的，更多是针对你们的。在海湾战争中法国支持美国人没有得到什么却失去了不少。"

在我旁边是一位很有名的黎巴嫩商人，他刚邀请我乘坐他的私人飞机返回巴格达去会晤伊拉克副总理塔里克·阿齐兹。挨着他坐着一个皮肤黝黑的阿拉伯人，长着一个长方下巴，肚子稍大，是个十足的伊拉克人。我的桌友用阿拉伯语把他介绍给其他人，我的心顿了一下：他是阿尼斯·曼苏尔·瓦迪，在20世纪80年代后期，他作为侯赛因·卡米尔·马吉德的间谍在美国采购核技术和弹道导弹技术，他因此而在俄亥俄州和洛杉矶被起诉。

身边围绕着这些在20世纪80年代帮助武装伊拉克的中间商和经纪人，吉耶觉得特别无拘无束。他对我这个在场的唯一一个美国人勾了勾手指。他说：法国应该中断它同美国的联盟，再帮助萨达姆一次，就像在80年代那样。"到了法国改变政策的时候了，不然就太晚了。伊拉克是我们在海湾的天然盟友。"

甚至到了今天，我也确信，吉耶说的是他的心里话。毕竟，在我们生活的社会环境里（尽管物质极大丰富），比起同伊拉克独裁者合作，自称相信两百年的美法联盟似乎更正常。但是，比起美国来，吉耶实际上更喜欢萨达姆·侯赛因的政权，他对美国的反感能清楚地感觉到。

事情的进程将证明他的话是有预见性的，那些在1994年8月说过的话。

1. 彼得·施威策著，《友好的间谍》，第 120 页—121 页。（Peter Schweizer, *Friendly Spies*, Atlantic Monthly Press (New York: 1993), pp. 120-21.

2. 《洛杉矶时报》1991 年 6 月 6 日第 E1 版，"新闻人物"。（"Newsmakers", *Los Angeles Times*, June 6, 1991, p. El.）

3. 《华盛顿邮报》1993 年 6 月 27 日 C-2 版，"企业间谍活动也许不是为我们做的"。（"Corporate Spying May Not Be for Us", *Washington Post*, June 27, 1993, p. C-2.）

4. 施威策著，《友好的间谍》，第 99 页。（Schweizer, *Friendly Spies*, p. 99.）

5. 《国际先驱论坛报》1991 年 9 月 14 日—15 日，"法航否认对旅行者进行间谍活动"。（"Air France Denies Spying on Travelers", *International Herald Tribune*, September 14-15, 1991.）

6. 《华尔街日报》1995 年 1 月 19 日 A-13 版，"芯片卷土重来：高科技间谍活动的故事"。（William M. Carley, "A Chip Comes in from the Cold: Tales of High-Tech Spying", *Wall Street Journal*, January 19, 1995, p. A-13.）

7. 施威策著，《友好的间谍》，第 115 页。（Schweizer, *Friendly Spies*, p. 115.）

8. 对西尔伯灿的采访，参见《新观察家》第 1586 期，1995 年 3 月 30 日，《间谍活动：我们的成功与失败》。（Vincent Jauvert, "Espionnage: Nos succès et nos échecs", *Nouvel Observateur*, no. 1586 (March 30, 1995).）

9. 《新观察家》第 1635 期，1996 年 3 月 7 日，《当我们的间谍从事经济战的时候》。（Vincent Jauvert, "Quand nos espions font la guerre économique", *Nouvel Observateur*, no. 1635 (March 7, 1996).）

10. 《德州仪器布尔 CP8 起诉德州仪器公司案情摘要》，得克萨斯州美国地区法庭达拉斯分区，民事诉讼第3：93 – CV – 2517T 号。(*Brief of Texas Instruments in Bull CP8 v. Texas Instruments Inc.*, U. S. District Court for the Northern District of Texas, Dallas Division, civil action no. 3：93 – CV – 2517T)，引自约翰·菲亚尔卡著，《以其他方式进行的战争》，第94页。(John Fialka, *War by Other Means*, W. W. Norton & Co (New York: 1997), p. 94.)

11. 《星期日泰晤士报》（伦敦出版）1992年4月5日，"法国加强了间谍活动，既对朋友也对敌人"。(James Adams, "France Steps Up Spying on Both Friends and Foes", *Sunday Times* (London), April 5, 1992.

12. 《中东防务新闻》第18期，1991年6月10日，《密特朗计划》。("The Mitterrand Plan", Middle East Defense News (Mednews) 4, no. 18 (June 10, 1991).) 后来，在一位法国法官以贪污的指控调查布舍龙时，他逃离法国前往巴西。

13. 《中东防务新闻》第18期，1991年6月10日，《对中东实施军控：说，还是做？》。("Arms Control for the Middle East: Words, or Deeds?" *Middle East Defense News* (*Mednews*) 4, no. 18 (June 10, 1991).)

14. 引自《新观察家》杂志1995年12月12日，第30页，《CIA的间谍情报员》。(Vincent Jauvert, "Les Espions VRP de la CIA," *Nouvel Observateur*, December 12, 1995. p. 30.) 台湾后来购买了美国和法国两家的飞机。

15. 菲亚尔卡著，《以其他方式进行的战争》，第95页。(Fialka, *War by Other Means*, p. 95.)

16. 前引书，第95页。原始来源："当前及预计的对美国及其海外利益的国家安全威胁"，美国参议院情报特别委员会听证会，1994年1月25日，第81页。("Current and Projected National Security Threats to the United States and Its Interests Abroad", Senate Select Intelligence Committee hearing, January 25, 1994, p. 81.)

17. 前引书，第97页。原始来源：伍尔西1993年11月19日在芝加哥行政人员俱乐部的演讲,题为"全球新领域情报工作的未来"。(Woolsey, "The Future of Intelligence on the Global Frontier", speech to the Executive Club of Chicago, November 19, 1993;) 以及1994年1月25日在参议院情报特别委员会的证词:"当前及预计的对美国及其海外利益的国家安全威胁",第21页。("Current and Projected National Security Threats to the United States and Its Interests Abroad", testimony before the Senate Select Committee on Intelligence, January 25, 1994, p. 21.)

18. 作者同R·詹姆斯·伍尔西的谈话,2003年7月。我在下面会提到伍尔西关于经济间谍活动的专栏版文章"我们为什么对盟友搞间谍活动?"("Why We Spy on Our Allies")。

19. 在这份合同宣布前两个月,一个法国的消息提供者给了我一份副本。这份合同是这样分解的:388辆主战坦克、两辆驾驶员训练坦克、46辆救援车(实际上和坦克相同)、40万发1,200毫米坦克炮弹、包括贫铀穿甲弹、第三级维修车间、两年的培训、技术援助以及142个模拟器,总共价值216亿法郎。参看《中东防务新闻》第6期,1992年12月12日,《法国将向阿联酋出售勒克莱尔(坦克)》。("France to Sell Leclerc to UAE," *Middle East Defense News* (*Mednews*) 6, no. 6 (December 12, 1992).)

20. 作者采访皮埃尔·希凯,1993年2月14日,阿布扎比。

21. 《中东防务新闻》第10—11期,1993年3月1日,《法国坦克前往阿联酋》。("French Tanks to UAE", *Middle East Defense News* (*Mednews*) 6, nos. 10–11 (March 1, 1993).)

22. 皮埃尔·希凯著,《混乱》,第103页。(Pierre Chiquet, *La Gabegie*, Albin Michel (Paris; 1997), p. 103.)

23. 皮埃尔·莱捷上校后来写了一本回忆录,谈到了秘密贿赂的事,还有他在这个石油换武器网络中的牵涉。参看皮埃尔·莱捷著,《秘密款项:埃尔夫公司事件的间谍如是说》。(Pierre Lethier, *Argent secret: L'Espion dans l'affaire Elf parle*, Albin Michet (Paris: 2001).)

24. 希凯著，《混乱》，第 111 页。

25. 《世界报》2001 年 1 月 19 日，"法国暂停向阿拉伯联合酋长国交付坦克"。("La France suspend ses livraisons de chars aux Emirats Arabes Unis", *Le Monde*, January 19, 2001.)

26. 《世界报》2001 年 10 月 27 日，"审计法院扣下了勒克莱尔坦克的费用"。(Jacques Isnard, "La Cour des comptes épingle le cout du char Leclerc", *Le Monde*, October 27, 2001;) 希凯的主张出现在他的书中第 59 页，已经引用过了。

27. 弗朗索瓦-格扎维埃·维尔夏夫著，《黑色希拉克》，第 145 页。(François-Xavier Verschave, *Noir Chirac*, Les Arènes (Paris: 2002), p.145.) 虽然这个关于坦克的协议在社会党人时期就已经达成，但是直到爱德华·巴拉迪尔的中右政府在 1993 年 3 月开始执政时才签署。从无数的司法调查来看，很清楚，那些主要出口合同都包括给左派和右派政党的付款。这些司法调查中，对前社会党人外交部长罗朗·迪马所谓从国有石油公司埃尔夫·阿基坦取得非法付款的起诉调子是最高的，但是失败了。

28. 希凯著，《混乱》，第 119 页。

29. 《华尔街日报》2000 年 3 月 17 日 R·詹姆斯·伍尔西文章，"我们为什么对盟友搞间谍活动？"(R. James Woolsey, "Why We Spy on Our Allies", *Wall Street Journal*, March 17, 2000.)

30. 格瑞夫的故事，还有被列为目标的美国公司清单，在奈特·里德报系的报纸上发表了，见《迈阿密先驱报》1993 年 4 月 18 日。(*Miami Herald*, April 18, 1993.) 完整的文件被转载在 1993 年 4 月 28 日《国会实录》第 H2015 页—2017 页中。(*Congressional Record*, April 28, 1993, pp. H2105-2107)

31. 《间谍活动：我们的成功与失败》。(Jauvert, "Espionnage: Nos succès et nos échecs.")

32. 法国高级防务官员同作者的谈话，1993 年 6 月。在 1993 年巴黎航展上采访法国和美国航天高级管理人员和政府官员时,我的身份是美国众议院外事委员会代表团的工作人员。这些采访内容还处在保密状态。

33.《CIA 的间谍情报员》。(Jauvert, "Les Espions VRP de la CIA.")

34.《华盛顿邮报》1995 年 2 月 26 日,"法国对美国在新谍报战中突然袭击表示不满"。(William Drozdiak, "French Resent U. S. Coups in New Espionage", *Washington Post*, February 26, 1995.)

35. 引自《CIA 的间谍情报员》。(Jauvert, "Les Espions VRP de la CLV.")

36. 引自《间谍活动:我们的成功与失败》。(Jauvert, "Espionnage: Nos succès et nos échecs.")

37.《华盛顿邮报》1995 年 3 月 7 日,"对美法间因间谍活动引起的骚乱的怨恨可能经年不息"。(William Drozdiak, "Resentment over U. S. - French Spy Flap Could Last Years", Washington Post, March 7, 1995.)

10
旧日情人

法国同伊拉克秘密交易中的几位大牌参与者在法国南部的一次社交聚会上聚齐了,贝尔纳·吉耶出现在这种场合也就不是什么意外了。事实上吉耶和他的上司,内务部长夏尔·帕卡据说是在第一次海湾战争后力主恢复法国同伊拉克商业关系的中心人物。[1]

1990年8月伊拉克入侵科威特后,联合国安理会一致同意(也就是说得到了法国的支持)对伊拉克实行全面贸易禁令,包括在全世界范围内禁止伊拉克的石油销售。该禁令还禁止伊拉克航空公司在伊拉克国界之外飞行,并且冻结了所有属于伊拉克或伊拉克国民的资金。1991年4月3日,也就是在美国领导的国际联盟战胜萨达姆一个月后,联合国安理会通行了第687号决议,宣布停火并命令在90天内销毁伊拉克的大规模杀伤性武器。

联合国秘书长佩雷斯·德奎利亚尔任命罗尔夫·埃克乌斯领导裁军工作。埃克乌斯是瑞典驻欧洲安全和合作委员会的特使。这个委员会位于维也纳,是掌管冷战后裁军的机构。"联合国想找一个来自中立国的对工业生产过程有所了解的人",在纽约一起用午餐时,埃克乌斯告诉我和哥伦比亚广播公司晚间新闻的制片人乔尔·伯恩斯坦及琳达·梅森,"而我是洪水过后还留在海滩上的人。"

埃克乌斯说,在阅读了安理会决议的措辞后,他认为这个工作会是件很容易的事。"我读了687号决议中关于石油禁运的那段话,心想:

这个家伙每天损失 6,000 万美元，每月就是 16 亿美元啊①。所以我告诉家人，我得赶紧去纽约。如果我花两天时间安排我自己的事务，伊拉克就会损失 1 亿 2 千万美元。我想，让伊拉克人充分、彻底解密他们的武器计划，可能要用 30 天时间。"七年后，在埃克乌斯最终离开联合国监督伊拉克销毁化学、生物和核武器特别委员会（UNSCOM 联合国特委会）时，巴格达政权仍然在提交埃克乌斯所说的"充分、彻底的童话②"，而不是坦白地说明他们的化学武器、生物武器、导弹以及核武器计划。²

埃克乌斯多次对萨达姆·侯赛因的行为表示震惊。一次，埃克乌斯告诉我，"要想解除制裁，他需要做的全部工作就是充分说明他的武器计划。沙漠风暴行动后，伊拉克不可能再有价值超过几十亿美元的大规模杀伤性武器。可是为了保存这些，他们放弃了一年 200 亿美元的石油销售。"这说明那些武器对萨达姆有多么重要。

虽然萨达姆的官员于 1991 年 3 月 3 日在伊拉克南部萨夫万空军基地一座匆匆搭起的帐篷内签订了停火协议，但萨达姆依然把科威特称为伊拉克的"第 19 个省"并且拒绝移交战后仍然失踪的 600 多位科威特人的信息（他们中很多人可能在反对伊拉克占领的抵抗行动中阵亡，但是一些人被认为是关在伊拉克的秘密监狱里）。尽管联合国武器核查人员已于 1991 年 4 月抵达了，萨达姆还是开始重建他的武器工厂，最初还是在安理会 687 号决议的限制范围内。这个决议允许他不受限制地继续生产常规武器和射程为 150 公里或小于 150 公里的弹道导弹，但是禁止他生产核武器、化学和生物武器。

乔治·H. W. 布什总统在办公室的最后一个举动是在 1993 年 1 月 17 日发射巡航导弹摧毁几个被怀疑在给被禁武器计划生产零部件的设施。

---

① 16 亿美元是原文中的数字。——译者注
② 按照要求，伊拉克政府应该向联合国提交一份题为《充分、彻底及完全的透露》的文件（"Full, Final and Complete Disclosure"）。在这里，埃克乌斯借用这个标题的一部分讽刺伊拉克人。——译者注

萨达姆对这一事件的回报就是，1993年4月在这位美国前总统访问科威特时派遣了一组伊拉克情报机构的特工前往科威特行刺布什。

法国谴责了1993年1月17日的攻击，宣称美国采取了"单边的"行动，"超越了"联合国安理会决议的框架。（听起来耳熟吧？）但是，法国人就是错了。安理会毫不含糊地要求萨达姆：（一）销毁所有的大规模杀伤性武器；（二）充分说明过去的大规模杀伤性武器计划，包括他的海外供应商网络；以及（三）服从联合国特委会对所有伊拉克工厂的长期监视以保证所有具有潜在的武器应用价值的敏感设备只严格用于民用。³ 相反，萨达姆·侯赛因完全违抗了联合国的所有要求，在和联合国核查人员玩藏豆游戏①，赶在联合国核查小组到达前用18轮大卡车拉着他的被禁武器计划的关键部分在全国各地躲藏。

随着时间推移，萨达姆越来越有把握，法国人会成功阻止美国的更进一步攻击，所以他就在联合国核查人员的鼻子底下开始重建他的军事及工业基础设施。在1992年1月，伊拉克宣布它已经修理和重装了两百多条军事生产线。萨达姆的女婿侯赛因·卡米尔因为同萨达姆的长子乌代发生商业纠纷而短时间失宠后在2月重新掌权，再次负责军事工业和伊拉克重建工作。和战前一样，卡米尔极有才能的技术助理阿米尔·哈穆迪·萨阿迪和阿米尔·拉什迪·乌巴亚迪设计了一个计划，使民用生产和军工生产彻底一体化了。萨阿迪在巴格达告诉我，除了伪装掩饰军工生产外——"这是我们从战争中得到的教训"——这种两位一体还有纯粹的实用性。他说："我们负担不起分别设置军事生产和民用生产设施。"

位于扎法米亚的阿尔—拉比亚工业联合企业在1月17日的美国袭击中被部分摧毁，而且联合国特委会核查人员曾四次造访，国际原子能机构团队曾两次造访。尽管如此，这个工厂仍在继续生产铀浓缩卡留管②

---

① 原文为 shell game，指一种赌博游戏，用具是几个胡桃壳，在其中一个下面藏一粒豆子，然后快速变换其位置，猜中豆子在哪个胡桃壳下就算赢。——译者注

② Calutron，一种电磁型同位素分离器。——译者注

的部件。虽然，埃克乌斯在无情地敦促伊拉克人同意建立一个长期的监测体系，他在维也纳国际原子能机构的瑞典同胞汉斯·布利克斯却同样迫切地敦促叫停，结束制裁并恢复正常的生意。布利克斯自己的专家编了一本详细目录，列出了在海湾战争中幸存的603种双用机床，正是这些机床特别令人担忧，因为它们是核武器计划中制造部件和专用设备的关键设备。这份资料包括谁卖给他们的、是哪个伊拉克实体最初购买的、这些设备是在哪里发现的以及它们的技术规范。一位维也纳的消息提供者给了我这份清单，我立即输入了资料库。经过分析，我发现，这些关键机床中的78台或者说3%已经被联合国武器核查人员在阿尔—拉比亚找到，包括专门设计用来制造电磁同位素分离装置（EMIS）和超离心机浓缩装置的设备。尽管这个工厂同萨达姆的秘密核武器计划之间存在着清楚的关联性，布利克斯还是下令不让国际原子能机构对这些机床采取控制措施，并且最终把阿尔—拉比亚工厂从检查场所清单中拿掉。美国军事策划者得出的结论是，伊拉克人认为这个"消过毒"的工厂是非法活动的安全区，所以要求美国总统授权除掉这个工厂。[4]他们在1993年1月17日完成了这个使命。

  1993年3月24日，埃克乌斯在华盛顿近东政策研究所演讲时公开警告说，伊拉克完全打算要恢复它的军事和工业基地。"他们的能力在那儿，供应系统包括银行和付款也在那儿。一旦石油禁运解除，伊拉克马上就会得到所有的现金，而这会是一个极大的隐患……有了现金、供应商和技术，他们就将能重建所有的武器计划"，埃克乌斯说，"这可能会像雨后春笋般出现。"[5]

  尽管有第二次世界大战后对一个国家实施的最严厉的国际经济制裁，尽管有联合国特委会和国际原子能机构对伊拉克武器设施侵入式的检查，重建还是在进行。随着制裁的实施，萨达姆宣布他的那些沉重的外债无效。很有讽刺意味的是，这样的话，他就有了许多现金，而且通过广泛的黑市石油销售他得到了新的资金。他有经济能力给他的供应商提供许多奖励让他们违犯禁令；而他们也极少遭到任何惩罚。那些大公司从来不会被抓住,而那些小的黑市商人只有在美国海关的管辖范围内操作才会冒些风险。我不知道在欧洲是否有过这样的事——一件也不知道——就是公司的高级管理人员因为违反联合国对伊拉克的制裁而坐牢。

从1992年一直到1993年,曾有过未经证实的报道说法国主要的防务公司通过在安曼、约旦、南非和其他地方的掩护公司向伊拉克销售备件。不同的消息来源(包括我在安曼遇见的法国中间人)向我列举的公司都否认批准过这样的销售,而法国政府也是这么做的。但是,到了1992年下半年,这种成果就显现了:伊拉克空军的幻影战斗机再次升空了,明目张胆地沿着南部禁飞区的边界执行"训练"飞行。尽管谁都否认了,这些备件总得有个出处吧。[6]

有时,伊拉克的再补给工作也受到美国情报机构的阻挠。他们把信息透露给监视进入约旦港口亚喀巴民用飞行活动的联军海军,而亚喀巴港是大部分伊拉克进口物资的留经地。在1993年6月,盟国战舰拦截了一艘法国货船维尔·德·维加号,船上运载的化学制品是氢氟酸,核扩散分析人士说这种化学制品能被伊拉克用于其铀浓缩计划。我被告知,因为法国人牵涉其中,这件事就被压了下来秘而不宣,在船还没停靠在码头上就被驱赶走了。[7] 然而,此事过后不久,法国就在联合国强烈要求终止对伊拉克的联合海上封锁。

1993年9月,萨达姆任命萨法·哈迪·贾瓦德·哈伯比为石油部长。这是萨达姆发出的一个很明确的信号,告诉他的海外伙伴他又开始做生意了。整个20世纪80年代,哈伯比在伦敦工作,是萨达姆·侯赛因的高级采购军官。作为技术与发展集团的负责人,他领导了伊拉克接管英国机床制造商玛特里科斯·邱吉尔公司及其在俄亥俄州的美国子公司的工作。当位于乔治亚州亚特兰大的国民劳动银行的高级管理人员在他们对伊拉克40亿美元贷款融资遇到问题需要解决时,他们去找哈伯比。作为萨达姆的私人代表,哈伯比协商贷款,为秘密的铀浓缩计划购买设备,给美国供应商写信请求商业合同的10%回扣。这个技巧伊拉克人会越来越多地使用。[8]

　　1993年10月，塔里克·阿齐兹前往巴黎，重新联络在法国政府的老朋友，为"一桩特大石油交易"蹚道儿。这次旅行本来是要暗中进行的。据说，旅行是法国内务部长帕卡安排的，"法国外交部长对此毫不知情"，而这位外长就是希拉克的盟友阿兰·朱佩。当沙特人办的《中东日报》得到了阿齐兹在巴黎并且同石油界高级管理人员见面的线索后，法国人匆匆宣称他们已经出于"纯粹的人道主义"原因放弃了联合国关于伊拉克高级官员旅行的禁令，而阿齐兹到巴黎是为了做一系列医学检查，包括检查可能的动脉栓塞。[9] 美国情报官员开始告诉记者们，说帕卡在"教授伊拉克人"如何在法国叫卖他们自己的事务，但没有提供帕卡所提建议的具体细节。这位暴躁的内务部长因为三十多年前同"并行网络"的牵连而名声大噪。"并行网络"当时被戴高乐主义者利用，通过公民行动处及其他团体给他们的政治活动提供经费。

　　阿齐兹只不过是联合国禁运期间到巴黎重启商业关系的众多伊拉克官员之一。[10] 1994年2月，为了给《时代》周刊写一篇有关禁运失败的文章，我重回巴黎，会见了前法国陆军参谋长让诺·拉卡泽将军，他是法国情报机关国外安全总局行动部门的老手，是个鲁莽粗犷但能干的人。拉卡泽将军是萨达姆久经考验的、公开的朋友，曾在一封公开信上签名督促法国政府不要加入打击伊拉克的联盟。这封信发表在1991年1月15日的《费加罗报》上（同时签署这封信的还有前国防部长安德烈·吉劳，他曾经同美国密切合作对付利比亚的卡扎菲）。拉卡泽刚从巴格达回来，听着他说话，就好像海湾战争从来没有发生过一样。他描述了包括美国公司在内的军火商和石油商的熙攘喧闹，他们都来敲萨达姆的门了。"在大家都在排队签合同重建伊拉克时，我们要是最后才来我们就傻了"，他直截了当地说。[11]

　　就在谁也不大肆张扬这种对禁运的藐视时，伊拉克外交部副部长利雅得·奎斯在1994年3月访问巴黎，大张旗鼓地同他的法国同行德尼·博沙尔举行正式会谈。伊拉克国家电台自豪地宣布奎斯是"应法国的邀请"来巴黎的,要讨论恢复伊拉克对法国的石油输送并且要把主要的重建合同赐给法国公司。同时,这家电台宣布,石油部副部长塔哈·胡穆德"正在对伊拉克和法国道达尔石油公司和埃尔夫·阿基坦公司在伊拉克展开石油投资这个合作项目的谈判做最后的润饰"。这家电台接着报道说,法国、意大利、德国、英国和美国公司间的竞争很激烈。"这些公司的官员近几个月来频繁造访巴格达,为的是赢得同伊拉克的合同,特别是在食品、农业领域以及未包括在禁运名单中的医药制品合同。他们在期待价值数百亿美元的重要交易,70年代和80年代就是这个样子,前提是禁运被完全解除。"[12]美国国务院的一位高级官员指责伊拉克人期待国际商人自愿再一次同巴格达工作。"伊拉克一直在撒谎说同欧洲和美国的公司签订了新合同",他告诉我。而通过散布有关美国企业高级管理人员访问巴格达的谎言,"法国一直在援助这个编造假情报的工作"。[13]

不管是假情报还是真情报,这个策略都奏效了。伊拉克人宣布谈判已经开始了,这听着就像是发令枪响了。石油高级管理人员、军火商、经纪人以及形形色色的代人行贿者从各个角落疯狂地冲向巴格达,都指望着联合国贸易禁运在集体贪婪的重压下崩溃。"在1994年,认为制裁即将被解除的想法是很合理的",多年后,一位法国高级官员温和地告诉我。[14]

尽管萨达姆缺乏同联合国核查人员的合作,法国人在替萨达姆说话办事方面越来越厚颜无耻了。在1994年春天,他们拼命游说支持一项新决议,允许伊拉克部分重开它通过土耳其的输油管线。根据这个协议,伊拉克获准"清除"输油管中的陈油,重新注满新采的石油。土耳其人辩称那些陈油正在腐蚀管道。每一次"清除"将产生1,200万桶石油。即使是按当时紧缩了的价格,伊拉克每一次清除都能获利大约7千万美元——而决议很清楚地表明每年可以有数次清除。剑桥能源研究会的石油分析员詹姆斯·普莱克说,"如果你问我,这听上去就像在用泵抽油。"法国人还竭力劝说安理会放弃那个长期存在的要求,即由安理会控制这笔资金。这是给萨达姆的又一个贿赂性小礼物。"我们故意使资金如何使用的问题含糊不清",法国驻联合国大使让－弗朗索瓦·梅里美说。这个危险的省略是萨达姆提出的要求,目的在于给伊拉克一个合法的现金来源使它可以在国际市场上购买双用设备。

法国人为什么这么乐意帮助萨达姆,这里有很多原因,但所有的原因都同金钱有关。在幕后,针锋相对的谈判正在进行,这对法国道达尔石油公司意味500亿美元,对那些促成这件事的法国政客意味着巨额回扣。如果法国人可以做成这件事,他们因为支持萨达姆而得到的奖赏将使20世纪80年代的武器换石油交易变得微不足道。

在5月份,法国人宣布他们要终止在伊拉克人的伤心之地亚喀巴海湾的海军巡逻,这是法国人在发信号表明他们的意图。这个约旦港口是在20世纪80年代由伊拉克建造的,美法共同在这个港的近岸进行海上封锁使得伊拉克的大规模走私困难重重而且成本高昂。的确,五角大楼报告说,自从1990年8月海上封锁开始,20,000艘船只被拦截,9千艘船被登船检查,450艘船因为运载被禁止运往亚喀巴的货物而被迫掉头。撤除海军的检查是伊拉克人的重要要求。法国人说服了安理会,用在港口抽查这样一个十分松弛的制度代替了海上封阻,而这个抽查制度几乎是一设立就被废弃了。

1994年6月15日,伊拉克在谈判桌上亮出了自己的牌。经过两年多似乎是不得要领的谈判后,突然之间,伊拉克石油部同意了一单大规模的新合同,给予法国国有的道达尔石油公司将来在伊拉克南部巨大的纳赫尔·欧迈尔油田开采的权利。在维也纳接受采访时,伊拉克石油部长(也是萨达姆的采购部长)萨法·哈伯比证实了那份合同,还说他的石油部也在马基奴油田的谈判中"同埃尔夫取得了相当大的进展"。埃尔夫是法国第二大石油巨头。[15]一周后,法国雇主联盟(CNPF)派遣了一个由28位首席执行官组成的代表团前往巴格达同阿米尔·拉什迪·乌巴亚迪中将会晤。这位阿米尔是伊拉克军事工业化委员会的负责人,也是众多伊拉克秘密武器设施的设计师。据巴格达的政府报纸《共和国报》报道，法国人"已经准备好在伊拉克建立制药工业以及生产汽车、农业机械、石化产品、铁、钢和铝的工厂。"[16]

联合国特委会主席罗尔夫·埃克乌斯警觉地观察着这些进展，并匆匆开始了欧洲首都之旅。他要提醒各国的政府领导人伊拉克根据安理会决议应尽的义务。考虑到伊拉克的记录，他明白萨达姆显然会使用民用工程项目来掩盖他为被禁止的武器计划而进行的大规模采购。但是法国人毫不在意。埃克乌斯在巴黎同法国外交部长阿兰·朱佩会晤后，法国外交部宣布那些同伊拉克的新协议同禁运"并不是不一致"。随后的那个星期，伊拉克国家石油销售组织（SOMO）的负责人法德尔·奥塔姆按计划要在巴黎的一个石油讨论会上致辞。

让法国人牵挂于此的关键是伊拉克对法国的新的大规模承诺，即要给法国相当于伊拉克未来石油收入的大部分。虽然法国人和伊拉克人都在公开赞美他们的新协议，如果不是美国国防部助理部长理查德·珀尔在2003年在发言和采访中反复提及，这份同道达尔石油公司的协定的令人吃惊的细节一直是个秘密。"无疑，法国人有很大的经济利益"，珀尔告诉我，"如果这场战争被避免了，他们肯定已经得到大宗合同了，而这个巨大的石油开采权只不过是个开端。"[17]

珀尔在防务政策委员会的同事杰拉德·希尔曼获得了这份长达154页的伊拉克和道达尔石油公司之间的协议草案。希尔曼是个政治经济学家，他拜访了做石油生意的朋友，仔细地梳理了这份协议。他立即注意到有几张纸编着页码却是空白的。"这些部分后来达成协议了吗？"他想知道。这不是他发现的唯一怪异之处。

这份同意道达尔石油公司开发纳赫尔·欧迈尔油田的合同是"很单方面的"，他告诉我。这不是一份平常的生产协议。平常的生产协议一般最多给予外国伙伴双方在这个油田采出的石油的销售总额的50%。而道达尔石油公司得到了总产量的75%。"这极其不同寻常，"他说。

还有一件事，就是这份合同没有包括道达尔石油公司的预先付款（在合同中被称为"红利"付款），而预先付款是标准协议，由外国伙伴先给石油生产国一部分现金作为未来的收入。"这暗示着红利是通过其它手段支付的",希尔曼说,"或者在当时没有谈妥报酬。不论是什么情况,这都是很可疑的省略。"

除此之外,萨达姆政府给道达尔石油公司设置了极低的生产目标,这是这家法国公司保留自己在巨大的纳赫尔·欧迈尔油田的合同权利的一个条件。"这也是相当罕见的",希尔曼说,"因为在伊拉克南部油田这样富有石油的地方,你一定愿意更迅速地开发。设置如此低的生产目标是离奇的;这样做的主要影响就是"通过降低他们需要投资的数量"减低石油公司的风险"。给道达尔石油公司的内部收益率是在50%左右,是基于"最小限度的"成功——这是惊人的利润,而风险是零,因为那份合同的第一条是完成那个油田的地震试验,而那个油田是世界上最富油的油田,在伊拉克和在石油工业界这都是广为人知的。本质上,道达尔石油公司的工作就是在伊拉克人指给他们的地方钻探和抽油,以及为进口最高水平的钻探设备做出安排。伊拉克特别想要大量的中子发生器,这种东西通常被用来测井。联合国武器核查员在伊拉克发现的文件以及前伊拉克核动力专家的证词都清楚地说明,伊拉克打算把这些中子发生器用做核"扳机",并且已经把这些发生器整合进他们的原子弹设计中了。

希尔曼和他的分析员依据合同所允许的绝对最小生产量,并按每桶20美元保守油价来计算,粗略估计了这份道达尔石油公司合同的价值。"在这份合同的最初七年内,道达尔石油公司将收入最少500亿美元",他告诉我。而生产石油只是挣钱的第一步。"他们可以另外做一笔交易,以折扣价格购买石油,可以期待从他们运输的每一桶石油中挣取额外的钱。"希尔曼又说,如果他们遵循标准的行业做法,他们也会通过销售期货、期权和出售股票选择权来套购保值①。"道达尔石油公司最初否

---

① 在商业活动中以保值措施避免损失,或两面下注以避免(赌博、冒险等的)损失。——译者注

认他们曾签署了一份合同，但是承认他们同伊拉克达成了某种谅解。看在上帝的份上，你怎么可能有一个154页长的'谅解'？这不是你花五分钟时间在一间烟雾缭绕的密室里就能说定的事。这是真正的工作。"

但是，最引人注目的事实是，这份合同完全取决于解除联合国对伊拉克的制裁。"因此，法国人是这么说的，'我们会帮助你们解除制裁，而如果我们做到了，你就得给我们这个'。这是背信弃义的最高形式。"[18]

因为公开支持萨达姆·侯赛因，法国人付出了沉重的代价，尽管他们直到今天都不承认。我在1994年3月拜访了一位资深的科威特王室成员。他告诉我，科威特和沙特阿拉伯对法国人同萨达姆调情"非常不安"，所以他们采取了迅速的对策。"科威特告诉那些当前正在和伊拉克谈判的公司，科威特人民在将来可能不想同他们做生意"，他说。在沙特阿拉伯，情况更糟。"西门子公司最近在沙特阿拉伯丢掉了一份价值40亿美元的合同，因为它在伊拉克得到了一份价值60万美元的合同。"还记得法国总理爱德华·巴拉迪尔到达利雅得后令他不愉快的诧异吧？他自认为他会签下价值60亿美元的大型民用客机合同。"法赫德国王告诉我们，法国人对伊拉克的态度使他心烦，他决定从美国购买价值60亿美元的波音大型客机，而不从空中客车公司购买，尽管空中客车提出的交易更有甜头。"[19]直到今天，法国人还深信，他们丢掉沙特的空中客车合同是因为美国人的卑鄙手段，而不是因为他们自己制定的决策失误。

法国人在伊拉克的"背信弃义"还有阴毒的一面，但没被报道过。在同道达尔石油公司签订合同两个月之前，从1994年4月18日到28日，12,000名伊拉克军人向伊拉克南部的霍维扎湿地发动了攻势。胡希亚尔·兹巴里曾是反对党伊拉克国民议会的库尔德人成员，后来在2003年担任了伊拉克临时政府的外交部长。他告诉我说，那个攻势同法国石油交易有"特定的联系"。据兹巴里说，法国人拒绝把他们的石油工程师派到一个可能遭反叛部队绑架的地区。所以他们建议伊拉克人提前

"整理"那个地区。因为法国人的特别贪婪,成千上万的伊拉克"沼泽阿拉伯人①"付出了终极的代价。[20]最终,萨达姆命令侯赛因·卡米尔和他的军备工程师把流入湿地的水源转向,使数千平方英里的沼泽地干涸,结束了一种生活方式,而这种生活方式曾使威尔弗雷德·塞西杰②以及后来的西方探险家着迷。大约有 30 万沼泽阿拉伯人被迫流放到伊朗,他们的生活方式也永远消逝了。

法国人致力于解除联合国对伊拉克制裁的努力被萨达姆自己削弱了。萨达姆再次完全误读了西方舆论和西方政府的决心,于 1994 年 10 月向科威特边境调动军队,准备发起第二次进攻。美国国防部长威廉·佩里立即命令加强在科威特的基本美军力量,而国务卿沃伦·克里斯托弗则成功说服联合国扩大了当时在伊拉克南部实施的禁飞区,把一个"禁驾区"包括在其中。法国人对伊拉克军队调动轻描淡写,否认萨达姆有任何有敌意的企图。那位无与伦比的让—皮埃尔·舍韦内芒匆忙赶到巴格达,告诉舍巴伯(青年)电视台法国会帮助伊拉克"找到摆脱禁运的出路"。[21]舍韦内芒是左翼戴高乐主义者,就是他在 1991 年把飞行甲板上挤满直升飞机和大卡车的法国航空母舰克莱蒙梭号派往海湾地区。萨达姆的其他法国支持者,从布律诺·戈尔尼施(由让-玛丽·勒庞领导的极右的国民阵线的副主席)到克洛德·谢松(前社会党人外交部长及第三世界的首席哭丧人),都步了他的后尘。1994 年 11 月 21 日,伊拉克报答了这一恩惠,宣布它计划为仍然停飞的国家航空公司购买 20 架空中客车喷气式飞机。1995 年 1 月,容光焕发的塔里克·阿齐兹出现在巴黎,和法国外交部长阿兰·朱佩一起庆祝伊拉克驻法国大使馆重

---

① 原文为 marsh Arabs。沼泽阿拉伯人是伊拉克一个古老民族,居住在伊拉克东南部幼发拉底河与底格里斯河交汇处的沼泽地上。——译者注

② Wilfred Thesiger(1910 年—2003 年),毕业于牛津大学,既是一名冒险家,也是一名出色的军人,一生中到过世界上许多人们难以想象的荒凉之地,特别是非洲东部地区和中东地区。他的自传《四分之一空间》,《阿拉伯沙地》影响了一代代旅行作家。——译者注

开。在巴黎，阿齐兹的家人喜欢在老佛爷百货总店购物（我之所以知道这件事是因为我得到了他们的美国运通卡的收据）。

法国—伊拉克传奇故事的下一个章节是由 1994 年—1995 年的腐败丑闻微妙地组成的。内务部长夏尔·帕卡想通过编造疯狂的反美间谍故事来浑水摸鱼，他的目的就是要把注意力从他在总统竞选中的政治盟友爱德华·巴拉迪尔总理身上转移开。巴黎市郊克雷代伊的一位调查法官埃里奇·阿尔方正在调查显而易见是支付给公共住房局的回扣。这笔回扣是给在巴黎和巴黎市郊建设和维修低租金住宅的合同的。具有讽刺意味的是，阿尔方的调查最终引到了希拉克的家门口。但是，在最初，帕卡担心的是阿尔方正在调查在上塞纳省的回扣计谋，因为上塞纳省是帕卡领导的地方政府。1994 年 12 月，阿尔方的岳父让-皮埃尔·马雷夏尔在巴黎的一个机场被捕，当时帕卡的一位顾问"正在递给他一个装满现金的手提箱，据说是打算购买他的女婿的仁慈"。虽然阿尔方在他的回忆录里承认了他的亲戚的贪婪，他认为帕卡的团队是在设法破坏他的调查，而且还得到了巴拉迪尔的许可。[22]在这些丑闻爆发前，巴拉迪尔被认为是中右派的总统候选人，但在 1995 年 4 月 23 日的初选中高票输给了希拉克。他是个经得起失败的人，他要求自己的人马在 5 月 7 日的决胜选举中支持希拉克，结果希拉克赢得 52% 的选票，战胜了社会党领导人莱昂内尔·若斯潘。

希拉克任命政治盟友和私人密友阿兰·朱佩担任总理，而把朱佩在外交部的办公厅主任调到爱丽舍宫当办公厅主任。希拉克的新助手多米尼克·德维尔潘是位 41 岁的外交官，他很为自己说一口带美国口音的英语而自豪，这是他在华盛顿特区的法国大使馆担任新闻秘书一职时掌握的，而他还是一位在纽约的外交官的儿子。据希拉克的传记作者玛丽-贝尼迪科特·阿莱尔和菲利普·古伊奥说，年轻的德维尔潘"在竞选运动的黑暗时刻赢得了希拉克的信任，[因为]他是少有的几位坚持说他（希拉克）是下一任总统的人；不管消息多坏。"[23]奉承哈尔亲王①给他带来了很大的好处。

1995年10月中旬,希拉克正准备赴纽约出席联合国大会,这将是一次不平静的大会。几乎是在他当权的同时,这位新任法国总统就宣布他决定中断前任总统弗朗索瓦·密特朗规定的暂停核试验三年的命令。法国原子能委员会和国防部的核策划者们让新总统相信,他们需要进行最后八次核试验来完善用来装备M5导弹的新一代弹头,而且这还能在法国签订了当时尚在讨论中的《全面禁止核试验条约》后保证法国核武库的可靠性。[24]但是,原子能委员会的某些人没有做好家庭作业。计划中的第一次水下爆炸预定于8月6日在法国位于太平洋上的穆鲁罗瓦环状珊瑚岛的核试验场进行,而这天正好是广岛原子弹爆炸50周年纪念日,这个日子刺激了国际反核运动。在日本,希拉克被称为"Hirochirac"②。在挪威的诺贝尔奖委员会把那一年的和平奖授予了反核的帕格沃希集团。6月17日,法国在澳大利亚佩思的领事馆被纵火犯放火焚烧。6月23日,澳大利亚政府召回了驻法国大使进行磋商。甚至在欧洲,希拉克也遭到了他的欧盟伙伴的广泛谴责。联合国已起草了决议要谴责法国人进行核试验。希拉克最终把第一次试验推迟到9月,但这也无济于事。

在他动身去纽约前,希拉克给联合国特委会主席罗尔夫·埃克乌斯打电话,问他在联合国大会期间他们能不能私下见面。考虑到过去他去巴黎请求得到信息时法国人曾阻挡过他,这位瑞典外交官对此心怀疑

---

① 这个典故出自莎士比亚戏剧《亨利四世》(Henry IV)。剧中的哈尔亲王(Prince Hal)在成为亨利五世(Henry V)之前同老无赖福斯塔夫(Falstaff)的关系很密切。尽管福斯塔夫有种种劣行,但他常常给哈尔出一些聪明的点子,帮助这位未来的国王看到他未来的臣民的感觉、想法和需要,而这正是传统的修道院式的教育做不到的。但是,当哈尔继承王位后,他放逐了福斯塔夫,也没有邀请福斯塔夫参加他的加冕典礼,而且还厉声对这位粗鄙的骑士说:"我不认识你,老头儿。"——译者注

② 广岛的英文拼写为Hiroshima,和Hirochirac发音相近,而希拉克的名字就是Chirac。——译者注

虑，但还是同意了。一位接近埃克乌斯的消息人士告诉我，在法国总统到达东河岸边的联合国大楼 31 层后，他为法国过去的行为道歉并说从现在开始他打算翻开新的一页。埃克乌斯指出，就在两个星期之间，法国外交部长埃尔韦·德夏雷特还重申，再一次重申法国希望联合国解除对伊拉克的制裁。"希拉克说，不，这不是我们的政策了。他说他很生气，萨达姆·侯赛因在秋季针对科威特集结军队一事上欺骗了他，所以他百分之百地支持联合国特委会。"希拉克信守了他的承诺。"那次会面后，我们从法国人那里收到了他们已经压了好多年的重要的新信息"，我的消息提供者说。[25]

当时，埃克乌斯和他的核查员们正在评估 50 万页有关伊拉克武器计划的最新文件。这些文件是在 7 月萨达姆的女婿侯赛因·卡米尔叛逃到约旦后在他的养鸡场里发现的。卡米尔逃离伊拉克是因为他担心萨达姆的长子乌代会因为商业和私人的纠纷杀害他。在 8 月，他同埃克乌斯和他的高级助手在安曼会面。他揭露的最大的一件事是在第一次海湾战争前伊拉克已经把生物战药剂武器化了，虽然他宣称所有这些武器本身已经被销毁。埃克乌斯和他的核查员们对那些设备的供应商穷追不舍；好像希拉克在这方面帮助最大。

事实证明，有六七家法国公司给伊拉克的生物战计划提供了"农用喷雾器"及其他设备。"要成功释放生物战药剂，你需要特细的喷雾器来产生气雾云，而要喷洒普通杀虫剂，大颗粒喷雾器就足够了"，埃克乌斯的一位助手告诉我。由于希拉克命令法国政府提供了新信息，联合国特委会的调查员得以讯问法国供应商给伊拉克供货的情况。"颗粒的尺寸应该已经提醒他们了，但这些供应商谁也没有提出疑问"，一位联合国特委会参与这项工作的消息人士告诉我。伊拉克最终承认，他们为得到生物战设备而求助过的法国供应商是德地氏热力技术公司（De Dietrich）、索德泰克（SODTEC）、法国巴斯德研究所（the Institut Pasteur）、茹昂内（Jouannet）和克热莱克斯（Cogelex）。[26] 第六家公司，索塔非（SOTAFI），在五角大楼的一份情报中被点了名，因为这家公司被指控在1990年春天提供了40台特别设计的"密史脱拉风2型"① 气雾喷雾器。联合国特委会认为伊拉克改造了这种喷雾器用于从飞机上释放生物战药剂。五角大楼的这份报告在第一次海湾战争后解密了。这些销售都不违反当时已有的出口管制法律。

但是,希拉克同联合国特委会合作的新目标更多是一个战术步骤而不是终止同萨达姆·侯赛因进行后门交易的战略决策。希拉克的目标不是萨达姆·侯赛因或他的政权,而是自己在法国的政治对手,这些人正同伊拉克做着赚钱的买卖。这次,希拉克要再次树立自己"伊拉克先生"的形象,切断对手的网络以便他自己的网络能够重新建立起来。

如果说伊拉克是20世纪90年代中期美国和法国之间争论的根源,那么这还不是唯一的根源。在同以色列、巴勒斯坦当局和伊朗的关系上,希拉克总统和他的政府致力于不屈不挠地破坏美国的政策,把法国定位于替代美国的力量和合法性的源头。

自从1968年戴高乐将军终止了法国对以色列的武器供给后,在巴勒斯坦同以色列的冲突中,法国一直公开站在巴勒斯坦一边,鲜有例外。亚西尔·阿拉法特和他的法塔赫游击队是法国左派的崇拜英雄,被视为同美国领导的"帝国主义"做斗争的先驱。更让人难以理解的是,尽管阿拉法特和他的发言人几乎每天都对以色列的"罪行"大撒其谎,他还是能得到法国媒体的崇拜和毫不怀疑的同情。正如我在《仇恨传道士》② 一书中写到,在法国,亲巴勒斯坦的报道超出了左翼媒体偏见的界限,经常是根深蒂固的反犹太主义的试金石。最臭名昭著的就是法新社,这家通讯社系统地扭曲事情的进程,使之带有反以色列的倾向。美国企业研究所的学者乔舒亚·穆拉维契克在投给《旗帜周刊》杂志的一篇文章中说,大多数美国媒体,特别是美国广播公司新闻节目在报道这个冲突时同样表现了"倾向于以色列的不平衡或不加掩饰的不准确"。[27]

---

① 原文为 Mistral,指地中海北岸的一种干冷西北或北风。——译者注
② 本书作者的另一本书"Preachers of Hate"。——译者注

希拉克的亲阿拉伯情结是声名远播的,他超出了他的前任们所表现出的对阿拉法特个人的同情。在 1996 年 10 月对叙利亚、以色列以及当时在阿拉法特管辖范围的领土进行正式访问时,这位法国总统"清楚明确地袒护巴勒斯坦人",他的传记作者写到。这种立场"让这个地区的其他领导人心存感激"[28]。在希拉克的法国,"感激"就是给政党金库提供回扣和报酬的稍加掩饰的暗语。

希拉克的旅行从大马士革开始,所以叙利亚总统哈菲兹·阿萨德到机场迎接他。法国同叙利亚有很长的、历史性的权力和血肉的关系,远远超出了充斥法国报纸外国新闻版面的那些外交上的甜言蜜语。法国驻黎巴嫩大使路易·德拉梅尔被暗杀后,法国人想报复叙利亚,法国国外安全总局的行动部门雇用了伊拉克的唯利是图者,在大马士革的埃兹贝克赫区引爆了汽车炸弹,杀害了 61 个无辜平民。这是那种意在给叙利亚领导人传递"明确消息"的行动。当我问是不是国外安全总局下令执行了这次特别袭击任务时,一位职位很高的法国情报官员告诉我,"你得做你必须做的事情"。[29]同样,仅仅两年后,在 1983 年,当叙利亚人开始自己的行动时,法国人帮助他们建立了一个化学武器和弹道导弹基础结构,也就是叙利亚科学研究中心,而这个中心的法语首字母缩写词 CERS① 更出名。1986 年 10 月,时任总理的希拉克许诺要拓宽法国同叙利亚的军事合作,尽管叙利亚同发生在那年早些时候的恐怖袭击有着种种牵连,他还是重新开始了常规武器的销售,向大马士革出售了价值 31 亿法郎、配备有夜视仪器的自行榴弹炮。法国遭到袭击时他的三番五次的表现说明,他对恐怖行动的反应就是试图收买那些恐怖分子。

就在巴勒斯坦自杀炸弹携带者杀害以色列平民的数量越来越大时,1996 年 10 月,希拉克在大马士革宣布,他要让欧洲成为以色列和巴勒斯坦当局谈判的"共同发起者",目的就是要建立一个巴勒斯坦国。希拉克突然让法国在一个既错综复杂又致命的局势中横插一手,美国和以

---

① 即 Centre d'Etudes et de Recherches Scientifiques。——译者注

色列总理本杰明·内塔尼亚胡的政府都不高兴。内塔尼亚胡认为,希拉克的"善意姿态"相当于奖赏阿拉法特的杀人行为。

但是,希拉克把他的真正的集中攻势留给了东耶路撒冷的阿拉伯街头。1996年10月22日,他即兴来到这里徒步游览,让以色列安保人员惊愕不已。"我们所需要的就是让一位来自欧洲的总统在我们的注视下,在我们的眼皮底下被杀害",一位以色列政府高级官员告诉我。他解释了随后发生的事情。"你在开玩笑吧?你真的认为我们可以冒险相信希拉克自己的保安人员?这帮人可是从来没有涉足过耶路撒冷,不会讲阿拉伯语,一点也不知道街上到底在发生什么事。"30

在去阿克萨清真寺的路上,希拉克决定在阿拉伯东耶路撒冷弯曲、狭窄的街道上投身于人群当中,而陪同他的以色列士兵和安全官员的反复恳求根本不能动摇他的决心。最后,以色列人只好拦阻了那些在铺面前列队等着握法国总统伸出的手的那些巴勒斯坦人,而希拉克发脾气了。对着法国新闻记者,他唾沫飞溅地说,"这是无法接受的。现在到底是什么问题?我受够了!"看到以色列人继续挡住那些巴勒斯坦人,他用英语大声呼喊,结果是每个人都听得见:"这不是办法!这是挑衅!你们要干什么?你们想让我立马乘上飞机回国吗?马上住手!"对围在他身边的法国记者们,他再一次指着以色列士兵厌恶地说:"这说明了一切。"31 三小时后,希拉克同巴勒斯坦的穆斯林教士们挎着胳膊,挑衅似走过圣殿山,向阿克萨清真寺前进,因为他知道以色列士兵不会进入阿克萨清真寺。

他的传记作者这样记载:第二天,在参观巴勒斯坦城市拉马拉和加沙时,"这位法国总统受到了英雄般的欢迎"。"尊重民主原则是保证你们获得广泛的国际支持的事情之一",希拉克在拉马拉告诉巴勒斯坦立法委员会。民主原则?就是这个巴勒斯坦立法委员会的成员在此后不久对我抱怨说,他们毫无权力,因为阿拉法特拒绝签署宪法草案,拒绝任何对他的权力的限制,把敢于公开反对他的立法委员送进了监狱。但是,这一切都不会让希拉克劳神。他告诉这些立法委员,他打算同他们一道来精心策划"以色列的未来地位"。事后,有人对此提出异议,希拉克的工作人员把他的话称为"佛洛伊德差错①",是由"疲劳"造成的。实际上,他一直在谈论耶路撒冷的未来地位问题。

除了让以色列总理内塔尼亚胡烦恼不断,让他的安全负责人脊梁骨阵阵发麻,让巴勒斯坦孩子有可靠的借口辱骂以色列士兵而不用担心被击毙,希拉克的行程没有取得任何积极的效益。而且在这个时候也没有显著影响美法关系——因为此时希拉克还没有下定决心来认真挑战美国的领导地位。但是,他的姿态在阿拉伯世界大受欢迎,无疑,阿拉伯世界才是法国总统表演的真正观众。他对受指派来保护他的以色列安全分遣队的挑衅为他赢得了从大马士革到开罗的报纸头版的高度赞扬。他的老朋友,据说也是他的财政支持者,时任黎巴嫩总理的黎巴嫩-沙特商人拉菲克·哈里里宣布说希拉克的访问"触动了所有阿拉伯国家的心"。贝鲁特的法语日报《今日东方》(L'Orient le Jour)称希拉克为"和平使者、正义事业的卫士、对数百万阿拉伯人来说是一位真正的英雄"。[32]希拉克就喜欢这个。沐浴在谄媚的人和唯唯诺诺的人的一片赞扬声中,他表现出了他的真自我,也不过就是一个法国庄园主,只敢躲在他的城堡的高墙之后挑衅大人物。

我在法国的里维埃拉那个武器集市晚会上遇见贝尔纳·吉耶时,法国人再次担心在伊拉克问题上美国人要比他们先行一步。事实上,他们确信,美国坚决主张维持联合国的制裁是一个秘密计划,目的是让美国公司抢占有利位置,在制裁一解除就猛扑过去。他们看到了,美国人得到了沙特阿拉伯和海湾地区的所有军火出口合同,垄断了科威特大规模重建项目的市场。考虑到这些情况,法国人转向伊朗伊斯兰共和国也就说得通了。伊朗有6千万人口,几乎是伊拉克的三倍,是法国产品潜在的巨大市场。美国对伊朗的单方面贸易禁运是额外的诱惑力。这个贸易禁运是克林顿总统在1995年4月30日宣布的,那正是希拉克当选的

---

① 原文为 Freudian slip,指下意识泄露动机、愿望等的口误、失言。——译者注

前夕。

法国在伊朗有悠久的历史了，虽然伊朗在20世纪80年代和90年代成了一个雷场。伊朗的主要要求之一就是法国人偿还前沙赫（伊朗国王）借出的用来在法国修建欧洲气体扩散公司（Eurodif）铀浓缩厂的十亿美元贷款。多年来，法国人一直拒绝偿还这笔1974年的贷款；而为了帮助法国人改变主意，伊朗人命令他们在黎巴嫩的代理人把法国公民劫持为人质。这个致命的、高赌注的游戏似乎在1991年12月结束了，在法国人同意全额偿还伊朗人后，在参与秘密谈判的几个人在不可思议的情况下被杀害后。他们中有一个人这些年来已经成了我很信赖的消息提供者，我同他在巴黎和日内瓦会晤，谨慎地交流情报信息。

让－雅克·格里森是个前瑞士警察，后来成了私人调查员。他经常代表法国和德国政府前往黎巴嫩，帮助两国的人质获释。他是一个爱挑剔的、总是彬彬有礼的、举止温和的男人，在我们认识的这些年里从来不谈论女人，但在60岁时，他死在一个妓女的怀里，据说是死于心脏病发作。在他打的最后一个电话里，他说他正开车去日内瓦见一个线人，这个人要告诉他有关同伊朗秘密武器交易的最新信息。他的一个同事给这次通话录了音。[33]愿他安息。

有关法国对伊朗秘密武器销售的谣言有很多，是媒体热切推测的焦点，这经常让爱德华·巴拉迪尔总理领导的政府防不胜防。法国人怀疑，这样的报道目的就在于破坏能给他们逐渐衰退的国防工业带来任何希望的唯一的出口市场，那就是阿拉伯联合酋长国。因为担心伊朗的侵略，阿拉伯联合酋长国在国防开支上大笔花钱，估计要超过100亿美元，还不包括他们已经和法国签署的价值将近40亿美元的坦克交易。法国人想要他们应得的那块蛋糕。

我在1995年阿布扎比国际防务展上采访过的一位美国航空和航天高级管理人员对我说，他对阿拉伯联合酋长国害怕伊朗的程度感到吃惊。"我们去和一位阿拉伯联合酋长国的同行谈论飞机的事，但是他想谈论的事就是伊朗、伊朗、伊朗。"[34]

我获悉，让他们担忧的原因之一就是在过去的 12 个月里，伊朗革命卫队在阿联酋的海岸线上进行了一系列夜间登陆。驻阿联酋的外国外交官告诉我，在 1995 年 3 月 12 日的那个星期，18 名武装的伊朗革命卫队成员企图在迪拜①外的芝加哥海滩进行夜间登陆，在经过枪战和门挨门搜索后被地方当局抓获。伊朗的武器公司被禁止参加 1995 年的国际防务展，因为阿联酋当局指控他们在前一次国际防务展时"带进了大量不做展览用途的武器和弹药"。[35]海湾地区的局势很紧张了，美国也很担忧。新近获得的美国卫星照片显示，伊朗人在伊斯法罕附近建了一个新的导弹工厂来装配朝鲜的"劳动"地对地导弹，这种导弹能打击以色列、土耳其以及深入沙特阿拉伯腹地的美国空军基地，这也加深了人们的忧虑。

法国人感觉不到来自伊朗的军事威胁，因为伊朗的新导弹打不到欧洲。但是他们敏锐地感觉到了来自美国的商业压力。他们确信，克林顿政府同以色列相互勾结编造了来自伊朗的"假冒威胁"，其目的就是要再次破坏法国的军事工业和法国的出口市场。在美国参议院里上演的石油戏剧（petrodrama）更增加了他们的疑心。在 1995 年 3 月 16 日的一次听证会上，美国大陆石油公司副总裁 J·迈克尔·斯廷森宣称，美国国务院鼓励他的公司同伊朗达成了价值 6 亿美元的石化协议，这是美国对那位毛拉②的政权在外交上示好的一部分。斯廷森的说法被不久后发给参议院银行委员会主席阿方斯·达马托（共和党－纽约州）的电报证实了。这些电报表明，大陆石油公司向驻海湾地区的美国国务院官员做了正式汇报，他们没有对这笔交易提出反对意见。因为担心这种混乱会变成政治上的不利条件，克林顿总统插手了，他避开了达马托建议的贸易立法，通过总统行政命令实行了全面贸易禁运，就地终止了大陆石油公

---

① Dubai，阿拉伯联合酋长国港口城市，位于出入波斯湾霍尔木兹海峡内湾的咽喉地带。——译者注

② 原文为 Mullah，某些穆斯林国家对精通伊斯兰神学的穆斯林、伊斯兰宗教法律教师和解释者以及有学问的人的尊称。此处指霍梅尼。——译者注

司的交易。

当然，法国人对此根本不相信。甚至在达马托于 1996 年通过了新的法案（《伊朗－利比亚制裁法案》，简称 ILSA）对在伊朗的石油或天然气市场投资超过 4,000 万美元的外国公司实行间接抵制后，法国人还认为这只不过是个诡计。道达尔石油公司投身这场游戏，抓住了大陆石油公司被迫放弃的重建伊朗在波斯湾海岸上的斯尔里气田的价值 6 亿美元的合同。到 1997 年 5 月，道达尔石油公司董事长蒂埃里·德马雷宣布，他准备在这个伊朗天然气项目上投入 20 亿美元。美国国务院回击说《伊朗－利比亚制裁法案》"是法律，我们要完全地施行这个法案……对在伊朗的天然气及油田进行任何投资，我们的立场都是很清楚的：这样的投资使伊朗能得到更多的资源来支持恐怖主义以及寻求导弹和核武器"。[36]

在幕后，道达尔石油公司仓促地卖了在美国的资产，这样就不会留下什么东西让美国冻结了，而法国政府则最大限度地支持道达尔石油公司。法国外交部的发言人雅克·鲁梅尔哈特怒气冲冲地告诉记者，"这不是政府的事。……这是公司之间的商业合同。"但是，毫无疑问，道达尔石油公司是一个国有的公司。这使得法国外交部长于贝尔·韦德里纳，一个空谈理论的、反对美国的社会党人，威胁在世界贸易组织的前身关贸总协定对美国实施报复性制裁。因为不想同法国进而同整个欧盟打全面贸易战，克林顿政府做出了让步。

因为有了这些围绕波斯人的阴谋，已经不可能向法国证明，美国终止在伊朗的投资是一个大战略的一部分，是为了削弱那个教权主义政权，或者是为了支持伊朗人选择他们自己的政体的合理抱负。法国人认为克林顿政府在寻求操纵调控它的商业优势，而克林顿总统在 2002 年秋天卸任之前修补同伊朗关系的最后努力也让他们感觉很舒服。"很清楚，总统希望在离任前对伊朗示好"，一位克林顿的高级捐款人在 2002 年选举前告诉我，"这个决定已经做出了。现在的问题就是如何睁大眼睛同伊朗接触了。"[37]

在对伊拉克的反恐战争之前，如果乔治·W. 布什总统因为伊朗的秘密核武器计划而选择同伊朗伊斯兰共和国对抗（因为这个计划违犯了伊朗的国际条约承诺），那么法国人会领导在伊朗的反对布什的战争（2003年11月在美国试图让国际原子能机构把伊朗的违规行为提交联合国安理会时，法国就这么做的）。政策争议、怀疑和妄想狂都有了，回扣和佣金也有了。缺少的就是火花。

1. 《华盛顿邮报》1994年1月24日。(William Drozdiak, *Washington Post*, January 24, 1994.)

2. 作者采访罗尔夫·埃克乌斯，1995年11月1日。我多次同埃克乌斯交谈，几乎是从1991年他被任命为首席核查员到他1998年离开联合国特别委员会。我还同很多他的工作人员中的高级成员以及安理会成员国（包括法国）选派到联合国特别委员会的生物学、化学和导弹专家交谈并交换信息。在多数情况下，他们提出要求，如果我根据他们提供的信息写报道，就必须为他们匿名。

3. 仅在1991年一年内，安理会就通过了三个决议，对伊拉克的武器设施提出了具体的要求：第687号决议（1991年4月3日通过的停火决议，成立了联合国特别委员会）要求完全销毁伊拉克的大规模杀伤性武器；第707号决议（1991年8月15日通过）要求伊拉克提供一份"充分、彻底及完全的透露"文件，透露它的武器能力，包括供应商；第715号决议（1991年10月11日通过）确定要对伊拉克的工厂企业进行长期监控，目的在于禁止制造大规模杀伤性武器的组件。

4. 在国际原子能机构第11次和第12次核查中被编目的这603台机床只是这个事件的一部分。我自己对英国、德国、意大利和美国的出口登记进行了检索，发现在20世纪80年代这些国家卖给伊拉克大约2,000台机床。因为在那个时候，对机床的出口管制正在放宽，也因为某些政府为了扩大对伊拉克的机床出口而对通常已经控制的物品解除了控制,所以不可能估计出还有多少机床是在没有可以独立证实的许可证的情况下交付给伊拉克的。美国商务部只批准了少量的机床出口;更多的生产设备是在没有许可的情况下被运走的,比如用来制造远程火炮炮管的30英尺长的镗床。国际原子能机构的资料库显示,在伊拉克发现的603台与核技术相关的机床中,502台没有经过出口控制当局批准。以英国为例,国际原子能机构发现的83台机床中,有49台受到出口许可的限制。然而,英国的出口许可记录显示,英国贸易和工业部从1987年到1989年共批准313台销售给伊拉克的机床——人人都说这只是实际交付的一小部分。英国的出口许可记录在调查英国对伊拉克武器销售时提交给英国议会了,我也把这个记录合并在我的资料库中。因此,做个最保守的估计,至少264台英国机床一直没有被联合国检查员发现。这些设备在第一次海湾战争时在联军的轰炸中被毁坏的可能性不大,因为侯赛因·卡米尔在轰炸开始两个月之前就命令厂长们疏散生产设备、电脑、各种记录和资料。美国的间谍卫星在空战开始的前几天拍摄到了这些活动,但是在战争时,这些地下贮藏点从来没有成为优先轰炸目标。

5. 罗尔夫·埃克乌斯的话,出自作者的采访记录。我把埃克乌斯的这句话写进了我在1993年3月应美国众议院外事委员会要求而撰写的一篇广泛详尽的报告中。参看美国政府印刷署,《伊拉克重建军事工业》,1993年10月美国众议院外交委员会国际安全、国际组织和人权小组委员会工作人员提交的报告。

6.《伊拉克重建军事工业》。(*Iraq Rebuilds Its Military Industries.*)

7. 在公开曝光的一个类似案件中,美国和沙特官员在1993年12月28日登上了一艘在德国注册的船。当时,这艘船在前往贝鲁特的途中经过一个沙特港口。他们在船上查获了两个装满高氯酸铵的集装箱,而高氯酸铵是固体推进剂的重要成分。尽管表面上这批化学制品的目的地是黎巴嫩,我在联合国特别委员会的消息提供者确信,最后目的地肯定是伊拉克。他们说,经过分析这种化学制品,发现"颗粒大小适合用于海湾战争之前伊拉克制造的弹道导弹,而伊拉克已经承诺不再制造这种弹道导弹了"。

8. 参看《死亡游说》第286页—287页。(*The Death Lobby*, pp. 286 - 87)。参议院银行委员会的调查人员给了我许多这些信件的复印件。

9. 《中东报》1994年10月19日和24日版。(*Al-Sharq al-Awsat*, editions of October 19 and 24, 1994.)

10. 例如，1993年7月2日，伊拉克中央银行行长塔里克·图克麦吉在外交部次长利雅得·奎斯陪同下在巴黎逗留了两天，同巴拉迪尔政府谈判。

11. 作者采访让诺·拉卡泽将军，1994年2月18日。

12. 巴格达伊拉克共和国电台，1994年3月5日，"石油谈判在巴黎开始"，也见（美国）对外广播新闻处近东和南亚报道，1994年4月28。("Oil Talks Begin in Paris", Baghdad Republic of Iraq Radio, March 5, 1994; Foreign Broadcast Information Service, Near East-South Asia, April 28, 1994.)

13. 作者采访美国国务院的高级官员，1994年5月。我专门询问了法国人所说的西方石油公司、波音公司、美国国际电话电信公司和雪佛龙公司正同伊拉克人谈判的谣言。"我们已经听说这些谣言了，也直接向这些公司提出了问讯，"这位官员说。四家公司都回复说他们目前没有同伊拉克有任何接触。尽管如此，他说，美国国务院"正式阻止了他们所有的商业接触。"

14. 作者采访法国政府高级官员，2003年8月28日。

15. 路透社，1994年6月18日。(Reuters, June 18, 1994.)

16. 同上，1994年6月21日。(Ibid., June 21, 1994.)

17. 作者采访理查德·珀尔，2003年7月12日。

18. 作者采访杰拉尔德·希尔曼，2003年7月22日和11月24日。

19. 作者采访科威特高级官员，1994年5月12日。

20. 作者采访胡希亚尔·泽巴里，1994年5月13日。

21. 路透社，1994年10月28日。(Reuters, October 28, 1994.)

22. 玛丽-贝尼迪科特·阿莱尔和菲利普·古伊奥著，《难以置信的七年任期：雅克·希拉克在爱丽舍宫，从 1995 年到 2002 年》，第 60 页，注释 3；埃里克·阿尔方著，《七年孤独》，第 135 页—140 页。(Marie-Benedicte Allaire and Philippe Goulliaud, *L'Incroyable septennat : Jacques Chirac à l'Elysée, 1995–2002*, Fayard (Paris: 2002), p. 60, note 3; Eric Halphen, *Sept ans de solitude*, Denoel-Folio (Paris 2002) pp. 135 – 140.)

23. 前引书第 39 页。(Ibid., p. 39.)

24. 理查德·加尔温（Richard L. Garwin，美国科学家联合会副主席），克里斯多夫·佩恩（Christopher E. Paine，自然资源国防委员会高级研究员）和雷·基德尔（Ray E. Kidder，劳伦斯·利物莫国家实验室高级顾问）撰写，《关于在全面禁止核试验前提下维持法国核武器就有必要进行核试爆讨论的报告》，1994 年 11 月 2 日—7 日访问巴黎后的报告，由美国科学家联合会和自然资源保护委员会出版，1995 年 1 月，华盛顿特区。("A Report on Discussions Regarding the Need for Nuclear Test Explosions to Maintain French Nuclear Weapons Under a Comprehensive Test Ban", trip report, Paris, November 2 – 7, 1994 (published by the Federation of American Scientists and the Natural Resources Defense Council, Washington, D. C., January 1995).) 加尔温、基德尔和佩恩同法国原子能委员会核武器发展项目负责人、他的前任、密特朗总统的高级军事助手以及涉及核武器规划的政治领导人交换了意见，他们一致推荐这个新的系列试验。

25. 机密的消息来源，1995 年 11 月。

26. 伊拉克提交给联合国特别委员会的"充分、彻底及完全的透露"文件最早是在 1996 年起草的，在 1998 年做了修改。加里·皮茨，一位为受海湾战争综合症折磨的老兵代言的律师，在 2002 年秋天从伊拉克获得了一份该文件。他同意让我看一部分，包括供应商清单。

27. 《旗帜周刊》2003 年 9 月 22 日文章，《不公平，也不平衡》。(Joshua Muravehik, "Unfair and Unbalanced", *Weekly Standard*, September

22, 2003.) 穆拉维契克把这篇文章扩展成了证据充分的专题论文《采访暴动：媒体是如何报道巴勒斯坦人起义的》，华盛顿近东政策研究所，华盛顿特区，2003 年。(*Covering the Intifada*: *How the Media Reported the Palestinian Uprising*, Washington Institute for Near East Policy (Washington, D. C.：2003).)

28. 阿莱尔和古伊奥著，《难以置信的七年任期》，第 215 页。(Allaire and Goulliaud, *L'Incroyable septennat*, p. 215.)

29. 作者的采访，1986 年。德拉梅尔是在 1981 年 4 月遇刺的；埃兹贝克赫汽车爆炸案是在两个月后发生的，当时皮埃尔·玛丽恩是国外安全总局（当时称外国情报与反间谍局）的负责人。

30. 作者采访前以色列政府部长，2002 年 10 月，耶路撒冷。

31. 阿莱尔和古伊奥著，《难以置信的七年任期》，第 215 页、第 219 页。当时，法新社及其他法国媒体广泛地报道了这项交流。

32. 引自阿莱尔和古伊奥著，《难以置信的七年任期》，第 221 页。

33. 《中东防务新闻》第 7 期，1992 年 1 月 6 日，《法国和伊朗：欧洲气体公司协议》。《中东防务新闻》第 5 期，1992 年 12 月 7 日，《伊朗—叛军杀戮发生在瑞士？》 ("France-Iran：The Eurodif Agreement," *Middle East Defense News* (*Mednews*) 5, no. 7 (January 6, 1992); "Iran-Contra Killing in Switzerland?" *Middle East Defense News* (*Mednews*) 6, no. 5 (December 7, 1992).)

34. 参看《伊朗概要》，1995 年 4 月 3 日，序列号 0506，"伊朗的威胁刺激了阿联酋的采购"。("Iran Threat Spurs UAE Procurement", Iran Brief, Serial 0506, April 3, 1995.)

35. 作者采访阿拉伯联合酋长国高级官员，1995 年 3 月，阿布扎比。

36. 路透社 1997 年 9 月 29 日，"美国郑重声明要全面加强对伊朗的制裁"。("U. S. Vows to Enforce Iran Sanctions on Total Deal", Reuters, September 29, 1997.)

37. WorldNetDaily.com 网站 2000 年 9 月 21 日，肯尼斯·蒂默曼，

"美国正在慢慢逼近伊朗"。(Kenneth R. Timmerman, "U.S. Inches Toward Iran", WorldNetDaily.com, September 21, 2000.) 我为西方新闻中心撰写了一篇关于克林顿政府对伊朗的秘密渠道的长文,分7次刊登在wnd.com上,这是其中之一。

11

贵妇实乃娼妇

法国总统雅克·希拉克喜欢告诉他遇到的每个美国人——从罗纳德·里根到新闻记者，他曾作为大学生在美国度过了一个夏天。希拉克是1978年12月在科香医院接待里根的，当时他因为一起车祸正在那个医院康复。他在霍华德·约翰逊①做"冷饮小卖部售货员"以维持他的学业。（对那些不清楚这个工作究竟是干什么的法国听众，他说他"洗盘子刷碗"）他在圣路易斯的百威啤酒工厂开叉车。他第一次看到自己的名字出现在报纸的头版是在1954年夏天，当时他写了一篇关于新奥尔良港的文章，被《皮卡尤恩时报》（Times-Picayune）采用了。¹ 雅克·希拉克并非出身于特权阶层：他甚至搭便车横穿法国到敦刻尔克的诺曼底港，在圣·马丁船长号上当过商船船员，那是一艘小型货轮，往返于法属阿尔及利亚间的地中海通商航线上。这些故事想传达的信息很明确：雅克·希拉克是"人民的儿子"，通过努力工作从科雷兹的乡下（相当于美国西弗吉尼亚乡下）艰难地发迹。

真相却是截然不同。雅克·希拉克是嘴里含着银勺子出生的②，而

---

① 原文为Howard Johnson's，是美国的一家酒店及餐饮连锁企业，在国内译为古象豪生酒店集团。——译者注

② 英文be born with a silver spoon in one's mouth本意为生在富贵之家，生来有福，但作者在随后的句子中又延伸了这个惯用法，使用了spoon（勺子）的字面意思。——译者注

这把勺子是由法国最富有、最有权力的人放在他嘴里并且打磨光亮的：这个人就是飞机巨头马尔塞勒·达索，后来成了他的政治及私人庇护人。

希拉克生于1932年。他还是个小孩子的时候就给达索留下了印象，而那时达索作为法国航空之父已经为自己赢得了盛名（和第一桶金）。当时，达索还在用他出生时的名字马尔塞勒·布洛赫。他的母亲来自意大利一个富有的犹太人家庭，而在战争时期他为这个家世付出了高昂的代价。达索自己向希拉克的早期传记作者、新闻记者弗朗茨-奥利维埃·吉斯贝尔讲述了他和希拉克的邂逅。吉斯贝尔是达索拥有的报纸《费加罗报》的总编辑。

> 30年代末，我同妻子一起到维希去洗温泉浴。有一天我们外出散步时看见希拉克一家在一个咖啡馆的露台上坐着。在大人们谈论重要事情时，我和这个小子看过往的汽车。他说，"那是一辆雪铁龙；那是一辆雷诺。"而他从来没说错过。于是我想我该考考这小子。当时，我有一辆很大的，还算少见的汽车，我确信他不能告诉我是什么车。我带他去看那辆汽车，他大叫："哎呀！先生，这是一辆格雷厄姆·佩奇！"我必须承认，我相当惊讶。我们进了一个玩具商店，我把所有的东西都买下了。[2]

那天，小雅克·希拉克得到了一大群锡兵玩具人。在后来的岁月里，他的新庇护人会给他真正的力量。

在爱丽舍宫公布的总统官方传记中，希拉克说自己是"公司高级管理人员弗朗索瓦·希拉克的儿子"。事实上，他的父亲原名叫阿贝尔·希拉克，并不是随便一个什么公司的高级管理人员，他是马尔塞勒·布洛赫-达索的助手和达索公司的财务专家。

即使在那个时候，达索对政治也有一种第六感觉。在1935年，在他开始巩固法国的航空工业时，他买下了发动机制造公司洛兰—迪特里赫（Lorraine—Dietrich）的全部产权，但他把他正在成长壮大的帝国的这一部分交给了埃德蒙·吉斯卡尔·德斯坦，他是法国空军部长的办公厅主任的哥哥。埃德蒙的儿子瓦列里·吉斯卡尔·德斯坦会在希拉克当总统之前21年当法国总统。[3]

达索和他的伙伴亨利·波泰很重视阿贝尔·希拉克提出的财务意见，任命他为他们的一个公司的董事长（阿贝尔在二次大战期间把名字改为弗朗索瓦）。"雅克的父亲突然间成了法国工业的关键人物之一"，吉斯贝尔写到。从1936年起，布洛赫家和希拉克家的交往就很密切了，那时雅克才4岁。

但是历史的进程即将追上马尔塞勒·布洛赫的脚步。1940年5月12日，希特勒的军队风暴般扫过法国，仅仅八天时间就拿下半个国家。马尔塞勒给马涅-路易·希拉克打电话，提出开车带她和小雅克去法国南部，当时南部还没被纳粹占领，因为阿贝尔·希拉克正好在加拿大出差。[4] 1940年10月5日，马尔塞勒·布洛赫被软禁在家。他的政治关系以及他的工业帝国帮助他避免了最坏的情况，但1944年8月，他最终被驱逐到布痕瓦尔德。① 他的一个哥哥雷涅·布洛赫没有这么幸运，于1941年死在奥斯威辛集中营。另一个哥哥保罗是个法国将军，于1940年6月同逃亡的法国军队残部一起在英国加入了戴高乐的力量，并取了假名Chardasso（莎尔达索），这是法语char d'assault的英语化拼写，意为"进攻坦克"。战后，马尔塞勒采用了达索这个姓并使之在全世界叫响。

在布痕瓦尔德，马尔塞勒·布洛赫同监狱领导人马尔塞勒·保罗成了朋友，保罗置布洛赫于他的庇护之下。保罗是个共产党人，在战后政府中担任部长。据保罗的密友皮埃尔-玛丽·加卢瓦将军说，布洛赫承诺如果保罗帮助他活下来就支付他1,000万法郎，而且他后来履行了他

---

① Buchenwald，前东德西南部一个村庄，1934年至1945年，德国法西斯曾在此设立集中营，残酷屠杀爱国者和战俘。——译者注

的承诺。[5] 战后，马尔塞勒·布洛赫——现在用了新名字达索——同共产党的工会维持了良好关系，而其他的企业领导者却再三被罢工折磨。时值法国被分成两个意识形态强烈对立的阵营，马尔塞勒·达索设法成了他们之间的桥梁，他的做法就是广为散发掠夺物和战利品。这门课程他的门徒雅克·希拉克也没落下。

在战后，小希拉克同他的家人返回巴黎时，他是"他的时代一个最好的实业家的儿子"。[6] 弗朗索瓦·希拉克的整个职业生涯中一直是达索的助手亨利·波泰的生意伙伴。而达索把希拉克的儿子置于自己的羽翼之下。当年轻的雅克在大学公开同左派搅和在一起时，是达索建议他的朋友和财务专家弗朗索瓦·希拉克把他送到哈佛大学的暑期班（希拉克的官方传记把这个暑期班列为两个大学"文凭"之一）。正是在1953年的夏天，在哈佛大学期间，希拉克做过"冷饮小卖部售货员"，但是这肯定不是为了支付他的学费。他的学费由法国外交部的一项奖学金支付了，而且还包括了他的旅行和生活费用。[7]

希拉克的职业生涯和他的个人生活从一开始就被他的父母、达索以及其他有权力的朋友们仔细安排好了。在巴黎大学时，希拉克遇见了贝尔纳代特·肖德龙·德·库塞尔，她是戴高乐在伦敦流亡期间的副官的侄女；他们在1956年结婚。在阿尔及利亚战争期间当了一年少尉后，希拉克在国家行政学院学习了两年，这个学校是为国家准备政治和管理精英的百里挑一的研究生院。1962年，希拉克在政府会计办公室度过无聊的三年后开始考虑离开政府部门进入私营企业。正在这个时候，马尔塞勒·达索像一个神灵一样出现了，再次挥舞着他的魔杖。"我们要让你成为负责民用航空的国务秘书"，他告诉30岁的希拉克。[8]

这个想法没有立刻实现，但是在达索的监护下，希拉克得到了一份法国政府办公厅的工作，接着，六个月后他成了乔治·蓬皮杜总理的工作人员，被指派负责运输事务，"而这正是他的教父马尔塞勒·达索能够发挥巨大影响的领域。"[9] 在1969年，他同莫里斯·帕蓬"联手"为蓬皮杜竞选总统成功而工作。帕蓬是戴高乐的共和民主人士联盟的财务主管。(作为维希政府时期波尔多的一名警务官,他参与把 1,690 名犹太人驱逐到纳粹死亡营,最终,在 1998 年,他被判犯有"反人类罪",但这是"纳粹猎人"塞尔日·克拉斯斐尔德和贝亚特·克拉斯斐尔德夫妇 20 年公开反对他的结果。)

希拉克同马尔塞勒·达索很密切的私人关系伴随着他的职业生涯,而他也会经常性地报答达索给予他的大量恩惠。在 1974 年,作为法国最年轻的总理,他努力推进对伊拉克销售幻影喷气式战斗机;1988 年,作为总理,就在总统大选前几个星期(他在这次总统大选中失败),命令法国空军为达索的最新研制的"阵风"战斗机支付开发成本,尽管他自己的国防部长安德烈·吉劳持反对态度。空军不想要这种飞机,因为它太昂贵,而且还没造出来就已经过时了。到 2001 年底,只有 5 架"阵风"飞机被交给法国空军,而不是最初计划的 137 架,仅这 5 架飞机就花费了法国纳税人 70 亿欧元。[10]

⊙

1995 年,法国对社会主义厌倦了。最主要的是,法国的选民对密特朗时代持续不断的腐败丑闻忍耐够了。多年来,新闻界一直在报道遍及法国的社会党人政治巨头恣意妄为的敲诈勒索行为,他们用伪造的发票和虚假的咨询合同勒索各个公司来掩饰支持他们私人生活方式和政治活动的隐蔽费用;然而,虽然有这些揭发,而且新近还引起了法国调查法官的注意,但这种欺诈行为仍在继续。甚至密特朗自己的顾问和亲密私人朋友弗朗索瓦·德·格罗素弗对总统的核心集团的腐败行为也心生厌倦。当新闻记者让·蒙塔尔多告诉他一本即将出版的有关这些丑闻的书的题目时(《密特朗和四十个大盗……》),格罗素弗冷酷地开玩笑说:"只有四十个大盗?"三个月后,在 76 岁高龄,格罗素弗在总统官邸自杀身亡,显而易见,他厌恶总统将要把他拖入泥潭。(阿维尼翁附近戈尔德的一座农舍的契据上出现了格罗素弗的名字,而这所房子是密特朗让格罗素弗买来并装修供自己的情妇使用的。[11])

希拉克在 1995 年 5 月战胜社会党候选人莱昂内尔·若斯潘。这被认为预示着一个新的开始。相反，就在选举之夜庆祝会上手风琴的乐声还在萦绕时，这位新总统和他的总理阿兰·朱佩就必须面对熟悉却不那么令人愉快的现实。

坏消息最初在左翼周刊《鸭鸣报》上浮出水面，在法国经常是这样的。在1995年6月28日刊登的一篇文章中，《鸭鸣报》发表了一封信，是朱佩两年前签署发给巴黎公共住房办公室负责人的，要求他降低自己儿子的住房租金。但是，朱佩的儿子没有加入住房建筑计划：他在雅各布路有一套豪华公寓，而雅各布路是左岸最高级的住宅区之一。随着事态的发展，人们发现，朱佩自己住在由纳税人补贴的公共住房里，而且他的女儿、他的半哥哥①和他的前妻都得到了巴黎市公共住房办公室分配的公寓——而此时，6万巴黎人正在等待低收入住宅，而且有些人等了10年了。

阿尔诺·蒙泰勃赫当时在为一个非赢利的纳税人集团（保卫巴黎纳税人联盟）当律师，立即致信公诉人要求进行刑事侦查。朱佩称蒙泰勃赫的行动是"导致政治上不安定的举动"并且坚持说自己"没有从任何人情中获益，也没有不守法。我有租约"。[12]

希拉克插手了，公开支持他的陷入冲突的总理，而那位国家任命的地方检察官暂搁了起诉，条件是朱佩在年底前搬出他的公寓（他把家搬进了马提翁大街的总理府）。[13] 但是这个公共住房丑闻是件大事，因为它打开了一扇窗子，让人们看到法国总统在以铁拳和天鹅绒钱包②统治巴黎18年间可能的犯罪活动。而这只是个开头。

此时朱佩的声望暴跌，多米尼克·德维尔潘，希拉克的爱丽舍宫办公厅主任，看出司法的鲨鱼绕环着他的老板而且越来越近，觉得隔断他们最好的方法就是改选。尽管希拉克不需要在1998年春天之前，也就是在任的国会五年任期期满前举行议会选举，在德维尔潘的建议下，他

---

① 原文为half-brother，意为同父异母兄弟或同母异父兄弟。——译者注
② 原文为velvet purse。这里velvet是俚语，指赌博或投机赚来的钱。——译者注

要求在 1997 年 4 月 21 日举行突然选举。德维尔潘"梦想发动一场闪电战［但是］右派在选战中被逼得走投无路",希拉克的传记作者指出。因为他的傲慢以及他要求进行提前选举的可疑的动机,此后希拉克夫人一直称德维尔潘为"尼禄"①14。1997 年 5 月,社会党人重新执政,由莱昂内尔·若斯潘担任总理领导新一轮的左右共治。这次,希拉克是总统,而社会党人控制着政府的日常事务。

克里斯蒂娜·德维耶-钟古说,1997 年 11 月初,《巴黎人》报刊登的一篇文章向她泄露了消息。两天之后,四名男警察和一名女警察在早晨 6 点闯入她在巴黎的公寓拘禁她。连续四个小时,而且没有律师在场,他们搜查了她的私人物品,当着她的孩子的面强行拿走了信件、账单、薪水支票和照片。这两个孩子受到惊吓,双眼大睁地看着。但是,她做梦也想不到她即将遭受的折磨。"你们要带我走,这我知道",她说,"但是要去哪儿呢?"

接下来的 48 个小时,实际上是不间断的 48 小时,她被金融审查员们审问,问她同法国石油巨人埃尔夫·阿基坦公司的雇佣关系,以及同法国外交部长罗朗·迪马的恋爱关系。当她终于被允许见她的律师时已经是第二天晚上的八点钟了。法官伊娃·若利命令无限期地关押她。在法国,这样的待遇被称为"预防性拘留"。克里斯蒂娜·德维耶-钟古既不是一个危险的犯罪分子,也没有被怀疑有通敌、间谍活动、谋杀或者任何其他的死罪。相反,一位社论作者会这么写:她被认为是"共和国娼妇"。在被单独囚禁在监狱里禁止与外界接触五个月后,她发现这个绰号很合适,就把这个绰号用做了她有关埃尔夫·阿基坦丑闻的回忆录的书名。15

埃尔夫事件,法文称为 L'Affaire Elf,只是当时被法国的新一代调查法官审查的众多腐败丑闻中的一件。在第五共和国的历史上,这些法官愿意直接向国家的最高政治家们挑战,探究他们同金钱和权力的混杂关

---

① 原文为 Nero,罗马皇帝,是杀母弑妻的暴君。——译者注

系，这还是第一次。这件事由汤姆逊半导体公司而起。这家公司签署了一单 27 亿美元的合同向台湾海军销售六艘护卫舰①，但在从法国政府取得这项交易必需的政治许可时，他们遇到了麻烦。据德维耶－钟古说，汤姆逊公司求助于她在埃尔夫公司的老板艾尔弗雷德·西尔旺，而西尔旺又求助于她。

"事情从陪同艾尔弗雷德·西尔旺前往日内瓦开始"，德维耶－钟古回忆说。"在埃尔夫·阿基坦公司的猎鹰喷气式飞机上还另有一个人，一个很谨慎人，我也不认识他。"在日内瓦的埃尔夫公司办公室开完会之后，这三个人开车去洛桑，然后西尔旺进了洛桑的一家银行。另一个人告诉德维耶－钟古他为汤姆逊公司工作，需要她的帮助来得到政府的许可对台湾出售护卫舰。德维耶－钟古拒绝说出这个人的姓名和身份。

几天后，她被引入位于拉德方斯的汤姆逊半导体公司总部，从这里可以看到宏伟的凯旋门和绚丽的塞纳河。午餐后，汤姆逊公司的一个人为了达到他们的目的而开始做宣传，她被带到这里就是为了听这个。"我们必须说服［外交部长］罗朗·迪马批准对台湾销售这些血腥的舰艇……我们清楚你同罗朗·迪马的关系。你认为你能做点什么吗？"后来向她许诺，如果她可以说服她的情人迪马取消对这笔买卖的否决，她能得到 4,500 万法郎（900 万美元）的佣金。虽然在秘密用餐和观看歌剧的傍晚德维耶－钟古多次努力要说服迪马改变他的主意，但她还是失败了。她说，迪马害怕如果法国人开始向台湾销售武器，中国会中断同法国的外交关系。但是，如果就这么不了了之的话，西尔旺、埃尔夫公司和汤姆逊半导体公司会损失太多的金钱，所以他们敦促德维耶－钟古继续做迪马的工作。她太坚持不懈了，如果他们见面时她忘了提这件

---

① 关于法国向台湾出售护卫舰一事，可参看钱其琛著《外交十记》（北京，世界知识出版社，2003 年版）一书中的外交十记之九，"涉台外交的两次斗争"。——译者注

事，就会成为开玩笑的话题。"哎，我说，我的玛塔·哈里①，你的护卫舰怎么样了？"[16]

1998年3月，罗朗·迪马最终因他在这个事件中的角色而被公诉，此时德维耶-钟古仍然在监狱中。1998年3月9日，在出庭之前，迪马告诉《费加罗报》，在这笔同台湾的护卫舰交易中，汤姆逊半导体公司支付了5亿美元"逆向佣金②"，包括给从左至右的法国各政党的大笔付款。有一个人在这件事中被最频繁提及，因为他是埃尔夫公司在右派中的政治支持网络的负责人，这个人就是夏尔·帕卡，护卫舰交易发生时他是希拉克的重要盟友。

埃尔夫公司董事长洛克·勒·弗洛克-普里让说，希拉克的办公厅主任多米尼克·德维尔潘告诉西尔旺，他应该不理睬他接到的作证传唤。"对你来说更可取的是你逃离这个国家，我们会保护你"，勒·弗洛克-普里让宣称德维尔潘这么说过（希拉克的法律顾问弗朗西斯·史匹奈否认了这个说法）。勒·弗洛克-普里让说，在他自己同希拉克谈话时，这位法国总统对这个丑闻不屑一顾，只是说"这不会回溯到市政厅"。[17]勒·弗洛克-普里让写到，过后他才明白过来，希拉克提到的"市政厅"实际上是指他自己。

在美国的读者会发现随后的事情很难理解。但是要了解那个由第五共和国变成的君主政体，要了解可能是第五共和国最后一位总统的那个人，这些是很关键的。这些腐败丑闻愈演愈烈，最后可能把希拉克送进监狱。对2002年—2003年之间的伊拉克危机，对法国总统有意识地决定在政治得失的祭坛上牺牲同美国225年的联盟，这些腐败丑闻提供了基本的背景。

---

① Mata Hari，(1876年—1917年)，荷兰舞女，曾受高等教育，在巴黎因被控充当德国间谍而被捕，由法国军事法庭判处死刑。现用来泛指用美貌勾引男子刺探军事秘密的间谍。——译者注

② 原文为retrocommissions，指本该收取佣金的人反而向他人支付佣金。
——译者注

首先，罗朗·迪马可不仅仅就是一位前外交部长。在被起诉时，他是法国最高法院的首席法官（1995年任命他担任这个职务是密特朗最后一次行使总统权利。在法国，这样的任命不需要国会批准）。1998年3月18日，迪马被法官劳伦斯·维什尼耶夫斯基和伊娃·若利传唤为埃尔夫丑闻作证时，他知道是该收回他的筹码的时候了。

迪马的第一站就是爱丽舍宫，在那里他会晤了希拉克总统。关于这次慎重的见面，官方什么风声也没有走漏，但是阿尔诺·蒙泰勃赫（他在1997年作为社会党人入选国会）一直确信这两人达成了某种交易。"在7月14日，总统办公室发表了一项声明：'共和国总统［希拉克］认为，宪法法院的院长［迪马］，和任何公民一样，有资格被假定是无辜的，即使他已经被起诉但还没有被宣告有罪。'"希拉克的公开支持的声明减轻了迪马辞去最高法院院长职务的压力。国会中的亲希拉克的代表们对此保持了谦恭的沉默，"而在以往出现的类似情形下，他们的仇恨和恶毒通常会以暴力形式显现出来"，蒙泰勃赫评述说。[18]

迪马的下一步行动就是给新闻界的朋友打电话，他对他们解释说，他没有意识到克里斯蒂娜·德维耶－钟古会用埃尔夫·阿基坦公司的信用卡为他买了一双价值2,000美元的贝卢蒂鞋，但是，无论如何，他已经把钱还给德维耶－钟古了。至于他存入个人账户中的那60万美元现款，那是头脑精明地出售艺术品的所得，还有法律服务费用。然后，他暗示说，如果被法官审问，他将不得不透露他所知道的有关护卫舰交易巨额佣金的一切秘密，而护卫舰交易，他宣称"是经财政部和总统授权而获得批准的……这个决定有案可查，但我不会公开透露受益人"，他隐晦地说。法国作家艾里·鲁蒂埃评述说，调查法官对埃尔夫丑闻执著的调查表明了两种文化间的冲突——即法国的强权行动和国家理由同一种新手段间的冲突，而这种新的手段更多地是盎格鲁撒克逊式的，这个新手段重视透明性和公开性，重视国家已被削弱的经济作用。[19]

当套在迪马脖子上的绞索越勒越紧的时候，巴黎市郊克雷泰尔、南泰尔和埃弗里的调查法官也越来越逼近总统自己了。18年来——实际上就是从他做完第一任总理于 1977 年离开马提翁大厦到 1995 年 5 月他就职担任总统期间——希拉克利用他的巴黎市长的职位建立了一个全国性的政党,赢得了精明而讲究实际的拳击手①的名声,还掌握了充足的账外现金来源,这样,只要他想实施政治恩惠就可以随时使用这些资金。

《鸭鸣报》的埃尔韦·利弗朗报道说,为了存放这些钱,希拉克在巴黎市政厅他的办公室的卫生间里放了一个特制的保险柜。"'有一天,希拉克当着我的面打开了保险柜让我看一份机密文件,那里面一摞一摞的 500 法郎的钞票有这么高',前巴黎市议会议员 [……]② 回忆说,他仍然被亲眼目睹的情景所震惊,他用手比划出一英尺高一摞的样子。'在旋转保险柜的密码锁前,[希拉克] 在卫生间冲了水,这样就没有人能听到数字的啪嗒声',他的另一个老同伴说。"[20]

现在,那些以希拉克的名义执行的轻松惬意的方案——在公共住房计划中的敲诈和勒索、工人和党的雇员拿着市政府发的薪水全天候地进行的政治活动、为根本就不存在的咨询工作而支付给政治亲信的巨额资金以及他亲自掌握的行贿资金——都曝光了。这些案件中有一些被公诉人"驳回",因为这些公诉人仍然忠于任命他们的那些政客。阿尔班·夏朗东从 1986 年到 1988 年担任希拉克的司法部长,他是这么评价法国司法体系的超现实主义特点的:"司法部长的作用,就政治阶级而言,已沦落为使自己的朋友摆脱麻烦而让自己的敌人陷入困窘,早晚有一天我们需要超越这一点。"[21]但是其他的案件不会自动消失。

1997 年 6 月,莱昂内尔·若斯潘接手总理一职时,他许诺要进行彻底的司法改革以阻止政府干涉已经上庭的案件或者预审法官正在审理的案件。(是的,在法国,司法部长可以给一个检察官打电话,下令他搁置正在处理的案件,尽管这种事通常做得都更有技巧性,由下属"暗示"对方,出于"国家理由",放弃这个案件势在必行。)[22]希拉克最初

---

① 原文为 scrapper,另外的意思是爱打架或争吵的人。——译者注
② 原文在此处省略了这位议员的姓名。——译者注

赞同改革的想法，这项改革需要法国国民议会和参议院分别通过法律，然后会合在一起修改宪法。就在修改宪法会议预定在凡尔赛宫召开前的 24 小时，他结束了这件事①。

"取消这个会议被一部分政治阶级看作是神的祝福，而在司法问题上，这些人有拿破仑的气派"，希拉克的批评者阿尔诺·蒙泰勃赫写到。"他们只喜欢封住嘴、受制约的法官。"[23] 他把法国的政治主人和法院的腐败回溯到了拿破仑时代，拿破仑在当第一执政官（First Consul）时以煽动君主主义者暗算他为罪名起诉了当甘公爵，就算树立了这种榜样：

> 由第一执政官的姐夫提名的法庭成员毫不留情地判决了被告。他的坟墓甚至在判决之前就挖好了。那些法官是因为缺乏教育又有奴性而被选中的，他们根据一纸书面指令宣告死刑，而全然无视这张指令上有关的法律都是空白的。但是他们的判决规定死刑应该"立即"执行。第一执政官在当了皇帝后说："为了我的安全，为了我的伟大和高贵，这种牺牲是必需的。"[24]

在批评第五共和国和她的总统所拥有的君主政体的权力时，蒙泰勃赫总是以拿破仑的暴政为例。这让德维尔潘怒火中烧，因为他发誓要效忠皇帝，我在本书的最后一章将会更详细地探讨这个问题。"蒙泰勃赫和蒙泰勃赫分子（Montebourgeois）"，他就是这么恶意地称呼这位社会党人律师和纳税人代言人的。这种转义可能比德维尔潘的本意要更恰当。学习法国历史的人能回忆起，1789 年的法国大革命是以资产阶级的反抗为开端的，因为他们受够了波旁君主的腐败和唯我独尊的统治，这些波旁皇族拒绝同一个被选出的议会分享权力，就像一个世纪前，光荣革命后英国君主所做的一样。当我和蒙泰勃赫谈起德维尔潘创造的新词

---

① 原文为 pulled the plug，本义是指拆掉用以维持病人生命的医疗器具。
——译者注

语时，他只是微微一笑。"实际上，在我的家乡，人们被称为蒙泰勃赫人（Montebourgiens）。"

在法国，每个乡村都用阳性和阴性来给它的居民姓名变格并且以此而自豪，蒙泰勃赫的更正就是终极的轻蔑。维尔潘犯了个语法上的错误。[25]

对社会党人、司法部长伊丽莎白·吉古这个党派观念十足的家伙来说，已经到了施加更大压力的时候了。随着罗朗·迪马站在被告席上，整个"密特朗一代"都被起诉了。"和任何法国人一样，共和国总统如果犯了罪也可以被法院起诉"，她告诉一家全国性电台的记者。这使她自己卷入了近十年来最热烈的争论中。"我不明白我们为什么对共和国总统就应该有一套特别的系统，尤其是已经明确地确定了这一点，即无论总统还是普通公民，在涉及刑事法规时他们没有区别。"[26]一想到希拉克将因为他担任巴黎市长时的腐败罪行而出庭受审，社会党人就摩拳擦掌。希拉克有可能作为有决定影响的证人被召在当时正在审理的至少三个不同的腐败案件中出庭。

爱丽舍宫最初的反应同克林顿的白宫一样——那就是搪塞拖延。曾经有一度，一位希拉克的顾问建议他"（用柳叶刀）切开疖子"，主动同意作证。对此，多米尼克·加卢佐·德维尔潘表示出了贵族气派的不屑一顾。"你真是愚蠢无比"，他嘲笑说，"我们最好把一切都放进蔬菜篮子里一起给他们。"[27]

有争论的是宪法律例问题，有点类似于当时在美国盛行的关于保拉·琼斯案件的争论。一位在位总统是否对他就职之前所犯罪行负有刑事责任？《法兰西宪法》第68条规定，共和国总统在任职期间涉及法定职能的行为是免予起诉的，只有一条例外，那就是叛国罪。在这种情况下，总统可以由一个特别的、由国民议会和参议院成员组成的"高等法院"来审理，这类似于美国的弹劾审判。但是，对于其他的一切——包括在任时所犯的同法定职能无关的罪行——宪法未置一词。

蒙泰勃赫和司法部长伊丽莎白·吉古主张，宪法未提及并不构成法律上的赦免。"宪法保护行使法定的职能，但是不保护有可能在爱丽舍宫任职的一位犯罪分子。设想一下，一位共和国的总统有一天犯下了严重罪行，比如说强奸或者谋杀"，蒙泰勃赫写到。"很显然，强奸或谋杀并不是他的法定职能的一部分。这就是为什么宪法不打算保护这样的举动……宪法的制订不是为了让犯罪者通过成为国家首脑而找到一个方便的避难所。"[28]

在这个争论进行的过程中，罗朗·迪马的窘境几乎变成了一出喜剧。尽管有那些针对他的指控，迪马仍然拒绝辞去法国最高法院院长一职。头天，他出庭回答调查法官有关他从国有的埃尔夫·阿基坦石油公司收取贿赂的问题。转天，他身穿法袍，手挥小槌，是这个国家最高的法律权力的代表，是总统和宪法的终极仲裁人。这种情况在法国是史无前例的。

批评迪马的人说，到1999年1月22日，对迪马为什么坚持了这么久的疑问昭然若揭。他一直在等待一个特别案例被提交到他的法庭上。在这个案件中，他使用的措辞和希拉克的顾问们早就准备好的法律论据一样。[29]

法国政府在1998年7月8日签署了创建国际刑事法庭的《罗马条约》。这份条约中的一些条款因为同第五共和国宪法有明显的冲突而需要复审。根据最初使用的措辞，这个新法庭有权审判任何人所犯的战争罪或者反人类罪，"而没有官职上的区分"。就连希拉克的批评者都同意，这和《法兰西宪法》第68条有矛盾，因为第68条特别保护总统和他的内阁因为行使他们的法定职能而采取的行动。但是在法国最高法院于1999年1月22日做出的决定中，迪马远远超出了这种区分。迪马做出的决定相当于适用于任何情形的赦免，他说，"在他的任期之内，[总统]不能被送交给司法部高等法院之外的任何法庭，而高等法院的唯一权力就是审理叛国罪。"对蒙泰勃赫和他的社会党人同事来说，迪马的裁决"高度令人怀疑"，相当于"把一个可以在别处判决的简单的特权变成了完全的刑事无责任，这是王权而不是共和原则的标志"[30]。

这种对宪法的新解释是惊人的，却和正在探讨的案件毫无关系。蒙泰勃赫宣称，迪马增添的这些保护总统的措词是他和希拉克所达成的交易的一部分。爱丽舍宫和迪马都有力地否认了这种默许。

四天后，蒂埃里·布雷耶在《世界报》上发表文章，提供了蒙泰勃赫用于支持自己主张的细节："这个问题显然是在星期五之前的预备会议上非常详细地准备好的。在那九个最高法院法官拿到他们的活页夹时，这个关于诉讼的表达方式已经在判决书的建议性措辞中出现了。在主持讨论会时，罗朗·迪马明确表示有关讨论应该集中在这项条款之前和之后的内容，这个新增加的条款没有被讨论，甚至都没有被提交上来特别投票。"[31]

在蒙泰勃赫看来，罗朗·迪马"为一位被司法调查困扰的共和国总统提供了一次服务"。他后来说，作为一种"补偿"形式，希拉克确保迪马的法律助手诺埃勒·勒努瓦，一位空谈理论的女社会党人，在2002年进入了让－皮埃尔·拉法兰的中右政府，在外交部长多米尼克·德维尔潘手下担任负责欧洲事务的国务部长。[32]最终，迪马因与腐败相关的指控在2001年5月2日被判处有期徒刑六个月，但是他的判罪在2002年11月被上诉推翻，这是在法国政府呼吁终止"政治起诉"后发生的事。

我曾问过阿尔诺·蒙泰勃赫，如果没有迪马的帮助，希拉克是否可以在2002年4月连任竞选成功，他很直截了当。"绝对不可能"，他说。"法官们早就会纠缠他了。法官阿尔方已经想传唤他出庭作证了。我们在酝酿一场宪法危机。在迪马遇到麻烦的时候希拉克支持了迪马，为的是换取好处。对我来说，这一点是绝对清楚的。"[33]

希拉克似乎一直在提议法国重返一体化军事指挥体系。但在1999年4月中旬，韦斯利·K. 克拉克将军尝到了如果法国人真的同意重返一体化指挥体系后北约的军事行动会是什么滋味。

那是盟军作战行动即北约在科索沃的空中战役行动的第三个星期。法国虽然在塞尔维亚对克罗地亚的早期战役中支持塞尔维亚，它还是同意加入打击塞尔维亚独裁者斯洛博丹·米洛舍维奇的空战。在整个攻势中，有一百多架法国战机参加了北约大机群的轰炸。这是北约第一次在未受挑衅的情况下进行针对另一个国家的侵略战争；这也是1966年戴高乐退出一体化军事指挥体系后法国第一次参加北约的军事行动。希拉克很狂乱地投身于科索沃战争。这可以让他从自己在国内的各种问题中随意逃脱。

盟军的情报机构已经发现的种种迹象表明，塞尔维亚军队正在把直升飞机和战斗机挪进黑山首都波德戈里察附近的一个空军基地的地下掩体内。在4月中旬的一次早间情报吹风会上，克拉克获悉米洛舍维奇又往前走了一步。他不仅试图把黑山的中立地位当作盾牌来保护他的军事资产，他还从在黑山境内的阵地上炮击阿尔巴尼亚北部。克拉克同意，到了教训这位塞尔维亚领导人的时候了，他要破坏波德戈里察的空军基地。就在这时，他的参谋人员提醒他，法国总统希拉克加入北约攻势的条件就是否决对黑山的任何空中打击。

"'别提法国人！'克拉克咆哮着说，这是参加人员转述的。'不，不，不，再等等！在这件事上要拖延一下'，他说，'我要得到法国人允许，我要得到允许。'"[34]国务卿马德琳·奥尔布赖特、国家安全顾问桑迪·伯格和国防部长威廉·科恩花了整整一天时间同他们的法国同行来回打电话，但是次日清晨，克拉克得到了发动攻击的政治许可。这个轶事以及类似的在科索沃战争期间对某些特殊目标进行政治"否决"的事件在美国被大肆地报道，结果是克林顿总统被指责允许北约"由一个委员会"来运行军事攻势。

对希拉克来说，科索沃战争是天赐之物。这使他显得"很总统"，因为尽管与社会党人总理莱昂内尔·若斯潘左右共治，若斯潘默许由他来处理战争事务。他在全国转播的电视节目中郑重地向法国人民讲话，讲关于军事行动的"最新消息"，在爱丽舍宫向少数几个记者吹风。[35]他还把法国对战争的贡献当作筹码，为法国最终重入北约联合指挥体系要高价，威胁说如果"美国不同意让法国指挥北约的南方侧翼"，他会退出4月21日在华盛顿特区举行的北约50周年首脑会议（美国没有同意，而希拉克留下了，因为克林顿总统给他打电话说，他提前退出这次峰会"会被理解为不团结，也会鼓励米洛舍维奇"，这是根据这次通话的政府记录得来的[36]）。希拉克最后得出结论，他不需要重新加入北约司令部就能得到成员应得的所有好处。防务分析员让·吉内尔写到，重新加入还是不重新加入有一点像"讨论天使的性别"。法国已经是北约在科索沃战争中占主导的欧洲成员，提供了仅次于美国的第二大战斗力。[37]

就科索沃危机问题，希拉克于1999年5月13日在莫斯科会见了俄罗斯总统鲍里斯·叶利钦。之后，希拉克展现了他真正优先考虑的事。"这个世界正在走向多极化，因而开始需要国际法了，而国际法要以联合国和安理会为基础。俄罗斯和法国都同意这个观点"，他告诉记者。[38] 虽然有这番说辞，希拉克从来没有提出科索沃战争要得到联合国许可这个问题，而他在伊拉克战争时却是这么做的。一旦法国同意投入它的军队，法国人就认为联合国的许可是不相干的。"有意思的正是这一点"，阿兰·马德兰说。马德兰是法国新保守运动的领导人，是希拉克政府的前部长。"你已经有了民主国家间的共识，一个在联合国之外的欧洲—大西洋共识，这本应该引导我们在科索沃的基础上构建某种新的东西。一个很好的机会就这么错过了。"[39]

事实上，法国人在察觉到他们的国家（或者党派）利益处于危险中时很少求助于联合国。包括希拉克在内的法国领导人一再发兵象牙海岸①、乍得和两个刚果②，甚至连给联合国悄悄打声招呼都没有。

例如，在1998年10月，希拉克帮助安排了刚果共和国（布拉柴维尔）的军事政变，成功地让前军事强人德尼·萨苏-恩格索重掌了大权。有了法国的帮助，萨苏-恩格索推翻了民主选举出来的帕斯卡·利苏巴总统，并且在此过程中谋杀了成千上万的同胞。为什么法国人会同刚果前独裁者和现独裁者沆瀣一气？他们说把石油钻探合同交给埃克森

---

① 原文为 Ivory Coast，现在的官方国名是 Côte d'Ivoire，即科特迪瓦。——译者注
② 分别指刚果共和国，首都是布拉柴维尔，简称刚果（布）和刚果民主共和国，首都是金沙萨，简称刚果（金）。——译者注

公司而不是法国国家石油公司埃尔夫·阿基坦"是个不友善的举动，"利苏巴告诉《华盛顿时报》的本·巴伯。[40]埃尔夫的前总裁洛克·勒·弗洛克－普里让在他的回忆录中解释说，埃尔夫公司认为萨苏－恩格索是他们的人，尽管在冷战的高潮时期他同苏联眉来眼去。他很轻蔑地写到，刚果"一度变成了马克思主义国家，但是始终在埃尔夫公司的控制之下"。从法国的观点来看，这样的控制值得让成千上万的非洲公民流血。

而刚果不过是一个例子。希拉克的前盟友爱德华·巴拉迪尔领导下的法国政府在1993年—1994年间违反联合国武器禁运规定，给安哥拉政府运输了价值5亿美元的武器。何塞·爱德华多·多斯·桑多斯总统需要这些武器来同尤尼塔①游击队作战，而这些尤尼塔游击队十几年来一直由美国支持，是美国同苏联及其代理人全球战争的一部分。对法国人来说，压倒一切的国家利益或人道主义利益究竟是什么？当时的内务部长夏尔·帕卡的一位高级助手被指控从这个计划中为戴高乐主义者的政治金库汇集回扣。

法国宣称，它是出于合理性和连贯性考虑而反对伊拉克战争的。如果真是这样的话，那么这种合理性和连贯性会集中在决定世界事务的过程中法国的作用而不是联合国的作用。

最终，是一个死人触动了给雅克·希拉克设计的陷阱开关。

让－克洛德·梅里是一位巴黎地区的房地产推销商，后来成了希拉克的保卫共和联盟的中央委员会成员和高级资金募集者。在1994年，梅里因为非法的基金筹集和敲诈勒索而入狱五个月——他的姓 Mery 的发音同 mairie（即市政府）的发音几乎相同。他是希拉克敲诈勒索的中间人，是亲自把现金送到希拉克在巴黎市政厅（Mairie de Paris）办公室的那个人。在他1999年6月亡故之前，他同希拉克的关系众人皆知，被称为"巴黎的梅里"（Mery de Paris）。

---

① 原文为 UNITA，即争取安哥拉彻底独立全国同盟。——译者注

替希拉克坐牢后，让－克洛德·梅里一直没有恢复过来。在1996年，他录制了一盘三个小时的录像带，在录像中，他解释了这个非法的基金筹集机构的内部工作方式，包括姓名、日期和数量。

马尔塞勒·达索始终很在意同他的政敌分享赃物。让－克洛德·梅里沿袭了达索的做法，建立了一个系统，把从学校建设和维修合同中得到的回扣依照相应的政治力量"公开给予"各种各样的政党，包括社会党和共产党。在一个例子中，《世界报》引用了他描述的一次价值1,000万法郎的贿赂。他的录像带招供被称为"梅里卡带"，而这次贿赂事件在"梅里卡带"中有详细的记录。"我自己划分了这笔钱——500万法郎给了［希拉克的政党］保卫共和联盟……100万法郎给了共产党；350万法郎给了社会党人，其余的当作佣金支付给了左派和右派以确保这项工作能不出偏差地完成。"[41]

梅里还负责敲打给巴黎公共住房局管辖的大量的低收入公寓供暖的那些公司。"这些合同平均起来相当于在一个十二年的周期里每一个公司有12亿法郎的业务"——在20,000万到25,000万美元之间。给这些合同支付的佣金"直接支付给了……希拉克先生"，梅里宣称。[42]

梅里的身后证词像核爆炸一样冲击了总统府。德维尔潘告诉希拉克，《世界报》上即将发表有关文章，希拉克的第一个反应就是向他的工作人员再次保证："这不关我的事。"但是一旦这份文字记录面世，希拉克就开始反守为攻。"这条伪信息中关于我的一切都是没有根据的，是谎言，是中伤，是人为操纵"，他说，"一个死了一年多的人被弄来谈论14年多以前发生的难以置信的事件。"就连一向同情希拉克窘境的那位传记作者都说"他的模糊不清的公式在许多人听来就像是一次坦率承认"。[43]

随着记者们的挖掘，更多的细节出现了。"上千万法郎被以一家名为法尔科企业的巴拿马公司的名义存入在日内瓦的瑞士银行联盟（Union de Banques Suisse）设立的账户中"，《世界报》报道说。"我们知道这个账户属于保卫共和联盟的基金筹集机构"，一位瑞士财产经理人告诉法国政府的调查员。[44]

2000年12月1日,希拉克的前办公厅主任米歇尔·鲁桑被囚禁了五天。保卫共和联盟运动的财务人员被审问。2001年3月28日,尽管最高法院做出了裁决,说共和国总统在任期内免予起诉,希拉克还是被法官阿尔方传唤作证。之后,希拉克的妻子和女儿被传唤为希拉克担任巴黎市长期间她们在国外度假一事作证,当时为第一家庭花费了上百万法郎,那些助手们从厚厚的一捆捆500法郎纸币中抽出钱来付账。这一切都被新闻界报道了,希拉克似乎是死定了。

具有讽刺意味的是,是针对美国的9·11袭击挽救了雅克·希拉克总统。

希拉克对乔治·W. 布什总统没有特别的喜好。在2000年12月访问华盛顿特区时,他是第一个会晤这位候任总统的西方领导人。希拉克后来告诉记者们说他(希拉克)发现他(布什)"聪明、坦率、缺乏经验但会迅速获得经验"。科林·鲍威尔给他留下了很好的印象,但他发现布什的团队"难以置信地反动"。这个说法后来经常挂在这位法国总统的嘴边。尽管他们宣称是戴高乐主义保守派,希拉克和他的顾问们觉得很难相信一个把道德价值当成施政核心的国家领导人的真诚。[45]

9·11袭击的消息上了通讯社的电讯稿时,希拉克按计划正要在雷恩就失业问题发表演说。他取消了讲话,立即发出了同美国人民团结在一起的声明,然后匆匆返回巴黎会晤社会党人总理莱昂内尔·若斯潘和他的内阁。当天晚上,他在黄金时间对全国发表了电视讲话。发生在美国的事情"涉及到我们所有的人",他说,"法国知道,只有通过坚决的集体行动才能有效地打击恐怖主义。"然而,在幕后,希拉克和若斯潘政府都努力确保法国的反恐怖法官让-路易·布吕吉埃不向美国法庭提供证据来帮助9·11同谋者扎卡里亚斯·穆萨维定罪,如果他有可能被判处极刑的话。

9月18日,希拉克会见乔治·W. 布什后从总统椭圆形办公室出来。

在确认法国的摄制组在场后,他重申了在美国处在危险之中时法国对美国的支持。但是,他坚持说法国不会给美国的任何军事反应开"空白支票"。他说,"当然,军事合作是可以设想的,但是只有在提前和我们商议打击目标和所使用的手段的情况下。"希拉克说他已经警告布什不要把反恐战争转变为"文明的冲突"或对伊斯兰教的战争,这个话题听上去像是能让在美国的伊斯兰原教旨主义者团体及他们的支持者感到宽慰。此时离法国总统选举还有七个月时间,希拉克的顾问希望他可以利用这次恐怖袭击来"拉开同[若斯潘的]距离,"因为他作为总理不得不处理政府的日常事务。"你可以料想[希拉克]恬不知耻地利用这个事件",一位希拉克顾问告诉新闻记者玛丽-贝尼迪科特·阿莱尔和菲利佩·古伊奥,"他做这个得心应手。他绝对愤世嫉俗,同时他也感到了真实的同情。"[46]

一旦美国开始在阿富汗的军事行动,希拉克凭借他担任总司令的身份宣布,法国军队正在去帮助美国夺取马扎里沙里夫机场的途中。希拉克为时过早地宣布这件事等于向乌兹别克斯坦泄露了消息,如果不是这样的话,这会是有用的支持,尽管这种支持很有限。结果是乌兹别克斯坦阻挡了法国人将近两个星期。

如果希拉克也表现出了他强加给乔治·W. 布什的所谓在国际事务中"缺乏经验",他的国内政治本能是敏锐的。在社会党人总理莱昂内尔·若斯潘宣布他打算在 2001 年 10 月 6 日去观看在法兰西体育场举行的法国对阿尔及利亚的足球比赛时,希拉克很明智地婉谢了一同前往的邀请。法兰西体育场位于阿拉伯人占多数的一个巴黎市郊。这是经过漫长而痛苦的战争法国在 1962 年默许阿尔及利亚独立后,两个国家的国家队首次对抗。

那个露天运动场坐满了人,但是当喇叭里高声放出阿尔及利亚全国解放阵线(National Liberation Front)的圣歌时,全场陷入了"宗教的沉默"。阿尔及利亚全国解放阵线是法国的最后一场殖民战争中自豪的胜利者。但是,到了演奏法国国歌时,嘲笑声、嘘声和口哨声盖过了"马赛曲"。① 在下半场，法国队4:1领先阿尔及利亚队，此时，阿尔及利亚移民开始撒野了。"水瓶子和手机电池在空中乱飞，"其中的一样落在了司法部长伊丽莎白·吉古的头上。若斯潘不知如何应对，一言不发地躲闪着离开了体育场。比赛在第75分钟被取消。若斯潘大受其辱。[47]

紧急反种族主义协会（SOS—Racisme）的主席马莱克·布提尽他所能帮助了若斯潘。紧急反种族主义协会是一个左派团体，试图更好地整合在法国的北非移民。布提对《费加罗报》说，"自相矛盾的是"，这些足球观众的行为"是他们感觉自己是法国人的标志。如果他们一直自认为是阿尔及利亚人，他们就不敢如此对待东道国了。"[48]

对希拉克来说，这个事件是天赐良机。在足球场的这种无耻行为不仅让若斯潘很难堪，而且还引发了强烈的反移民情绪，这最终让希拉克在民意测验中获得好处。

同时，若斯潘和他的政府还没有对一轮遍及法国而震惊全世界犹太人的反犹太袭击做出反应。犹太人集会被火焰炸弹攻击了，犹太律法卷轴被毁坏了，"这是中世纪以来第一次这样"，犹太人社区领导者米歇尔·米穆尼在巴黎市郊特拉佩告诉我。密特朗在1982年立即谴责了对卡庞特拉的犹太人墓地的亵渎，而同密特朗正好相反，在袭击的数量和暴力程度提高时，希拉克保持了沉默。因为面对这些袭击若斯潘表现松弛，因为外交部长于贝尔·韦德里纳及其他社会党领导人的偏激的亲巴勒斯坦声明，若斯潘疏远了犹太选民，但希拉克谴责居住在市郊的阿拉伯人移民的轻微罪行也激怒了右派。（后来，他会犀利地指责美国的犹太人团体胆敢批评法国没有镇压反犹太人的暴力，而这种暴力是在根据来自以色列的指令进行的"反法政治攻势"中出现的。）在3月27日，离选举不到一个月，极左的候选人阿莱特·拉居耶领导了一次"反对种族歧视和反对反犹太主义的游行"。阿拉伯移民组成的反示威者紧随在队伍之后，叫喊着"真主伟大"，几乎和示威者开始互殴。在4月7日，

---

① 即 La Marseillaise，在1795年被确定为法国国歌。——译者注

超过五万的法国犹太人聚集在巴黎抗议反犹袭击。唯一出面的总统候选人是自由市场保守党人阿兰·马德兰。一位资深的以色列外交官企图让法国人镇压几个世纪以来最糟的反犹暴力行为,但他的努力是徒劳的。用他的话说,"这不仅仅是谁做出了这些举动。法国政府内有些人容许这些事发生,是他们形成了容忍反犹举动的氛围。"[49]

因为这种不稳定的混乱,发生在希拉克与光泽暗淡的莱昂内尔·若斯潘之间的1995年总统竞选对决转变成了历史性的混乱,而最初这场对决显得毫无生气。选举第一轮的结果在2002年4月21日揭晓,希拉克在他自己的政治家庭内部得到的支持太弱,他甚至没得到20%的选票,这一点是很清楚的。但是左派势力更加分裂、更加气馁,他们的领先者若斯潘只获得了16.1%的选票。在这两人之间的是极右派候选人让-玛丽·勒庞,他因为获得16.8%的选票而自动地在决定性竞选中同希拉克一决高下。[50]

"要对出人意料的结果有所准备",法国的电视主持人在点票即将结束时发出了这样的警告。在他们宣布结果时,法国人傻眼了。勒庞混迹政坛多年了,一般都把他当成品味不高、交往不端的小丑而不予考虑。勒庞以前是法国外籍军团的士兵,很自豪地昭示在阿尔及利亚战争期间他在军中服役的事。当时法国人公开折磨争取独立的游击队员(被称为佛拉格①),给他们留下了难以痊愈的伤口。1987年,在一次电视节目中,勒庞把纳粹的毒气室称为"第二次世界大战的细节末枝"。一年后,他玩弄文字游戏,解除了一个名叫迪拉富尔(Durafour)的政敌的职务,他把"Durafour crématoire"② 比做纳粹焚尸炉(Nazi crematoria),因为"four"在法文中的意思是"炉"。在一个法国法庭谴责他的种族主义污点时,勒庞反咬一口,说法国被犹太人掌控着,他的案子就能更进一步的证明这一点。

---

① fellaga 或 fellagha,即阿尔及利亚和突尼斯在法国殖民统治时期争取民族独立的穆斯林游击队战士。——译者注

② 法文 four crématoire 意为"焚尸炉"。——译者注

但是勒庞在普通的法国人当中有吸引力，这是真的，因为他们已经受够了政客、丑闻，受够了使法国的国家主权让位于欧洲联盟和联合国等跨国组织这样的事。勒庞把圣女贞德①当成他心目中的英雄，巧妙地把法国描述成了国际阴谋的牺牲品，其中犹太人、共济会成员和美国利益都在设法通过移民和全球化来破坏法国的国家同一性。

在选举之夜的震惊平息后，整个法国的政治阶级都团结在希拉克身后。"反对种族歧视"的大规模游行示威活动席卷法国各地，这使得社会党人得以动员他们的人马来反对勒庞，而法国的犹太人和伊斯兰教徒也暂时撇开了他们的争论，一同走在游行队伍里。"勒庞让犹太人和阿拉伯人都害怕，因此他们携手对抗同一个敌人"，紧急反种族主义协会的蒂埃里·凯勒说。[51]甚至共产党人也要求他们的选民在决胜选举中支持希拉克。希拉克突然间成了一个英雄，成了法兰西永久价值观的化身。在他自己的竞选集会和电视讲话中，希拉克把勒庞描绘成了国家的敌人，法国价值观的敌人，号召那些"自我感觉在民主辩论中成了孤家寡人的"左派选民联合在"人文主义价值观"和尊重人权的旗帜下，而所有这些现在都以法兰西的名义具体体现在他身上。[52]

新闻界也加入了希拉克阵营，把这次决定性竞选描述成法国历史的转折点，号召法国选民抛弃"种族歧视"和"对外国人的仇视"，而他们宣称这正是勒庞所代表的。

结果之好甚至超出了希拉克的期待。这位在几个月之前还在准备坐牢读物的总统在 2002 年 5 月 5 日以 82.21% 的得票再次当选，再任一届。妖魔化勒庞是很容易的，也凑效了。几个星期之后的议会选举让希拉克有了决定性的多数，给了他随心所欲地统治法兰西的委任。雅克·希拉克永垂史册的时刻最终还是来了。

---

① Joan of Arc，圣女贞德，(1412 年—1431 年)，法国民族英雄，百年战争时率军 6,000 人解除英军对奥尔良城之围，后被俘，以火刑处死。——译者注

1. 作者采访美国官员，2003年10月1日。也参见阿莱尔和古伊奥著，《难以置信的七年任期》，第17页，及弗朗茨-奥利维埃·吉斯贝尔著，《雅克·希拉克传》，第67页。(Allaire and Goulliaud, *L'Incroyable septennat*, p. 17; Franz-Olivier Giesbert, *Jacques Chirac*, Le Seuil paperback (Paris: 1987), p. 67.)

2. 吉斯贝尔著，《雅克·希拉克传》，第23页。(Giesbert, p. 23.)

3. 维尔夏夫著，《黑色希拉克》，第90页。(Verschave, *Noir Chirac*, p. 90.)

4. 吉斯贝尔著，《雅克·希拉克传》，第26页。(Giesbert, p. 26.)

5. 皮埃尔-玛丽·加卢瓦著，《世纪沙漏：人类的时代》(Pierre-Marie Gallois, *Le Sablier du siècle: L'Age d'homme* (Paris: 1999))，引自维尔夏夫著，《黑色希拉克》，第92页。(Verschave, *Noir Chirac*, p. 92.) 战后，马尔塞勒·布洛赫和妻子马德琳放弃了犹太教，行洗礼成为罗马天主教徒。

6. 菲利普·马德林著，《戴高乐派与金钱：半个世纪的内战》，第121页。(Philippe Madelin, *Les Gaullistes et l'argent: Un Demi-siècle de guerres intestines*, L'Archipel (Paris: 2001), p. 121.)

7. 吉斯贝尔著，《雅克·希拉克传》，第61页。(Giesbert, p. 61.)

8. 维尔夏夫著，《黑色希拉克》，第98页。(Verschave, p. 98.)

9. 亨利·德里涅著，《希拉克或权力的渴望》，第41页—42页。(Henri Deligny, *Chirac où la fringale du pouvoir*, Alain Moreau (Paris: 1977), pp. 41-42;) 引自维尔夏夫著，《黑色希拉克》，第98页。(Verschave, *Noir Chirac*, p. 98.)

10. 维尔夏夫著，《黑色希拉克》，第105页—106页。(Verschave, *Noir Chirac*, pp. 105-106.)

11. 参看蒙塔尔多著，《密特朗和四十大盗》，第252页—253页。(Montaldo, *Mitterrand et les 40 voleurs...*, pp. 252-253.)

12. 阿尔诺·蒙泰勃赫著,《背叛机器》,第 85 页—86 页;(Arnaud Montebourg, *La machine à trahir*, Editions Denoel(Paris:2002), pp. 85-86;) 阿莱尔和古伊奥著,《难以置信的七年任期》,第 57 页—60 页。(Allaire and Goulliaud, *L'Incroyable septennat*, pp. 57-60.)

13. 在 1997 年秋季,巴黎市出售了朱佩的 1,520 平方英尺的两层楼公寓,被汤姆逊半导体公司负责人、社会党人阿兰·戈梅以 710 万法郎(约 130 万美元)买下。随后,一个不知名的人出价高于戈梅,以 780 万法郎买下了这个公寓。参看阿莱尔和古伊奥著,《难以置信的七年任期》,第 60 页,注释 2。(Allaire and Goulliand, *L'Incroyable septennat*, p. 60, note 2.)

14. 阿莱尔和古伊奥著,《难以置信的七年任期》(Allaire and Goulliaud, *L'Incroyatle septennat*.)。有关"闪击战"的评论见第 247 页,"尼禄"见第 558 页。

15. 克里斯蒂娜·德维耶-钟古著,《共和国娼妇》。(Christine Deviers-Joncour, *La putain de la République*, Calmann Levy(Paris:1998))

16. 德维耶-钟古著,《共和国娼妇》,第 129 页。(Ibid., p. 129,)

17. 洛克·勒·弗洛克-普里让著,《埃尔夫事件:国家大事》,第 26 页。(Loik Le Floch-Prigent, *Affair Elf: Affairs d'Etat*, Editions Cherche-Midi/Folio(Paris:2001), p. 26.)

18. 蒙泰勃赫著,《背叛机器》,第 266 页。(Montebourg, *La machine à trahir*, p. 266.) 作者采访阿尔诺·蒙泰勃赫,2003 年 10 月 1 日。

19. 《欧洲人》杂志,1998 年 3 月 16 日,第 8 页,《假如那鞋合脚……》(Julian Corman and Edith Coron, "If the shoe fits...," *The European*, March 16, 1998, p. 8.)

20. 《鸭鸣报》2001 年 7 月 18 日,"市长先生曾经有一个神圣的保险箱",(Hervé Liffran, "Monsieur le maire avait un sacré coffre", *Le Canard Enchainé*, July 18, 2001),引自维尔夏夫著,《黑色希拉克》,第 125 页(Verschave, *Noir Chirac*, p. 125).

21. 引自蒙泰勃赫著,《背叛机器》,第23页。

22. 蒙泰勃赫点名举了几个例子,包括阿兰·朱佩的案子。在这个案子中,司法部长雅克·图邦的办公室主任亚历山大·邦玛克娄夫"要求负责预防贪污中央局的检察官不上交他的报告"。(第91页)蒙泰勃赫写到,每年,"法国的122个检察官或他们的代理人要做出753,000项决定,对不知源头的犯罪行为取消起诉。这些决定中的大部分都未能证明正确性,而起诉人或者提供信息者很少被告知。提起公诉还是不提起公诉,换句话说,确保共和国的每个公民在相同条件下免受惩罚或者施加法律,对这种权利的运用超出了诉求,毫无节制。"(第90页)

23. 蒙泰勃赫著,《背叛机器》,第103页。(Montebourg, *La machine à trahir*, p. 103)

24. 前引书,第79页。

25. 作者采访阿尔诺·蒙泰勃赫,2003年10月1日。

26. 《欧洲1号》1998年5月17日。(*Europe 1*, May 17, 1998) 引自阿莱尔和古伊奥著,《难以置信的七年任期》,第342页。(Allaire and Goulliaud, *L'Incroyable septennant*, p. 343.)

27. 阿莱尔和古伊奥著,《难以置信的七年任期》,第342页。(Allaire and Goulliaud, *L'Incroyable septennant*, p. 342.)

28. 蒙泰勃赫著,《背叛机器》,第268页—269页。(Montebourg, *La machine à trahir*, pp. 268–269.)

29. 阿莱尔和古伊奥著,《难以置信的七年任期》,第341页。(Allaire and Goulliaud, *L'Incroyable septennat*, p. 341.) 在1999年1月22日的决定中,迪马使用的措辞和法律论据同1995年10月的一份简令实际上是相同的。这份简令是应亲希拉克的司法部长雅克·图邦的要求准备好的,以防止对一位在位总统的可能的诉讼。

30. 蒙泰勃赫著,《背叛机器》,第269页。(Montebourg, *La machine à trahir*, p. 269.)

31. 《世界报》1999年1月26日。(Thierry Brehier, *Le Monde*, Janu-

ary 26, 1999) 引自蒙泰勃赫著,《背叛机器》, 第 270 页。(Montebourg, *La machine à trahir*, p. 270.)

32. 接受 RTL 电台采访, 2002 年 6 月 18 日。(Interview with RTL radio, June 18, 2002.)

33. 作者采访阿尔诺·蒙泰勃赫, 2003 年 10 月 1 日。

34. 《华盛顿邮报》1999 年 9 月 20 日 A1 版, "由委员会来轰炸: 法国回避北约的目标"。(Dana Priest, "Bombing by Committee; France Balked at NATO Targets", *Washington Post*, September 20, 1999, p. Al.)

35. 阿莱尔和古伊奥著,《难以置信的七年任期》, 第 417 页。(Allaire and Goulliaud, *L'Incroyable septennat*, p. 417.)

36. 同上。

37. 法国《观点》杂志, 1999 年 7 月 19 日。 (Jean Guisnel, *Le Point*, July 9, 1999.)

38. 俄通社-塔斯社, 1999 年 5 月 13 日。 (ITAR-TASS, May 13, 1999.)

39. 作者采访阿兰·马德林, 2003 年 9 月 17 日。

40. 《华盛顿时报》1998 年 10 月 7 日, "刚果被罢黜的领导人指控法国怂恿政变"。(Ben Barber, "Congo's Ousted Leader Accuses France of Encouraging Coup", *Washington Times*, October 7, 1998.)

41. "梅里卡带",("Cassette Mery,")《世界报》2000 年 9 月 21 日刊登的文字记录。

42. "我记得希拉克先生刚接任第一次同居的总理职位", 在磁带里, 梅里如是说。"我亲自把钱拿到总理办公厅主任米歇尔·鲁森先生的办公室。总理就坐在我面前……那天, 我当着希拉克先生的面把 500 万法郎现款直接放在鲁森先生的书桌上。"来源同上。

43. 阿莱尔和古伊奥著,《难以置信的七年任期》, 第 519 页。(Allaire and Goulliaud, *L'Incroyable septennat*, p. 519.)

44. 《世界报》2000 年 9 月 22 日, "让-克洛德·梅里: 法尔科公司帐户的秘密"。("J-C Mery: Les Secrets du compte Farco", *Le Monde*, September 22, 2000.)

45. 2001 年 5 月 2 日, 希拉克在接受记者采访时使用了一个法语口语——plus reac, tu meurs——这个词组成了一个流行语, 法国官员们只要提到布什政府就喜欢重复这个词组。一位"法国的顾问"——可能是德维尔潘——在反驳布什 2003 年 9 月 23 日在联合国全体大会上的发言时也使用了类似的词语, 参见《费加罗报》2003 年 9 月 24 日第 3 版, "因为布什父子, 共谋关系不复存在"。(Anne Fulda, "Avec les Bush, une complicité perdue", *Le Figaro*, September 24, 2003, p. 3.) 法国人不能理解, 美国总统为什么会提出女性性奴隶的问题而不是支持法国"转变"联合国的建议。

46. 阿莱尔和古伊奥著,《难以置信的七年任期》, 第 620 页—622 页。(Allaire and Goulliaud, *L'Incroyable septennat*, pp. 620 – 622.)

47. 同上, 第 631 页—633 页。(Ibid., pp. 631 – 633.)

48. 《费加罗报》2001 年 10 月 25 日。(*Le Figaro*, October 25, 2001) 引自阿莱尔和古伊奥著,《难以置信的七年任期》, 第 633 页。(Allaire and Godlliaud, *L'Incroyable septennat*, p. 633.)

49. 作者采访以色列高级外交官, 2002 年 6 月 13 日。在拙作《仇恨传道士: 伊斯兰世界和对美国的战争》(*Preachers of Hate: Islam and the War on America*) 第 9 章中, 我报道了在法国和欧洲其他地方兴起的"新"的反犹太主义。

50. 加上国民阵线持不同政见者布律诺·梅格雷获得的 2.35%, 勒庞的政党赢得了 19.1% 的选票——接近希拉克的选票了。

51. 作者采访蒂埃里·凯勒, 2002 年 7 月 10 日。

52. 阿莱尔和古伊奥著,《难以置信的七年任期》(Allaire and Goulliaud, *L'Incroyable septennat*) 在第 702 页引用了希拉克于 2002 年 4 月 23 日在雷恩对选举集会发表的讲话。

12

拯救萨达姆

2003年4月末,《每日电讯报》的一位记者从巴格达打电话到伦敦,告诉安·克卢伊德他在巴格达伊拉克外交部的废墟里找到了一些文件。对此,克卢伊德一点也不觉得意外。安·克卢伊德是属于英国工党的下院议员,也是非营利组织"控告"的主席。"控告"(Indict)组织的部分资金是美国国会根据1998年的《解放伊拉克法案》拨付的。她担任主席的这个组织成立的目的就是要搜集证据以便在国际法庭上以战争罪和反人类罪起诉萨达姆·侯赛因和他的重要心腹[1]。

2000年4月,"控告"组织在巴黎组织了一次国际会议,想提高法国媒体对萨达姆政权骇人的人权记录的认识。他们带来了酷刑的受害者,这些受害者详细地描述了萨达姆的长子乌代和安全机构用来惩罚嫌疑敌人的种种方法(乌代最喜爱的一种方法是把受害者投入装满酸性物质的大桶中,听他在酸性物烧掉皮肤时发出的惨叫)。"控告"组织已经收集了毒气袭击库尔德村庄案的幸存者的证词,也采访了那些被迫看着自己的孩子在自己的眼皮底下被强奸的父母们。他们还得到了在1991年起义时从复兴党文件中查获的录像带,录像带显示萨达姆的堂兄阿里·哈桑·马吉德亲自审问犯人的情形。犯人被迫跪在他面前,双手反绑在背后,他猛踢他们的脸,然后对他们的头部开枪。阿里·哈桑·马吉德在1991年被萨达姆任命为"科威特省长",但因为他在用毒气攻击库尔德人事件中的作用,他被称为"化学阿里"(在那副发给美国士兵来帮助他们辨认伊拉克高级官员的扑克牌里，阿里·哈桑·马吉德是黑桃K）。"控告"组织所揭露的一系列恐怖事件骇人听闻，已经被编辑成了控告这二十几个复兴党高级成员的证据手册，但大多数法国媒体都系统地忽略了这些。

2000年4月14日，法国前总统的遗孀丹尼尔·密特朗出现在协和·拉法叶饭店，为这次讨论会揭幕。这里距凯旋门和香榭丽舍大街只一街之隔。众所周知，密特朗夫人是伊拉克库尔德人的支持者，甚至就在她丈夫批准追加对巴格达的武器销售时，她还定期谴责伊拉克政权的罪行。

那个4月的早晨，在她到达那家饭店时，一群愤怒的抗议者包围了她，推搡她，呼喊着乌七八糟的话。"当时，为我们工作的伊拉克人告诉我们，那些抗议者是伊拉克政权花钱雇来的"，安·克卢伊德告诉我，"所以，听说发现了那些文件时，我一点也不吃惊。"

示威者当中的一个人设法搞到了一个假冒的讨论会证件，混入了会场。"我们发现，在那些政权受害者作证讲述他们被如何折磨时，他在拍摄他们。这是十分敏感的东西。我们通知法国警察来抓住他，阻止他，并让他交出胶片"，克卢伊德回忆说。"他们最终抓住了他，他出示了身份证件，表明他是特派到摩洛哥驻巴黎大使馆的伊拉克外交官"——伊拉克在摩洛哥大使馆有个联络代表处。"警方告诉我们，因为他有外交身份，他们也不能动他。"

同一天，在下午晚些时候，有人打来电话威胁说有炸弹，迫使"控告"组织撤离会议大厅好几个小时。克卢伊德说，"随后，我们'控告'组织在伦敦的办公室也接到威胁电话"，警告他们取消讨论会。"我们很愤怒，特别是因为拍摄事件，因为这些作证的人每个人在伊拉克国内都有亲戚，他们不想被辨认出来，这是可以理解的。"

克卢伊德告诉我，当时她责怪了法国人的"完全不作为"。"控告"组织的两名研究人员前往法国警方，陈述了那些抗议者和那位伊拉克外交官的所作所为，但是什么事也没发生。"那些示威捣乱的人都是拿了钱的,这一点很清楚。他们全都是伊拉克人。"克卢伊德说,当时,她怀疑法国人拒绝对这次骚扰采取任何行动,"因为法国仍然在同伊拉克做生意"。

此前,在讨论会正式开幕的头天晚上,他们举行了一个招待会。克卢伊德的一位伊拉克工作人员告诉她萨达姆的人已经混了进来。她问这种事怎么可能发生,却得知,尽管被邀请人员的名单控制得很严,那个人还是设法搞到了一份正式的请柬。那位《每日电讯报》记者发现的文件"只是证实了我的怀疑,如果考虑到法国警察的所作所为"。

在这些文件当中有一封六页长的信,日期是1998年2月,是萨达姆·侯赛因写给雅克·希拉克的,"欢迎法国总统在反对制裁的活动中给予的支持,并向他保证伊拉克没有大规模杀伤性武器",《每日电讯报》报道说。有些文件揭露了法国当局在骚扰"控告"组织讨论会参加人员事件中所起的作用,其中"最该死"的文件是一份2000年3月28日的备忘录,是伊拉克情报机构伊拉克情报局(Mukhabarat)头目塔赫尔·亚利尔·哈布希给萨达姆·侯赛因总统办公室的(哈布希在被通缉的伊拉克战犯中是方块J)。在信件中,哈布希说"我们的一位消息提供者"见到了法国外交部的"副发言人","他和这位副发言人保持着很好的关系"。这封信接着说法国司法部和内务部的官员正在努力寻找"合法的方式"来阻止"控告"组织的会议。法国政府许诺要采取的其他措施还包括拒绝给打算来法国的伊拉克反对派领导人发签证。当时,政府的日常事务,包括司法部和内务部,是由社会党人总理莱昂内尔·若斯潘处理的,而希拉克总统则把持着国防和外交事务。

尽管法国人没有找出合法的方式来阻止"控告"组织的讨论会,但是,对那些实际上公开在法国运作的伊拉克政府特工人员采用暴力战术恐吓"控告"组织一事,他们却是睁一只眼闭一只眼。一份后续的备忘录,注明日期是2000年4月18日,表明伊拉克政府对法国人的帮助非常感激。这份备忘录的标题是"敌人的讨论会在巴黎失败",说伊拉克挫败这次讨论会的努力取得了辉煌成功,因为法国媒体"忽略了这个事件",而讨论会的目的就是要广泛宣传为以战争罪起诉萨达姆和他的亲信而做出的种种努力。这些备忘录是由伊拉克外交部长穆罕默德·赛义德·萨哈夫签署的,就是这个萨哈夫,头戴法国贝雷帽,在战争期间作为新闻部长时不时做出超现实主义的情况介绍,被人称为"滑稽阿里",他们其实是同一个人。

这篇稿子在《每日电讯报》见报的当天,安·克卢伊德要求英国外交大臣杰克·斯特劳对此进行调查。她也要求法国人做出正式道歉。这两件事都没有发生。她说,相反,法国驻伦敦的大使馆当即否认了此事,并发来一封恐吓信"要求"同她见面。"很明显,他们在试图对我施加压力",安·克卢伊德说,"那封信的语气是极无礼的。非常明显,他们同伊拉克情报机构沆瀣一气,我对此毫不怀疑。"

《每日电讯报》援引的这堆东西里还另有一份文件。在针对"控告"组织的行动取得成功一个月后,萨达姆的私人办公室给财政部发出了一份备忘录,授权他们给在法国的身份不明的受益人支付了383,439美元。主题是"南部法国的作用",而没有更进一步的说明。希拉克总统有一些他最信赖的特工人员,同总统在阿拉伯世界的朋友们一起处理微妙棘手的问题,这些人就在法国南部的金三角地区生活和工作,尽管那份文件里没有提到他们当中的任何一个人。他们的活动地点从格拉塞到圣托佩斯附近的山上。我就是在格拉塞遇见了贝尔纳·吉耶和富有传奇色彩的武器经纪人萨米尔·特拉布勒西、瓦利德·霍拉伊特姆和其他许多人,而希拉克的密友拉菲克·哈里里在圣托佩斯山上有一个巨大的休假公馆。哈里里就是那位什么生意都做的亿万富翁,后来成了黎巴嫩总理。这个金三角的尖端延伸进了地中海的昂蒂布角,那是一个荒野的岬角,但有耗费巨资修建的房产,有穿着制服、手提自动武器在海岸上巡逻的私人保安人员。希拉克最喜爱这里的伊甸·罗克酒店。这个酒店是一个不对外的专用度假胜地,位于海岬上最后一座住宅和以午夜迪斯科著称的小镇瑞昂莱潘镇之间崎岖的海岸线上(这个住宅是俄罗斯寡头政治支持者鲍里斯·别列佐夫斯基的家)。

在20世纪90年代中期，在昂蒂布角有很多小心谨慎的临时居民，帕特里克·莫热安是其中的一位。他是希拉克家族的朋友，来自法国中部山区出产干腊肠和干酪的科雷兹。他是石油商人，也是个中间商，是从马克·里奇那里起家的，而马克·里奇就是克林顿总统在任的最后一天最终赦免的那位变节的美国人。莫热安一直设法不在媒体上曝光，但在1958年他被卷入了对秘鲁亚纳科查金矿的所有权的公开争夺战。这个金矿是个令人难以置信的富矿。莫热安对外介绍自己是法国政府的顾问，他告诉有关人员，这场纠葛被认为是"法国最高级别的国家事务"，因为这涉及到出售法国地质矿产研究局（一个法国国家矿业集团企业）所掌握的一个控股公司，而这个公司拥有这个金矿的的24.7%的股份。[2]

莫热安年轻的时候一直想当一名斗牛士，虽然他现在说记者们"稍微地润色了一下"他的故事（"比起海明威来，帕特里克算不上是个斗牛士"，他的私人助理爱伦·克罗斯利告诉我，"但是他确实研究过斗牛，谈论起这个话题很有权威性"[3]）。《国际先驱论坛报》称他为"虚张声势的、偷偷摸摸的法国生意人"。

除了和希拉克关系密切外，莫热安还同前社会党人外交部长罗朗·迪马一道帮助成立了一个非赢利的歌剧爱好者协会，这让迪马的情妇克里斯蒂娜·德维耶－钟古成了这个协会的受薪人员。后来，他同意担任这个协会的主席，用他的私人猎鹰喷气式飞机把迪马送到维也纳去听著名男高音普拉西多·多明戈演唱《罗恩格林》。① 这只不过是用另一种小心谨慎的方式帮助朋友。"在很大程度上，帕特里克是不问政治的"，克罗斯利解释说，但他在整个政治领域里都有朋友。"他甚至不是保卫共和联盟的持证成员。"这个保卫共和联盟当时是希拉克的政党。

莫热安说他开始接近希拉克是在1978年，当时他给希拉克出主意，通过给歌剧明星颁发勋章来宣传巴黎，而且就从多明戈开始。"很快莫

---

① 《罗恩格林》，三幕歌剧，由理查德·瓦格纳编剧并谱曲。故事来自中世纪德国叙事诗《圣杯骑士罗恩格林》、《帕西法尔》以及其他传说。世人所熟知的瓦格纳《婚礼进行曲》原是这部歌剧中的一首混声四部合唱。——译者注

热安先生就成了一个不在编的外交代表,这是他的话,他利用他的生意网络给希拉克先生提供情报信息,也传达他的口信。"[4] 这种关系据说在1995年希拉克担任总统后也没有中断,尽管克罗斯利声称"这是一种友好关系,而没有人们在法国媒体上看到的那种更阴险的本质,因为法国媒体把莫热安描绘成某种后台势力或国际事务顾问。他们是朋友,喜欢谈天说地,也不过就是这样而已"。我第一次听说莫热安的名字是在1988年,他当时在位于巴黎由法国政府创办的享有声望的阿拉伯世界研究院担任要职。

对于莫热安同希拉克的密切联系,洛克·勒·弗洛克-普里让是很清楚的。弗洛克-普里让是法国国有石油公司埃尔夫·阿基坦的总裁和首席执行官,因为被指控贪污而在1995年坐牢,后来在2002年再次坐牢。在弗洛克-普里让那本充满怨恨又自我开脱罪责的自传《埃尔夫事件:国家大事》(Affaire Elf: Affaire d'Etat) 中,他宣称莫热安在几个商业项目中都起了作用,而正是这几个项目使预审法官勒诺·范伦贝克指控埃尔夫公司给法国的各政党及其领导人提供回扣。

其中的一笔交易,即在1990年收购西班牙的厄多伊尔炼油厂,是一个名叫纳达米·奥奇的伊拉克商人亲自安排的。后来,华尔街调查员朱尔斯·克罗尔牵头在世界范围内寻找萨达姆·侯赛因的隐匿资产时,奥奇成了调查目标。奥奇的主要商业企业是位于卢森堡的一个控股公司,名为地中海控股总公司。1988年6月16日,意大利议会调查认定他是帮助意大利的坎蒂耶里·纳瓦利·瑞尼提船厂 (Cantieri Navali Riuniti) 在1980年出售给伊拉克六艘"海狼级"护卫舰的两个中间人之一,这笔交易价值16亿美元,给奥奇的道瓦尔公司带来了2,300万美元的报酬,这是由意大利财政警察(Guardia di Finanza) 发现的这家公司的文件显示的。不管是意大利议会的调查还是克罗尔的调查都没有能够认定奥奇违反了现行的法律,也没有确认他窝藏了伊拉克政府的资产,尽管流传着所谓他和萨达姆·侯赛因的半兄弟、前伊拉克情报局长巴尔赞·易卜拉欣·提克里蒂有关系的说法(今天奥奇否认他同巴尔赞有任何关系)。地中海控股总公司在1990年末替埃尔夫公司收购了厄多伊尔炼油厂,几个月后把这个炼油厂转卖给埃尔夫,赚了至少3亿法郎,据说这些钱当中的一部分已经分给了法国各政党了,而法国检察官正在调查这个说法。[5]

"谁都知道移居国外的伊拉克人同保卫共和联盟之间有很牢固、长期的关系",弗洛克-普里让解释说。"这个政党出了个总统,他的名字就叫雅克·希拉克。希拉克认识萨达姆·侯赛因,而萨达姆·侯赛因认识奥奇。"弗洛克-普里让说,如果你想了解希拉克、奥奇、伊拉克及埃尔夫公司之间的关系,关键人物就是帕特里克·莫热安,他的名字是"和希拉克的名字分不开的"。莫热安"在从伊拉克到非洲的石油领域道行很深,今天他领导着一家名叫索科(SOCO)的英国石油公司"。当作家埃里奇·德库提问他是不是在暗示说奥奇通过莫热安给希拉克的政治活动提供经费,弗洛克-普里让用这种遁词做答:"我所说的是,调查的主题应该是这样的,追踪从伊拉克人——海外的伊拉克人和伊拉克国内的人——到保卫共和联盟的联系。纳达米·奥奇是一个伊拉克散居在外的人……如果检察官们真的想调查那些据说奥奇已经分掉的钱,他们会找到保卫共和联盟,而这正是希拉克领导的。[6]

但是莫热安坚持说他从来不认识奥奇,从来没有参与过为希拉克募集基金,"从来没有见过萨达姆,也没有设法去见萨达姆"。奥奇也否认他同这个所谓的基金募集计划有任何牵连。克罗斯利发现,在公开审理中,弗洛克-普里让站在证人席上作证时从来没有试图去做更令人吃惊的"揭密",而这些"揭密"都写进他的书里了。克罗斯利的观察是正确的。莫热安大方地承认了在20世纪80年代他经常前往巴格达,因为那时伊拉克是法国的主要经济伙伴。他告诉《鸭鸣报》说,就是在第一次海湾战争之后,他"也不止一次作为希拉克的密使"前往巴格达,而那时希拉克担任巴黎市长。

莫热安从来没有想掩饰他同塔里克·阿齐兹以及伊拉克石油部的高层管理人员的友好关系,或不承认他把伊拉克当成"[他的]生意的一部分",克罗斯利说。在联合国禁运期间,莫热安免费给伊拉克送去一船药品,"因为在那里存在着人道主义问题"。他自己因为在伊拉克石油圈子里的关系而认识了阿齐兹,而在弗洛克-普里让成为埃尔夫公司的总裁后,他也把塔里克·阿齐兹介绍给弗洛克-普里让认识,"因为对伊拉克人想从法国人手里拿下一些油田交给俄罗斯人这件事存在着争议"。莫热安的说情显然取得了很大成功,因为伊拉克人在1999年1月宣布他们同埃尔夫·阿基坦公司就马基奴油田签订了共同生产协议,这几乎和早些时候同道达尔石油公司就纳赫尔·欧迈尔油田签订的400亿到600亿美元的交易一样够意思。[7] "在禁运期间,帕特里克维系了这些关系,因为他相信在禁运解除后,他在伦敦的石油公司会用得到这些关系,而他的石油公司也代表了美国人的利益",克罗斯利说。

在弗洛克-普里让卷入贪污丑闻蹲了监狱后,埃尔夫公司的官员在1998年宣称莫热安通过一家叫特拉费古拉控股公司(Trafigura Beheer BV)的英国-荷兰贸易公司同伊拉克商谈了一笔黑市石油交易。莫热安把这个指控称为"十足的幻想"。他说,伊拉克已经成了"一个危险的国家,随时会有爆炸发生,到处是杀人犯",而他现在避之不及。[8] 我在欧洲采访到了塔里克·阿齐兹的一位心腹密友,他本人对萨达姆的秘密海外采购网络有所了解。据他说,在20世纪90年代中期,莫热安也许偶尔在希拉克和伊拉克官员之间充当过中间人。如果他确实这么做过,这种关系到了1997年—1998年时也变坏了。这位中间人告诉我:"希拉克想摆脱萨达姆,走出这种关系给他留下的阴影。"

如果埃尔夫·阿基坦公司的人错误地认定莫热安卷入了同伊拉克的非法交易,那么他们认定特拉费古拉控股公司则是很对的。但是,联合国花了几乎整整三年才弄清楚在它的监督员的鼻子底下发生了什么事,而这些监督员拿着薪水就是为了核对根据联合国石油换食品计划从伊拉克运出的每一船石油。对萨达姆和他在法国的朋友们来说,这三年是非常有油水的三年。

克洛德·多芬和埃里奇·德·图克海姆在作为石油商人一道为嘉能

可公司工作时就认识莫热安。嘉能可（Glencore）是马克·里奇设在瑞士楚格州的公司，这里远离那些努力工作的金融调查员的视线。和莫热安一样，他们也"毕业于"马克·里奇那所什么都买什么都卖的学校，在 1993 年成立了他们自己的贸易公司特拉费古拉控股公司。从马克·里奇那里，他们学会了离岸金融领域的一切，他们通过巴哈马群岛和维尔京群岛做生意，而把他们用来打掩护的办事处设在伦敦、洛杉矶、北京及其他主要城市。

特拉费古拉控股公司从事违反联合国对伊拉克制裁的交易有多长时间了，没有人知道。这个密谋在 2001 年 11 月才最终真相大白，虽然埃尔夫·阿基坦公司的人在 1998 年 2 月就开始谈论这件事了。特拉费古拉控股公司的律师宣称，公司被无道德无原则的中间商欺骗了，"没有办法知道"到底发生了什么事。[9] 但是人人都说这个买卖是很有利可图的——在美国财政部插手他们的案子之前。

乌克兰的瓦列里·P. 库钦斯基大使说，联合国制裁委员会收到来自西奥法尼斯·希拉达基斯的一封信后觉察到了这个密谋。希拉达基斯是利比里亚人注册的"汽轮机油船"艾塞克斯号的船长。这艘油船经联合国许可在位于阿巴克港的伊拉克主要出口油库装载伊拉克原油。这位船长在信中说，问题是在联合国的监视员签字放行他的货物后，伊拉克人就让他返回港口，这样他们就可以用额外的 272,000 桶油"加满"他的油罐。而这种事发生不止一次了。希拉达基斯写到，在他当班时，艾塞克斯号船在伊拉克两次被加满，分别是在 2001 年 5 月 13 日和 8 月 27 日。而这两次，艾塞克斯号都是被特拉费古拉控股公司包租的。这些走私石油按当时的市场价格实际收入 1,170 万美元，而这笔钱据传说"都进了伊拉克政府控制的银行账户中"。[10]

库钦斯基大使开始深挖这件事，他发现这个密谋中不止特拉费古拉控股公司一家。因为特拉费古拉控股公司在英国和荷兰运作，库钦斯基向两国政府求助后发现，特拉费古拉控股公司的一个子公司叫朗德海德公司（Roundhead Inc），从法国石油商爱贝克斯能源公司（Ibex Energy）

的一个子公司购买石油,而爱贝克斯能源公司位于英属维尔京群岛,那可是人所共知的离岸生意的安全区。特拉费古拉控股公司宣称,按照协议,它在联合国官方售价的基础上每桶油给爱贝克斯公司支付了 40 美分的"额外补贴",这是伊拉克国家石油销售组织经常提出的条件,为的是盘活一些额外的现金供伊拉克用于其他用途而不受联合国控制。[11]

在美国驻雅典大使馆工作的情报官们在同希拉达基斯面谈后把他的信息发往位于兰利的美国中央情报局总部,其后又被迅速转交给五角大楼。几天后,在 2001 年 10 月初,美国战舰悄悄地在加勒比海国家库拉索①近岸拦截了艾塞克斯号,此时它还没有卸下非法货物。随后的四个月,这艘船绕着这个岛转,进不了港,与此同时,美国财政部忙着同这家公司的律师谈判。这个事件以特拉费古拉控股公司花费了五百万美元的额外运输费用而告终。这导致他们在一家伦敦法庭起诉爱贝克斯公司误导了他们。特拉费古拉控股公司的律师宣称"不可能有办法知道爱贝克斯公司在石油换食品计划之外又运载了石油。"[12]但是爱贝克斯公司的执行董事让-保罗·凯尔在一份书面陈述中宣称,特拉费古拉控股公司策划了这个计谋,"想弥补 1999 年失败的那次同伊拉克人的石油交易所造成的损失"。他也承认通过一个黎巴嫩银行账户给国际石油销售组织(SOMO)支付了 370 万美元,很清楚,这违反了联合国的规则。[13]

这个艾塞克斯号案件只不过是冰山一角。选派到联合国制裁委员会工作的外交官们认为,这种特殊的走私方式,即装满船只油舱的方式,已经持续很多年了。"我们发现真相完全是巧合,是因为那艘船的船长通知了联合国",一位外交官说。[14]美国官员和联合国官员都认为,这个特别的密谋每年给伊拉克带来大约 3 亿美元的收入,而伊拉克从非法石油贸易中每年差不多能得到 25 亿美元的总收入,萨达姆用这些钱"来开发大规模杀伤性武器并巩固自己的权力。"[15]这件事明显地让法国政府

---

① 原文如此。库拉索岛位于加勒比海,实际上是西印度群岛中荷属安的列斯群岛的主岛。——译者注

尴尬不已，因为它已经向联合国当局保证爱贝克斯能源公司是合法商家。11月8日，法国政府中止了爱贝克斯公司参与联合国批准的石油换食品计划，"直到法国当局完成对它的活动特别是它同艾塞克斯号案件牵连的调查"。[16]

联合国安理会在1995年做出986号决议，把石油换食品计划奉为圣命，但到了艾塞克斯号被拦截在库拉索海岸之外时已经变成了一场闹剧。首先，决议的名称就不对：联合国从来就没有禁止过伊拉克进口食品而用石油支付，即使是在为惩罚萨达姆在1990年8月入侵科威特而实行禁运最起劲的时候也没有过。的确，安理会在1990年8月通过了661号决议，成立了一个联合国制裁委员会来监控伊拉克购买食品、药品和人道主义物资。这个被称为"661委员会"的联合国小组还监督在1995年经协商后扩大的贸易协议，这个协议允许伊拉克每年出售价值几十亿美元的原油。根据"石油换食品"决议，伊拉克应该用这些钱来重建它的石油工业、水净化厂、电力网和基本的基础设施。这笔钱总数的30%由联合国补偿委员会保留，用做对科威特及其他伊拉克侵略受害者的战争赔偿。伊拉克可以使用其余的钱来购买由制裁委员会根据个案原则批准的工业设备。

从一开始，萨达姆就连这种很宽宏大量的联合国限制也违反。他是从钱开始的：萨达姆坚持联合国使用巴黎国民银行（BNP）作为伊拉克资金的唯一贮备处，也许他希望他在法国的朋友们会把脸扭向一边让他对这个账户稍加研究看看能否挪做他用。这种情况没有发生，那笔存款积聚起来了——最终超过130亿美元没有用完的现金在纽约巴黎国民银行的账户中聚集。前世界银行经济学家、中东问题专家帕特里克·克劳森说，"巴黎国民银行给联合国发了一封信，表明它处境窘迫，请求他们减少伊拉克的第三方监管账户，把这个账户分散到几个不同的银行"。这个伊拉克账户变成了巴黎国民银行账簿上最大的单笔现金账户，"已经成了管理者的一大问题，"克劳森告诉我。[17]

接下来，萨达姆开始愚弄出口许可当局，他使用的技巧是由侯赛因·卡米尔·马吉德、阿米尔·拉什迪·乌巴亚迪、阿米尔·哈穆迪·萨阿迪、萨法·哈伯比以及其他人在20世纪80年代试验并得到证实的。以"民用"项目为借口,他进口了双用设备,打算用于生物武器实验室、化学武器工厂、弹道导弹生产或秘密核武器开发计划。在实施石油换食品计划的七年间,联合国伊拉克项目办公室批准了超过500亿美元的石油销售。[18] "这个制裁的漏洞大得足以通过一个导弹发射架",一位跟踪这个交易的前美国国会工作人员告诉我。

根据联合国的程序,打算对伊拉克出售设备的公司首先要寻求他们自己政府的授权,而他们的政府则要负责审查他们的真实性。一旦审查没有发现危险信号——这种情况很少见——他们的政府就通过各自在联合国的使团提交许可证申请。从理论上讲,661委员会要复审这些合同以确保其中不包括军用设备。联合国的许可程序清楚地显示哪个使团提交了哪份合同,还包括这个使团自己给每份合同编的参考号。

我编辑整理的一个数据库中有2,858个提交给661委员会的出口申请,其中的1,646个申请因为联合国安理会常任理事国中的某一个国家反对而被暂时中止。多数情况下,这种暂时中止都会附有让出口商提供有关设备种类附加信息的要求;而有时,这种暂时中止缘起这些设备固有的军事用途。有几次,英国通知该委员会,只要伊拉克继续拒绝联合国武器核查员自由进入这个国家各地的工业场所,它就不能批准某些特殊的销售,因为这些提议中的出口物品都存在着"值得注意的生物战忧虑"。没有哪一次——注意:是没有一次!——暂时中止某种物品的出口是应法国的要求做出的。法国人根本就没把伊拉克的大规模杀伤性武器看成是威胁。我会一而再再而三地听到政治争论各方的法国官员和政客表达这个态度。"即使萨达姆已经有了这些武器,那又能怎么样?"他们反复说,"他从来不威胁法国。"

萨达姆的意图从一开始就是显而易见的。在石油换食品计划的早期,他求助于设在三个阿拉伯国家(即阿拉伯联合酋长国、埃及和约旦)的掩护公司。很清楚,这些国家中没有哪一个实际上制造他们的政府批准出口给伊拉克的那些设备。这几个国家是过境国——是美国、法国、英国、德国和俄罗斯的大型工业企业的掩护机构。美国和英国阻挡了来自这三个国家的数百份申请，特别是来自阿拉伯联合酋长国的，因为萨达姆自己的儿子们通过亲信和中间人控制着那里的贸易活动。

德国公司也在做着相同的事。像卡尔·科尔布这样的公司都重返伊拉克了，由德国政府和联合国完全授权在伊拉克做生意。而卡尔·科尔布公司被联合国武器核查员认定是萨达姆的化学武器工厂的主要供应商。我的石油换食品合同数据库显示，卡尔·科尔布公司获得了十二份许可证从在德国的母公司向伊拉克发货，另外六份许可证是从在奥地利的子公司发货，总价值是 7,641,103.61 美元。另外五份合同，价值 1,135,332.87 美元，被美国暂时中止了。对许多伊拉克人来说，特别是对那些在萨达姆化学武器袭击中深受其害的伊拉克库尔德人来说，让卡尔·科尔布公司在伊拉克做生意有点类似于让氢氰酸－B毒气的制造商在第二次世界大战之后重建德国的化学工业。氢氰酸－B毒气曾被用来在纳粹的焚尸炉里杀害犹太人。很难找到更尖刻的话来描述这样一种暴行。

对俄国人来说，在多数情况下，他们甚至根本不为联合国劳神费心。一位暗中同伊拉克反对派合作的伊拉克商人让我看了一些文件。文件显示，俄罗斯国有军火出口专卖公司的前负责人谢尔盖·卡拉奥格拉诺夫将军提议让他自己的贸易公司克姆泼玛什公司（Kompomash）作中间商来从俄罗斯联邦采购军事用品。有一组文件，注明日期是2000年10月27日，是发给在迪拜的海湾技术贸易和服务公司执行董事艾哈迈德·赛义德·纳布达赫的，文件是在这家公司申请通过联合国计划运输货物被美国暂时中止后发出的。随后，俄国人直接就卖武器了，包括伊拉克T－72坦克和BMP运兵车的升级工具包、俄罗斯制"毒刺"导弹、先进的炮射导弹及其他设备。[19]

法国人看到了所发生的一切，他们不想成为局外人。尽管有联合国的制裁，伊拉克再次成了每年100亿美元的大市场。虽然这还不到1991

年海湾战争前的总数的一半，但萨达姆的伊拉克再次成了法国出口商的"机会之乡"。从 1998 年起，他们开始无耻地利用这个联合国的制度。在 2003 年 3 月第二次海湾战争前，法国已经成了萨达姆政权最大的单一供应商，这是美国中央情报局编纂的《世界概况》记载的。我自己同来自不同领域的法国公司出口官员的交流也清楚地表明，法国政府大力支持这些交易。这些公司大到无线电通讯巨头阿尔卡特，小到不为人知的农业设备制造商。他们帮助出口商得到"认可"，成为联合国石油换食品计划的被批准伙伴——其中包括一些令人怀疑的代理商，比如爱贝克斯能源公司。联合国数据库显示，这家公司提供自己的服务采购了价值超过 1,100 万美元的工业设备，都是伊拉克寻求在国际市场上购买的东西。

法国人努力争取让联合国制裁委员会批准这样的合同。阿尔卡特公司自己就签署了价值 1 亿美元的合同，用光纤设备升级伊拉克的通信基础设施，而美国情报机关抱怨说这使得伊拉克的军事通信更加难以监控。乔治·W. 布什总统在 2001 年 1 月就职典礼几个星期后就命令美国的战斗轰炸机突袭那些用新近进口的光纤设备升级过的伊拉克防空场所。[20]

农业设备供应商法国灌溉公司（Irrifrance）、诗华动物保健公司（Ceva Sante Animale SA）、环境技术泵业系统公司（EnviroTech Pumpsystems）、化学及治疗行动公司（Action chimique et thérapeutique）、阿尔多斯（Alldos）和其他公司提供了美国担心能被用于伊拉克生物武器计划的设备。其他的法国公司提供了可能用于伊拉克离心铀浓缩计划的特种泵。在所有这些专案中，法国政府不仅大开绿灯，还努力争取得到了联合国的销售授权。

法国汽车制造商雷诺公司和标致公司还有提供军用运货车的大合同尚未完成，其中就包括提供经过改装可以当作飞毛腿导弹发射架的履带式拖车。陶氏化学公司的法国子公司陶氏益农公司签订了提供杀虫剂的合同。同西门子公司的法国子公司签订的提供未详细说明的"技术服务"合同，价值 4,000 万美元，被美国在联合国的使团暂时中止了，因为这可能对伊拉克被禁止的武器计划有好处。联合国的记录显示，美国和英国共"中止"了 271 项法国的申请，价值超过 36,500 万美元，主要是因为这些物品可能用于武器生产。

希拉克在 2002 年 5 月再次当选总统后做的最重要的一件事就是竭力要求联合国"精简"对伊拉克出口的审批程序——在本质上就是要损毁出口管制的过程。"过去常常要等 12 到 18 个月我们的合同才能得到批准"，农业设备制造商法国灌溉公司的中东销售负责人告诉我，"美国卡掉了许多我们的合同……但是自从 [2002 年] 7 月中旬开始，这个程序发生了'革命'，这多亏了法国政府的努力。现在联合国只有两个十天的周期来审查这些申请。错过最后期限就意味着自动批准。"[21] 换句话说，多亏了法国人，联合国对萨达姆·侯赛因的进口控制已经被有效地解除了。美国之所以产生了在那年底对萨达姆动手的迫切感，这是主要的、未公开的因素。布什政府清楚地知道，萨达姆设法获得他所需要的填补他的武器计划空缺的所有设备只是个时间问题。多亏了法国人，防潮水闸被打开了。

"艾哈迈德"是萨达姆·侯赛因的特别安全组织（SSO）一名前中校。就是这个机构导演了那场对联合国武器核查员的难以置信的骗局：把武器生产设备和生物武器原料装在十八轮大型牵引车上，赶在核查员到访之前从伊拉克的一端跑到另一端。"艾哈迈德"在阿拉伯联合酋长国开设了一个采购公司，为特别安全组织服务了五年，因此他知道武器和双用设备秘密交易的所有细节。

1998 年，他被逮捕，受到了残酷的折磨，原因是怀疑他同伊拉克反对派合作（他确实如此）。他对几个月牢狱生活的最后记忆就是他被痛打，被注射了药物然后被拖进一辆车里。等他恢复知觉时，他躺在巴格达的一条街上，口鼻流血。在半昏迷之际，他忍受着巨痛，设法约见了一位来自反对党伊拉克国民议会的联络人。这个人操纵着一条鼠线，把叛逃者带出巴格达，前往北方库尔德人控制的地区，然后从这里最终逃往土耳其。几天后，在人权工作者检查他的身体时，他们发现"艾哈迈德"的内脏也在出血。伊拉克人给他注射了铊（毒鼠药），把他扔在大街上，相信他必死无疑。这是萨达姆的伊拉克情报局最喜欢的手法。

我是在伊拉克国民议会领导人艾哈迈德·沙拉比博士在伦敦的办公室遇见"艾哈迈德"的，那时离开战还有六个月。他解释说，伊拉克的那些秘密采购网络由萨达姆的两个儿子库赛和乌代瓜分。"例如，阿丽亚是一家公司，在安曼的花园区有办公室"，他说，"这是一家合法注册的约旦公司，但是它由乌代通过股权和中间人来控制。阿丽亚公司告诉那些想卖给伊拉克东西的公司，要得到伊拉克政府的合同，他们就必须使用阿丽亚的服务。他们在合同上增加10%做为给这个家庭的回扣。"

我采访过的法国出口商知道阿丽亚公司以及它在法国的子公司，被称为索夫拉格阿丽亚开发公司。他们说他们尽量躲着这个公司——如果可能的话。但是如果阿丽亚公司发现他们背着它行事，突然之间，那个头一天还热情接待他们的部委的大门就会关上。"这屡试不爽"，一位出口商告诉我，"他们显然有巨大的权力。"有几十家法国公司使用了阿丽亚公司的服务。

法国政府曾批准了一份法国索夫拉格阿丽亚开发公司的合同，给伊拉克提供价值100万美元的测井设备，表面上是要帮助重建伊拉克的油田。法国驻联合国的使团在2001年5月2日提交了这份合同以便取得联合国授权。这种设备尤其敏感，因为它包括中子发生器，而联合国武器核查员发现，中子发生器是伊拉克在1991年海湾战争之前设计和实验过的那种简陋的枪式内爆核装置的关键部件。法国人知道这一点——的确，他们派去同联合国武器核查员一道工作的核专家是最出色的。可是，他们通过在联合国的代表团提供了充分的支持，让这样的销售通过了审查。人们只得怀疑他们究竟藏着什么动机。

"艾哈迈德"说，萨达姆惯常使用另一种计谋来欺骗联合国。他宣称："他们迫切需要得到现金用做其他用途，例如来壮大他们的武器装备，所以他们同供应商签订假合同，就是为了给联合国监管的账户中的资金找出路。"为了报答这种共谋,伊拉克人给这家公司支付合同面值的40%,就是为了让他们做出假合同提交给他们的政府和联合国。"他们让那家公司留下40%而不用发任何货,这样他们就可以从联合国账户中得到另外60%的现金",他说。

曾经一度,到处都是不牢靠的贸易公司和令人怀疑的中间商代表主要的法国公司同伊拉克做生意。萨达姆·侯赛因和他的儿子们知道,他们可以相信法国政府不会告发这个回扣密谋,因为法国人也得到了他们的一份。

这一份究竟是多少?黎巴嫩律师伊利亚斯·费尔兹利已经同伊拉克打了将近40年的交道,说他第一次遇见萨达姆·侯赛因、塔里克·阿齐兹及其他伊拉克复兴党高级领导人是在1962年,当时他是贝鲁特一家日报《萨亚特报》的发行人。作为伊拉克政府的非正式顾问,他看到许多这样的经纪人为了得到他们的那块蛋糕而竞争。"在1994年,这就像是淘金热。人人都想先行一步到达那儿。他们甚至在巴黎设立公司来帮助安排去伊拉克的行程、办签证",他告诉我。

但是,到了2003年3月战争爆发时,费尔兹利宣称大部分活动都逐渐停止了。"萨达姆认为希拉克仍然是他的朋友,所以在1995年给他发了电报祝贺他当选",他回忆说。"但是,希拉克害怕被公开地同萨达姆·侯赛因联系在一起,所以他一直没有回复。萨达姆让伊拉克媒体发表了那封电报,这让希拉克暴跳如雷。下坡路就是从这里开始的",费尔兹利断言。那年秋天,希拉克在纽约秘密会见联合国首席武器核查员罗尔夫·埃克乌斯时告诉他说,他对萨达姆很"恼怒",这也是原因之一。*

费尔兹利暗示,希拉克对萨达姆的"愤怒"或许另有原因。"一个竞选法国总统的人期望得到上千万美元,而不是几十万美元,任何人"在联合国禁运的情况下"做石油交易都能得到这个数"。在希拉克当选

---

* 参看第10章。

的时候,他的亲信们仍然在从伊拉克得到石油合同,"但这是小打小闹了。他们能得到200万桶油,300万桶油。就算他们赚10%吧。那也就是几十万美元。在80年代,合同的价值是几百亿美元,因此佣金的规模很悬殊。"[22]希拉克的反应使人想起巴尔齐尼,电影《教父》中的那位黑手党头目,他之所以开始和年迈的科莱昂先生作对,就是因为他不再分享财富了。"[他]必须让我们从井里汲水",电影里,巴尔齐尼在解释他为什么背叛那个老骗子时这么说。

但是,如果说这种买卖规模相对小些,法国的工业游说集团明白,一旦制裁解除了,贸易会像火箭一样上升,而如果说希拉克代表了什么人,那一定是工业游说集团。例如,法国集团企业威望迪公司在2003年战争爆发前不久还在谈判重建伊拉克的净化水系统,这笔十亿美元的交易可能会让这家公司在伊拉克忙活十年。而这只不过是一个例子。

"在雅克·希拉克的心灵深处,他相信,萨达姆·侯赛因要好过伊拉克解放后出现的替代他的人",理查德·珀尔在2003年2月预言。[23]而他说的没错。希拉克知道,法国绝不会从美国监督下的自由伊拉克政府得到同样的生意机会了,这个新政府的运作是透明的,会根据功绩和价格,而不是政治上的徇私、回扣和行贿来发包合同。这就是为什么法国人坚持让美国把伊拉克置于联合国的保护之下,这样法国人就可以在伊拉克解放后再次施加他们腐败的影响,而且远离监督。在这个想法完全失败后,法国人坚持把完整主权交还给新的伊拉克政府,他们相信这个政府会被派性之争削弱,这样就易于让法国操作来为自己谋利。在这两个截然相反的立场之间没有逻辑联系,只有对法国商业利益的大胆主张。尽管法国的评论员们对笛卡尔的逻辑有着奴性般的热爱,但他们普遍没有注意到,他们的政府做出的这个政策大变脸有原则性的荒谬。

"今天,法国外交仍然是把伊拉克看作是一块待瓜分的蛋糕,而不是等待构建的民主国家",希拉克的前盟友阿兰·马德林告诉我,"法国在联合国的要求之一就是有这么一个伊拉克当局,它不由美国来控制它的经济、负责它的合同。"[24]法国人的重中之重是那份道达尔石油公司和埃尔夫公司的生产共享合同。这份合同已经合并到了现在已经私有化的道达尔菲纳埃尔夫集团企业名下,在七年之内价值远远超过 1,000 亿美元,前提是,如果新伊拉克政府被胁迫接受了他们那些很张扬的不利条款的话。

只要我向法国官员们提起这些合同,我就能听到叹息声,能听到手指关节被摁得噼啪作响。"商谈这些合同并不非法,但是我们不会让道达尔石油公司签署的",外交部长多米尼克·加卢佐·德维尔潘的一位高级顾问告诉我,"我们承受了所有的责备,却没有得到签字!我们还在为这件事严厉自责。我们被看成是一个愤世嫉俗的国家,一个不道德的国家,但没有得到这种态度应该带来的生意。"他抱怨说。25

这真是一件丢脸的事!我想。

1. 作者采访安·克卢伊德,2003 年 8 月 2 日。她所提到的文件见《每日电讯报》2003 年 4 月 28 日,"法国人帮助伊拉克镇压不同政见"。(Alex Spillius and Andrew Sparrow, "French Helped Iraq to Stifle Dissent", *Daily Telegraph*, April 28, 2003.) 以下的描述出自《每日电讯报》的报道以及他们发表在自己网站上的这份阿拉伯语文件的中立的翻译版本。

2. "碰巧,总统对[莫热安]很了解,因为他也来自科雷兹",多米尼克·德维尔潘在 1998 年告诉调查记者让·蒙塔尔多。当时德维尔潘还是希拉克在爱丽舍宫的办公厅主任。参看让·蒙塔尔多著,《共和国流氓》,第 218 页。(Jean Montaldo, *Les voyous de la République*, Albin Michel/Pocket Books (Paris: 2001), p. 218.) 关于莫热安的名字第一次同这个故事联系在一起,参见《鸭鸣报》1998 年 2 月 18 日,尼古拉·博,"一个在希拉克阴影之中的金色商人"。(Nicolas Beau, "Un Homme d'affaires en or dans l'ombre de Chirac", *Le Canard Enchaîné*, February 18, 1998.) 莫热安的引语出自 1997 年 7 月 2 日莫热安参加的一次会议的会议记录,转自让·蒙塔尔多著,《共和国流氓》,第 322 页。

(Montaldo, p. 322.)

3. 作者采访爱伦·克罗斯利，2003年11月25日。克罗斯利应莫热安的要求回答了我的问题。

4.《国际先驱论坛报》2001年3月2日，"法国人的联系：权力、政治和黄金"。(Joseph Fitchett, "French Connection: Power, Politics and Gold", *International Herald Tribune*, March 2, 2001.)

5. 勒·弗洛克-普里让著，《埃尔夫事件：国家大事》，第208页。(Le Floch-Prigent, *Affaire Elf: Affaire d'Etat*, p. 208.) 勒·弗洛克-普里让说"［奥奇］所冒的风险"通过加价"得到赔偿是合乎逻辑的"。因为欧洲有关垄断的规定，在最开始时埃尔夫公司不能直接购买那个炼油厂。

6. 前引书，第213页—214页。

7. 路透社1999年1月14日，"随着法国寻求终止禁运，伊拉克淘油潮迫在眉睫"。("Iraq Oil Rush Looms as France Seeks End to Embargo", Reuters, January 14, 1999)。埃尔夫和道达尔石油公司的交易分别出现在由副总统的能源特别工作组整理的一份清单上。这个清单题为："伊拉克油田合同的外国接手人"（"Foreign Suitors for Iraqi Oilfield Contracts"），注明日期是2001年3月5日。这份文件是"司法观察"组织(Judicial Watch)根据《自由信息法案》同美国白宫打官司获取的。

8.《一个在希拉克阴影之中的金色商人》。(Beau, "Un Homme d'affaires en or dans l'ombre de Chirac.")

9.《金融时报》2002年1月16日，"石油走私者一直让现金流回萨达姆"。(Carola Hoyos, "Oil Smugglers Keep Cash Flowing Back to Saddam", *Financial Times*, January 16, 2002.)

10. 欧洲自由电台/自由电台2001年11月2日伊拉克报道，"伊拉克石油走私受到调查"。(David Nissman, "Iraqi Oil Smuggling Examined", Iraq report, Radio Free Europe/Radio Liberty, November, 2 2001.)

11.《华尔街日报》2002年5月2日A1版，"非法的额外费让萨达姆从石油换商品计划中获利"。(Alix M. Freedman and Steve Stecklow, "Illegal Surcharges Let Saddam Profit from Oil-for-Food", *Wall Street Journal*, May 2, 2002, p. A1.)

12.《石油走私者一直让现金流回萨达姆》。(Hoyos, "Oil Smugglers Keep Cash Flowing Back to Saddam.")

13.《华尔街日报》2002年5月2日A10版,"石油'重新供应':伊拉克欺骗联合国的又一个方式"。(Alix M, Freedman and Steve Stecklow, "The Oil 'Top-Off': Another Way Iraq Cheats U. N.", Wall Street Journal, May 2, 2002, p. A10.)

14.《伊拉克石油走私受到调查》。(Nissman, "Iraqi Oil Smuggling Examined.") 实际上,希拉达基斯在9月末"走进了"在雅典的美国大使馆。

15.《非法的额外费让萨达姆从石油换商品计划中获利》。(Freedman and Stecklow, "Illegal Surcharges Let Saddam Profit from Oil-for-Food.")

16. 库钦斯基大使根据联合国安理会第661号决议所做的报告,日期为2001年12月31日,联合国安理会文件号S/2001/1341。(Report by Ambassador Kuchinsky under UNSC Resolution 661, dated December 31, 2001, UN Security Council document S/2001/1341.)

17. 作者采访帕特里克·克劳森,2003年2月12日。

18. 联合国伊拉克项目办公室,《每周新消息》,2002年1月15日。(United Nations Office of the Iraq Program, Weekly Update, January 15, 2002.) 从1996年12月10日,也就是石油换食品计划正式开始之日起,伊拉克的石油收入被分为美元账户和欧元账户,分别是386亿美元和136亿欧元(当时价值118亿美元),这是总共出口28.5亿桶石油的收入。

19. 作者拥有的文件。

20. 这件事的详情见我发表在《洞察力》杂志2002年2月8日的文

章《流氓无赖帮了萨达姆一把》。("Rogues Lending a Hand to Saddam", *Insight* magazine, February 8, 2002.)

21. 作者采访法国灌溉公司出口官员,2002年9月11日。

22. 作者采访伊莱亚斯·费尔兹利,2003年10月8日。

23. 珀尔在一次关于伊拉克的研讨会上做出了这些评论。这个研讨会是2003年2月4日由贝纳多协会(Benador Associates)公司在华盛顿特区举办的。

24. 作者采访阿兰·马德林,2003年9月17日。

25. 法国外交部官员,2003年8月27日。

13

追求荣耀

我无日不在吸入那紫罗兰的暗香。

——多米尼克·德维尔潘

2003年4月巴格达失守很久之后，跟随美英军队的法国记者还在给家里发回情绪悲观的报道。和滑稽阿里一样，法兰西永远不愿相信，开战仅三个星期，美国就击败了萨达姆·侯赛因和他那个嗜血的政权。就是那位阿里坚持说美国坦克"绝没有，也永远不会"进入巴格达，而此时人们从电视上都能看到他身后的坦克了。法国记者继续把伊拉克的解放者称为"盎格鲁-美利坚军队"，这个词组能引起法国人的特殊共鸣，因为对在1944年登陆诺曼底把法国从纳粹占领军手上解放出来的盟军，那个维希卖国政府就是这么称呼的。法国国际广播电台在一篇社论中提醒法国记者这种联想并不恰当，之后，一些制作新闻标题的人转而使用一个近乎滑稽的替代词组：les forces coalisées。这个生造词译成英文是"the coalesced forces"（意为：长在一起的力量、合生的力量），听上去和法文同样别扭，这个说法让这支由近四十个出了军队和设备的国家组成的联军听上去就像是布什总统和国防部长拉姆斯菲尔德搅拌出的蛋黄酱一样。当法国人都没法否认那些明显的事实时，法国记者采访了藏匿起来的萨达姆·侯赛因的支持者，这些人宣称他们"绝不会，也永远不会"屈服——即使是在2003年12月13日萨达姆被俘获后。

法国的中东问题专家吉勒·科备勒通常情况下是一个有头脑、有趣味的评论员,但他接受《费加罗报》的一次采访时,观点却非常可笑。他非常严肃地解释为什么美国人绝对需要法国人的"专门知识"来了解伊拉克的种族社会,就好像哈特斐尔德和麦考伊①的长期不和是什么超出美国军官理解力的事情,而实际上这些军官们每天都在同伊拉克的部落领导人打交道、重建学校和桥梁、开设工厂、为医院配备人员、创造就业机会、培训警察和新军队、参加学校的毕业典礼。在所有乡镇人口的面前,他们是受欢迎的客人、保护人、楷模和英雄。[1] 法国政府反复说的,法国人反复听到的,和实际情况截然不同,而此时法国的媒体简单地否认了现实。看法国媒体对伊拉克或者美国的报道就像掉进了一个兔子洞,醒来时发现自己身在仙境。[2]

与美国的公开冲撞正中法国媒体精英的下怀。左派和极右派中潜伏着的反犹太主义,再加上对美国力量和绝对优势的恐惧,掀起了一场反美的恶言漫骂的飓风,这在战争之前很早就开始了,并且持续到战争之后很久。平常受人尊敬的人也发表种种富于想象力的阴谋学说。最恶毒的一个例子是,法国的《世界报》驻华盛顿特区的记者声称,布什政府中的新保守主义者实际上是隐藏的以色列公民,在促使布什政府为以色列效劳。[2]

法国外交部长多米尼克·加卢佐·德维尔潘似乎同意这些观点。据报道在巴格达陷落之前不久同法国议会成员举行的一次闭门会议上,他宣称美国政府内的"鹰派成员""掌握在〔以色列总理阿瑞尔·〕沙龙手中"。伊拉克战争是由一个"亲犹太复国者"的游说集团领导的,这个集团包括美国国防部副部长保罗·沃尔福威茨、白宫工作人员埃利奥

---

① 原文为 Hatfields、McCoys。这两个人是一个关于"世仇"的美国民间传说中的人物。——译者注

② 参见英国数学家、逻辑家和小说家刘易斯·卡罗尔的童话小说《爱丽斯漫游奇境》。故事的主人公爱丽斯就是跟着一只兔子进入一个洞穴开始她在奇境的漫游的。——译者注

特·亚伯拉罕以及五角大楼顾问理查德·珀尔,而这些人都是犹太人。[3] 在我采访来自各个部门各个层面的法国政府官员时,我清楚地发现,法国的领导人没有领会9·11后美国总统和美国人民的坚定决心,甚至没有弄清楚他们的行动可能导致的后果。但是对德维尔潘来说,这一切都是犹太人的阴谋。

⊙

虽然法国人在战争期间一直没有停止对美国的批评,但是战斗刚刚结束,他们就匆忙索要重建合同中他们的"那一份",他们的借口就是把对占领的控制权移交给联合国。他们申辩说,既然战争已经赢了,美国就应该靠边了,这样国际官僚们就可以把伊拉克的经济以及将来的石油开采当作战利品分掉。但是,科林·鲍威尔是不会吃这一套的。4月23日,美国电视记者查理·罗斯问鲍威尔,反对美国会不会有什么后果,鲍威尔说,"当然有……由于这个缘故,我们必须检讨我们同法国关系的各个方面。"

大西洋两岸的人都能感觉到这种不快。鲍威尔发表这番评论两天后,在通常优雅的法国外交部一间拥挤不堪的新闻发布厅里发生了一次离奇的交流。德维尔潘的那位汗流满面、一脸傲慢的发言人竭尽全力抵挡着记者们直截了当的提问,那情形就像是在教训愚蠢的学生一样。

记者: 你如何描述法美关系?

发言人: 我们已经在许多场合谈论过这个问题了,我今天没有什么新的要说。我请您留意由法国当局和美国当局发表的声明,因为你得有两个人才能构成一个关系。

记者: 美国打算更多地诉诸于北约计划委员会[这个委员会不包括法国]而不是大西洋理事会,法国对此有何反应?

发言人: 这是一个假设性的问题。*

---

* 不,这不是假设性问题。在3月份,美国已经寻求这个计划委员会的许可,打算应土耳其的请求向土耳其调遣防御性装备。在此之前,法国和德国在大西洋理事会上阻止了这个请求。

记者：法国外交官在对美国正式访问期间拜访他们的美国同行时没有被接待，这是真的吗？

发言人：我无可奉告，但是我建议你，在媒体散布的谣言之外，你还是应该关心点别的事情。

记者：我们如何接受这样的声明，就是布什先生昨天说的，他说我们不应该指望他邀请希拉克总统到他的牧场？

发言人：无可奉告。

记者：你有没有感觉到，美国人愿意降低法国人参加国际会议的等级？

发言人：无可奉告。

记者：两天前，你说德维尔潘先生和科林·鲍威尔之间的谈话"很热情友好"。你能不能多告诉我们一些情况？

发言人：不能。[4]

康多莉扎·赖斯在战后对记者们说过一句很有名的话，她说布什政府打算"原谅俄罗斯，孤立德国，惩罚法国"。布什政府开始通过小动作来表明自己的不满，而许多这样的小动作都没有被媒体报道过。在4月，法国人请求延长分配到位于洛杉矶的美国空军全球定位系统（GPS）项目办公室的法国武官的任期，但这个申请被拒绝了。这个基于空间的导航系统能提供世界范围从游艇到巡航导弹在内的任何东西的坐标。没有全球定位系统的数据，法国的喷气式战斗机就不能起飞。美国国防部长唐纳德·拉姆斯菲尔德亲自下令禁止军方派军用飞机参加即将开幕的巴黎航展，这和1993年是一样的，而且还鼓励美国防务承包商抵制这次航展，造成的结果是好坏都有。拉姆斯菲尔德的一位高级顾问告诉我，他还禁止在全世界各地的武官和在华盛顿的五角大楼官员参加法国外交使团组织的任何社交活动。[5]

而这才起了个头。在5月初，五角大楼打电话给法国驻华盛顿的武官，告诉他在2004年3月的红旗演习中，法国将不会得到它应有的位置。"红旗"是北约主要的实弹飞行军事演习。按惯例，美国会邀请它最好的盟友来参加这个在内华达涅利斯空军基地举行的演习,而法国人一直是常规的也是热心的客人。那个月的月底,美国国土安全部的官员在洛杉矶国际机场拘留并驱逐了前来报道一个电子游戏贸易展的六名法国记者,因为他们没有签证。美国的免签程序适用于法国游客和商务旅游者,但对在职新闻记者不免,所以他们需要申请签证。这六名法国记者被拷了起来,带到一个拘留机构,在那里一直待到他们被送上下一班返家的航班。[6] 后来,布什总统亲自拒绝了法国参谋长访问位于佛罗里达州坦帕的美国中央司令部总部的要求。

5月23日,科林·鲍威尔前往巴黎同多米尼克·德维尔潘举行早餐会,这是几个月前德维尔潘在联合国伏击鲍威尔后两个人第一次单独会晤。不管怎么说,咖啡是凉的。鲍威尔告诉记者,他们还得"解决任何遗留的尖锐问题……那些由这个争执导致的问题"。议程上的主题之一是中东"路线图",这是由欧洲人同俄罗斯和美国一道发起的,目的是想让以色列人和巴勒斯坦人离暴力远点,靠谈判近点。鲍威尔知道德维尔潘计划去一趟那个地区,因而特别要求他不要同亚西尔·阿拉法特见面以免破坏路线图计划。当时阿拉法特拒绝把他的安全部队的职责移交给新任命的总理马哈茂德·阿巴斯(又名阿布·马赞)。美国正在鼓励阿巴斯镇压阿拉法特安全部队中援助恐怖分子团体的那部分人,但是因为阿拉法特的干涉,阿巴斯什么也做不成。鲍威尔主张,如果阿巴斯要取得成功,只有让阿拉法特靠边站。

同鲍威尔喝过冰冷的浓咖啡一个星期后,德维尔潘前往中东,直截了当地公开朝拜了拉马拉,这是以色列人禁闭阿拉法特的地方。但是,这远远超过了一次静悄悄的礼节性拜访:这等于直接扇了鲍威尔一记大耳光。德维尔潘告诉记者,他带来了希拉克总统的"鼓励"。后来在被提问时,他称赞阿拉法特是"合法选出的巴勒斯坦权力机构主席"。如同萨达姆·侯赛因一样,阿拉法特是一位法国人可以应付的领导人,法国人投入巨资支撑着他的腐败政权,因而也得到了很多回报。

很显然,美法关系的氛围并没有改善:人们对希拉克和德维尔潘毫不掩饰地与美国总统和鲍威尔交恶仍然记忆犹新。因为计划6月初在仙境般的湖岸度假胜地埃维昂举行一年一度的八国集团峰会，有人建议布什总统放弃这次活动，或者至少拒绝在法国领土上过夜。（极好的饭店就在瑞士洛桑市，乘船很快可以渡过莱蒙湖①到达。）但布什没有这样做，而且他甚至在工作午餐之前会见了希拉克——别管时间多短暂。但是总统的先遣队所安排的这场外交芭蕾舞显示出了无可置疑的冷落。按照礼节和惯例，布什应该从安德鲁斯空军基地直接飞到法国，这样才能突出同这个老盟友的关系的重要性。但是，他在途中先在波兰停留，在那里他向"新欧洲"发出挑战，要求他们同美国结成伙伴一同打击恐怖主义、核扩散和饥荒。布什坐在长长的主桌上，同其他领导人一起准备向记者招待会发表讲话。一名服务员打算给这位美国总统倒上当地出产的有名的矿泉水②，布什断然拒绝了，他戏谑地向美国记者们招手示意，问他们能不能帮他弄杯咖啡。[7] 但是，当希拉克坚持需要一个"多极"世界时，争执开始了。"我们是一个联盟"，白宫发言人阿里·弗莱舍尔告诉记者。"盟友把彼此看作是伙伴而不用考虑什么极。这不是多极关系的问题。在美国和其他人之间不需要有什么人。"[8] 布什不等闭幕宴会开始就动身去约旦的亚喀巴参加另一个峰会。八国峰会结束后，加拿大总理让·克雷蒂安告诉记者，这次会议进展顺利。记者问他，为什么这么说？他想了一会，但最终还是让人明白了他的意思："因为这本来可能是一次灾难。"

法国哲学家和专栏作家安德烈·格卢克斯曼嘲笑法国总统愿意"挺身而出"同俄罗斯领导人弗拉基米尔·普京结为盟友来反对美国。"打倒牛仔和他的冒险主义！暴君和他在高加索的战争万岁！"格卢克斯曼写到，普京的军队把车臣平民像枯枝一样捆成捆，用炸药炸了他们，然后把遗骸扔进水沟里。但是，尽管有这种野蛮的行径，尽管在车臣战争

---

① Lac Leman，又叫日内瓦湖，位于瑞士西南，同法国东部边境交界。
——译者注
② 这个地区（Evian）出产的矿泉水在国内的品牌名是"依云"。——译者注

期间估计有10万平民被杀害,对法国总统希拉克来说,"俄罗斯使人着迷,俄罗斯的无限财富促进了人的欲望,俄罗斯使用武力时残忍且杀鸡用牛刀,但却激起了人们的尊重"。[9]

如果说希拉克曾经为他的新信仰的固有矛盾所困惑,或者为他的新"伙伴"的残暴行径所困扰的话,他是决不会透露出来的。就像在他之前蛊惑民心的政客一样,他也为他跨下那匹疾驰的战马所激动,而看不到他正驾驭着法国急速回到19世纪,那时的欧洲被分成对立的武装阵营,各自顶着对方的咽喉。格卢克斯曼写到:"新的'多极'世界不过是从1648年到1914年占统治地位的欧洲平衡的老模式的翻版。"[10]

法国人在伊拉克问题上反对美国有许多原因。金钱当然是其中之一。要领会法国人同萨达姆谈成的非常理想的石油交易的重要性,你把道达尔非纳埃尔夫公司希望挣到手的1,000亿美元乘以5(这相当于美国经济的总量)①,你得到了5,000亿美元——很明显,这种对萨达姆·侯赛因的忠诚带来的好处绝对不是微不足道的。所有这些交易可能都包括给法国从左至右各个政党的慷慨回扣。(尽管新的法律规定为政治活动提供慷慨的、公开的资金,对现金的欲望还是一点也不减。)

在阿兰·马德兰看来,在促使雅克·希拉克在伊拉克问题上下定决心反对美国和英国这件事上,金钱所起的作用是绝对清楚的:"你不会有几十亿几十亿的武器交易或者大的建设项目,如果你知道这些合同的回扣经常都大于5%或者10%。由于这种亲阿拉伯政策,巨量的金钱在流通中。这也就是这种政策隐蔽的那一面。也许,总有那么一天,我们能知道它到了什么程度。"[11]

然而,对于支持萨达姆·侯赛因的好处,并不是每个法国人都同意希拉克的观点。的确,在2003年2月,正当法国威胁要否决联合国有关战争的最新决议时,二十几个法国企业高级领导人蜂拥到爱丽舍宫,想做最后的努力来说服希拉克放弃反对美国领导的战争。"他们明白希拉

---

① 这是作者的一个错误,美国的经济总量远不止5,000亿美元。——编者注

克的态度可能会对法国在美国的生意有长远的影响",一个有见识的美国官员告诉我。[11]然而,到了那个时候,希拉克已经得出了结论:拯救萨达姆·侯赛因已经成了拯救希拉克的同义词。他已经走的太远了,没办法既回头又不失脸面。

虽然他不再有坐牢的危险,至少只要他仍然是爱丽舍宫的主人就不会,但是希拉克被他的朋友和敌人广泛而一致地认为是一个轻量级的人物,一个傀儡(guignol),一个拙劣的戴高乐模仿者。假如没有一次重大的国际胜利让法国重新变得有分量,希拉克将会被看作一个绯闻不断、丑闻缠身的总统,只能依靠黑钱和腐败作为他的力量源泉,因为他从来没有得到任何真正有深度的公众支持乃至尊重。反对美国和拯救萨达姆将要成为希拉克进入历史名人堂的门票。希拉克决心要使法国在经过60年的背叛、中庸和衰退后再次成为世界强国。

希拉克"认为外交是一个零和游戏",这个美国官员说。如果法国要在威望和世界尊重方面"上升","美国就得下降"。尽管有人做出了种种努力试图说服他不这么想,尽管在埃维昂峰会期间乔治·W. 布什总统亲自提出"合作共事",希拉克的反应都不能令人信服。"你可以肯定他没有真正地相信",这位官员说。

我采访到的从左翼至右翼的法国政客和政策评论员一致认为,有许多因素促使希拉克为了一个无足轻重的独裁者而愿意抛弃同美国225年的联盟。这个独裁者来自提克里特郊区一个泥巴和树枝条建成的村庄,他的生存能力令人怀疑。"反对美国是一种共识政治的形式",希拉克执政联盟的一位成员说,"因为国内政治的原因,这项政策得到了广泛的支持。"法国社会党人喜欢提醒希拉克,他是因为他们的选票才再次当选为总统的,因此他一直很小心不做任何同他们为敌的事。而这些社会党人坚决反对战争。"是希拉克自己党内的领导人对他的战争政策感到不安,不是我们",左翼的社会党领导人阿尔诺·蒙泰勃赫告诉我,"我们百分之百地支持他,因为我们觉得这是一场不合理的、帝国主义的战争"。[12]在2003年10月,也就是布什总统宣布在伊拉克的主要军事行动结束五个月后,法国的民意测验继续表明,超过80%的被调查者仍然支持希拉克让法国远离战争的决定。这是一种非常流行的立场,源于一种深入的、根本的认同危机,这种危机在冷战结束后就沾上欧洲了。欧洲要想确认它同胜利者美国是有区别的,就不得不发动一场"反对战争的战争"。

在巴黎大学教授和法兰西银行经济学家居伊·米利埃看来,希拉克有"五百万个"理由来支持萨达姆:法国境内有五百多万穆斯林居民,他们现在占总人口的10%,其中很多人居住在市郊,那里的很多居住区实际上已经是警察管不了的地方了。法国的阿拉伯居民压倒一切地支持萨达姆,其热情近似疯狂。对他们来说,萨达姆·侯赛因是阿拉伯尊严的化身,是阿拉伯独立的化身。他们自己没有遭受过伊拉克领导人的野蛮镇压,他们可以沉迷于萨达姆为自己打造的浪漫形象:一个现代社会的萨拉丁①,把阿拉伯和穆斯林从外国占领军手上解放出来。米利埃指出:"法国的领导人……永远不会做出可能让年轻、激进的伊斯兰教徒发怒的决定。"如果法国支持了美国领导的战争,"其结果就是在市郊发生骚乱"。[13]

米利埃以及其他人指出,在希拉克的领导下,法国的举动越来越像是"阿拉伯世界的带头人",而不是一个自由主义的西方民主国家。[14]希拉克自己政党的一位成员告诉我,在戴高乐主义者的圈子里,希拉克被称为"北半球的苏加诺",这是以那位在20世纪60年代渴望成为发展中国家带头人的印尼前领导人来命名希拉克。"这并不是说希拉克是第三世界的代言人,他不是",这位政治家吐露了真情,"但是,你可以看出,他在国际事务中邀宠已经多长时间了,他同华盛顿的关系已经多糟糕了。"

直到2003年1月,希拉克自己政党的成员们还认为他会改变原来的

---

① Saladin,萨拉丁,(1137年—1193年),埃及和叙利亚苏丹,阿尤布王朝建立者,他致力于促进伊斯兰教的发展,曾击败十字军,占领耶路撒冷(1187年),抗击第三次十字军东侵(1189年—1192年)。——译者注

主张，同意美国在联合国搞的那项特别授权对萨达姆使用武力的决议，派遣法国军队开赴战场，参加联军。但是，后来发现，就是在这一点上也有实际问题。"军事上，我们根本没有有效加入联军的手段"，弗朗索瓦·奥贝尔说。他是希拉克的门生阿兰·朱佩那个注定要倒霉的政府的一位内阁部长。"六年来，军队一直是一团糟，也没有财源。我们的飞机维护率糟透了。因为我们已经有那么多的军队在国外执行维和任务，我们根本没有可以调动部署的战斗力。"[15]

然后，还有石油问题。奥贝尔指出，自从1973年石油危机以来，"法国一直被一种担忧折磨着，这种担忧就是，我们可能会真的失去能源供应的渠道，或者至少能源会变得很昂贵，结果对我们的经济造成破坏。这就是1973年发生的事。法国经济一直就没有从1973年的石油危机中完全恢复过来，直到今天还让我们心有余悸。"这就是为什么法国人愿意签订长期供应合同，法国人无疑是在指望萨达姆来保证将来的供应，就像他们过去信任他一样。"石油绝对是理解法国外交政策的关键"，奥贝尔说，"在法国，我们觉得，只要我们的国家石油公司在场，我们就有石油供应的物质保证。这也有助于降低价格。"也许是这样。但是，同诸如加蓬、尼日利亚和伊拉克这些地方的不怎么民主的政权签订这样的合同（而不是同临近的挪威或者英国），法国人还能利用同这些国家领导人的"特殊关系"，这通常包括回扣和特别折扣。

但是，最根本的原因还是对荣耀的无限追求。

⊙

我问阿兰·马德兰，他认为希拉克和德维尔潘积极破坏美国在联合国和北约组建国际联盟的努力是出于什么原因，他陷入了将近一分钟的沉思。最后，他叹了一口气，说："你得明白，这当中的绝大部分是多米尼克·德维尔潘的个人传奇故事。如果你读过他的著作《滴水嘴兽的哭泣》（Le Cri de la Gargouille），你就会明白一切了。他的英雄是马基雅弗利①和拿破仑。他解释说，法国人已经对他们的君王不再着迷了，需要通过一部壮观的、华丽的国际史诗来再次爱上他。"

我读过德维尔潘的这本书，在书里，他花了500页的篇幅描述拿破仑在1815年重掌大权的那三个月，我知道马德兰说得很对。这本书提供了一个异乎寻常的视角来了解希拉克的这位高级外交政策助手的思想和性格。这本书采用了狂想曲式的散文形式，其中的自我放纵有时会让大学二年级学生不好意思。在书中，德维尔潘说，法国正站在一个十字路口上。命运召唤她续写法国历史的"伟大史诗"，"从克洛维②到路易十四，从大革命到拿破仑，从克里孟梭③到戴高乐将军！"但是法国也面临着被边缘化的风险。"法国会不会被幻想席卷，变成一个孤岛，从而印证了那些批评她自命不凡的人的话？或者她是否能够自信，并找到再一次震惊世人的力量和想象力？"[16]

德维尔潘极度担心法国不能适应冷战后的世界，或者不能在全球市场上竞争，因为在全球市场上，法国给本国公司的好处和补贴要接受国际上的审查，也许会被禁止。正是这种担心促使他写了这篇政治论文。例如，在2003年8月，法国政府高速运转，做出了价值30亿欧元的一揽子支持计划来避免重工业巨人阿尔斯通公司破产，而欧洲委员会考虑要实施报复，这种举动在几年前是闻所未闻的。法国害怕"新现实的太阳"，德维尔潘写到（第17页）。他认为，当今世界中真正的斗争并不是自由和暴政的斗争，而是法国所信仰的强势政府同推崇透明性、权利

---

① 马基雅弗利 Machiavelli，（1469年—1527年），意大利政治思想家、历史学家、作家，主张君主专政和意大利统一，主张为达到目的可不择手段，这就是通常所说的"马基雅弗利主义"。——译者注

② 克洛维（Clovis），（466年—511年），法兰克国王（481年—511年），曾把墨洛温王朝版图扩展至西欧大部地区。——译者注

③ 克里孟梭（Clémenceau），（1841年—1929年），法国政治家、新闻记者、第三共和国总理（1906年—1909年，1917年—1920年），有"老虎"之称，他参加并操纵巴黎和会，力主削弱德国，反对苏俄。法国的一艘航空母舰就是以他的名字命名的。——译者注

制衡的英美政治体系之间的斗争,而他提醒他的读者们,老一代法国革命者在1793年越过大西洋寻求支持时,这种体系"引来的只有轻视"。我认为他是对的——对法国来说。美国人需要了解,对于法国人来说,我们的价值观和模式是一种挑战,这些法国人一贯喜爱独裁主义政权胜过喜爱民主国家,不仅仅在第三世界是这样,而且在欧洲也是这样。尽管欧洲峰会在2003年12月14日完全拒绝了他们的模式,他们仍然试图把欧盟专制的宪法强加给新近解放的前苏联集团国家。

对法国的这种病患,德维尔潘提出的办法是复兴"法国模式"的政府,即从上到下的政府,这是同从下到上的"美国模式"政府相对的。"很久以前,权力有一种不容争论的光环。你在有权力的人面前下跪,因为打一个手势、说一句声调稍高的话,做一个满意或恼怒的表示,都具有决定性,宣示着一个改变世界秩序的举动。"现在,法国人相信"权力已经抛弃了他们",德维尔潘带着明显的惋惜写到。"什么也不能做的权力算什么?"(第15—16页)面对来自美国的挑战,它在经济上压倒一切的成功,它的"肆无忌惮的统治"(第49页),一个无阶级社会的令人恐惧的流动性以及每一代人都要重新发明的社会规范,"我们当中的一些人怎么可能不被怀旧之情吸引呢?曾几何时,法兰西由一个权力巨大的国家统治着,而这个国家好像就是让人来服从的。弗朗索瓦着迷于权力:这是一种年代久远的民族性的疾病。"(第17页)法国人当中痴迷于此的首推多米尼克·加卢佐·德维尔潘和他的"君王",也就是雅克·希拉克。

德维尔潘认为,今天的法国再也不能适应失去从前拥有的权力和威望的光环了。"就在昨天,法国模式还是现代性的化身,而在这个新的时期却没有很好地成熟……发展不再青睐〔法兰西〕了。"(第66页)政府要想重新使人民着迷,德维尔潘说,就"必须恢复它的使命感,限定不确定性,规定限度,毫不犹豫地树立权威,无边无际地寻衅……"(第80页)法国这个国家"心存疑虑,也厌烦了",他带着左岸咖啡馆知识分子的那种傲慢的确定性写到。"就是这个国家,拥有鼓舞人心的王子和君王；就是这个国家，把自己的哲学家送到欧洲各国宫廷，而在那里，精英们说着我们的语言；就是这个国家，创立了新的思想，希望在自己的周围传播；就是这个国家，从历史的混乱中批评、评价、理解和提取理性的闪电。今天，即便人们不带着轻视或怜悯的态度来评价她，也几乎没有人再听她的了，没有她宇宙仍在运行。"（第88页）可怜的法兰西！

德维尔潘的解决方案就是建立一个独裁主义的国家——那个由戴高乐建立的"共和君主政体"，由一个超凡魅力的领导人统治，而这个人像拿破仑一样，愿意在追求荣耀的过程中"征服或者死亡"。"法国和命运有个约会，"他说。这展现了他的招牌式的独创性。（第214页）"用他们富饶的资产，法国人打算复兴伟大的、史诗般的集体冒险壮举。"（第212页）这样的冒险壮举，德维尔潘说的很清楚，是属于从拿破仑到戴高乐的那些"伟大"领导人的。拿破仑征服了整个欧洲大陆，但在欧洲人受够了他的时候却又失去了欧洲大陆，还让上百万的军人和平民丢了性命。在法国同纳粹敌人的合作崩溃后，戴高乐宣布法兰西是个伟大的国家。

"心怀疑虑，我无日不在冥想这些来自往昔的声音"，他在献给拿破仑的赞美诗《百日王朝》的序言中写到。（第9页）"我无日不在吸入那紫罗兰的暗香，"他随后急忙解释说紫罗兰是"对拿破仑忠诚的标志。"（第10页）

这样的辞藻，这样的情绪，出自一个成熟的、正处在一个重要国家权力颠峰的人笔下，证明了一种危险的错觉和一种对独裁主义的强烈爱好。德维尔潘几乎没有考虑柏林墙倒塌、共产主义崩溃后这个世界的现实性就愉快地把时钟拨回到1815年3月——这是法国历史上他最喜欢的时期。

而雅克·希拉克呢？这位差点身陷囹圄的总统真的相信他的这位贵族气派的外交部长的天方夜谭，把他的话当成能实现的现实。法国总是在反对中定义自己：希拉克希望在反对美国的"霸权"中找到荣耀。的确，希拉克喜欢自夸说，在领导反对美国和反对日益严重的世界经济全球化过程中，他代表了80%的世界舆论而不仅仅是法国舆论。"在他以80%的选票再次当选后，80%这个数字好像长在他脑子里了"，法国记者安妮-伊丽莎白·穆泰告诉我，"他在什么场合都重复这个数字。"[17]

伊拉克战争开始后不久，德维尔潘前往伦敦，宣称他要抚平在大西洋两岸争论中竖起来的羽毛。但是，他在国际战略研究所发表的演讲是对美国政策响亮的指控。他指责说，美国的政策"打碎了"世界秩序。有一位记者问他，他希望哪一方赢得战争，他暴躁地回答说："我不会回答你。你没有仔细听我此前说的话。你已经得到答案了。"但是，在场的记者们并不同意，第二天，德维尔潘有意的模棱两可变成了大标题，说他拒绝表态就表明在美英军队正在战斗时他却同情萨达姆。法国外交部发表申明，对这种报道表示"愤慨"。[18]

德维尔潘的趾高气扬和对伟大的错觉不时让法国变成嘲笑的对象。战后，在凡尔赛宫举行的一次国际会议上，德维尔潘郑重地宣布，是他和罗马教皇——只有他们俩——避免了西方同伊斯兰教之间的文明的冲突。"屋里能听到喘息的声音"，一位参与者说，"人们无法相信他们所听到的。看得出来，他们都目瞪口呆。"没过几小时，德维尔潘的话就在巴黎的各种沙龙中传开了，就好像他说的话是神的启示录似的。我听到政府官员反复说这些话，丝毫听不出讽刺的意思在内。

如此自命不凡实在可悲——如果不是来自法国的话，而法国是通过世世代代爱与恨的关系同美国紧密结合在一起的一个国家，是一个仍然可以做出贡献的国家。

参加联军后驻扎在伊拉克的波兰军队的发言人安杰伊·维阿特若夫斯基少校很兴奋。2003年9月29日，在检查位于巴格达南部希拉附近的一个前军工厂时，波兰维和部队无意中发现了一个弹药库，其中包含四枚法国制造的罗兰防空导弹。装这些导弹的板条箱上有"KND 2003"的标记，于是维阿特若夫斯基宣布这些导弹是在2003年制造并交付给伊拉克的，后来证明这个说法是错误的。导弹和日期印记的照片在全世界的电视网上播放了。法国总统希拉克大发雷霆，在那个周末，在罗马召开的欧洲最高首脑会议上,他两次把波兰总理①莱舍克·米莱尔逼入绝境中,向他抗议波兰国防部处理这个新发现的方式。罗兰导弹在15年前就已经停止生产了,希拉克说。法国政府最后一次给发往伊拉克的武器颁发军火许可证是在1990年7月末——是在萨达姆入侵科威特前的几天。"波兰士兵把事情弄混了",希拉克告诉报道这次罗马峰会的记者,"我也是这么坦率地对……米莱尔说的。"法国外交部的一位女发言人居高临下地告诉记者,"导弹在交货十七、八年后不大可能再使用了"。

但是法国人的否认既不准确也不完全。罗兰3型导弹使用一种升级的类似于伊拉克在20世纪80年代购买的那种发射器,在2003年末仍然在生产。而罗兰2型导弹就是伊拉克人购买的那个型号的生产线直到1993年才停止运转。在80年代期间,伊拉克是罗兰导弹的制造商欧洲导弹公司最好的消费者。欧洲导弹公司是法国国家航空工业公司-马特拉公司(法国)和戴姆勒-克莱斯勒航天公司的合资企业,现在被称为MBDA。经过在欧洲防务工业领域内的多轮合并之后,MBDA现在由英国的宇航系统公司、欧洲航空防务和航天公司(也就是欧洲导弹公司过去的伙伴加上其他的)和意大利器械工业投资公司拥有。现在,所有的母公司都成了波音公司的股东,来共同建造美国的国家导弹防御系统,这是世界历史上最尖端、最复杂、最昂贵的军事计划。这其中就有制造并对伊拉克销售罗兰导弹的那些单位。我们用什么来保证他们不会把在导弹防御领域同美国合作过程中获得的秘密同美国在世界各地的敌人分享?

波兰人的新发现并不是联军在伊拉克境内第一次发现罗兰导弹。美国中央司令部发言人文斯·布鲁克斯将军在2003年4月9日告诉记者,4月初,美国101空降师的士兵在向巴格达推进时偶然发现了隐藏在卡拉巴拉一所学校附近的罗兰导弹掩蔽所。更多的是在巴格达国际机场发现的,还发现很多用于保护其他战略场所的导弹。美国相信,伊拉克人

---

① 在波兰,总理又称部长会议主席。——译者注

用法国制造的罗兰导弹成功地击落了至少一架 A‑10 "疣猪" 对地攻击机,也许还有一架 F‑15E 攻击鹰战斗机。[19] 美国军方报道说,在巴格达机场缴获的罗兰导弹当中有一个烧焦的罗兰 3 型导弹发射器,其雷达和火力控制系统都还完整。法国人的反应?这是不可能的!

后来才明白,波兰人发现的那个导弹板条箱上的 "KND 2003" 日期戳是一个检验印记。类似的记号在 2002 年已经检查过的导弹上也发现过。谁还在继续检查伊拉克的导弹,这还不清楚。但是,在意大利的一个诉讼案件中披露的文件显示,法国的防务公司在 1994 年同伊拉克签订了提供维修服务和备件的新合同,这直接违反了联合国的禁运。[20] 法国政府——还有那些公司——否认交付了任何零件。然而,在战争爆发前,伊拉克反对派的消息提供者告诉我,多亏法国人交付了备件,伊拉克的幻影 F1 战斗轰炸机机群在因联合国禁运而停飞多年后再次升空了。

美国航空制造商都使用可以外包、便于竞价的标准零件,而飞机制造商达索公司和美国的各公司截然不同。它设计的飞机需要达索公司制造的设备和达索公司制造的零件,在这方面达索公司是臭名昭著的。专门代理达索公司零件的经纪人是存在的,而中间商也可以从其他购买了幻影喷气式战斗机的国家(比如利比亚)采购零件。但是,如果法国政府担心某个备件供应渠道不在达索公司的严格控制下,它会询问达索公司来确定潜在的供货来源。法国从来没有做过这种调查,就像法国人从来不在联合国反对任何一次向萨达姆·侯赛因出售双用技术的申请,尽管有明显的证据表明这些设备最终出现在伊拉克的武器工厂里。

在巴格达失守后,联军的情报部门发现了大量法国背信弃义的证据,这种背信弃义远不止从 1975 年开始的、有清楚记载的萨达姆·侯赛因和雅克·希拉克之间的恋情。2003 年 10 月 25 日,在美国国防部副部长保罗·沃尔福威茨访问时用来袭击巴格达拉什迪饭店的遥控火箭一半是法国的,是用来装备伊拉克的法国造直升飞机的(这次袭击杀死一名美国上校,伤了 17 人)。据联军在巴格达的消息提供者说,这些火箭是 "最近" 才交付给伊拉克的。

在战争爆发前的五年时间里,法国通过联合国制裁委员会巧取豪夺地得到了大量的工业合同,得以提供武器和零散设备。除此之外,秘密援助和广泛的情报关系也被揭露出来了。2003年4月底,在伊拉克外交部的废墟里和其他政府部门的办公楼里发现的文件显示,法国的高级外交官定期向伊拉克政府介绍情况,通报他们已获悉的美国反恐战争的信息,并且详细地"读出"在战争筹备过程中联合国安理会同美国间的闭门会议的内容。法国人的情况介绍"使萨达姆掌握美国计划的每一步进展,也许还帮他做好了战争准备"。[21]

有一份报告是在标有"法国2001年"的卷宗中发现的。这份文件警告伊拉克人,说布什政府计划指控伊拉克同恐怖主义有牵连,"作为袭击伊拉克的藉口"。另一份报告是伊拉克外交部长纳吉·萨布里在2001年9月25日发往萨达姆王宫的。这份报告非常详细地叙述了希拉克在华盛顿特区同乔治·W.布什的秘密会谈。萨布里写到,他的信息是"以法国驻巴格达大使的情况介绍为基础的"。这表明法国驻华盛顿大使馆的外交官也在为伊拉克人收集信息。

有人高度怀疑,在战争期间法国人主动给萨达姆政权提供了情报援助。2003年5月初,《华盛顿时报》的比尔·格茨报道说,美国相信,巴格达失守后,在叙利亚的法国外交官给伊拉克高官提供了欧盟护照,让他们逃往欧洲而不被识破。"这像是完全相反的罗尔·瓦伦堡",格茨援引布什政府一名未具名的官员的话说。他指的是那位在犹太人登上火车逃离纳粹德国时把瑞典护照递给他们的瑞典外交官。[22]几个小时后,希拉克总统义愤填膺地宣布,他进行了"彻底的调查",断定这些报告"是没有根据的"。发现他的话没有让新闻界闭嘴,希拉克指示法国驻华盛顿的大使馆散发了一份"情况说明书",宣称法国已经成了"旨在玷污法国形象、误导公众的假新闻的"目标。[23]

有关法国护照失踪的报告刺激了伊拉克国民议会领导人艾哈迈德·沙拉比的一个助手在巴格达采取了行动。"我抄起一把枪,带了两个保镖,驱车到了巴格达的法国文化中心",事过几个星期后他告诉我。他得到内线情报,说这个中心内隐藏着崭新的法国护照,编号是连续的,还说这些护照也许和那些据说已经发给逃亡的复兴党成员的护照是同一个序列的。"门锁着,所以我们砸开了锁,没想到会在里面发现拿着钥匙的管理员",他说。尽管有管理员,这个地方还是已经被洗劫过了。如果这里曾经有过护照的话,现在已经没有了。"我们给了管理员50美元让他修锁,然后一无所获地离开了",这位助手告诉我。[24]后来,法国国外安全总局的前官员据说承认他们给伊拉克"有关人士"发了欧盟护照,这样他们就可以在2003年4月8日巴格达陷入美军之手前离开巴格达。[25]

在萨达姆统治的最后几个小时内逃离伊拉克的最重要的伊拉克人当中有萨达姆自己的儿子乌代和库赛,他们同伊拉克副总统塔哈·亚辛·拉马丹一道逃往叙利亚。其他人还包括萨达姆的两个女儿和副总理(前外交部长)塔里克·阿齐兹的儿子。在科林·鲍威尔6月间前往大马士革亲自对叙利亚领导人巴沙尔·阿萨德施加压力后,乌代和库赛被送回伊拉克。2003年7月22日,他们在摩苏尔同美国101空降师士兵交火时被打死。摩苏尔是叙利亚边境附近的一个库尔德人控制的城市,他们跑到那里找到复兴党的效忠者寻求避难。拉马丹也被送回了,没闹出什么动静就落了网。但是萨达姆的女儿们留在了约旦首都安曼,在那里她们告诉记者,在萨达姆政权的最后几天,她们的父亲被他最亲近的助手"背叛"了。还有一个人行动不受限制,并且显然还在试图做生意,这个人就是齐亚德·塔里克·阿齐兹。我知道这件事是因为他在巴黎的一个生意伙伴在2003年10月当着我的面给他打电话,打听一个曾经为前政权做生意的伊拉克挂名负责人。

同时曝光的还有法国人给伊拉克的远程弹道导弹计划提供的广泛援助,我要在这里第一次透露这件事。这些武器构成了伊拉克战略打击力量的核心,而联合国武器核查员相信,在20世纪90年代伊拉克人一直在升级这些武器,这样就可以容纳更大、更重的弹头,这也和伊拉克工程师设计的核弹头是一致的。从1996年开始,也就是联合国武器核查员部分地消化了随着萨达姆的女婿（也是他侄子）侯赛因·卡米尔·马吉德中将叛逃到约旦而曝光的 50 万页文件后，伊拉克特别配合地向联合国特别委员会提供了他们在国外四通八达的采购网络的详细情况。他们这样做并不是出于利他主义，而是因为他们知道，曾经负责这些网络的侯赛因·卡米尔已经把情况透露给联合国了。

在两年后萨达姆驱逐武器核查员之前不久，伊拉克政府给联合国提供了大规模改进的"充分、彻底及完全的透露"文件，这组 CD-ROMs 文件第一次包括了关于他们的外国供应商的详细信息。其中有许多法国公司（包括国有的炸药制造商国家火药和炸药公司）在伊拉克透露前一直没有被认定为伊拉克大规模杀伤性武器计划的供应商。

通过一位中间人我得到了这份报告的副本，而这位中间人是直接从副总理塔里克·阿齐兹手上得到这份报告的。报告中包含了很多法国政府从未承认的信息，因为他们宣称已经严格控制了对伊拉克销售核技术和导弹技术。

例如，制造远程固体燃料火箭的主要绊脚石是燃料本身。多年来，伊拉克一直试图从意大利和美国的制造商那里获得技术来建立一条高氯酸铵（APC）生产线。世界上只有少数几个公司能制造高氯酸铵或者掌握了高氯酸铵的生产工艺。高氯酸铵是火箭固体推进剂中最基本但极易挥发的成分。根据伊拉克的透露，在 1987 年，法国国家火药和炸药公司通过伊拉克在德国的采购代办所泰科公司（TECO）主动提出在伊拉克修建一个高氯酸铵工厂，价值为 2,050 万德国马克（大约是 1,250 万美元）。伊拉克人宣称这个工厂"没有进行建设"，没有列出交货日期或者信用证。但是，对于其它没有继续下去的交易，伊拉克人都提供了细节，包括信用证、见面日期、联系人以及其他支持性信息。有几桩交易包括这条注释："因为禁运没有到达"。伊拉克人没有提供法国国家火药和炸药公司的详细资料，而这家公司在两伊战争期间是常规炸药的主要供应商。

另一项使远程导弹更有效的关键技术是惯性导航系统（INS），这个系统引导导弹飞向目标。我在20世纪90年代初曾经报道过，法国制造商通用机械电气公司（SAGEM）曾给伊拉克提供了惯性导航系统套件，而通用机械电气公司矢口否认。但是伊拉克的"充分、彻底及完全的透露"文件表明，伊拉克曾邀请通用机械电气公司在1989年末派遣一个代表团前往巴格达，讨论他们的导弹研究开发中心的大定单。在巴格达举行的两次会议期间，"这家公司主动提出生产ULISS21和ULISS47并提出提供ULISS30单元"——这正是适用于导弹计划的那种惯性导航系统设备。伊拉克人得出结论："这种讨论的目的是建立一个拥有现代、尖端技术的工厂"来装配通用机械电气公司的惯性导航系统单元。有关通用机械电气公司的否认就说到这儿了。

许多以前从来没有透露的法国出口产品在"144/54计划"的掩护下被送到伊拉克国家电力工业机构，而"144/54计划"是伊拉克人给他们本土制造的飞毛腿导弹发射器指定的代号。[26]

还有其他的东西被指定用于"1728计划"，也就是伊拉克的侯赛因导弹。侯赛因导弹在第一次海湾战争中杀死了130多名美国人并威吓了以色列。法国政府一直在否认法国公司帮助伊拉克制造了这种导弹。但是，我得到的伊拉克文件显示，法国人的参与是广泛的，而且不断被法国政府遮盖。这个信息还是首次公布于众。

例如塞尔维金属公司（Servimetal）提供了各式各样耐热的铜焊料，用来焊接伊拉克飞毛腿导弹内的液体燃料发动机的涡轮泵叶轮，而且有一份合同是在萨达姆入侵科威特两个月之前签的。ECM公司在1989年7月24日以及1990年5月20日两次签订合同要运输制造发动机燃烧室的真空炉和热处理设备。克莱洛尔公司（Crylor）签了合同要提供特殊供氧装备供滚压成型机床使用，而滚压成型机床是用来制造发动机零件的。卡佩尔公司（Capel）的合同是建设一个电化学涂层工厂，而这个工厂要整合大量这种设备。一个为飞毛腿导弹发动机制造特殊的抗腐蚀管的工厂将由卡洛斯塔特公司（Calorstate）提供。优劲公司（UGINE）签订合同提供制造波纹发动机环的特殊钢材。

伊拉克人还透露，法国公司一直是他们的秘密核武器的重要伙伴，但法国政府始终否认这种援助，而我要在这里第一次揭露这些情况。几乎是在以色列于 1980 年在土伦附近破坏了塔穆兹 – I 反应堆的核心后，也就是在法国人修复了反应堆并把它运输到伊拉克之前，法国政府决定给伊拉克提供类似欧洲气体扩散公司联营企业开发的那种气体散播技术，这样他们就可以不用修建反应堆也能得到武器级燃料。"这项工作开始于 1982 年，许多学习、实验和研究的目标是为了了解这个计划中主要的科学和技术方面的内容"，这份伊拉克宣言说。从 1985 年到 1989 年，伊拉克设立了 22 个同气体扩散计划有关的独立项目，而气体扩散计划的目的就是为了浓缩铀，所有这些项目都位于图瓦萨或拉什迪亚。

而这还不是全部。在另一项工作中，在 1980 年，法国政府提出要为另一个秘密的铀浓缩计划提供原子蒸气激光同位素浓缩技术，这个计划逃避联合国核查员好多年了。最初，伊拉克人拒绝了法国人的提议，"因为在当时缺乏兴趣，而且预计成本过高"。但是，伊拉克人改变了主意，在 1988 年启动了激光同位素研发计划，并打算在法国公司的帮助下在巴格达以南的图瓦萨核研究中心建立一个实验性的原子蒸气激光同位素分离（AVILIS）工厂。"为建设这个实验工厂而从法国订的货由于 1990 年 8 月对伊拉克强加了制裁而没有交付"，那份宣言说。但是，伊拉克后来承认他们用于核研究计划的其他设备是法国公司在联合国制裁生效前提供的。根据那份伊拉克宣言的内容，这些供应商当中有罗巴泰尔—法国公司（Robatel-France）、康宁—法国公司（Corning-France）、汤姆逊半导体公司（Thomson-CSF）、遥控机械公司（Téléméchanique）、阿尔卡特公司（Alcatel）、鲁塞莱（Rousselet）、欧洲物理声学公司（Europhysical Accoustic）、克勒索—卢瓦尔（Creusot-Loire）和卡尔博纳—洛兰（Carbonne-Lorraine）。卡梅嘎公司（CAMEGA）提供了一种特殊的电子显微镜，伊拉克人说他们把这种电子显微镜用于被禁止的核计划了，而里拜尔公司（Riber SA）提供了实验和分析设备。那份伊拉克宣言说，1989 年，多菲内工业援助公司（Assistance Industriel Dauphinoise）

的技术人员在伊拉克调试了这些设备当中的一部分。1999年，我在为《读者文摘》撰稿时采访了几位伊拉克叛逃者，他们给我提供了原子蒸气激光同位素分离设备的图纸，而我又把这些图纸转给了在维也纳的国际原子能机构，令那里的分析员迷惑不解，这些人坚持说伊拉克的计划在1987年就停止运转了——事实上，这个计划还没开始就停下了。"如果说伊拉克有原子蒸气激光同位素分离计划，而且超过十年了，那么我就可以在水面行走了"，伊拉克核查小组负责人告诉我。就像在伊拉克大规模杀伤性武器计划的许多其他领域一样，伊拉克在国际武器核查员的眼皮底下实施了令人难以置信的欺骗计划。如果法国人愿意，他们可以在许多年前就消除这个领域里的所有模糊之处，他们只需向联合国提供对伊拉克核输出的全部情况。可惜，他们选择了继续掩盖事实的手法。

更为惊人的新发现是，世界上最大的工业用气和低温燃料供应商液化空气公司在1988年5月30日签订了建设液氮生产厂的合同，所产液氮将用于位于塔尔米亚赫的那个巨大的电磁铀浓缩厂。这个液化空气公司的工厂被称为"7307（阿米尔）计划"，在1990年初开始投入生产，一直运行到1991年11月，那时联合国武器核查员终于意识到了这个工厂的目的何在。伊拉克需要稳定的液氮供给来冷却加速器上巨大的扩散泵并降低这个工厂释放出的热辐射，使美国或者以色列卫星更难发现它。（这个工厂生产的液氮也可以用于液体火箭燃料。）液化空气公司在伊拉克秘密原子弹计划中的作用先前从未透露过，法国人也从来没有承认过，但对这个计划的成功却起到了关键作用。

2003年9月23日，雅克·希拉克到达纽约，但他不是来道歉的。

"谁也不能以全体的名义单独行动，谁也不可以接受没有法律的社会那么一种无政府状态"，希拉克在联合国全体大会开幕式上发表讲话说，"联合国是无法替代的。"尽管希拉克并没有对任何人指名道姓，但是法国外交官还是很快对记者们指出，法国总统的评论干脆就是针对乔治·W. 布什的，因为布什在号召这个国际组织要加强国际合作以打击恐怖主义和防止大规模杀伤性武器扩散。他们又说，那个"没有法律的社会"就是美国。

这是出自"百分之八十先生"的又一个"爱丽丝漫游奇境"式的陈述，就是这个人真地相信自己代表了这个世界上绝大多数人的良心和梦想。"同布什针锋相对，希拉克为联合国辩护！"这是法国报界的"灰色女士"《世界报》的大标题。这就是乔治·布什，"那个抛开联合国发动战争的家伙"，他还厚着脸皮和"多边主义的三个拥护者"同时出现。这三个拥护者指的就是科菲·安南、巴西总统路易斯·伊纳西奥·卢拉·达席尔瓦，还有雅克·希拉克。真不要脸。随后，《费加罗报》在报道希拉克、俄罗斯总统普京和德国总理施罗德的会晤时用了这样的大标题："'和平阵营'在布什鼻子底下聚会"！[27] 一个同希拉克有密切接触的消息提供者告诉该报，法国总统认为布什和他的政府是他见过的"最反动的政府"——用外交部长德维尔潘那种出自贫民窟的别致俚语说就是：plus réac, tu meurs！

在这些让人恶心的报道中也有喜剧性的调剂，比如《费加罗报》的这个背景报道就是一块瑰宝："在老布什当选后不久，雅克·希拉克是第一个见到他的法国领导人——甚至是在[法国]总统密特朗之前——在1989年5月希拉克访问美国期间。在这次访问中，这位刚刚在总统选举中失利的法国前总理[希拉克]会见了当时在美国社会中有分量的每个人：从迪斯尼总裁迈克尔·埃斯纳到电影明星格里高利·派克、简·芳达、莎拉[原文如此]·福赛特①和西德尼·波伊提尔。"法国人虽然为他们成熟老练的世界观而自豪，但他们的目光仍然难以超越好莱坞和迪斯尼乐园。

随着时间流逝，随着针对驻伊拉克美军和国际援助机构的恐怖活动的增强，一些原来站在法国一边的政府开始厌倦这种高卢人的狂妄自大

---

① 莎拉·福赛特，原文是 Sarah Fawcett，实际上应为 Farrah Fawcett（费拉·福赛特）。她是20世纪70年代的性感偶像。——译者注

了。2003年10月末，在马德里召开了一次国际捐赠者的协商会，目的是在萨达姆·侯赛因蹂躏伊拉克30年后筹款重建伊拉克，但法国人甚至没有屈尊派外交部长德维尔潘前往，这受到了法国媒体的公开批评。"法国参与的程度是否反映了法国的财政捐助情况？"有记者问一位一般情况下都很暴躁的法国外交部女发言人。"我看不出一个部长的头衔能如何界定财政捐助情况"，她回答说。她指的是参加这次协商会的政府特使，一位资历较浅的合作部长。法国"对伊拉克重建一心一意"，打算慷慨捐助。

如何慷慨呢？"你知道，欧洲联盟已经宣布要捐赠2亿欧元，法国要捐赠欧盟预算的18%。"[28]做道数学题吧：法国对伊拉克人的慷慨捐助相当于4,000万美元稍多一点。在过去的25年里，法国人武装、援助并怂恿了伊拉克的独裁者，而这个捐赠数还不到法国人从萨达姆身上获取的1%。* 而且，这还没算上他们指望从石油中赚取的1,000亿美元。美国许诺了200亿美元，但已经花费的比这个还要多。

在这次协商会上，就连法国的盟友比利时都表达了对法国人的恼怒。"我觉得法国和德国还坚持他们的立场是一件可耻的事"，比利时合作部长马克·费尔韦尔亨说。"我哀叹这样的事实：某些国家到这里来就是为了重新陈述他们［对战争］的立场。伊拉克人民眼下就有需求。这样的态度对伊拉克人民毫无用处"，他说。[29]

战后伊拉克管理委员会的外交部长胡希亚尔·兹巴里因为法国——世界上孤独的"抗衡力量"——继续在伊拉克扮演拆台者的角色而责备法国人。2003年12月16日，他在联合国安理会做了一次引人注目的发言，劝诫安理会成员国停止"同美国领导的联军结账"，开始做些能给伊拉克带来真正稳定的工作。"一年前，这个安理会被一分为二，一方是那些想姑息萨达姆·侯赛因的人，一方是那些想让他负责任的人"，

---

* 从1975年到1990年，法国对伊拉克的军火出口最少也达到1,200亿美元，而法国人从大规模民用合同中还最少赚取另外200亿美元。

他说。"联合国这个组织没有帮助把伊拉克人民从持续了35年的残酷暴政中解救出来，而今天，我们还在发掘数以千计的受害者，这些受害者令人恐惧地证明了（联合国的）失败。"为了防止有人想让他们无法控制的管理委员会靠边，法国人就试图这么做，兹巴里提醒联合国，"在一个以独裁主义的统治著称的地区……管理委员会是最具代表性、最民主的理事机构。"

巴黎市郊布吕耶尔-勒-沙泰尔。在法国原子能委员会计算机中心的地下库里，一部庞大的惠普/康柏巨型计算机嗡嗡作响。法国核武器设计者正在使用这台计算机的2,560个处理器模拟在一次核爆炸时发生在百万分之一秒内的异常复杂的过程。在2001年交货时，这台美国造特拉计算机（Tera）是世界上第四强大的巨型计算机（今天它排名第七）。仅仅要装下这个有170个支架的计算机就需要比半个足球场大的空间，是60米乘60米的空间。法国人夸口说，这台特拉计算机每秒钟能进行5万亿次浮点运算（5,000 gigaflops），这把军事应用部的武器设计者现有的计算能力提高了一百倍。[30]没有这台计算机，法国人就不可能在不违反《全面禁止核实验条约》的前提下对他们的核武库的可靠性和安全性那么有把握。法国在1996年做完他们的最后一轮地下核试验后签署了这个条约。这就是这台机器为什么这么关键。

法国人最终将使用特拉或类似的计算机来处理通过聚变实验获得的数据。这些实验是在由美国协助法国人在波尔多南部修建的价值20亿美元的兆焦耳激光核聚变中心进行的。这个巨大的激光器是以在加利福尼亚州劳伦斯·利物莫国家实验室（美国的三个核武器实验室之一）的国家点火设施为模型的，预定在2008年联机。和在巴黎郊外的那个计算机模拟中心一样，这个兆焦耳激光器如果没有美国的大规模帮助也建不起来。这两个项目，还有更多其他的项目，是美国同法国在1996年6月4日达成的绝密核合作协议的议题。代表克林顿政府签字的是能源部助理部长维克托·赖斯和国防部助理部长哈罗德·史密斯。他们的法国同僚的姓名直到今天仍然是个秘密——与此相同，这份协议自身的存在也是个秘密。法国政府从来没有在任何公开的文件或报告中确认过这份协议。但是通过采访前任和现任的美国官员,通过与在法国的法国核武器设计者交谈,通过与那些参加了2003年11月和12月在劳伦斯·利物莫国家实验室举行的秘密专题讨论会的人交谈,我搞清楚了:这份1996年的协定确定了同法国的新的安全关系的框架。虽然希拉克总统和他的拿破仑一世式的公文包提包人多米尼克·加卢佐·德维尔潘猛烈地反美,这种安全关系一直延续到今天。

"法国人的核武器计划基本上就是美国的计划除以七——这是法郎曾经对美元的比价",维克托·赖斯说。他现在已经是环城路公司(Beltway)的安全顾问。"他们少花了七倍的钱,他们少用了七倍的人,而他们武器也少七倍,不然的话,和我们自己的也就差个八九不离十。"在签约时,克林顿政府觉得这份协议"对美国来说有好处,这是很清楚的",用他的话来说。"我从来没看出这有任何不利的一面,直到今天也是一样。通过同法国合作,我们实际上降低了我们的费用。"[31]

根据这份1996年的协定,美国同意向法国转让国家点火设施的关键技术,包括"激光玻璃"的一种奇特的新形式,而这种激光玻璃构成了现存的最大的激光系统的核心(法国人贡献了开发成本)。这个国家点火装置使用了3,072块激光玻璃,每块重100磅,80厘米长,45厘米宽,4厘米厚。这些激光发生器总共重150吨,如果首尾相连能延伸出两英里去。这些玻璃生成192条独立的激光束,在电子管中快速通过,在这个过程中力量和强度逐渐增加,直到最后它们在几分之一秒的时间内以接近两兆焦耳的能量同时轰击一个米粒大小的氘或氚小丸。在那个700英尺长的大楼里,这些电子管就像是巨大的拼装玩具组成的结构。巨大的碰撞力产生的核聚变能量相当于一颗氢弹爆炸。设计这样一个设施非常昂贵、非常复杂,很怀疑法国人可以自己单独完成这个工作——一位利物莫实验室的高级官员对我描述说这个设施"可能是今天美国正在进行的唯一重大科学研究"(英国曾计划修建这样一个设施,但是在推断出这种巨大成本在政治上不可能被接受后便放弃了)。利物莫实验室允许法国人在这个实验室建立的用来证明国家点火装置概念的试验设施上测试法国自己的国家点火装置变体。[32]

分析被武器设计者称为"热核燃烧"的现象是了解核武器工作原理的关键。这就是为什么能源部认为国家点火装置是他们的储备管理计划的基石。这项工作由克林顿政府发起，目的是在没有地下核试验的情况下维持美国储备的核武器的正常工作。虽然有些未列入密级的科学实验也在国家点火装置进行，但建造国家点火装置的初衷是进行高度保密的研究。美国核武器科学家认为，通过使用能源部的巨型计算机来对比从国家点火装置获得的试验数据和一千多次实际的核武器试验累积的数据库，他们可以发现老化的弹头存在的潜在问题并校正这些问题，或者说，如果存在的问题太严重就从军火库撤回有缺陷的武器，代之以新的、可靠的弹头。[33]

按照那份1996年签署的、目前仍然保密的协议，美国也让法国有权使用我们的核武器试验的整个数据库，目的是为了换取他们的数据库。除了实实在在的武器本身外，这是核武器设计者可能得到的最敏感、保密程度最高的情报。熟悉这项交流的武器设计者告诉我，虽然法国人用他们在非洲北部和太平洋进行的210次实际核试验得到的数据建起了自己的知识库，在禁止核试验的情况下，如果要管理他们的核储备，他们的数据就显得不够充足，也不那么有用。除此之外，法国核武器计划的前负责人罗杰·巴雷哈解释说，他们的核武器"没有设计成储备期限很长的那个类型。即使这个武器系统的使用期限是20年，我们制造的也是使用期限较短的：所以呢，我们不是检测那些存储时间很长的核武器，而是用比较新但没有很大不同的核武器取而代之"。[34]法国人绝对需要建设一个同国家点火设施相当的设施，这样才能防止他们的整个核武库在不到十年的时间就"下线"。如果没有美国正在给予的援助，法国的核计划会因为过高的费用和技术上的障碍而逐渐停下来。有了这种设施，法国人不用实验就可以设计整个新弹头，如果他们选择这样做的话——虽然"实际试验仍然是最简单的手段"。[35]

美国的巨型计算机和数据库不仅使法国人能够不用实验就设计和维持他们自己的新武器，而且，如果法国人愿意的话，他们可以出口这种能力或者就把这种能力出租给可能的扩散者。举一个例子：伊朗。在如何对付那位统治伊朗的教士这个问题上，美国和法国意见相左，这不是什么秘密，因为法国政府奖励法国公司藐视美国的禁运以便扩大法国的出口。终有一天，法国会再一次发现，把扩散核武器技术当作"对抗"美国力量的工具符合它的国家利益。这种担心难道没有道理吗？

如果一个新的、民主的（很可能也亲美的）伊拉克出现了，法国人最终将如何应对？国家利益或者国家怨恨会不会促使法国的某些政党靠这些新奇的新式模拟设备和他们已经得到的美国弹头数据库静悄悄地帮助伊拉克的敌人设计一种简便易行的核武器？因为能够接触到这些仪器，伊朗可以设计出简单、实用的核武器，而且有百分之百的信心这些核武器能够使用而不用表明自己的真实意图。伊朗已经很接近拥有核能力了，这是大多数人还没意识到的。就连国际原子能机构都被迫在2003年11月得出结论，伊朗已经建造了大量用来生产导弹材料的秘密设施却欺骗了这个国际的核"监视"机构18年。美国副国务卿约翰·博尔顿和他的高级助理史蒂文斯·拉德梅克说，"只有把伊朗的大规模的、秘密的工作看成原子弹计划的一部分才讲得通"。我最先从联合国首席武器核查员罗尔夫·埃克乌斯大使那里听到一个报告，说伊朗曾经禁止国际原子能机构核查员接近在伊朗的两个地震监测站，设立这两个监测站是为了监控伊朗服从《不扩散核武器条约》情况的。这个报告让人更加恐惧。采取这样一个引人注目的步骤暗示着伊朗想实施某种形式的实验，也许是一种核武器的非核部件的低当量爆炸。[36] 2003年11月20日，在美国设法把伊朗违反《不扩散核武器条约》的事提交联合国安理会时，法国是对此强烈反对的国际原子能机构理事会成员之一。

美国应不应该和一个在很多方面都宣布它自己是敌人的国家分享核武器秘密？我向参与这项合作的人或在这件事上给美国能源部和五角大楼出主意的人提出了这个问题，让很多人直瞠目结舌。令人惊讶的是，他们的答案几乎是统一的"应该"。这个答案是基于无可动摇的事实以及对法国人已经知道多少的估计。

一位给国防部长拉姆斯菲尔德做顾问的防务科学委员会高级成员宣布说,"法国是核领域里最大的参与者之一,所以这个领域里我们需要他们的合作","如果他们真的在核事务中变成了恶棍,我们就真的有问题了。所以在核问题上,我们想让他们呆在帐篷里"。此外,这个顾问还告诉我:"维持同法国军方的关系是个好主意,因为除了商业社团,他们是法国决策制订过程中唯一亲美的群体。"这个观点我在大西洋两岸都听说过。然而,对于美国是否应该继续资助法国的核计划——根据1996年的协议,我们正在这么做,而且在分享国家点火装置的秘密——大家意见不一致。"应该让法国支付他们的核武器计划的全部成本",理查德·珀尔说。

法国人重归向第三世界独裁者销售核武器技术的早期政策(这是在20世纪70年代雅克·希拉克当总理时的做法),这种想法让参与这个核交流项目的美国官员不寒而栗但迅速否认了。"如果你宣布法国是敌人,这种影响力是很大的",一个美国核实验室的高级官员告诉我。"这不是20世纪70年代了。这也不是那个为了娇惯萨达姆·侯赛因而重新拾起阿拉伯语的希拉克了。但是,在另一方面,我们也有问题,是我们必须严肃对待的问题。有很多东西我相信法国人很愿意得到,但我不认为我们愿意提供给他们。"

美国给法国提供的协助有助于确保法国在下一代还是核武器国家,这无须怀疑。这件事是不是最终符合美国的长远利益呢?许多美国人有"仇恨法国人"的反应,这是一种不加思考的反应,但是对那些日常同法国人打交道的美国政府官员来说,事情远不止此,前面的问题正经让他们心痛。

想想吧:法国人正在开发新一代增殖反应堆,远比他们在20世纪70年代卖给萨达姆·侯赛因的那种更先进。他们现在打算把这种技术在发展中国家广为销售。很清楚,由于那个延续到今天的克林顿时代的核合作协议,他们得到了美国的巨型计算机和先进的激光器,而这些东西正在帮助法国人更迅速地检验反应堆设计的新概念,而且还没有了建造实际原型的过程中冗长、高成本的反复试验,也不需要长时间观察它们的表现。他们宣称,因为他们给这个反应堆设置了极限,这个新的增殖堆耗费的钚和它制造的钚同样多。对那些了解法国式设计的美国官员来说,这听着就像他们想把一辆法拉利跑车卖给一个魔鬼,然后说把这辆车的速度限制在每小时三十英里。任何称职的第三世界的机械师能快到你还没说完"杀了犹太人"这句话就把这个速度限制解除了。

而法国人不仅张罗着重新启动对第三世界的核输出,他们还争取到了用美国的武器级钚生产一种新型反应堆燃料的合同,这些武器级钚目前就贮存在南卡罗莱纳州艾肯附近的萨凡纳河后处理工厂。美国能源部把这个合同发包给了国有的法国核材料总公司(COGEMA)在美国的子公司,理由是这家法国公司有丰富的经营核燃料后处理工厂的经验。但是,位于马里兰州的反核团体能源与环境研究所认为,核材料总公司的经验并没有能源部所宣称的那么棒。在2002年5月发表的一份报告里,这个团体宣称,核材料总公司藐视在法国的一系列诉讼,这些诉讼都指控这家公司再三违反核废物处置的有关法律。1997年,一位法国法官查抄了核材料总公司的办公室,获得了一批文件,都是关于这家公司被指控在位于海牙的后处理工厂非法储存废料的。核材料总公司在此案中的所作所为促使南卡罗来纳州参议员菲尔·P. 莱文蒂斯(民主党－第35区)在1999年致函美国参议员斯特罗姆·瑟蒙德。在信中,他质问:"如果一个公司的企业文化包括藐视法律,我们还需要这样的公司在我们州经营吗?"[37]在法国,社会党人议员赫里斯蒂安·巴塔伊对中左的《解放报》说,核材料总公司的表现在某种意义上使人想到它"自认为凌驾于法律之上"。巴塔伊是核工业的坚定支持者,也是法国核工业废料相关法律的制订者。[38]核材料总公司位于海牙的核燃料后处理工厂把上亿公升废液倾倒进英吉利海峡,这些废液的辐射水平是否可以构成"低水平放射性废弃物"进而需要在排放前更进一步净化,对此有着广泛的法律上的争论。南卡罗莱纳州罗康垂及附近乔治亚州萨凡纳的居民都很有兴趣想知道核材料总公司是否会在运行这个新燃料工厂时遵守美国标准。[39]另外，防扩散分析员担心那些混合氧化物燃料本身可以由决心已定的扩散者轻而易举地分解为它的组成成分，这就使这种表面上供民用的燃料变成了炸弹级材料的现成来源。"事实上，每100公斤的混合氧化物包含6公斤可用于武器的钚——正好够一颗原子弹用"，前美国国防部副部长助理亨利·索科尔斯基告诉我。"要得到这种钚只是个很简单的化学上的事，比起再加工缺乏燃料来，这是个非常、非常简单的过程。"[40]

我们可以信赖法国人吗？

他们的战场管理系统中引人注目的录像模拟显示了远程警戒雷达和防空导弹如何挫败了飞机对主要城市的袭击。这些远道而来的攻击飞行器带有F/A-18大黄蜂独有的V型尾翼。很显然，这是一种让萨达姆·侯赛因感兴趣的能力。地球上的许多独裁主义政权都对这个感兴趣。

销售这种最新型设备的公司就是泰利斯雷神系统公司（TRS）。这个公司自夸是"第一个跨越大西洋的、两个全球重要防务公司间的合资企业"。在美国，雷神公司是以生产爱国者反导弹系统而出名的，这个反导弹系统在打击伊拉克时取得了喜忧兼具的成功。泰利斯公司是汤姆逊半导体公司的后继者，而汤姆逊半导体公司就是帮着武装了萨达姆·侯赛因的那个公司。这两家公司从1996年开始合作，这是在他们各自的国家——法国和美国——受高度保护的防务市场内扩大他们业务的一种方式。在2001年，他们组建了这个合资企业，从那以后，他们在法国、美国和北约成功地投标了主要的防空合同和防务电子合同。现在，泰利斯雷神系统公司是把法国公司引入美国大规模的国家导弹防御计划的渠道。

"业界在忽略那种跨越大西洋的紧张"，一位正在招徕欧洲人参与国家导弹防御计划的五角大楼高级官员告诉我。"业界的观点就是，只要能做生意，就别管在哪儿做、别管如何做。大部分重要的航空航天公司都和欧洲公司有导弹防御方面的协议。"波音公司在国家导弹防御计划中带了头,在吸引欧洲人方面也带了头。2002年7月,波音公司首席执行官菲尔·康迪特(随后辞去了这个职务)在范堡罗航展①上宣布在导弹防御方面同欧洲公司有许多合作协议,其时美国和法国因为伊拉克而导致的紧张正在升温。具有讽刺意味的是,波音公司的最大伙伴是空中客车工业公司的母公司欧洲航空防卫及太空公司,而空客公司则是波音公司在民用客机行业内的最大竞争对手,并且被指控接受了为国外安全总局工作的法国政府情报人员的惠赐。

波音公司的行动既不是偶然的也不是自发的:它是美国白宫和国防部长唐纳德·拉姆斯菲尔德制订的成功战略的一部分,目的是要让欧洲各国政府不再反对国家导弹防御计划。拉姆斯菲尔德请已退休的美国前驻巴黎大使埃万·加尔布雷思重新出山,在9·11之前把他作为他自己的私人代表派往位于布鲁塞尔的北约总部。加尔布雷思的使命就是让欧洲公司签约成为国家导弹防御计划的工业伙伴。他的工作设想就是:一旦这些公司上了船,它们的政府最终也会追随而来。

但是,这样的合作(如果确实发展了这种合作)是高度敏感的。例如,正和欧洲导弹公司讨论销售用于阿斯特导弹的冲压喷气发动机技术,而这项交易"将正好把法国人引入导弹防御生意中",一位关注这个谈判的美国官员告诉我。在2003年11月和12月,在加利福尼亚州利物莫举行的一系列远离窥探者视线的"会议"上,五角大楼的导弹防御局(MDA)和法国武器设计者在绝密的小组会上讨论了另外的交易。我给一位法国的参与者打电话,他正好是原子能委员会军事应用部门的总经理。我问他为什么法国核武器设计者代表团会前往加利福尼亚州同导弹防御局讨论导弹防御问题,而导弹防御局的总部位于华盛顿特区的五角大楼。"加利福尼亚州的天气要好些",他开玩笑说。这样的会议是严格保密的,除了确认的确开过这些会议,哪一方也不宣布任何一个与会

---

① 也称法恩伯勒国际航展。——译者注

者的姓名。万一哪个流氓国家用核弹头导弹突袭美国，美国难道要依赖法国来保卫自己吗？这难道是要阻止法国人威胁"否决"——这次不是在联合国而是在美国的国土上——我们捍卫自己利益的努力吗？或者在我们打仗时不准他们的公司给我们交付关键备件？在解放伊拉克期间，瑞士政府就是这么做的。

"法国是个必须用它不是什么，而不是它是什么，来定义自身的国家"，一位从事美法共同战略项目的前里根政府官员说，"法国不是美国。可他们似乎总也不能对此释怀。这几乎是一种不正常的、心理上的精神状态，而你不禁要问：我们为什么要做这个？"

法国总是喜欢扮演破坏者的角色。"在大部分时间里，安抚法国人，不让他们把屎撅拉在五味酒调酒碗里还是物有所值的"，一位前美国高级官员说。在伊拉克危机期间，国务卿科林·鲍威尔一直受到下属和政府同事的强烈批评，因为他降低了批评法国人的调子，给他们扔了一块又一块骨头，指望他们会回心转意。"法国喜欢联合国不是由于某种'万物归一'的单一世界联邦制度，而是因为他们有否决权"，一位政府官员承认，"他们喜欢安理会并不是因为安理会能做事，而是因为他们可以不让它做事。"

在解放伊拉克的战争结束很久之后，希拉克拒绝加入美国领导的战争这件事仍然在民意调查中得到了压倒一切的支持，而希拉克继续以"非常危险的"方式推动法国成为美国的"替代者"，美国官员说。2003年8月末，我和法国官员坐在一起，听着希拉克对法国外交使团做一年一度的动员讲话。在他叮嘱大使们要通过各种努力来保证一个"多极的"未来时，他们很窘迫地翻着眼睛。"他又在说这种多极的屁话"，他们中的一个人说。当然，法国的问题部分在于，在9·11袭击引发全球衰退后，由国家驱动的法国经济没有像美国经济那样迅速复苏。攻击美国对希拉克来说合理而可行，因为这既安抚了那些极右派的极端民族主义者，也令那些投票支持他同勒庞对决的左派们满意了，而他则可以尝试强迫他人接受在两边都不得人心的经济改革。

我问胡佛研究所的学者、诺贝尔奖金获得者、自由市场经济学家弥尔顿·弗里德曼,一旦美国剥夺了法国产品的受补贴的市场(比如萨达姆·萨达姆的伊拉克),他是否认为法国的社会主义经济可以在一个竞争的国际市场中生存。"当然可以,但是要以降低生活水平为代价",他告诉我,"这是因为经济资源的很大一部分被用于非生产性目的。所以你只有很少的工人,很低的生产量,而他们的产品中一大部分被用来给国家筹措福利资金了。"

弗里德曼教授同意在贪污和国家所有制之间有一种直接联系,而这也是我在法国直接看到的。"国家所有制的实质就是每个人都在花其他人的钱。而当那种情况发生时,谁也没有任何动力来担忧底线。所以有很多诱惑"让各级官员从中大捞好处。"但是在有些情况下,贪污可以是好事,"他说。"以苏联时代的俄罗斯为例,它有一个中央控制系统来分配资源。任何事情得以完成的唯一途径就是通过贪污。私下做交易,更有效率地重新分配原材料,这是很诱惑人的、也确实是所希望的。"任何在法国或者其它税收集中的欧洲国家做过生意的人都知道他们是多么依赖一个"现金"经济。

最后,弗里德曼教授认为,法国人将能维持他们腐败的社会主义制度,只要法国工人能够接受这个制度带来的较低的生活水平。"很清楚,如果他们有自由和公平的市场,他们的收入会高些,生活也会好些。谁在为社会福利制度买单?正是这些劳动者们。"[41]

政治经济学家、投资经营者、防务政策委员会成员杰拉尔德·希尔曼赞成这个说法,那就是,法国人坚持维持社会福利国家已经招致了怨恨,而这种怨恨成为同美国破裂的原因之一。"社会主义的政策使得高技术的和熟练的劳动力很难从一个职位迅速移动到另一个职位以度过经济繁荣与萧条的交替循环周期",他告诉我。因为对雇主征收的高社会福利税,高技术公司在经济衰退时只能停业,而"这抑制了他们在经济反弹时筹集新的风险资本金的能力"。"这就是为什么法国的增长率远远落在后面。它没有发展新的部门或者新的行业。如果你问一个投资者,那里有人才吗？他会说有。但是如果你问他，你准备投资吗？他会说不——请带我去比利时，或者波兰。"[42]

在许多重要方面，法国正在渐渐远离美国。我们双方的安全利益不再集中于一点，而我们两国的经济制度好像是越来越不和了。法国人没有理会9·11后在美国发生的变化，也没有理解美国人迎接已经到了家门口的挑战的决心和勇气。法国人仍然认为他们能够照常同世界各地的独裁者做生意而不用付出任何高昂的代价。9·11告诉美国人，情况不是这样。

把我们绑在一起的历史和文化的纽带比那种要把我们分开的力量更强吗？我相信是这样的。但是，如果不出现一个新的托克维尔①来成功地对法国人解释美国人的性格，就像他的祖先在19世纪30年代做的那样，雅克·希拉克和多米尼克·加卢佐·德维尔潘的法国，还有评论员托德·林德伯格称为"巴黎左派知识分子过热的沙龙"，都有被边缘化的风险。[43]考虑到法国人的性格，这会是最糟的处罚。

1. 《费加罗报》2003年8月27日第12版，"吉勒·科备勒说华盛顿需要法国的专门知识"。(Marie-Laure Germon, "Gilles Kepel: 'Washington aura besoin de l'expertise française'", *Le Figaro*, August 27, 2003, p. 12.) 科备勒的一些想法暴露了深层次的偏见。他说，"他们今天〔对这个地区〕的了解大部分来自以色列人或者土耳其人"。后来，他发表意见说，美国"发动的把附带损失减到最低程度的攻势"是错误的，"这本身是好事，因为在伊拉克人看来，美国并没有以令人畏惧的胜利者的姿态出现"。

2. 《世界报》2002年10月3日，"对布什鹰派的调查"。(Patrick

---

① Alexis de Tocqueville, (1805年—1859年)，法国政治学家、历史学家、法兰西第二共和国时期 (1848年—1852年) 当选制宪会议议员并任宪法起草委员会委员，著有《美国的民主》、《旧制度与大革命》等书。——译者注

Jarreau, "Enquête sur les faucons de Bush," *Le Monde*, October 3, 2002.)

3.《欧洲华尔街日报》2003年4月10日A10版，"为了不让我们忘却"。(Michael Gonzales, "Lest We Forget", *Wall Street Journal Europe*, April 10, 2003, p. A10.)

4. 法国外交部，2003年4月25日，"发言人对媒体提问的答复"。(Quai d'Orsay, "Réponses du porte-parole aux questions du point de presse", April 25, 2003.)

5. 作者的采访，2003年7月30日。

6.《华盛顿邮报》2003年5月22日，"由于在战争问题上仍然怒气冲天，五角大楼限制同法国的接触"。(Karen DeYoung and Vernon Loeb, "Still Angry over War, Pentagon Limits Contacts with France", *Washington Post*, May 22, 2003, p. A29.)

7. 路透社2003年6月3日，"埃维昂峰会如何把水变成话"。("How the Evian Summit Turned Water into Words", Reuters, June 3, 2003.)

8.《华盛顿时报》2003年6月2日A1版，"布什在恐怖主义、艾滋病问题上树榜样"。(Joseph Curl, "Bush Sets Pace on Terrorism, AIDS", *Washington Times*, June 2, 2003, p. A1.)

9. 安德烈·格卢克斯曼，《西方反对西方》，第154页。(André Glucksmann, *Ouest contre Ouest*, Editions Plon (Paris, 2003), p. 154.) 格卢克斯曼提到的有关车臣的轶事出自《新闻周刊》2002年10月14日。(*Newsweek*, October 14, 2002.)

10. 前引书，第22页。

11. 作者采访政府官员，2003年10月1日。

12. 作者采访阿尔诺·蒙泰勃赫，2003年10月1日。

13. FrontPageMagazine.com网站，2003年5月12日，"一个新的穆斯林国家"。(Guy Millière, "A New Muslim Country", FrontPageMagazine.com, May 12, 2003.)

14. Frontpagemag. com 网站，2003 年 6 月 9 日，"法兰西之死"。FrontPageMagazine. com 网站同居易·米里哀（Guy Millière），阿兰·马德林（Alain Madelin），让-弗朗索瓦·雷维尔（Jean-François Revel）及其他人召开的研讨会。(Jamie Glazov, "The Death of France", a FrontPageMagazine. com symposium with Guy Millière, Alain Madelin, Jean-François Revel, and others, Frontpagemag. com, June 9, 2003.) 我要感谢《欧洲华尔街日报》社论版编辑迈克尔·冈萨雷斯。他对我指出了法国-伊拉克关系的这个特殊方面。参看他的出色的文章："法国反对战争的五百万个理由"，《欧洲华尔街日报》2003 年 7 月 2 日。("Five Million Reasons France Opposed the War," *Wall Street Journal Europe*, July 2, 2003.)

15. 作者采访弗朗索瓦·奥贝尔，2003 年 10 月 1 日。

16. 多米尼克·德维尔潘著，《滴水嘴兽的叫声》，第 9 页。(Dominique de Villepin, Le Cri de la gargouilie, Albin Michel (Paris: 2002), p. 9.)

17. 安妮-伊丽莎白·穆泰同作者的谈话，2003 年 10 月 25 日。

18. 《每日电讯报》2003 年 3 月 28 日，"德维尔潘拒绝说他支持哪一边"，(Anton La Guardia, "Villepin Refuses to Say Which Side He Supports", *Daily Telegraph*, March 28, 2003,) 以及《每日电讯报》2003 年 3 月 29 日，"义愤填膺的法国人否认反对美国的胜利"。(Philip Delves Brought and David Rennie, "Indignant French Deny Opposing a U. S. Victory", *Daily Telegraph*, March 29, 2003.)

19. Newsmax 网站，2003 年 4 月 30 日，"巴黎航展上没有美国的军用喷气飞机"。(Charles R. Smith, "No U. S. Military Jets at Paris Air Show", *Newsmax*, April 30, 2003.)

20. 参看《星期日泰晤士报——洞察版》2003 年 4 月 13 日，"藏起了萨达姆数百万的银行家"。(Stephen Grey, "Banker Who Hid Saddam's Millions", *Sunday Times—Insight*, April 13, 2003.)

21. 伦敦《星期日泰晤士报》2003 年 4 月 28 日，"文件显示法国向伊拉克通报了美国的计划"。 ("Dossier Reveals France Briefed Iraq on U. S. Plans", *Sunday Times* (London), April 28, 2003.)

22.《华盛顿时报》2003年5月6日,"法国提供护照帮伊拉克人逃跑"。(Bill Gertz, "France Gave Passports to Help Iraqis Escape", *Washington Times*, May 6, 2003.)

23."法国驻美大使让－大卫·莱维特致国会议员、政府官员和媒体代表的函",2003年5月15日,由在华盛顿特区的法国大使馆散发。("Letter from Jean-David Levitte, Ambassador of France to the U. S., to the Congressmen, Administration Officials and Media Representatives", May 15, 2003.)

24. 作者采访艾哈迈德·沙拉比的助手,2003年6月12日。

25. 同作者的私人交流。

26. 供应商中有弗朗塞尔科公司 (Francelco),这家公司在1989年上半年和1990年上半年交付了发射架使用的"特殊连接器",伊拉克人宣称这些连接器和发射架一起在1991年年中被联合国武器核查员摧毁。还有卡尔博内·洛林公司,出售了900块炭黑。伊拉克宣布它打算用这些炭黑制造"导弹石墨尾舵"(missile graphite vanes)。伊拉克的宣言指出,这份特别合同是1990年下半年通过约旦安曼的马尔塞勒·达索军用飞机公司签订的。

27.《费加罗报》2003年9月25日。(Luc de Barochez, *Le Figaro*, September 25, 2003.)

28."伊拉克/马德里会议",法国外交部新闻发言人每日媒体吹风会,2003年10月21日及23日。("Irak/Conference de Madrid", French Foreign Ministry spokesman, daily press briefing, October 21 and 23, 2003.)

29.《华盛顿时报》2003年10月25日,"法国批评美国的伊拉克计划"。("France Criticizes U. S. Iraq Plan", *Washington Times*, October 25, 2003.)

30."模拟核武器的功能" ("Simuler le fonctionnement d'une arme

nucléaire")法国原子能机构准备的吹风会材料。见《原子能委员会的挑战》,2003年6月—8月,第4页。(Les Défis du CEA, June-August 2003, p. 4.)

31. 作者采访维克托·赖斯,2003年11月13日。

32. 劳伦斯·利物莫国家实验室新闻稿,1998年8月1日,"小光束激光要离开利物莫实验室在桑地亚实验室开始新生活"。(LLNL press release, August 1, 1998: "Beamlet Laser to Leave Livermore Lab for New Life at Sandia Lab.")参见 www.llnl.gov/Unl/06news/NewsReleases/1998/NR-98-08-01.html.

33. 欲了解更多信息以及建造国家点火装置内庞大激光器的工艺过程的技术综述,参见劳伦斯·利物莫国家实验室,《国家点火装置简介》,(National Ignition Facility Fact Sheet, Lawrence Livermore National Laboratory.)网址是 www.llnl.gov/nif.

34. 理查德·加尔温,雷·基德尔和克里斯多夫·佩恩著,《关于在全面禁止核试验前提下维持法国核武器就有必要进行核试爆讨论的报告》,第14页,由美国科学家联合会和自然资源保护委员会出版,1994年1月,华盛顿特区。(R. L. Garwin, R. E. Kidder, and C. E. Paine, "A Report on Discussions Regarding the Need for Nuclear Test Explosions to Maintain French Nuclear Weapons Under a Comprehensive Test Ban", Federation of American Scientists/Natural Resources Defense Council, Washington, D. C, January 1994, p. 14.)

35. 作者采访原子能委员会军事应用局高级官员,2003年12月12日。

36. 罗尔夫·埃克乌斯大使同作者的交流,2003年11月17日。

37. 南卡罗来纳州参议员菲尔·莱温提斯致美国参议员斯特罗姆·瑟芒德的函。(Letter from S. C. State senator Phil P. Leventis to U. S. senator Strom Thurmond, November 4, 1999)。这是能源与环境研究所的阿尔琼·玛克希贾尼给作者提供的。

38. 《解放报》1999年7月13日，"为调查高杰马公司，一名法官深入了解核知识"。(Matthiew Ecoiffier, "La Mise en examen de la Cogema, un juge dans l'antre du nucléaire", *Libération*, July 13, 1999.)

39. "高杰马公司：凌驾于法律之上？"（Annie Makhijani, Linda Gunter, and Arjun Makhijani, "COGEMA: Above the Law?"）该报告可从能源与环境研究所（the Institute for Energy and Environmental Research）或其网站 www.iecr.org 上获得。

40. 亨利·索科尔斯基同作者的交流，2003年11月17日。索科尔斯基现在负责核不扩散政策教育中心。他的大部分文章可以在 www.npec-web.org 上看到。

41. 作者采访弥尔顿·弗里德曼教授，2003年7月24日。

42. 作者采访杰拉尔德·希尔曼，2003年7月22日。

43. 《华盛顿时报》2003年12月16日，"这就是生活：美法关系的未来"。(Tod Lindberg, "C'est la vie: The Future of U.S.-French Relations", *Washington Times*, December 16, 2003.)

鸣 谢

　　如果没有许多老朋友和我信赖的消息提供者的协助,这本书不可能完成。我是在报道法国和中东事务的二十多年时间里逐步了解这些人的。我在尾注中指出,在很多情况下,我是我所描述的历史事件的见证人。在这种情况下,我使用了当年的笔记,而一旦有可能,我将再次采访参与者。为了充实背景材料,我借助了关键人物已经发表的回忆录,其中包括乔治·舒尔茨(George Schultz)、亨利·基辛格(Henry Kissinger)、理查德·尼克松(Richard Nixon)、皮埃尔·玛丽恩(Pierre Marion)以及那位不知疲倦每日记载密特朗任期内一切事情的日记作者雅克·阿塔利(Jacques Attali)。

　　要特别感谢《华盛顿时报》的约翰·海顿(John Haydon),他不知疲倦地回应我对研究材料的要求。感谢我的哥哥威廉·A. 蒂默曼,对法国历史百他有科全书式的了解。我到现在还在和他争论导致1789年法国大革命的潜在力量是什么。感谢加里·皮茨(Gary Pitts),一位为受海湾战争综合症折磨的老兵们代言的律师,他得到了一份伊拉克提交给联合国的有关该国大规模杀伤性武器计划的文件《充分、彻底及完全的透露》(Full, Final and Complete Disclosure),并且同意让我阅读其中的一部分。感谢罗尔夫·埃克乌斯大使(Rolf Ekeus),他是联合国销毁伊拉克化学、生物和核武器特别委员会(UNSCOM)前执行主席,以及他在维也纳的国际原子能机构(IAEA)的部分同事,包括迈克尔·凯利(Michael Kelly)、大卫·凯(David Kay)和毛里齐奥·齐费雷罗

(Maurizio Zifferero)，他们容许我探究他们对伊拉克武器计划的记忆和见解。感谢劳伦斯·利物莫国家核实验室下属全球安全研究中心的主任罗纳德·莱曼（Ronald Lehman），由他组织的出色的研讨会"半个世纪：和平的核能"让我深入了解了美法之间的核合作的全部问题。许多现任的和过去的实验室官员，其中一些人直接参与了同法国的核合作，同意与我分享他们的印象和经验，条件是我不把一些具体的评论同他们的姓名联系起来。也要感谢利物莫实验室的克雷格·维斯特（Craig Wuest）和鲍勃·赫什菲尔德（Bob Hirschfield），在我参观国家点火设施（NIF）时，他们给我解释了激光玻璃、滋长巨晶和惯性约束核聚变的奥秘。我认为国家点火设施是现代科学最惊人的成就之一。

在巴黎，我得到了亨利·康策（Henri Conze）、特雷瑟·德尔佩什（Thérère Delpech）、弗朗索瓦·奥贝尔（François d'Aubert）、伊莱亚斯·费尔兹利（Elias Firzli）以及让－路易·布吕吉埃法官（Jean-Louis Bruguière）的协助。他们的帮助远远超出在书中归在他们名下的评论。要向下面两位特别致意：法国外交部新闻处的玛丽·马斯迪皮（Marie Masdupuy），她不计较我提出的问题，帮助安排高级官员接受了背景情况采访；原子能委员会官员乔治·勒盖尔特（Georges LeGuelte），他在1990年陪同我参观了位于法国萨克雷的那个最初的奥西里斯原子研究反应堆。

多年来，我就伊拉克问题采访过几十位法国防务承包商，但几乎没有人像雨果·埃图瓦勒（Hugues de l'Estoile）和他的侄子奥利维埃·埃图瓦勒（Olivier de l'Estoile）那么令人印象深刻。这两位都为达索公司工作。但是，其他的人也定期同我分享信息和见解，包括法国国家航天工业公司的帕特里克·梅西永（Patrick Mercillon）、弗朗西斯·吉戈（Francis Gigot）、让－路易·埃斯佩（Jean-Louis Espès）、保罗·博雅尔将军（Paul Baujard）和让－克洛德·萨尔维尼安（Jean-Claude Salvinien）；达索公司的贝尔纳·雷塔将军（Bernard Retat）、伊夫·若殷（Yves Robbin）、克里斯蒂娜·穆然（Christine Mougin）以及皮埃尔·帕卡隆将军（Pierre Pacalon）；马特拉公司的保罗·坦瑙斯（Paul Tannous，已故）、让·勒热（Jean Legeay）、罗朗·桑吉内蒂（Roland Sanguinetti）以及弗里德里克·阿拉贡（Frédéric Aragon）；地面武器工业集团公司的丹尼尔·特威利尔（Daniel Thuillier）、弗朗索瓦·鲍德温（François Baudouin）以及乔治·贝莱斯特将军（Georges Béreste）；索夫赫沙公司的莫妮克·纳瓦拉（Monique Navarra）、雅克·马森－勒尼奥上校（Jacques Masson-Regnault）以及让－克洛德·松贝哈克（Jean-Claude Sompeyrac）；TRT 公司的丹尼尔·霍利韦特（Daniel Jolivet）和伊夫·居诺（Yves Cuénnot）；汤姆逊半导体公司的让－皮埃尔·鲁朗（Jean-Pierre Ruland）、帕特里克·埃南将军（Patrick Henin）、皮埃尔·奥迪热将军（Pierre Audigier）、阿兰·尼奥－沙多（Alain Niox-Chateau）、帕特里克·桑督利（Patrick Sandouly）、克里斯托夫·罗宾（Christophe Robin）、多米尼克·拉穆勒（Dominique Lamoureux）、勒内·阿纳斯塔泽（René Anastaze）以及塞尔日·德·克勒博尼科夫（Serge de Klebnikoff）；大西洋机械制造厂（Acmat）的雷蒙·巴尔特扎克（Raymond Bartczak）；还有西班牙航空航天集团企业 CASA 的胡安·卡洛斯·杜波依斯（Juan Carlos Dubois）。你们当中的许多人我可以在这里第一次说出你们的名字，因为那位暴君死了——或者，至少说他的政权已经完结了。

许多目前还在美国国防情报局、白宫、美国国防部和国务院的官员——包括在美国的和在美国之外的——在匿名的前提下坦率地评价了美法关系。帮助我做研究或者提供过指导的前官员包括艾伦·热尔松（Allan Gerson）、里奇·威廉姆森（Rich Williamson）、弗雷德·查尔斯·伊克尔（Fred Charles Ikle）、理查德·珀尔（Richard Perle）、史蒂芬·布赖恩（Stephen Bryen）、维克托·里斯（Victor Reis）、和威廉·施奈德（William Schneider）。杰拉尔德·希尔曼（Gerald Hillman）和弥尔顿·弗里德曼（Milton Friedman）教授两人都很慷慨地拿出时间解释一个低效率的社会主义经济怎样能继续在一个公开、公平的市场上参与竞争（答案是：不能）。

在伦敦，《星期日泰晤士报》的史蒂芬·格雷（Stephen Grey）很好心地分享了他的调查小组发掘出的银行文件，朱尔斯·克罗尔（Jules Kroll）也是这么做的。克罗尔在20世纪90年代初对萨达姆隐藏的几十亿资产的调查首次揭露了支撑这个伊拉克独裁者的煞费苦心的财政支持制度。在马德里，爱伦·克罗斯利（Alan Crossley）慷慨地花了大量时间，使我可以更好地提供法国—伊拉克石油交易的来龙去脉。《情报通迅》的发行人莫里斯·博特博尔（Maurice Botbol）帮助我理清了众多的法国贪污丑闻。特别要感谢那些和我就本书中的许多观点争论的朋友和邻居。

最后，能把艾哈迈德·沙拉比博士（Ahmad Chalabi），还有他在伊拉克管理委员会的许多同事称为多年的朋友，这是我的荣幸。当你们是反对派时，你们冒了生命危险，为的是让伊拉克得到自由；今天，你们已经在实现这个梦想的路上了。但愿上帝使你们成功。

肯尼思·R. 蒂默曼
华盛顿特区

后 记

成为敌人？

当布什总统一再坚持要参加盟军在诺曼底登陆60周年纪念活动时，他走进了一个蛇穴。对于法国总统希拉克和他的外交部长（现在的内务部长）多米尼克·德维尔潘的背叛，人们记忆犹新。但是，白宫的工作人员和美国的外交官们在幕后努力工作重建纽带，希望诺曼底的庆祝活动能成为一个共同点，尽管法国媒体预测布什走到哪儿都会引发大规模反美示威活动。

"我们盛情接待布什和普京会给阿拉伯和伊斯兰国家传达什么样的诺曼底形象？"下诺曼底地区理事会的一位副主席对法国《世界报》说。那位官员及其他人宣布，他们将联合抵制所有布什出席的仪式。希拉克没想过说服他们改变主意，但在6月5日在爱丽舍宫及第二天在诺曼底欢迎美国总统时他也没有提及这些人的怒气。

前总理，社会党人洛朗·法比尤斯认为，"6月6日的悖论是，布什与那些使我们热爱美国的价值完全对立"。而《世界报》也同意这个说法。"我们是不是该给布什先生提供这个舞台呢？因为他毫不犹豫地把为欧洲自由而进行的战争（也就是诺曼底之战）和今天的伊拉克战争相提并论"，一位记者在社论中写到。

担心法国会呈现给阿拉伯和伊斯兰世界一个什么样的形象，这是已经拥有多元文化的法国的特征，这个法国越来越被地中海和阿拉伯世界吸引，也越来越远离那个横跨大西洋的同盟。一种"零和"的思维支配着法国的精英们，同这种思维相一致的是贬低66,000名美国人所做出的牺牲。在20世纪，为了两次把法国从暴政中解放出来，这些人留在了军人墓地里。

在美国，媒体充斥着那些从德国机枪手前死里逃生的D日[①]老兵们的个人回忆，而《世界报》则详细叙述了在盟军对里修和圣洛等诺曼底城镇进行密集轰炸时法国平民们所经历的恐怖。《世界报》的记者写到，一个当地抵抗组织的小头目看见第一批美国士兵时，他举起了"紧握的拳头"。

一个为在诺曼底战役中死亡的法国平民设立的法国网站（www.unicaen.fr/victimes_civiles/）记载，在1944年4月1日到9月30日之间，共有13,900名法国男人、妇女和儿童丧生，但对6月6日仅在奥马哈海滩就有6,000名美国士兵战死却只字未提。

我第一次去诺曼底是在1974年6月6日，正好是D日30周年纪念日。我住在那些在盟军轰炸中失去亲人的人家里。他们的记忆还在刺痛着他们的心，但他们是有理智的。战争该死！法国被占领了，而轰炸是自由的代价，他们说。那些到诺曼底参加庆祝活动并和普通法国人交谈的D日老兵听到的是类似的真实的故事。还有另一个法国，那个"深刻的法国"（la France profonde），那个还记得、还尊敬老同盟的法国。但是光听公众辩论你永远也不知道这个法国的存在。

法国总统雅克·希拉克一直不是美国的朋友，更不必说是盟友了。但是，在2004年大选前的几个月，法国的外交官们和间谍们向他报告，根据他们的判断，乔治·W.布什将会再次当选。希拉克这个愤世嫉俗者决定两面下注，尽管民主党候选人约翰·克里在法国舆论和知识分子

[①] 即D-Day，第二次世界大战中盟军在法国北部的发动进攻日，也就是1944年6月6日。——译者注

精英中享有广泛的支持。

参与幕后交易的美国官员告诉我,在诺曼底,希拉克的行为开始有了引人注目的变化。希拉克努力避免在公开场合和布什总统意见相左,并且他也向为解放法国而献身的美国士兵致敬。

同样,那年夏天晚些时候,在格鲁吉亚海岛的八国集团(G8)峰会上,希拉克令人惊讶地低调行事,而这位法国总统的盟友们都希望他会批评美国在伊拉克持续的军事存在。

8月末,希拉克和他的新设立的外交秘书米歇尔·巴尼耶在巴黎向一年一度的法国使节大会致辞。同样,两人都很克制,没有说那些刺耳的言语,没有用那些法国人提及美国尤其是伊拉克战争时必用的辞藻。

美国国家安全顾问康多莉扎·赖斯认可了这些积极的信号,同意邀请希拉克的高级外交顾问莫里斯·古尔多－蒙塔涅8月末在白宫出席一个私人午餐会,那正是共和党大会在纽约市召开前夕。莫里斯·古尔多—蒙塔涅解释说,希拉克确信克里参议员在11月没有获胜的希望,并打发古尔多—蒙塔涅到华盛顿来探究希拉克应如何私下支持布什的再选运动。一位参与这些交易的位高权重的消息提供者告诉我:"归根结底,希拉克先生推想,布什总统会对在选举之前的积极姿态更领情。"

也许希拉克的情报顾问们不同意这个说法,但希拉克估计,如果克里成为将来的总统不会怨恨他的。毕竟,作为一个感情细腻、细致入微的人,克里和希拉克一样愤世嫉俗。为了实现目标,两个人什么都愿做。

希拉克有好几个目标。第一,他非常想让美国停止沃尔克委员会和几个国会调查组调查他本人与联合国石油换食品丑闻的牵连。他希望美国掩盖由沃尔克和美国武器核查员在巴格达发现的那些文件,并隐瞒那些为了从萨达姆那里捞取政治好处而接受石油赠券的法国公司的名称和那些希拉克密友的名字。在书中揭露那些密友的姓名以及他们同萨达姆牵连的,我是头一个。

在我揭露的那些事实中,被认为对希拉克尤其有损害的是分配给帕特里克·莫热安的石油券的数量，也许已经达到7,220万桶。

美国的调查员们说，莫热安被牵扯进这个联合国批准的石油交易中是意味深长的，因为他被认为是给希拉克和他的家族秘密付款的渠道。在一份由莫热安的助手艾伦·克罗斯利提供给我的声明中，莫热安否认曾为希拉克、他的家人或他的政治运动募集过资金。

在巴格达发现的文件显示，通过实际所有权或合同安排，原本分配给两个贸易公司（特拉费古拉控股公司和爱贝克斯能源公司）的石油券最后落入莫热安手中。根据伊拉克国家石油销售组织的原始记录，另外的1,100万桶石油券给了莫热安的商业伙伴卡贝萨达斯·鲁伊·德·苏萨（德·苏萨和莫热安之间的关系最先由《欧洲华尔街日报》的特丽斯·拉裴尔披露）。

虽然莫热安承认他认识这两个公司的负责人（他在瑞士马克·里奇的公司做石油交易员时和他们一起工作过），但他否认同任何一家公司有牵连。他坚称他与伊拉克的所有来往都是合法的，而且是通过石油换食品计划进行的。"帕特里克·莫热安购买石油是为了他在意大利曼图亚的炼油厂"，克罗斯利说，"所有的石油交易都是通过联合国进行的，通过联合国支付，接受联合国的监督。"

但是，在巴格达发现的文件把事情讲清楚了：一项联合国资助的计划成了萨达姆·侯赛因政权在全世界购买影响力的前沿，而且是从联合国自身开始的。"我们已经有了所有那些以个人名义设立的账户的详细资料"，一位分析这些文件的调查员告诉我。"哪个账户是什么人的，这些文件有都详细记录"，包括那些外国代理人和他们的最后受益人，不管是在伊拉克还是在海外。

这些伊拉克文件把莫热安和分配给特拉费古拉控股公司的那2,500万桶油联系在一起了，虽然莫热安坚持说那家荷兰公司是自己设在伦敦的索科国际公司的竞争对手。调查员们说他们发现的其他信息表明，莫热安可能是爱贝克斯能源公司的"受益所有人"。爱贝克斯能源公司是一个在百慕达群岛注册的控股公司，得到了4,720万桶油的券。

"这个分配量可是很高了",一位调查员说,"如果一个内阁部长得到1,200万桶,为什么爱贝克斯公司能得到4,700万桶?除非这里牵扯了什么更大的事情。"

这些伊拉克文件里提到的其他接受者包括前内务部长夏尔·帕卡(1,300万桶)、前法国驻联合国大使让-贝尔纳·梅里美(800万桶),及黎巴嫩裔法国中间人伊莱亚斯·费尔兹利(1,460万桶)。由美国首席武器核查员查尔斯·道尔夫在2004年10月提交的关于伊拉克大规模杀伤性武器的报告中列出了石油券的清单。

有一次在巴黎接受一个很长的采访时,费尔兹利证实那些伊拉克人极渴望见到希拉克总统,并且愿意为此付出很高的代价。在2003年3月战争爆发前,费尔兹利说他把伊拉克外交官、萨达姆·侯赛因的密使尼扎尔·哈姆敦介绍给在巴黎的法国政府高级官员。但是费尔兹利嘲笑那些石油券的支出,说"比起80年代人们挣的上亿美元,这不值一提"。

但联合国石油换食品计划前协调员迈克尔·肃姗不这么看。他估计给萨达姆的回扣最低是30亿美元,给外国领导人和权势经纪人的款项另算。根据这个计划,伊拉克要购买310亿美元的人道主义的物资。

抗议这些调查成了在美国的法国外交官的当务之急。法国大使让-大卫·勒维特定期给美国主要报纸的编辑们去信,称法国宽恕回扣或从萨达姆那里受贿这类说法是"完全错误的"。2004年10月22日,驻旧金山的法国领事撰写了一篇专稿,抱怨道尔夫报告不公平,因为那份报告公布了同萨达姆进行非法贸易的法国公司的名字而没提美国公司的名字。就在他的文章在《旧金山编年报》发表的前一天,一位法国法官在巴黎启动了对法国石油公司道达尔的第三号人物阿兰·勒·舍瓦里埃尔的大陪审团调查,罪名是在联合国禁运期间与购买伊拉克油有关的腐败。除了一份开采伊拉克油田的500亿美元的合同(我在本书中做了描述),在巴格达发现的文件显示,道达尔公司还是伊拉克石油券的主要接受者。

道尔夫报告还显示,法国政府背叛了美国,直到在2003年3月美国领导的入侵前，法国人一直给萨达姆·侯赛因提供武器和援助。

法国的卡尔博纳·洛兰公司"多年来一直在从事高科技工业设备的采购，其中一些设备可以应用于大规模杀伤性武器"，这份报告说。这家公司与伊拉克导弹计划有牵连的最新证据回溯到2002年8月（见第13章）。另外，一个没有被提及名字但"因为违反联合国制裁而为人熟悉"的法国公司在2001年8月投标一份韩国合同给伊拉克供应"20辆移动式试验室卡车"。

除了提供军事备件的新货源外，法国人直到最后还在违反联合国禁运规定商谈新的武器合同。在巴格达军事工业化委员会总部发现的信件描述了多米尼克·萨里尼在2000年1月15日至19日对巴格达的访问。他自称是索夫玛公司的副主任，而索夫玛是负责所有法国对伊武器销售的军火出口办事处。（这些信件的副本被发到驻保加利亚的伊拉克大使馆。）其他信件显示"卢拉"公司（Lura可能是个拼写错误）的一位代表多次来访，他带来了他的公司想卖给巴格达的坦克运输车的样品。2002年11月，正当法国政府同布什政府一道忙活联合国安理会第十七个谴责萨达姆·侯赛因的决议时，一位法国高级雷达专家访问了伊拉克重要的导弹开发机构阿尔-肯迪。

道尔夫报告认为，"这些会面的目的是促进与军事有关的微波、定向和无源雷达的技术转让。"

在入侵前的那些日子里，一位黎巴嫩中间人据说在同法国国防电子仪器巨头汤姆逊半导体公司的代表讨论"获取导弹零件"的问题。

在没有大规模战役来削弱和降低萨达姆的空防能力的前提下，有些美国飞行员可能会受命飞越伊拉克目标的，对他们来说，还有更要命的事：在2002年12月，伊拉克军事工业化委员会开始同法国的公司接触"以获取罗兰-II型地对空导弹系统的替换零件、供伊拉克防空系统使用的电子管以及各种各样其他能用于军事和战场的高技术项目"。这些努力持续到战争状态开始之前23天。2003年2月22日，法国人告诉伊拉克不可能修复损坏的零件，但准备"以修理那些老零件的价格提供50

套新零件。这 50 套新零件满足伊拉克军事工业化委员会为旧零件提出的同样的技术规范。"就在这些交易完成几个星期后,法国人断然否认他们为罗兰导弹提供了备件,宣称装配线许多年以前就已经关闭了(参见第 13 章)。但是萨达姆·侯赛因的手下们详细地记录了法国人的叛逆行为。尽管雅克·希拉克努力示好,他阻止布什政府说出事实真相的努力还是失败了。

雅克·希拉克从来没有打算放弃他建立一个"多极世界"的强迫症,在他的"多极世界"里,美国将不再是世界上唯一的超级大国。2004 年 10 月,在纪念英国和法国之间的"协约"一百周年的各种仪式上,希拉克在接受英国广播公司一次长时间电视采访以及在伦敦国际战略研究所演讲时,希拉克又搬出了这个白日梦。

希拉克宣称他支持布什政府为帮助中东地区培育政治改革而做出的努力,但坚持说"我们应该避免把民主化和西方化混为一谈"。在接受英国《前景》杂志采访时,美国国防部副部长保罗·沃尔福威茨回忆了在华盛顿特区召开的一次会议上这类评论招致了一位阿拉伯民主人士的愤怒反应。有人警告说,"把我们的价值观强加给阿拉伯世界显出了我们的妄自尊大",沃尔福威茨说,"这时一个阿拉伯人站起来说,把这些说成是你们的价值观显出了你们的妄自尊大,因为那些是普遍的价值观。"

希拉克的举止也没有改善。在温莎城堡举行的一次特别国宴上,希拉克迟到了 30 分钟,女王伊丽莎白二世很不愉快——事实上,他来的太迟了,女王自己放弃了在他到达时迎接他的想法。因为自己的拖拉,希拉克责怪交通以及缺乏英国官方的警察护卫。那天早些时候,在前往唐宁街 10 号正式拜访托尼·布莱尔首相时他迟到了 20 分钟,他用了同样的借口。

希拉克想把他那些不成功的想法强加给欧洲或中东,但是,到目前为止,效果甚微。

在 2004 年 11 月,一次有关伊拉克重建问题的国际会议在红海度假胜地沙姆沙伊赫举行，希拉克再一次没能把在伊拉克的美国军队置于国际监督之下，也没能给美国的军事存在规定一个严格的撤离时间，虽然这两点都是他设法举行这次会议想要达到的目的。作为国际援助的前提，他要求伊拉克过渡政府总理伊亚德·阿拉维邀请那些"已经拒绝暴力"的反对运动人士参加这次会议，他的这一企图也失败了。希拉克的努力引出了伊拉克外交部长胡希亚尔·兹巴里的刻薄答复。"我做了25年的反对党，法国人一次也没想过有必要把我列入同伊拉克的对话中。"

甚至连法国媒体——按说它们是希拉克的盟友——也越来越厌倦谎称希拉克的滑稽行为赢得了广泛认可和国际支持。在《费加罗报》11月22日刊登的一篇关于沙姆沙伊赫会议的评论中，吕克·德·巴罗切提到，"因为和平阵营已分裂了，希拉克在国际场合中越来越孤立了"。

但是希拉克在沙姆沙伊赫所做的努力还是很明显的。在零和外交的名义下，法国继续在自己的权势之内做一切事情，为的是让美国在伊拉克及中东其他地方失败。美国副国务卿理查德·阿米蒂奇评论说："在我看来，他担心我们会成功。"

法国人仍然把非洲当作新的殖民保存区。但就连非洲的一部分也开始拒绝法国"模式"。象牙海岸总统洛朗·巴博控告法国人企图煽动一次军事政变来反对他领导的民选政府，之后，在2004年11月初，他命令空军轰炸了在内地的一个法国军事前哨，杀死了9名法国士兵和一名美国人。作为报复，法国人摧毁了象牙海岸的全部空军，并派军队和装甲车占据了首都阿比让的战略地区。法国军队心狠手辣的策略遭到了普遍的愤恨，触发了民间广泛的骚乱。走散的象牙海岸人侵袭了居住在当地的法国人的家园，这些人在当地工作就是为了维持这个新殖民主义的可可豆回扣帝国。随着反占领暴力活动的四处传播，法国不得不撤出大约10,000名侨民。一位上了年纪的法国平民死于心脏病发作，三名法国妇女宣称她们被暴徒强奸了，而象牙海岸当局宣称在法国占领军向赤手空拳的示威者开枪时杀死了至少1,000名象牙海岸人。

希拉克从来没有指控巴博总统发展大规模杀伤性武器或筹划入侵巴

黎，但他还是匆忙间发动了战争，也没有和盟友协商。没有引起国际上的义愤，也没有愤怒的辩论，希拉克最终求得了一份联合国安理会决议来证明法国在象牙海岸军事存在的合法性——这已经是即成事实 40 多年后的事了。法国人在象牙海岸的表现促使一位因特网商人抛出了一款新的 T 恤衫，上面印着一幅非洲地图以及"不为巧克力流血！"（NO BLOOD FOR CHOCOLATE！）的口号。这是模仿"不为石油流血"的。这句战斗口号是希拉克怂恿的反对美国占领伊拉克的反战示威者提出的。

通过他们的举动，希拉克和他的政府表明他们把美国——而不仅仅是布什政府——看成是一个战略竞争对手。但是，法国是敌人吗？提到军事实力，除了它的核武库，法国并不是很重要。然而，它确实在联合国有否决权。它拥有当今世界上所有国家中最广泛的帝国，并以此证明自己应该拥有否决权。它的殖民地遍及南美洲（圭亚那）、加勒比海（马丁尼克岛和瓜德罗普岛）、北大西洋（圣·彼埃尔岛和密克隆岛）、南太平洋（新喀里多尼亚、塔希提岛、法属玻利尼西亚、沃利斯岛以及福图纳岛）、印度洋（马约特岛和留尼汪岛），甚至是南极洲。法国宣称在南极洲拥有一片大陆以及克尔格伦群岛（也就是陆块面积为 2,786 平方英里的一系列岛屿，比特拉华州要大些）。除此之外，它还有可怕的外交和宣传机器。这部机器猛烈地运转以破坏美国在全世界的利益。法国国际广播电台在阿拉伯和穆斯林世界播送反美恶言，因煽动仇恨和怀疑以色列的合法性而与半岛电视台为伍。

美国应该把这个法国——希拉克的法国——的地位降到它应有的水平：在古巴和叙利亚之间。

在 2004 年美国总统大选前，一位名叫萨拜因·哈罗德的年轻妇女给我写信。她是一个亲民主的法国人团体"甜蜜的自由"（Liberté Cherie）的发言人。她说希拉克之流代表的是一班"保守派"，这些人不该同法国人民相混淆。"这个政治家的过时的观点不应该使我们两个国家分道扬镳，"她在信中写到。"希拉克是上个世纪的人。亲巴勒斯坦政策、同非洲最坏的独裁者的友好关系、同古巴的特别关系：所有这些政策都带有保守者的印记，仍然有冷战和不结盟的特征。"她说法国的未来在于它同美国的联盟，在于共同为自由而战。

为了帮助那些爱国的法国人（他们还相信自己的国家依然珍惜自由、珍惜言论自由和代议政府的价值），也许美国应该考虑在自由欧洲电台开播法语节目。柏林墙倒塌六年后，法国政府和媒体精英们树起了一道新的宣传之墙，新的反美污秽之墙。一位致力于在全世界传播自由的美国总统应该帮助把这堵墙推倒，这再合适不过了。

译后记

2006年12月30日，在全世界媒体的密切关注下，伊拉克前总统萨达姆·侯赛因被执行绞刑。

当时，我已经在北京奥组委任职近四年，在繁忙的奥运筹备工作中利用半年多铢积寸累的业余时间完成了这本书的初译稿，稍后，对译文断断续续的修改和润色也算是对那种箭在弦上的紧张生活的放松和调节。

在翻译的过程中，我作为一个国际问题的长期观察者感到本书的可读性很强，翻译时总是忍不住和家人及朋友分享我的发现。萨达姆的最终命运更坚定了我的想法，那就是这本书，如果以批判的眼光去阅读，可以让读者从深层次了解过去的30年间伊拉克同欧美大国的外交关系中一些鲜为人知的背景，进而理解为什么会有美国领导的对伊拉克战争，理解为什么曾经尊为一国之君的萨达姆会命丧绞架。

在2007年4月前抓紧时间完成了译稿润饰工作。但因为种种原因，这本书直到现在才得以付梓，这要诚挚地感谢责任编辑郑颖女士这几年坚持不懈的努力以及她对本书修改提出的很专业的意见。另外，还要衷心感谢原中央编译局副局长，法国问题专家李其庆教授对本书的最终审定。

本书的书名很清楚地表明，书中的内容是关于美国和法国关系的。但实际上，作者并没有仅仅局限于美法关系。除了回顾美法关系的蜜月期以及在核武器研发、共同对付前苏联等方面的深度合作外，他还洋洋洒洒地描写了法国前总统雅克·希拉克同萨达姆长达几十年的亲密私人关系，用所谓揭密的方式告诉读者，法国如何为了维护自己的利益而在过去的几十年里同伊拉克"暗中勾结"，如何置法国和美国之间超过二百年、可以追溯到18世纪美国独立战争时期的友谊于不顾，最终"背叛了美国"，在国际社会中公开同美国作对。

书中也用大量笔墨描写了错综复杂、诡异多变的美国、法国同以色列、伊朗、伊拉克等国家的关系，以色列同阿拉伯国家的关系，描写了法国和美国如何携手武装了萨达姆。值得一提的是作者详细描写了当今世界赫赫有名的几家间谍机构在这些剪不断理还乱的关系中所扮演的重要角色。这些机构包括俄罗斯的克格勃和格勒乌、美国的中央情报局、英国的军情六处、以色列的摩萨德、伊拉克的穆卡巴拉特，当然还有法国的反间谍机构本土警戒局和法国对外间谍机构外国情报与反间谍局（现在被称为海外安全局）。

本书作者之所以觉得法国背叛了美国，最重要的、最具标志性的事件是法国在联合国反对任何授权美国（或以美国为首的多国部队）对伊拉克动武的决议。

当然，就法国而言，它的反对只能使源远流长的美法关系"倒退"，但不能拯救多年的"盟友"萨达姆。2003年3月20日，美国以伊拉克隐藏有大规模杀伤性武器并暗中支持恐怖主义为由，绕开联合国安理会，悍然单方面决定对伊拉克这个主权国家实施大规模军事打击。最终结果是，不再听美国人话的萨达姆被判了绞刑，而美国则又一次陷入了胜利的"泥潭"。

但是，伊拉克战争的合法性从一开始就遭到各国人民的质疑。伊拉克问题不仅关系到海湾及中东地区的和平与稳定，也关系到世界的和平与稳定。事实证明，美国发动伊拉克战争加剧了地区和国际紧张局势。在伊拉克问题上中国始终坚持联合国发挥主导作用。在安理会讨论是否授权对伊拉克动武问题时，中国与世界上大多数国家一道，坚决维护《联合国宪章》的宗旨和原则以及公认的国际关系基本准则，反对绕开联合国对伊拉克采取"先发制人"的行动。

《法国对美国的背叛》这本书所描述的一切只不过是再次验证了那句很多人耳熟能详的关于国际关系的金科玉律：没有永远的朋友，也没有永远的敌人，只有永远的利益。希望我们也能从中获得一点教益。

关于本书的翻译，我觉得有必要赘言几句。

我国近代杰出的翻译家严复曾说过"译事三难：信、达、雅"。这实际上是提出了好的翻译作品应达到的标准。当下国内翻译出版市场很繁荣，每年面世的各种译著数量之大，可以用汗牛充栋来形容，但真正达到了"信、达、雅"要求的译著却是少之又少。

我自己学习英文多年，使用英文多年，也从事了很多年的商业翻译，深知要达到这个标准是何其难。但我有自己的翻译原则，那就是在"信、达、雅"不能兼顾的时候，一定首先坚持"信"，也就是译文一定要忠实于原文，不歪曲，不遗漏。

原书有很多注脚。为了方便一些有兴趣的读者查找原文，注脚中的书名、人名等都保留下来了。而且本书作者也很博学，在一本关于国际关系的著作中使用了为数甚多的典故和惯用语。为了方便读者，我增加了一些译者注，对这些典故和惯用语及其引申含义加以说明。

陈 平

二〇一〇年四月

于京北大屯蜗居中

The French Betrayal of America
By Kenneth R. Timmerman
© 2004 Kenneth R. Timmerman
This translation published by arrangement with Crown Forum, an imprint of Random House, Inc.

图书在版编目(CIP)数据

法国对美国的背叛/(美)蒂默曼著;陈平译.
—北京:中央编译出版社,2010.11
ISBN 978-7-5117-0568-6

Ⅰ.①法⋯
Ⅱ.①蒂⋯ ②陈⋯
Ⅲ.①法国-对外关系-美国
Ⅳ.①D856.52 ②D871.22

中国版本图书馆 CIP 数据核字(2010)第 192056 号

法国对美国的背叛

出 版 人	和 龑
责任编辑	郑 颖
责任印制	尹 珺
出版发行	中央编译出版社
地　　址	北京西单西斜街 36 号(100032)
电　　话	(010)66509360(总编室)　(010)66509405(编辑室)
	(010)66161011(团购部)　(010)66130345(网络销售)
	(010)66509364(发行部)　(010)66509618(读者服务部)
网　　址	www.cctpbook.com
经　　销	全国新华书店
印　　刷	北京金瀑印刷有限责任公司
开　　本	787 毫米×960 毫米　1/16
字　　数	310 千字
印　　张	22.75
版　　次	2010 年 12 月第 1 版第 1 次印刷
定　　价	68.00 元

本社常年法律顾问:北京大成律师事务所首席顾问律师　鲁哈达
凡有印装质量问题,本社负责调换。电话:(010)66509618